# 직관과 사유
## —베르그송의 인식론 연구—

직관과 사유
—베르그송의 인식론 연구—

송 영 진   지음

서광사

직관과 사유
—베르그송의 인식론 연구—
송영진 지음

펴낸이 · 김신혁, 이숙
펴낸곳 · 서광사
출판등록일 · 1977. 6. 30.
출판등록번호 · 제 6-0017호

(413-832) 경기도 파주시 교하읍 문발리 534-1
대표전화 · (031)955-4331 / 팩시밀리 · (031)955-4336
E-mail · phil6161@chol.com
http://www.seokwangsa.co.kr

제1판 제1쇄 펴낸날 · 2005년 4월 30일
제1판 제2쇄 펴낸날 · 2006년 2월 20일

ISBN  89-306-2273-9  93160

# 서 언

　마음에 대한 탐구는, 자연과학은 물론 심리학이나 사회학, 언어학이나 컴퓨터 과학 등의 성과를 통하여 학제적으로, 그리고 종합적으로 탐구되고 있다. 2002년에 우리 나라를 방문했던 데넷(Daniel C. Dennett)은 《마음의 진화(Kind's of Minds)》에서 우리의 사유가 언어 사용에 의해 발생한 것이라고 말하면서 진화론적으로 '의식의 발생'을 주장한다.

　그에 따르면, 인간의 마음은 미생물의 단순한 경향성에서 진화하여 왔는데, 인간과 같은 마음이 발현하는 결정적 계기가 언어 때문이라는 것이다. 정신, 의식, 영혼, 사유, 이성과 감정 등으로 말해져 온 마음은 존재하지 않았지만, 우주의 역사가 보여 주듯이 무기물이 진화하여 유기물로, 유기물에서 생명체가 진화하여 생명체 중에서 인간에게서만 사유하는 마음이 발생하였다는 것이다.[1] 이 말은 단적으로 언어 없이는 사유가 발생할 수 없다는 뜻이고, 사유 없는 마음은 없다는 것이다. 언어가 무엇이길래, 언어가 없으면 마음이 발현하지 않는다는 것일까?

　마음이란 무엇이며, 이를 안다는 것은 또한 어떻게 이루어지고

---

1) 데넷(Daniel C. Dennett), 이휘재 역, 《마음의 진화(Kind's of Minds)》(서울: 두산동아, 1996) 참조.

있는가? 서구의 철학은 마음(mind)을 철저히 사고(thinking)와 동일
시하려고 했고, 감정이나 정서와 같은 것은 마음에 본질적인 것이
아니라고 생각해 왔다. 그리고 우리 마음의 본질이 사유라고 함으
로써 사유를 가능케 한 언어를 인지과학적인 측면에서 연구하며 마
음을 과학적으로 연구할 수 있다고 생각했다. 사실 현대의 후설(E.
Husserl) 이후 직관과 체험을 중요시하고 이를 분석하려는 현상학에
서 말하는 의식의 지향성(intentionalité)이나 기능에 관한 인식론적
분석에서는 고대 그리스의 파르메니데스(Parmenides) 이후 모순율
에 따르는 존재론적 사유의 이면에서 기능하는 사유의 변증법적 측
면과 동일시될 수 있는 마음(의식)의 성격이 나타나고, 이 때문에
의식의 작용과 존재론적인 이성적 사유는 동일시될 수도 있다.[2] 그
리고 사유와 언어는 만들고 만들어지는 상호작용의 과정 가운데서
이 또한 동일한 마음의 능동성과 수동성에서 성립하는 동일성과 차
이성의 상보적 관계와 변증법적 관계에 있다. 베르그송에 따르면
과학은 지능의 산물이고 우리의 이성적 사유 없이 과학은 불가능하

---

2) 변증법이란 사유에 모순이나 반대로 나타나는 사태를 통합하려는 정신의 운동에서
  성립하는 것으로서 대표적으로는 헤겔의 정반합의 변증법, 벤야민(Walter
  Benjamin)의 반립적이면서도 상보적인 변증법이 있으나, 이들은 모두 본래적으로는
  한계와 비한계(무한), 전체와 부분, 혹은 하나와 여럿(동일과 차이)의 관계에서 이들
  을 다시 종합하거나 통일하려는 운동에서 성립하는 것으로서 논리적인 것과 함께 하
  는 동시에 이를 가능케 하는 대화적 정신의 작용을 지칭하는 플라톤의 변증법에서
  기원한다〔송영진, 《플라톤의 변증법》(서울: 철학과현실사, 2000) 참조〕. 베르그송은
  플라톤의 변증법적 정신을 이어받아 생명현상이나 의식현상, 즉 정신의 자발성에서
  성립하는 직관적 소여인 지속을 설명하기 위해 '창조적 진화'라는 말을 사용한다.
    사실 인간에게는 사유세계와 경험의 세계가 동시에 존재한다. 의식의 공감에서
  성립하는 직관적 경험을 전제하는 언어적 사유는 모순율에 따라 경험을 분석-종합
  하면서 의미의 세계를 환원적으로 혹은 원자론적으로 구성하거나 형성하는 데 반
  해, 의식의 공감에서 성립하는 직관적 경험은 이 환원적 사고를 가능케 하는 인식
  원천이나 배경의식으로 존재한다. 베르그송의 직관철학은 모순율에 따르는 서구의
  존재론적 사고의 인식원천인 의식체험을 불교에서 말하는 선(禪)수행의 방식으로
  추적한다. 후설은 이러한 의식체험의 직관적 성격을 의식의 지향성에서 성립하는
  것으로 간파하고 직관적 체험에 관한 현상학의 이념을 마련한다. 이 때문에 베르그
  송의 철학은 영미계통의 분석철학과 대륙의 현상학을 종합하는 의미를 지녔다.

다. 이 때문에 마음도 이제 과학적으로 탐구되어야 하고 과학적으로 탐구될 수 있는 측면이 있다.

그러나 우리 인간은 이러한 지성, 즉 사유능력 이외에 본능이나 감정을 지니고 있고, 이 본능이나 감정이 주는 인식적 측면이 서구 철학에서는 무시되어 왔다. 베르그송은 직관의 이론을 통하여 이 점을 드러내려고 한다. 인간의 본질은 인식을 목표로 하는 사유가 아니라 인간 주체성이 지니는 말로 다 표현할 수 없는 자유의 의식과 행위에 있으며, 인식은 이 행위의 보조수단일 뿐이다. 그리고 행위에 가까운 인식은 언어에 의한 사유, 즉 언어적 행위가 아니라 인식과 행위를 통합하는 본능적이자 의지적인 심리적 의식에서 이루어지며, 정서적이거나 감정적인 것이다. 인간은 자연적으로 신체에 기초하고 신체에서 우러나오는 본능적 인식을 지닌 정서적이자 감정적 동물이다. 아니 전 생명체의 본질은 감정이 기초하고 있는 촉각과 같은 감각(sensation)에 있다고 할 것이다. 이 감각이 인식적인 측면으로 진화하여 지각(perception)과 사유가 나타난 것이다. 그리고 지각에는 분석하고 종합하는 의식, 즉 지능의 기능이 잠재하여 있다. 역으로 지능에도 자의식(自意識)이 전제되어 있고, 이 자의식의 본질은 신체에 기초한 심리적인 것이다. 결국 감관-지각의 작용으로 말해지는 감각작용에는 사유의 원시적 기능이라 말할 수 있는 심리적 의식작용이 내재해 있는 것이다. 그리고 사유란 자유를 본질로 지니는 심리적 의식이나 지각에 기초하며, 언어를 통하여 수행되는 자유로운 반성행위에서 성립하는 이차적인 것이다.

베르그송의 말대로 "우리의 경험 가운데에서 더 이상 논의할 수 없는 (직관적)의식에 주어진 지속은 우리의 사유로서는 넘어설 수 없는 하나의 흐름으로 지각된다. 지속은 우리 존재의 바탕이고 우리가 잘 느끼고 있는 바와 같이 우리가 교섭하고 있는 사물들의 실체 자체이다."[3] 인식을 행위에서 분리하고 관상을 인생의 최고 목적으로 정립한 플라톤이나 아리스토텔레스 이래의 서구적 전통에서 형성된 데카르트의 코기토(cogito)적 인간관에서 벗어나, 인간을 심신을 통합한 하나의 자유로운 정신적 존재로 확립하려는 베르그송은 인식과 행위를 통합하고 이를 심리적 의식에 기초한 지속의 동적 존재론으로 설명하려고 한다.

컴퓨터 과학과 더불어 언어학이나 인지심리학, 그리고 생명과학이 발달하고 있는 마당에 신체적 의식인 감각과 언어적 사유작용의 연결은 인식론의 핵이 되고 있다. 어떻게 지성 즉 사유와 감각 즉 직관적인 것이 구분되면서도 서로 연결되고 있는 것일까? 인간의 사유작용(noesis)과 의미체험(noema)이 인공지능에 의해 온전히 밝혀질 수 없는 것은 베르그송이 말하듯이 인간의 이러한 감각에 기초한 주체적 인식능력, 즉 초월과 내재를 수행하는 지향적 의식이 지니는 의지적 자발성의 동적인 것과 결부된, 우리가 마음이라 부르는 신비한 자의식, 따라서 모순율에 따르는 지능이 전제하나 지능으로서는 인식할 수 없는 의지에 기초한 감각이나 정서적 직관이 있기 때문이다. 더 나아가 우리의 마음은 감정과 사유, 의지 등으로 분리될 수 있는 성격의 것이 아니다. 서구의 철학이 마음에 대한 사변 일변도의 규정의 길을 걸은 것과 우리의 마음에 대해 언어학적으로 접근할 수 있다는 생각은, 우리의 마음을 그 발휘되는 구체성과 전문성에 따라 분리하고 분석할 수 있다는 잘못된 생각에서 기원한다.[4]

---

3) H. Bergson, *E.C.*, 39면. 베르그송에 있어서 지속은 존재론적으로 '살아 있음'을 느끼는 의식의 흐름(stream of consciousness)으로서 기억이라는 시간성에서 성립하는 존재로 나타난다. 이 때문에 시간성으로서 지속으로 파악된 의식은 변화(사유는 변화의 한계로 나타나는 불변성을 토대로 이 변화를 정리한다.)의 의식이며, 베르그송에 따르면 시간성에서 성립하는 기억-지향 의식은 '생명체의 본질'이다.
4) 서구 철학은 감각과 감정이나 정서를 지능적으로 분석할 수 없는 본능적인 것으로

베르그송은 서구의 코기토 사변의식의 철학이 주는 코기토적 자아가 아닌 운동—감각적(sensori-moteur) 자아와 의지적 · 정서적 자아를 생명과 인간의 본질로 제시하려고 한다. 이 때문에 베르그송은 칸트와 달리 과학적 방법론의 한계를 극복하기 위한 철학적 방법으로서 직관(l'intuition)을 내세운다. 과학이 분석과 논리적 구성에 의한 환원적 사고에 의해 물질을 탐구하는 방법이라면 이 직관의 방법은 정신의 주체성을 탐구하는 것으로서 불교의 선(禪)과 같은 것이다. 이 때문에 언어를 통하지 않으면 안 되는 사유하는 지성과는 다른, 언어 없이도 이루어질 수 있는, 아니 언어로 표현할 수 없는 우리의 의지적 의식체험이나 의지적 인식을 직관이라 부르고, 서구의 철학적 전통에서 벗어나 동적 존재론에 의해 동양의 철학, 특히 불교적인 심리학적 형이상학에 가까운 사색의 이론을 제시한다. 이 때문에 이 연구에서 다루는 주제는 '직관과 사유'이다. 베르그송은 이 양자를 구분하여 직관과 지성(지능)이라고 하였다.

서양의 철학은 파르메니데스의 모순율에 따르는 존재론적 사유에서 기원한다. 이러한 모순율에 따르는 존재론적 사유를 우리는 이성이라 부르게 되었지만 사실 방법적으로는 우리에게 직접적으로 주어진 사태(Data)를 모순율에 따라 분석하고 종합하는 데에서 성립하는 플라톤의 대화적 변증법적 정신이다. 이 때문에 이성에 의한 자연의 탐구는 원자론적 사유를 낳았고, 윤리적이고 정신적인 것의 탐구에서는 이데아를 지향하는 플라톤의 대화법(dialektike)을 낳았다. 더 나아가 원자론적 사유는 근대의 과학을 탄생하게 하였으며, 이 때문에 철학이란 이제 이러한 과학의 발달과 함께 이를 인

---

인정하면서도 감각작용과 감정이나 정서의 작용을 도구적 관점에서 혹은 목적론적 관점에서 사유의 변증법으로 설명하고 논의한다. 앙드레 베르제 · 드 니 위스망, 남기영 옮김, 《인간과 세계》, 프랑스 고교철학 2(서울: 삼협출판, 1999), "감정"의 장; 김영정, 《심리철학과 인지과학》(서울: 철학과현실사, 1997), 제 2 · 3장 참조.

식론적으로 반성하면서 서로를 계승하고 발전시키는 역사를 이루고 있다.

그런데 베르그송의 철학은 그리스의 고전에 기초하고 있으면서도, 근대의 과학을 히브리에서 기원하는 기독교 정신을 통해 인식론적으로 반성하고 비판하면서도 보충하는 것으로서, 그 중심에 있는 것이 모든 실재의 기초를 이루고 있다고 보는 시간적 존재, 즉 지속에 관한 직관의 이론이다. 이 때문에 베르그송의 철학은 시간성의 근원이나 기원을 탐구하는 현대의 과학적 사고에 부응하면서도 서양의 철학사를 관통하는 내용을 담고 있다. 특히 베르그송의 직관의 방법은 정신을 탐구하는 방법으로서 과학과 더불어 철학하기를 웅변하고 있다. 현대에 컴퓨터의 발달과 더불어 발전하고 있는 과학이나 언어학을 통하여 알 수 있는 것은 베르그송의 직관의 방법이 원자론적 사유(지능)까지 아우르면서 우리의 인식능력을 전체적으로 그리고 조직적으로 조감케 해 준다는 사실이다.

철학은 직관과 사유라는 상호 보조적인 두 방식에 의해 발전할 수가 있다. 물질에 관해서는 신체에 기초한 관찰-지각적 경험에 대해 존재론적으로 구성하는 사유인 지능이 주로 사용되는 반면에 내적 직관은 보조적인 방식을 취하나, 정신에 관해서는 마음에 관한 내적 직관이 주를 이루고, 존재론적으로 구성적인 사유인 지능에 의해 개발된 과학적 사유가 보조적으로 채용되어야 한다. 즉, 칸트의 말대로 근원적으로 직관과 사유는 상호 보조에 의해 확실한 학적 인식을 이루는 것이다.[5] 그리고 직관과 사유, 이 양자를 매개

---

5) 여기에서 직관과 사유는 각각 그 자체로 전체를 이루는 인간의 신체적 · 심리적 경험과 이를 존재론적으로 사유하는 언어적 지능을 의미한다. 칸트는 우리의 (과학적)인식이 감성적 직관과 사유의 종합에서 성립한다고 선언하지만 이들의 종합이 쉽게 이루어지는 것이 아니고, 자연에 관한 감관-지각적 경험의 현상의 배후에 있다고 생각되는 인과관계를 모순율에 따르는 존재론적 사유로 구성(규정)함으로써 이루어지는 실험기구에 의한 '자연 속에서의' 실험적 일치에서, 즉 그의 말로는 코페르니쿠스적

하는 것이 감관–지각적 체험이나 신체적 경험과 관련한 물리적이거나 실천적인 역사적 실험이다. 정신적 체험에 대해서는 사유실험만이 아닌 실천적이고 사회적인, 따라서 역사적이고 실증적 실험을 수행할 수 있어야 한다. 물론 정신을 다루는 방법 또한 이성적 사고 방식을 벗어날 수 없고, 인간 정신이란 신체라는 물리적 기초에 토대를 두고 있기 때문에 정신에 대해 간접적이나마 자연과학처럼 실증과학적으로 탐구할 수 있다. 특히 다윈의 진화론과 현대 우주론의 발달 이후, 정신에 대한 생물학적 탐구나 심리학적 탐구가 과거 정신에 대해 직관적으로 혹은 내관법(introspection)에 의해 탐구한 것의 오류를 지적하면서, 정신과학에서도 물질과학과 같이 오류와 발전 가능성이 존재한다는 사실을 인식하게 되었다.

이 저서는 본인의 베르그송 사상에 대한 학위논문을 그 동안의 인식론에 관한 연구성과를 반영하여 수정하고 희극론 분석을 첨부하여 보완한 것이다. 학위논문을 가능한 한 살리기 위해 수정은 삼가하면서도 그 후의 연구성과를 통해 약간의 보완이 필요하였기에 현대의 여러 분과 과학, 특히 물리학이나 생물학의 연구성과나 이에 따른 필자의 베르그송에 대한 비판적 견해는 주석으로 처리하였다. 지금에서야 학위논문을 발표하는 것은 여러 가지 현실적인 이유가 있었지만 실제적으로는 이중의 의미가 있다. 하나는 베르그송의 철학사상을 그 자체 역사적 사실로서 연구하는 의미를 지니고 있고, 다른 하나는 현대의 발전된 여러 분과 과학의 성과와 비교하는 것을 통하여 그의 사상, 특히 직관이론의 발전 가능성과 더불어

---

인 인식론적 전환을 통하여 이루어진다. 따라서 직관과 사유의 종합이란 언명은 이 양자 각각이 지니는 분석과 종합, 능동과 수동 등의 기능에 따른 내용과 형식, 전체와 부분 사이에 있는 상호 반립적(反立的)이면서도 상보적인 관계에 있거나 변증법 적인 관계에 있는 이중적이거나 삼중적인 의미 관련성 아래서 해명되어야 한다. 칸트에 있어서 직관과 사유의 관계는 "경험 일반의 가능성의 제약(조건)은 경험 대상의 가능성의 조건이다."라는 말로 나타난다.

12

철학이라는 학문의 발전 가능성을 알아보기 위한 것이다.

사실 한 사람의 철학사상의 숲을 헤맬 때 만든 작품을 다시 공간(公刊)하는 일은 이중의 오류를 드러내는 일 이외에 다른 것이 아닐 것이다. 한편으로 베르그송 철학과 그 당시의 과학사상에 대한 저자 자신의 미숙과 미진한 부분이 있기 때문에, 다른 한편으로 현대적 관점에서 베르그송의 사상 중에도 당시의 학문의 발전 정도가 반영되어 있어서 과학적인 오류나 언어학이나 생물학 등에 미진한 부분이 발견되고 그것을 토대로 어떤 논의를 전개하는 어리석음이 있기 때문이다. 그러나 가능한 한 본문을 고치는 것을 자제한 것은 베르그송의 철학사상을 역사적으로 밝히기 위한 것이며, 다른 한편으로는 비록 베르그송 철학의 숲을 헤매면서도 베르그송의 사상을 전체적으로 잘 밝히고 있었다는 자부심 때문이다. 그리고 이 자부심의 근원은 필자에게 고대 그리스의 헬레니즘을 대표하는 플라톤의 철학과 현대 프랑스의 헤브라이즘을 대표하는 베르그송의 철학을 가르쳐 주신 박홍규 선생님에 대한 존경심에 다름 아니다.

책은 한번 나오면 그것은 좋은 것일 경우 이미 나의 것이 아니라 우리의 것, 한국의 것이 된다. 이 책이 세상에 나오기까지 나의 삶과 철학에 뿌리를 내리게 해 주신 이미 고인이 되신 스승 박홍규(朴洪奎) 선생님, 논문을 심사하시면서 직관에 대해 선심(禪心)과의 관계를 일깨워 주신 고형곤(高亨坤) 선생님, 학부 때부터 후설의 현상학을 잔잔한 목소리로 강의하시면서 어머님과 같은 자애로우심으로 학자로서의 길을 예비케 하여 주신 윤명로(尹明老) 선생님, 카톨릭의 기독정신을 보여 주시고 정신적 후원을 아끼지 않으신 김규영(金奎榮) 선생님, 칸트와 헤겔, 그리고 일본 철학계의 동향을 알려주시고 현실에 뿌리를 박게 해 주신 한단석(韓端錫) 선생님, 필자의 미진한 프랑스어를 바로잡아 주시고 항상 필자를 아끼시며 용기를 주신, 애석하게도 몇 해 전에 작고하신 박전규(朴全圭) 선생님께 깊은 감사를 드린다. 아울러 이 책이 나오기까지 교정을 보아 준 박성형 조교와 출판해 주신 서광사 김신혁 사장님을 비롯한 편집부 여러분께도 깊이 감사드린다.

2005년 4월 30일

礪石　宋榮鎭

# 차례

# 1. 서 론

　베르그송의 직관(l'intuition)을 주제로 다룬다는 것은 상당한 어려움을 내포하고 있다. 왜냐하면 장켈레비치(V. Jankélévitch)도 말하고 있듯이 "베르그송의 철학은 탐구의 방법과 탐구내용 자체가 분간할 수 없이 결부되어 있는 드문 철학들 중의 하나"[1]이기 때문이다. 특히 베르그송은 자신의 직관을 서구 존재론적 전통의 사고와는 전혀 다른 인식방식이라고 말하는데, 이 말을 그대로 받아들인다면 베르그송의 직관과 비교해 보고 대조해 볼 어떠한 인식이론도 베르그송 이전에는 없었다고 보아야 할 것이다. 또한 베르그송 스스로도 외프딩(Hoeffding)에 대한 답장에서 말하고 있듯이[2] 그의 철학이론의 살아 있는 중심은 직관이라기보다는 지속이며, 따라서 지속의 이론이 먼저요 직관이론이 우선적이 아니다.

　사실 베르그송에 있어서 직관에 관한 그의 이론은 점차로 형성된 것 같다. 그가 엘레아 제논의 역설을 통해서 동적 현실에 대한(서구적) 지성(l'intelligence)[3]의 한계를 점차 뚜렷이 자각함에 따라 혹은 그가 지속에 대한 발견 이래, 이 발견을 통하여 여러 철학설들의 결

---

1) V. Jankélévitch, *Henri Bergson*(Paris: P.U.F., 1959), 5면.

2) Lettre a Hoeffding; *Ecrits et Paroles*, 3, 456면; *Mélanges*, 1146면.

3) 원래 프랑스어로 'l'intelligence'는 지능을 의미하며, 지성에 해당하는 다른 프랑스 말에는 'l'intellect'가 있다. 베르그송의 지성의 의미는 비교되는 대상과 수준에 따

18

함이나 이들이 부딪친 난점들을 해소하거나 해결함에 따라, 그는 점차로 지속의 이론을 통해 전개된 그의 철학적 성찰의 방법이 전통적인 철학적 방법들과 다름을 인식하고 이와 구분하기 위해서 그의 직관의 이론을 전개한 것이라 생각된다.

그는 《사유와 운동(La pensée et le mouvant)》에서 "직관이라는 말을 사용하는 데 오랫동안 망설여 왔다."[4]고 말하고 있다. 왜냐하면 직관이라는 말이 "지능에 대립된 의미로 사용되었고… 따라서 직관이 영원한 것에 대한 직접적인 탐구가 아닌 듯이 생각되기 때문"[5]이라는 것이다. 달리 말하면 그의 직관이 칸트처럼 우리의 인식의 재료만을 제공하는 감관–지각적인 것으로, 혹은 시간성을 넘어선 것에 대한 초지성적 개념으로 사용될 것을 우려한 것이다.[6] 그는

라서 여러 가지 의미를 지닌다. 즉, 본능(l'instinct)과 대비될 때에는 '지능' 개념으로 쓰이며, 직관(l'intuition)과 대비될 때에는 베르그송 이전의 플라톤이나 데카르트와 같이 언어를 통한 존재론적 사고나 반성을 수행하는 서구적 지성의 철학적 정신을 의미한다. 즉, 모순율에 따르는 서구의 존재론적 사고를 하는 지성, 영국 철학자들이나 칸트가 오성(understanding)이라고 한 것에 해당한다. 이처럼 지성의 의미는 서구에서도 다양한 의미로 사용되었으나 전체적으로는 로고스와 파토스로 분할되는 인간의 '언어로 사유하는 측면'을 지칭하며, 이러한 사고와 대비되는 베르그송의 직관의 한 의미는 파토스적 측면, 즉 감정의 측면이 있다. 이 때문에 베르그송의 직관은 동양의 불교적 인식론의 전통에서 말하는 언어를 떠난 이심전심(以心傳心)의 묘법이라 불린 선(禪) 의식과 비슷하다. 물론 베르그송의 직관이나 불교의 선 의식은 언어적 사유를 떠난다고 하나, 사실은 인간 의식이 언어적 사유를 전제하나 이를 초월적으로 넘어서 로고스와 파토스로 구분하지 않은 상태에서의 전체적인 인간의 마음을 직관하는 것을 지칭한다. 이 능력은 현대의 생명과학에서는 하나의 생명체가 같은 종을 넘어서 다른 생명체를 알아보는 본능적이고 원초적인 능력에 해당한다고 할 수도 있다.

4) H. Bergson, P.M., 25면.
5) 위의 책, 25면. 베르그송의 직관도 우주적인 생명의 원리나 신을 향하는 한, 영원한 것에로 향해져 있다.
6) 칸트는 경험에 대한 "사유의 존재론적 구성에 의한 인식 가능성"을 "직관이 없는 개념은 공허하고 개념이 없는 직관은 맹목이다."라고 말함으로써 감성적 경험의 질료와 논리적 사유의 종합에서 인식이 성립한다고 말한다. 즉, 그는 경험 일반의 가능성의 제약은 경험 대상의 가능성의 조건이라고 말하고, 경험적인 것을 규정(구성)하는 존재론적 사유의 권리적 일치를 말한다. 이 때문에 그에 있어서 감성적 직관과 형식적 사유는 분리되어 있으며, 이 양자 어느 쪽에도 전체적인 존재인식은

"지적 작용에서 투시로의 이행, 상대적인 것에서 절대적인 것으로의 이행이 시간에서 이탈하는 것이 아니라 …지속으로 되돌아가 실재를 그 본질인 운동성에서 다시 포착하는 것"[7]이라고 한다.

그런데 베르그송의 저작을 살펴보면 베르그송은 그의 지속에 대한 통찰을 근거로 하여 전통적으로 문제시되어 왔던 많은 철학적 문제들을 해결하거나 해소시킴으로써 실재를 새로운 각도에서 바라볼 수 있게 하는 시점을 마련해 주고 있는데, 그의 지속에 의한 문제해결의 방식이 마치 일정한 방법을 가지고 있는 듯이 보인다. 그래서 '베르그송주의(Bergsonisme)'를 주장하는 철학자들 가운데 들뢰즈(G. Deleuse)는 베르그송의 직관을 베르그송 스스로 말한 "단순한 작용이나 행위(simple acte)"로만 보지 않고, 직관이 현실화되는 다양한 방향의 질적인 잠재적 다양성을 배제하지 않는다는 관점에서 방법의 규칙이 되는 세 종류의 행위로 구분할 수 있다고 하며, 이 가운데 가장 중요한 것으로서 "분별의 방법(méthode de division)"이 "경험의 본성을 따르는 한, 방법으로 이해된 직관의 기능이다."[8]라고까지 말한다. 그러나 분별, 즉 분석은 언어로 사유하는 기능의 전제가 되는 것으로서 지능의 본질적 기능이라고 분명히 베르그송은 말하고 있다.[9]

사실 사유와 직관, 특히 분석과 종합을 수행하는 사유기능과 경험의 실질적 내용을 가져오는 직관의 기능은 서로 뗄래야 뗄 수 없게 밀접한 관계가 있어 이들의 분석에 어려움이 내재해 있다. 그러

---

없다. 즉, 플라톤이 말하는 영원한 것에 대한 사유의 직관은 불가능하고 따라서 존재, 즉 감성적 직관인 현상의 배후에 있다고 하는 물 자체의 인식은 불가능하다.

7) 앞의 책, 26면.
8) G. Deleuse, "L'intuition comme méthode," *Bergsonisme*(Paris: P.U.F., 1968), 1~28면〔김재인 역(서울: 문학과지성사, 1996)〕. 들뢰즈의 분별의 방법이 의미하는 논리는 《차이와 반복》(김상환 역, 민음사, 2004)에 잘 나타나 있다.
9) H. Bergson, *E.C.*, 146면; *P.M.*, 181면.

나 베르그송은 지성과 직관을 그의 《형이상학 입문》에서 철저히 대
비시켰고, 그럼으로써 자신의 직관의 의미를 관념적으로 사유하는
지성과 대비시켜 분명히 부각시키려고 노력했다.[10] 그의 이러한 노
력에도 불구하고 그의 철학을 새로운 지성주의 혹은 합리주의
(rationalisme)로 해석하려는 노력이 끊임없이 있어 왔다. 위송(Léon
Husson)은 "베르그송에 있어서 직관이라는 명칭은 인식의 산출에서
최초의 직접적인 소여의 지각을 지칭한다. …그러나 이 지각은 일
상적이고 과학적인 인식의 기초, 혹은 더 좋게 말하면 인식의 모습
에 이미 잠재적인 모습으로 있다."라고 말하고, 이 직관이 반성적
기능으로서의 지성에 대립하는 것이 아니라 직관과 사유 이 양자는
상보적 관계에 있음을 밝힌다. "논증적이고 논의적(discursive)인 능
력으로서 지성은 그 자체 우리의 감관-지각, 의식에서 온 내용들
을 가진 관념들을 서로 비교하고 분리하며, 배열하고 해체하는 능
력일 뿐이다. 그것은 직관이 알려 준 정도에 따라 발견할 뿐이다…
반대로 직관 자체는 진실과의 접촉의 결과… 우리 인간에 있어서
정서(émotion), 말하자면 영혼을 고양시킴으로써 지성적인 행위에
새로운 충동을 주고 방향을 지우며 끊임없이 스스로를 초월하도록
자극한다. …근원적으로 지성과 직관은 정신의 상호 보조적인 두
기능이요, 현실의 상호 대립적인 형태에 적응하면서 취한 두 인식
형태이다. …이 두 기능은 그들의 공통적인 성격에 의해 본능을 초
월하는데, 그것은 인간 심리기능의 원초적 특성인 반성(réflection)이
다."라고 말하고, "베르그송의 지성비판이 의미하는 것은 지능
(l'intellect), 즉 가지적인 것을 지각하는 능력(la faculté de percevoir
l'intelligible)일 뿐이며 이것은 그의 말로는 '정신(l'ésprit)' 의 명칭을
취하는 것이다. 비판은 이 지적 능력의 특수한 방식, 즉 분석 종합

---

10) H. Bergson, "De l'intelligence," *Mélanges*, 553~560면. 이 연설에서 베르그송은
넓은 의미에서 지성을 "직관과 지능(l'intellect)의 협동"으로 정의하기도 했다.

하는 기능에나 적합한 것이다."[11]라고 말하고 있다. 즉, 위송은 베르그송의 직관을 상식적이고 물질을 다루는 과학적 지성의 형태보다는 철학에서 정신 자체를 탐구하는 보다 높은 형태의 지적 능력(intellection)으로 본다.

베르그송의 사상을 '새로운 합리주의(nouveau rationalism)'로 규정지으려 했던 것은 베르그송의 충실한 제자 페기(Charles Péguy)에서부터였다. 그는 "베르그송주의는 이성을 잘 인도하기 위한 하나의 방법이며… 또한 이성의 한 부분이다."라고 말한다. 그는 베르그송 사상을 감각주의 혹은 비합리주의로 규정하려는 모든 해석에 반대한다. 그런데 비교적 최근에 베르그송의 직관을 새로운 '이성의 사용법'으로 보고 베르그송 사상을 이성주의로 귀착시키는 데 결정적인 듯한 밀레(Jean Milet)의 《베르그송과 미적분(Bergson et le calcul infinitésimal)》이 상당히 주목된다. 그는 베르그송이 《형이상학 입문》에서 "형이상학의 목표들 중 하나는 질적 미분법 및 적분법을 행하는 것이다."[12]라고 한 점에 통찰을 얻어 베르그송의 직관에 대한 사상이 근대 수학에서 처음으로 수행된 미적분법에 대한 인식론적 통찰에 있음을 밝힌다. 즉, 미적분법의 기본적인 사고방식에의 입문은 우리에게 "전통 수학의 습관적인 사고방식과의 관계에서 보면 우리 사고의 전도를 겪게 함을 보여 주는 것이 틀림없다." 그래서 "새로운 사고방법이 취해지는데, 그것은 운동(le mouvant)을 따르면서 사고하는 것, 더 좋게 말한다면 운동하는 식으로(en mode mouvant) 사유하는 것이다. 이런 전회는 근본적이고 원초적인 것이다." 그는 이런 사고의 전회의 결과로서 ① 지속 안에서의 사유, ② 우주적 지속의 발견, ③ 지속의 양태들의 발견, ④ 지속의 주변적

---

11) Léon Husson, "Signification et limites de la critique de l'intelligence chez Bergson," *Actes du 11 Congrés*, 13권(Paris: P.U.F. 1947), 174~179면.
12) H. Bergson, *P.M.*, 29면; *D.S.*, 58면.

탐사(exploration marginale)의 발견이 나타난다고 한다.[13] 그 결과 "인간의 이성은 미적분법의 덕택으로 곧바로 연속을, 특히 운동을 이해할 수 있게 되었으며", "이것이 이성과 경험 사이의 갈등의 종언"이라는 것이다.[14]

그에 따르면 "이성은 존재(l'Etre)를 우대할 수도 있고 운동을 우대할 수도 있다. 이성이 존재에 따르면 이성은 절대적인 것으로 간주된 고정된 지표와의 관계에서 개념과 판단, 추론 속에 표현된다. 이 경우 운동에서 나온 모든 가치들, 시간, 생명, 여러 형태의 과정(procéssus)들은 '존재'와의 관계에서 무시된다.…파르메니데스와 엘레아 학파에서 출발한 그리스인에 있어서 이성은 결정적으로 운동에 반대해서 존재의 편을 든다. …다른 한편을 선택할 수 있다. 인간의 이성이 존재와의 관계에서 또한 운동을 우대할 수도 있다. 이 경우에는 이 이성은 위치들보다 과정에 복종하고 그 결과로 동일성보다는 유사성(l'analogie)에, 형상(Forme)보다는 창조적 행위(l'acte)에, 순간들보다는 시간에 복종한다. 단적으로 정태적인 구조에서 동태적인 구조로의 이행이 있었다."[15]

요약한다면, 미적분법적 사고방식(혹은 지속 안에서의 사고)의 채용은 사유에 해방의 결과를 가져왔다. 마찬가지로 가설적인 영원한 '실체', 법칙들의 '결정', 불변하는 '세계의 질서' 등을 생각하려고 헛수고할 필요는 전혀 없다. 새로운 인식론에 인도된 정신은 자발적으로 일종의 현상학적인 태도를 취한다. 그것은 '모든 현상'을 포착하며 '현상'만을 포착한다. "새로운 사고방식인 직관은 우리를 절대적 인식, 즉 대상과의 일치로 인도하리라. 미적분법적 사고방식에 뿌리박고 서 있는 직관은 그 자체 궁극적인 것으로 인도한다.

---

13) Jean Milet, *Bergson et le calcul infinitésimal*(Paris: P.U.F., 1974), 89~96면.

14) 위의 책, 135면.

15) 위의 책, 101~102면.

왜냐하면 한계의 저편에 어떤 것을 설정할 수 있다면 그것은 무한 이외의 다른 것을 생각할 수 없기 때문이다."[16]라고 말하며, 그의 탐구의 결과들이 베르그송의 사상을 합리주의로 귀착시킴이 확실하다고 한다.

밀레가 여기에서 의미하고자 한 합리주의는 랄랑드(Lalande)의 정의에 따라, "첫째, 존재 이유를 갖지 않는 것은 존재하지 않으며, 그래서 사실적이 아니면 당위적으로(en droit) 가지적(可知的)이지 않은 것은 존재하지 않고, 둘째, 거부할 수 없고 선천적(a priori)이며 명징한 원리들에서만 나오는 필연적인 결과인 모든 인식을 지시하며, 감관-지각은 진리에 대해 혼란스럽고 잠정적인 것만을 제공한다."[17]고 하는 것이다.

밀레는 이 탐구의 결과로 베르그송의 사상을 감각주의자나 본능주의자의 것으로 해석한 초기의 생각들, 프래그머티즘으로 해석하려는 베르틀로(R.Berthelot), 정서나 감정주의자로 이해하려는 방다(Julien Benda)를 거부할 뿐만 아니라, 베르그송의 인식론적 기원을 '미적 정서'에서 본 모스바스티드(Mme. Mossé-Bastide), 생물학에서 본 구이에(M. Gouhier)에 반대하고, 기통(M. J. Guitton)처럼 근대 수학의 미적분법적 사고에서 본다.

그러나 문제는 베르그송이 《사유와 운동》에서 말한 "형이상학은 질적 미적분법을 수행하는 것이다."라는 발언은 밀레도 인정하듯 유비적으로 말해진 것이요,[18] 나아가서 베르그송을 새로운 합리주의로 보았을 때 밀레의 연구의 기초가 된 것은 수학에서 연속과 불연속의 문제이지 베르그송이 그렇게 강조하던 운동에 관한 것은 아니다. 물론 밀레의 주장대로 베르그송은 단순히 감각주의자나 감정

---

16) 앞의 책, 106면.

17) 위의 책, 100면.

18) 위의 책, 85면.

24

주의자, 혹은 비합리주의자는 아니다. 그렇다고 베르그송이 단순히 '새로운 합리주의'에 머문다고 말할 수 있는 것인지? 베르그송 스스로가 말하고 있는 영감(illumination) 사건이[19] 단순히 수학적 통찰에 머물 것인지 의심이 든다.

사실 앞에서도 언급했듯이 베르그송은 자신의 지속에 근거를 둔 철학적 방법으로서 직관과 전통적인 존재론에 깔린 철학적 방법론인 '지성'을 엄밀히 구분하고 이 양자의 차이를 드러내려고 했다. 그 이유는 바로 그가 통찰한 지속의 특수성 때문임을 우리는 외프딩에 대한 서한을 통해서 알 수 있다. 그러나 과연 이 시도는 성공했는가? 우리는 이러한 문제를 살피기 위해 그의 직관의 의미를 지성과 대비되는 한에서 철저히 탐구해 보아야 한다. 그리고 베르그송의 지성과 지속에 관한 통찰의 입구에 제논의 운동역설이 있음은 널리 알려진 사실이다.

우리는 베르그송의 라틴어 학위논문인 "아리스토텔레스는 장소에 대해 무엇을 생각했나? (*Quid Aristoteles de loco senserit?*)"가 제논

---

19) 베르그송 스스로도 그의 친구 샤를 뒤보(Charles du Bos)에게 말했고, 뒤보가 이를 *Journal*(1921~1923)에 발표하고 있다. 1927년 뒤보는, 데세몽에 따르면 베르그송이 엘레아 학파들의 논의들을 설명하고 있는 강의(1884~1885)에서 지속에 관한 직관을 가졌다는데, 이 언명을 어떻게 생각하느냐고 베르그송에게 물었다. 이에 대해 베르그송이 답하기를, "내가 당신에게 말했을 때, 즉 내가 클레르몽페랑(Clermond-Férrand)에 머물기 시작했던 1883~1884년에 내가 접하고 있었던 것은 스펜서(H. Spencer)의 "제일 원리"의 일차적 개념들, 특히 시간 개념에 관한 장들이었다. 스펜서의 학문적 노력은 역학의 영역에서는 특별히 강렬하지는 않았다. 그러나 이 연령으로서 나를 가장 매료시킨 것은 과학적 개념들, 특히 수학적 개념들과 역학적 개념들이었다. 그래서 나는 좀 더 시간에 관한 통념들을 탐구하기 시작했다. 그리고 나는 사람들이 이 관념을 취하는 관점에서는 뛰어넘을 수 없는 난점들에 부딪힌나는 것을 생각해 냈다. 나는 시간이란 일반적으로 말해지는 것일 수 없고 다른 어떤 것이 있을 것이란 생각이 들었으나 분명히 무엇인지는 알지 못했다. 이것이 바로 매우 애매하기는 하지만 출발점이었다. …내가 학생들에게 엘레아 제논의 궤변을 흑판에 쓰고 설명하던 어느 날 나는 나의 탐구가 어떠한 방향으로 가야 할 것인가를 보다 분명히 알기 시작했다. 그리고 데세몽이 말한 것 중의 일부의 진리는 바로 이것이다. …따라서 내가 출발한 것은 과학적 개념이지 결코 심리학적 개념이 아니다." 이 말은 바로 베르그송 사상에서 제논이 차지하는 위치도 보여 준다.

의 운동역설과 아리스토텔레스의 이에 대한 대답을 취급한 것이라는 것을 잘 알 수 있다. 나아가 무엇보다도 더 중요한 것은 베르그송이 《사유와 운동》에서 "형이상학은 엘레아의 제논이 우리의 지성이 표상하는 한에서 운동과 변화에 내재하는 모순을 뚜렷이 한 날로부터 시작한다."라고 한 말이다.[20] 이 말의 의미는 엘레아의 제논에 대한 반성이 없이 철학을 할 수 없다는 말이며, 밀레도 말하듯 "제논의 역설이 베르그송으로 하여금 근원적으로 인류에 있어서 두 가지 문제, 제논이 되는가 베르그송이 되는가의 문제뿐"[21] 이라고 말하기에 이른다.

사실 아주 흥미 있는 일이지만 베르그송은 그의 주요 저작에서 제논을 언급하지 않는 일이 하나도 없으며 그것도 그 저작의 결정적인 순간들에서 그렇다.[22] 이런 점에서 볼 때, 베르그송의 직관의 의미를 살피는 데 그의 제논에 대한 논의의 결과로서 나타나는 지성의 의미를 함께 다루는 것이 필수적임을 알 수 있다.[23] 본 저작은 이러한 분석의 결과 베르그송의 직관이 결코 합리주의에 국한될 수 없음을 밝힌다.

우리가 베르그송의 직관의 의미를 새롭게 다루어 보아야 할 필요성을 느끼는 것은 베르그송의 철학에 대한 비교적 최근의 해명에서 그의 본래 의도와는 다른 경향을 보이는 견해들이 있기 때문이다. 그 중에서 크게 보아 두 가지 경향이 있는데, 하나는 앞에서 본 것

---

20) H. Bergson, *P.M.*, 8면.

21) Jean Milet, 앞의 책, 53면.

22) H. Bergson, *D.I.*, 84~85면; *M.M.*, 213면; *E.C.* 307~308; *P.M.*, 8, 146, 156면; *D.S.*, 51, 72면; 논문 "l'évolution de l'intelligence géométrique".

23) 베르그송의 사상을 엘레아주의와의 관계에서 문제삼은 것은 모두가 제논의 운동 역설에 국한되어 있을 뿐 파르메니데스의 사상과의 연관성에서 다루어진 것은 거의 없다. 제논과 베르그송의 사상을 비교한 비교적 최근의 논문은, Hervé Barreau, "Bergson et Zénon d'Elée," *Révue philosophique de Rouvain*, 3è. Sér., No. 94~95, 1969.

처럼 베르그송의 사상을 새로운 형태의 합리주의라는 관점에서 보고 해명하는 것이요, 다른 하나는 베르그송의 사상에서 서로 조화할 수 없는 모순된 내용이 있다고 보는 것이다.[24]

사실 베르그송은 그의 첫 저작인 《의식의 직접 소여론》에서부터 최후의 저작인 《도덕과 종교의 두 원천》에 이르기까지 일관된 논리를 전개하고 있는 것같이 보이면서도, 내용적으로는 근대 이후의 실증과학적인 성과, 프랑스 정신적 전통의 합리주의, 거기다가 베르그송 스스로가 자신의 사상의 원조로 발견한 플로티누스의 신비주의적 사상 및 유대적 전통에서 성립한 크리스천이즘이 혼합되어 있다. 그래서 베르그송의 사상은 일관적인 설명이 불가능할 정도로 이에 대한 다양한 해석이 있을 수 있다. 즉, 베르그송의 철학이 방법론적으로는 일정한 논리를 가지고 있는 듯하지만 그 내용은 결코 통일된 방법을 적용할 수 없는 듯이 보인다. 그래서 베르그송 사상을 통일적으로 해명하고자 하는 사람에게는 베르그송 철학이 합리주의 혹은 지성주의로 보이고, 베르그송 철학 자체의 내용에 충실하고자 하는 사람은 베르그송 사상에서 모순된 내용들을 보게 된다. 그러나 과연 베르그송은 새로운 형태의 합리주의자인가? 아니라면 그의 철학 내용은 통일적이고 일관성 있는 해명을 거부하는 것일까?

이러한 문제에 대한 탐구에서 우리가 우선 살펴보아야 할 것은 베르그송의 직관의 의미이지 않을까? 왜냐하면 베르그송이 지속에 대한 통찰을 통해 단순히 철학적인 문제들을 해결하고 지속을 인식론적인 기초로만 사용했다면 그의 철학의 해석에서 별 문제가 없겠

---

24) 첫 번째 경향의 것으로서 대표적인 것은 Rose-Marie Mosse-Bastide, *Bergson et Plotin*(Paris: P.U.F., 1959)과 H. Gouhier, *Bergson et le Christ des Evangiles*(Paris: Fayard, 1961)이 있다. 두 번째 경향의 것으로는, C. Trèsmontant, "Deux métaphysiques bergsoniènnes?" *Revue de métaphysique et de morale*, 64, No. 2, 1954와 R. Violette, *La spiritualité de Bergson*(Toulouse: Privat, 1968)이 있다.

지만, 그는 자신이 통찰한 지속을 존재론적으로 정립하고, 생명의 근원적 원리(élan vital)로 설정하였으며, 이와 관련해서 직관의 이론으로 발전시켰기 때문이다. 즉, 그의 지속에 대한 통찰은 우선은 인식론적인 탐구를 통해 이루어졌으나 점차 존재론적으로 언급됨에 따라 직관의 이론으로 발전한 것이 아닌가 한다. 결국 이렇게 본다면 그의 지속에 대한 성찰은 존재론적인 사유 지평 아래 있는 것이 되며, 이 때 전통적인 존재론과의 차이나 관계가 문제되지 않을 수 없다. 그리고 바로 이 점에서 베르그송의 사상을 정당하게 해석하는 결정적인 열쇠가 주어진다고 생각한다. 본 저작은 이 점에 착안하고서 우선 베르그송의 지성과 직관의 의미를 살핀 뒤 이 직관의 의미가 간직한 실제적인 내용의 측면에서 베르그송의 사상을 전체적으로 조감할 수 있는 시점을 제공하고자 한다.

## 2. 제논의 운동 부정에 관한 논의

제논의 운동 역설에 관한 논증들의 단편과 그에 관한 언급은 플라톤, 아리스토텔레스, 심플리키우스, 테미스티우스, 라에르티우스 등 여러 사람에게서 찾아볼 수 있다.[1] 그런데 그들이 전하는 단편들 속에서 이야기되고 있는 내용에 대한 논리적 구성이 서로 약간씩 다를지라도 제논의 논증들의 내용은 파르메니데스의 존재(on)를 옹호하기 위한 것인 한, 본질적으로 같다고 보아야 할 것이다. 물론 제논의 여럿에 대한 논증이나 운동 역설들은 공간과 시간, 연속과 불연속, 운동과 무한성 등에 관한 모든 이론들을 위한 쟁점들을 오늘날까지 제공하여 오고 있기 때문에, 나아가 이 주제가 단순히 철학자들의 관심만을 끄는 것이 아니라 수학자, 물리학자에까지도 미치고 있기 때문에 그의 논증들의 내용이나 논리적 구성을 서로 다르게 할만한 소지가 많다.

가령 제논의 논증들에 대한 최초의 논의인 플라톤의 대화록 《파르메니데스》편(128~130)에서 언급되고 있는 것은 운동 역설이 제외된 채 주로 여럿에 대한 논증으로서 고대철학에서 문제된 일자와 여럿의 존재 문제이다. "만일 존재하는 것들이 여럿이고, 그래서 그

---

1) H. Diels, *Fragmente der Vorsokratiker*, Band 1(Berlin: Weidemann, 1985), 247~258 면; H.D.P. Lee, *Zeno of Elea*(Cambridge: Cambridge University Press, 1936), 1~9면.

것들이 닮고 또 안 닮아야 한다고 한다면 이러한 일은 불가능합니다. 왜냐하면 닮지 않은 것들은 닮을 수 없고 닮은 것들이 안 닮을 수 없기 때문입니다. 당신은 이런 의미로 말씀하셨죠?"라고 소크라테스가 묻자 제논은 "그렇소."라고 대답한다(127c). 즉, 제논의 논증들은 존재론적으로 여럿의 존재를 끌어들인다는 것이 논리적 자가당착에 빠진다는 것을 보여 주는 것들임을 플라톤은 말한다. 또한 여기에서 우리가 주의할 것은 제논의 여럿에 대한 논증이 논쟁을 야기하기 위한 것으로, 젊은 소치의 것이라고 말하는 점이다(128). 우리는 플라톤의 이 언급이 무엇을 의미하는 것인가를 볼 것이다.

리(H.D.P. Lee)가 플라톤의 논의들을 요약한 것을 살펴보면, ① 제논은 정통적인 엘레아 사람으로서, ② 그의 스승 파르메니데스의 존재하는 것(to eon)은 하나(to hen)라는 철학설과는 달리 여럿의 존재를 주장하는 다른 학설들을 자기모순에 빠지도록 하는 논증들을 전개했고, 특히 여럿의 존재나 운동의 자기모순성을 지적했으며, ③ 그의 공격목표의 일부는 엘레아 학파가 영향을 받고 있는 피타고라스 학파의 학설이다.

그런데 여기에서 약간 문제되는 것은 제3항이다. 리는 제논의 여럿에 대한 논증과 장소의 역설에서는 제3항의 의도가 뚜렷이 나타나나, 운동에 관한 4개의 역설에서 다루어지는 문제는 너무 보편적이고 일반적인 것이라서 꼭 그렇다고 말할 수 없다는 것이다.[2] 바로 이 때문에 제논의 의도 가운데 제3항을 제거시키려는 시도가 있었음을 거스리(Guthrie)는 그리스 철학사에서 밝히고 있다.[3] 그러나 앞으로 볼 것이지만 여럿에 논증도 일반적이고 보편적인 논의라서 플라톤이 말하듯 논쟁적인 젊음의 소치가 드러나는 것이다.

---

2) H.D.P. Lee, 앞의 책, 64~65면.

3) W.K.C. Guthrie, *A History of Greek Philosophy*, Vol. 2(Cambridge: Cambridge University Press, 1965), 89~90면.

더욱이 제논의 역설들이 여럿의 존재에 대한 사상을 가진 피타고라스 학파를 염두에 두고 이루어진 것이라면, 왜 플라톤이나 아리스토텔레스가 파르메니데스의 철학과 관련하여 피타고라스 학파에 대한 언급을 전혀 하지 않았는지 의문시된다. 왜냐하면 플라톤이나 아리스토텔레스는 선배들의 의견의 대립이나 비판 가능한 점을 항상 설명하고 제시하려고 애썼기 때문이다. 결국 피타고라스와 제논을 대립시킨 것은 수학사에서 이루어진 이유들로 인해 근대인들이 한 것이 아닌가?[4] 사실 제논의 논증들은 수학적 형태로서는 연속과 비연속의 문제이며, 앞으로 보겠지만 제논이 연속을 주장하는 편에만 선다는 것은 납득하기 어렵다.

그리고 심플리키우스가 아리스토텔레스의 《자연학》에 대한 주석에서 제논의 논증들이 14개나 된다는 언급을 본다면, 제논의 논증들, 특히 운동에 관한 논증들은 이들 중에 특별히 뛰어난 것만을 모은 것이라는 생각이 든다. 사실 제논의 운동 역설들은 그 논리적 구성에서 약간 애매한 채로 아리스토텔레스에 의해 전해지고 있는데, 아리스토텔레스 자신도 이 논증들에 대해 확고한 태도를 취하고 있지 않다.

이상과 같은 관점에서 본다면 제논의 여럿에 대한 논증이나 운동에 관한 논의들을 구성함에 있어서 문헌학적이고 문자적인 연구를 한다는 것은 사실상 불가능하다. 더욱이 제논의 본래적 의도가 어디에 있는지는 더욱 애매하다. 플라톤에 있어서도 이미 제논의 여럿에 대한 논증은 젊음의 소치라는 평가와 아울러 그 본성이 간파되고 있고, 이 때문에 그의 논증들은 그의 철학적 관심인 변증법과의 관련 아래서 해석되었으며, 철학사를 통하여 제논의 의도는 다양하게 해석되어 논쟁의 여지를 지니고 있는 것이다.

---

4) Hervé Barreau, "Bergson et Zénon d'Elée," *Révue Philosophique de Rouvain*, No. 94~95, 273면.

그러나 거꾸로 생각하면 제논의 의도가 서로 달리 해석되고 논쟁의 여지가 많다는 것은 제논의 논증들이 내포한 문제가 그만큼 중요하다는 것을 의미할 뿐만 아니라, 이러한 논쟁들을 통하여 제논의 논증들이 다양하게 문제됨으로써 불분명하게 여겨졌던 제논의 역설의 의미가 분명하게 드러나는 측면도 있다. 이 때문에 본고에서는 제논의 여럿에 대한 논증과 운동 역설들이 일으킬 수 있는 문제들을 가능한 한 여러 가지 관점에서 살펴보고, 제논의 의도를 더 잘 알아낼 수 있는 가능성을 위해, 제논의 운동 논증들을 인용하는 데는 이 논의들의 전거(典據)가 되고 있는 아리스토텔레스나 딜스의 단편집에 나타나는 것을 넘어서 논리적 구성이 보다 치밀한 심플리키우스의 것을 주로 인용할 것이다. 더 나아가 철학사에서 문제된 내용들에 맞게끔 창의적인 논리적 구성까지도 가능하면 시도해 보겠다. 이러한 일은 본 논문이 제논의 논의들을 베르그송의 사상과의 관련성에서 살피기 때문이며, 그것도 양자의 의도를 보다 잘 드러내기 위한 시도의 한계 내에 머문다.

## 2.1. 양분(Dichotomy)

제논의 운동 부정의 최초의 논증은 '양분(dichotomy)'이라는 것으로서 심플리키우스가 전하는 것은 다음과 같다.

① 운동이 있다면, ② 운동체는 운동을 끝마침에 있어서 무한한 것을 지나야 한다. 그러나 이것은 불가능하므로 ③ 운동은 없다. 그는 그의 가설을 다음과 같이 증명한다. ④ 운동하고 있는 물체는 어떤 일정한 거리를 이동해 가야 한다. 그러나 모든 연장(거리)은 무한 가분하므로 그 운동체는 먼저 그것이 움직이고 있는 거리의 절반을 지난 뒤에 전체를 지나가야 한다. 그런데 이 운동체는 전체의 절반 거리를 지나기 전에 그 절반의 절반을 지나야 하고, 다시

그 절반의 절반을 지나야 한다. 그런데 어떤 주어진 길이의 절반으로 나누는 일은 항상 가능하므로 그 절반들이 무한히 있다면… 어쨌든 요약하여 모든 크기는 무한 분할을 갖고, 따라서 유한한 시간에 어떤 연장량을 지나는 것은 불가능하다[5](숫자는 필자 삽입).

이 양분의 역설은 그 논리적 형식이 귀류법(reductio ad absurdum)으로 되어 있다. 즉, ①에서 운동의 존재를 긍정하여 놓고, ②에서 운동을 연장량으로 표시하여 이 연장량을 양분함에 의해 ④에서처럼 논리적으로 재구성하면, 그 결과가 불가능하므로(현실에 비추어 보면 맞지 않으므로) ①의 가정이 잘못되어 있음을 ③의 결론으로 밝히고 있는 것이다. 그런데 다른 문제, 예를 들면 운동을 연장 양에 의해 표시할 수 있는가 하는 등의 문제를 차치한다 하더라도, 이 양분의 역설이 의미 있는 논증이려면 ④에서 보인 논리적 구성이 얼마나 설득력 있게 짜여졌느냐 하는 점에 대한 해석 문제이다.

제논의 논증의 해석에 대한 가능한 이론들을 역사적으로 살피기에 앞서 우리는 먼저 제논의 '여럿(多)'에 대한 논증을 살펴보아야 한다. 왜냐하면 제논의 양분의 역설은 여럿에 대한 논증과 그 논리적 성격이 조금도 다를 바 없기 때문이다. 심플리키우스가 전하는 세 개의 단편들 가운데 나타나는 여럿에 대한 논증은 전체적으로 하나의 논증을 구성하는데, 단편 1에서는 전체적으로, 단편 2와 3에서는 단편 1의 내용을 보다 상세하게 설명하고 있다. 우선 단편 1을 살펴보면 다음과 같다.

　…그와 같은 시도 이전에 크기에 따른 무한을 (그는 증명했다). 왜냐하면 존재하는 것이 크기를 지니지 않는다면, 그것은 존재하지 않는다는 것을 증명하고서 그는 계속해서 증명했기 때문이다.

---

5) H.D.P. Lee, 앞의 책, 44면; 딜스의 단편집, 253면, 25편에 나오는 아리스토텔레스의 *Phisica*, Z 9, 239b 참조.

즉, "그것이 존재한다면, 그것은 각각의 어떤 크기와 두께를 지니고, 서로 다른 것은 어떤 것이든 자신을 다른 것으로부터 격리하는 것이 필연적이다. 그것 앞에 놓인 것에 대해서도 같은 논리가(성립한다). 왜냐하면 그것은 또한 크기를 가질 것이고 그 자신의 앞에 어떤 것을 가질 것이기 때문이다. 이런 것을 한번만 말하는 것과 항상 말하는 것은 동일하다. 왜냐하면 그러한 것의 이와 같은 마지막의 것은 있지 않을 것이고 서로 다른 것의 어느 것도 다른 것에 서로 달리 관계하고 있지 않을 것이기 때문이다. 이와 같이 여럿이 있다면 그 여럿은 작고 클 것이라는 것이 필연적이다. 한편, 작은 것들이면 크기를 갖지 않을 정도로, 큰 것들이라면 무한히 큰 것들로 있게 된다(딜스)."

위의 논증은 존재하는 것은 크기(megethos)를 지닌다는 사실로부터 연장적 성질이 존재의 필수적인 성질임을 말하는 데서 시작한다. 그리고 여럿이 존재한다면 이들이 서로 분리되어 있고, 이 때문에 여럿 사이에는 전후든 상하든 연장적 관계가 있게 된다. 문제는 이 관계가 연장의 본성상 무한히 계속되며, 결국 여럿이 수에서는 물론 크기에서 크든 작든 무한히 있게 된다는 데 있다. 따라서 여럿의 존재는 그 수에서 유한한가 무한한가의 딜레마가 형성되고, 그 수가 유한하든 무한하든 각각에서 그 크기가 무한히 크든가 작든가의 딜레마가 형성되는 모순된 존재이므로 여럿은 있을 수 없다는 것이다.

그런데 단편 2에서 나타나듯, 존재가 연장성을 가져야 한다는 것을 증명하면서 제논은 이 논승을 일자에는 적용하지 않고 여럿의 모순을 도출하는 데에만 적용한다는 것이다. 즉, "제논은 일자를 없애버리기 위해 이런 것들을 말하지 않고, 여럿과 무한한 것들 각각이 크기를 가지고 있다는 것, 그들 중 우리가 취하는 것의 앞에는 무한한 분할에 의해 항상 어떤 것이 있다는 것을 말한다." 이 때문에 여럿은 다음과 같은 성격을 지니지 않을 수 없다. 즉, 단편 2에서 앞의 문장에 이어 나오는 구절이 그것을 말하여 준다. "이것을 증명하기 위해 그는 다음과 같은 것을 미리 보여 준다. 여럿의 각각이 그 자신과 동일하고 하나라는 사실로부터 어떤 것도 크기를 지니지 않는다." 즉, 여럿의 각각은 어떤 것도 크기를 갖지 않는다는 것이다. 물론 이 때의 크기란 나누어질 수 있는 크기를 의미하고, 그런 크기를 여럿의 각각은 갖지 않는다는 것이다. 그런데 크기를 갖지 않는 것은 단편 1에서 언급되었듯이 존재할 수 없거나, 있다면 파르메니데스의 일자처럼 '그 자신에 동일하고 하나'라는 것으로서만 있을 수 있다. 결국 여럿은 존재하지 않거나 서로 간에 어떠한 관련성도 배제한 파르메니데스의 일자들로서만 있게 되어 여럿을 이루지 못한다. 그리고 파르메니데스의 일자는 '나누어지지 않는' 연속체이다.[6] 여럿의 존재의 이러한 제한적 성격은 단편 3의 논증에서 보다 분명히 나타난다.

> 여럿이 있다면, 있는 것들만큼의 것들이 있는 것이 필연적이고
> 그것들보다 더 많은 것들이 있지도 더 적은 것들이 있지도 않다.
> 그런데 있는 것들만큼의 것들이 있다면 그것은 한계지어진 것들
> (유한한 것들)일 것이다…(딜스).

그런데 여럿의 존재가 앞에서 이야기했던 일자와 같은 '불가분적인 존재'라는 제한적 성격만을 지니는 것이 아니라, 일자가 존재하려면 일정한 크기를 가져야 하므로 일자는 일정한 크기를 가진 연속체라는 모순적인 성격의 것으로 드러나고, 여기에서 필연적으로 그 배후나 밖에 무한히 나누어지는 연장성을 가지는 것으로 생각하여야 여럿의 현실적 존재가 가능하다.[7] 앞의 인용문은 바로 이

---

6) 파르메니데스, 《단편》, 8.
7) 사실상 일자가 지니는 여기에서의 모순은 존재와 허무 사이의 극단적인 모순이 아

점을 극명하게 보여 준다. 그런데 일자의 연속성을 이처럼 나누어
질 수 있는 것을 배경으로 한 연속체로 생각할 때에는 필연적으로
다음과 같은 여럿에의 논증이 나타난다. 즉, 앞에서 인용된 단편에
이어서 제논은 다음을 논증하고 있다.

> … "만일 여럿이 있다면, 존재하는 것들은 무한할 것이다. 왜냐
> 하면 존재하는 것들 사이에는 항상 다른 것들이 있을 것이고, 다시
> 저것들 사이에는 다른 것들이 있을 것이다. 이렇게 해서 존재하는
> 것들은 무한할 것이다." 이와 같이 그는 크기에 따라 무한한 것을
> 양분함에 의해 증명했다(딜스).

결국 여럿의 존재는 그 수나 크기에서 유한하거나 무한하거나의
딜레마에 떨어지고, 더 나아가 무한하다고 할 경우 무한성은 자기
모순성을 지닌 것으로 간주된다.[8] 그리고 이런 딜레마나 모순이 나
타나는 것은 여럿의 존재가 모순된 존재이기 때문이라는 것이 제논
의 주장이다. 그리고 모순된 존재가 있을 수 없다는 것은 말할 필요
가 없다. 그런데 문제는 제논이 그의 여럿에 대한 논증 속에 들어
있는, 모순을 지적하는 논박술의 논리를 그의 스승인 파르메니데스
의 일자에는 사용하지 않는다는 점에 있다.[9]

---

니라 무규정한 것(apeiron)으로서의 모순이다. 결국 모순율에 따르는 변증법적 사고
에 주어지는 파르메니데스의 일자 존재는 그것이 이념적인 것이 아니고 현실적인
것으로 이해되는 한 필연적으로 비존재로서의 무규정성(apeiron)이나 타자성을 극복
하는 능력(dynamis)을 지닌 존재여야 한다. 역으로 하나의 현실적 존재는 무규정성
이나 타자성을 극복한 무한한 역사를 지닌 구조와 체계를 보이는 존재로 드러난다.

8) 사실 무한성(apeiron)은 그 자체 모순이라기보나는 동일성과 타자성을 매개하는 이
중적 의미를 지니는 변증법적인 것이다. 즉, 무한이라는 개념이 양적 규정을 의미
하거나 질적 무규정성을 의미하는 것이며, 이 양자를 통합하려고 할 때 운동으로서
의 과정을 묘사하는 데 필수적인, "존재도 아니고 무도 아닌" 공허나 공간과 같은
지양(aufgehoben)된 개념이 될 수 있다. 그러나 엘레아 학파는 이 무한성을 모순으
로 간주하고 존재할 수 없는 것으로 치부한다.

9) 앞에서 이미 언급되었고 뒤에서도 다시 언급되겠지만, 만일 그의 논박술(elenchus)의
논리를 파르메니데스의 일자에 적용하면 금방 일정한 크기를 가진 연속체(한계를

우리는 제논의 여럿에 대한 논증을 살피면서 그 논증 속에서 그의 운동 역설의 하나와 동일한 양분의 논리가 나타남을 볼 수 있다. 즉, 앞의 인용문 말미에서 무한한 연장의 확장적 개념에 반대인 축소 개념으로서 양분의 개념이 언급되고 있으며, 이 사실은 그의 여럿에 대한 논증이 그의 운동 역설과 필연적으로 결부되어 있음을 짐작케 한다. 이 사실을 확인시켜 주기라도 하듯이, 포르피리(Porphyry)에 의해 파르메니데스의 것으로 되어 있으나 심플리키우스의 논평(140, 21)으로는 제논의 것으로 됨이 더욱 합당하다고 한 여럿에 대한 논증은 다음과 같다.

파르메니데스는 다른 하나의 논증을 가지고 있었는데, 그것은 양분에 의해서 존재하는 것은 하나일 뿐이고 그것도 부분이 없고 불가분적임을 증명하려고 한 것이다. 그는 말하기를 "왜냐하면 크기를 지닌 존재하는 것(megethe)이 나누어질 수 있다면 양분이 완결되었다고 해 보자. ① 그 결과는 최소의 것이면서 불가분적인 것이 남아 있어서 그 수가 무한할 것이고, 그래서 전체는 최소의 것이면서 수에 있어 무한한 것으로 구성되어 있거나, ② 혹은 사라져 버리는 것으로 나누어져서 이윽고 무로 되어 버릴 것이므로, 무인

지닌 무한)라는 일자의 모순적 성격이 드러난다. 그러면 제논의 논박술의 성격은 무엇인가? 그것의 본성은 방법적으로는 모순율에 따르면서 현실을 고려하려는 사고의 변증법적 성격의 이면에 있는 "있거나 아니면 없거나이다"라는 존재론적인 배중률로 표명되는 극단적인 분별원리에 서 있다. 즉, 모순율은 한편으로 분별을 전제하고 다른 한편으로는 이 분별된 것들 모두를 하나의 유연관계를 통하여 통일해 보려는 이상 때문에 그 자신 현실을 고려하는 정신의 변증법적인 성격을 지니고 있으나, 귀류법에는 생성소멸을 부정(ex nihilo nihil fit)하고 존재론적 판정에서 모순(있느냐 없느냐)을 부정하는 이성의 존재론적 원리가 숨어 있다.

플라톤은 그의 대화록 《파르메니데스》에서 제논의 "여럿에 대한 논증"이 변증법적인 것임을 간파하고 소크라테스로 하여금 그의 논박술의 본성을 캐묻게 하고 있다(127~128). 그리고 파르메니데스로 하여금 소크라테스의 형상론을 비판하게 하는데, 이 때 파르메니데스가 사용하는 제3자 논법은 여럿에 대한 논증과 동일한 논박술로 되어 있다. 그리고 이 논법의 배후에는 모순율에 따르는 귀류법의 배중논리가 숨겨져 있다.

부분들로 구성되게 될 것이다. 이러한 것들은 사리에 맞지 않기 때문이다."라고 했다. 그러므로 그것은 나누어지지 않고 하나로 남아 있다. ③ 더 나아가서 존재하는 것은 모든 부분이 동질적이므로 나누어지기 시작한다면 모든 부분이 똑같이 나누어질 것이지 어떤 부분이 나누어지지 않을 때 다른 부분이 나누어질 수는 없는 것이다. 그러므로 모든 부분이 나누어진다고 해 보자. 다시 분명한 것은 어느 것도 남지 않고 사라질 것이요, 부분들로 구성되어 있지 않다면 그것은 다시 무인 부분들로 구성되게 된다. 왜냐하면 무엇인가 남는다고 한다면 생각하건대 나누어지는 일이 완전히 이루어지지 않을 것이기 때문이다. 그래서 그는 말하기를 이러한 추론으로부터 존재하는 것은 불가분적인 것이요, 부분이 없고 하나임이 분명하다고 한다(숫자는 필자 삽입).

제논(인용문의 파르메니데스)의 여럿에 대한 논증은 어떤 크기를 가진 존재가 나누어진다면 그것은 무한히 나누어진다는 것을 전제로 하여 전개되며, 인용부호 안의 논증은 다음과 같이 분석된다. ① 양분을 계속한 결과가 최소의 것이면서 더 이상 나눌 수 없는 것이 남는다면, 처음의 연장적 존재는 크기를 갖는 무한수의 최소의 것으로 구성되는데, 이것은 불합리하다. 왜냐하면 크기를 갖는 최소의 것이 무한히 더해지면 그 전체는 무한한 크기를 갖기 때문이다. ② 양분을 계속한 결과 나누어진 것이 크기를 갖지 않는다면 이러한 크기를 갖지 않는 것이 무한히 모인다 할지라도 그 전체는 어떠한 크기도 갖지 않을 것이다. 따라서 어느 경우에도 불합리하고, 나누어진 최소의 것이 크기를 갖거나 안 갖거나의 두 가지 경우만 있을 수 있으므로, 귀류법에 의해 존재는 나누어질 수 없고, 따라서 연속적인 하나라는 것이 증명된다.

그런데 앞의 논증에 석연치 않은 것이 있다. 그것은 논증 ①에서는 더 이상 나눌 수 없는 최소의 것이 크기를 가진다면, 논의의 처음에 주어진 존재하는 연장체는 무한히 쪼개진 것이 아니라 쪼갠 정도에 따른 크기를 지닌 유한한 부분들로 이루어질 것이라는 점이요, ②에서는 최소의 것이 아무리 나누어져도 크기를 갖지 않는다는 것은 불가능하다는 점이다. 즉, 제논은 연장체를 구성하는 최소의 것이 있느냐 없느냐의 질문에 그 존재의 유무라는 두 경우에 따른 답변만을 하고 있고 그 중간적인 가능성의 경우를 다루고 있지는 않다는 것이다. 이 때문에 논증 ③ 이하에서 존재하는 것은 모든 부분이 동질적이라는 것을 가정하고, 그리고 그것이 나누어진다면 모든 부분이 똑같이 나누어져서 어떤 최소의 것이 남는다는 것이 불가능함을 보임으로써(만일 최소의 것이 남게 된다면 그것은 나누는 일이 아직 완결된 것이 아니다) 존재가 나뉜다는 것이 불가능함을 증명하고 있는 것이다.

그러나 이 ③의 논증에서는 존재가 동질적이라는 성격이 어디에서 기원하는 것이냐 하는 것이다. 이것은 파르메니데스의 존재(일자)의 여러 성격 중의 하나일 뿐이요(단편 8), 논의의 처음에 주어진 현실적으로 존재하는 것들이 동질적이라는 것은 증명되지 않았다. 그럼에도 불구하고 우리의 사유에서는 절대적인 허무가 인정되지 않는다는 점에서 존재가 동질적이라는 것을 인정하는 한, 앞의 ③의 논증은 성공하고 있다. 그러나 전체적으로 본다면 제논은 양분의 역설을 통하여 일자 존재의 불가분적인 성격을 논증한 것처럼 보이나, 사실은 "일자가 있다면 일자가 있다."라는 단순한 주장에 불과하다. 왜냐하면 제논의 논증은 파르메니데스의 존재의 성격으로서 존재의 동질성을 미리 전제하는 선결문제의 오류를 범하고 있기 때문이다.[10]

---

10) 절대적인 허무에 대비된 절대적 동일성이란 현실적으로는 아무것도 아니거나 모든 것을 허용하는 극단적인 것이다. 따라서 이런 절대적인 것과 논의의 처음에서 주어진 현실적인 것은 서로 비교될 수 없다.

더 나아가 이 여럿에 대한 논증과 관련하여 통상 논의되는 것이 피타고라스 학파에서 말하는 불가분의 크기를 지닌 궁극적인 부분인 "장소를 지닌 단위-점(monas thesin echousa)"의 사상과의 연관성 문제이다. 물론 제논의 논증은 연장을 나누는 위치를 나타내는 점을 근거로 하여 구성함으로써 점(위치)의 관념과 뗄 수 없는 관계에 있다. 그렇다고 하여 제논의 여럿에 대한 논증이 꼭 피타고라스 학파의 "장소를 지닌, 크기가 있는, 더 이상 나눌 수 없는 단위" 사상을 공격하기 위한 것만이 아님을 알 수 있다.[11] 왜냐하면 제논의 논증은 연장을 나누는 위치를 나타내는 점이 크기를 갖거나 갖지 않는 모든 경우를 다 살피고 있기 때문이다. 즉, 제논이 크기를 가진 위치에 의해서 연장을 구성해 보려고 한 논증의 측면이 피타고라스의 단위 사상과 동일한 한에서 피타고라스 학파와 대립관계에 있지 않음이 밝혀진다.

결국 제논은 여럿에 대한 논증에서 연장이 가분적이라면 무한히 분할 가능하다고 가정하는 데에서 시작하고 있듯이, 양분의 역설에서도 한 지점에서 다른 지점으로 간다는 것을 전제한 후에, 이 운동을 연장의 양분에 의한 무한 가분으로 대치하여 놓고 있을 뿐이다. 따라서 제논의 양분의 역설에서 운동을 가분적인 것으로 가정하고서 논의한 ④를 재구성하면, 어떤 일정한 거리 안에 무한개수의 절반을 나타내는 위치들이 있고, 이 위치들은 크기가 있거나 없거나인데, 크기가 있다고 할 때에는 그 거리가 무한한 크기가 되어 유한한 시간에 무한한 거리를 간다는 것이 불가능함이 드러나고, 크기가 없다고 할 때에는 도대체 크기가 있는 거리가 성립되지 않으므로 불합리함이 드러나 귀류법에 의해 ①이 잘못되었음을 논증하고 있다.[12]

---

11) 물론 역사적인 맥락에서는 제논이 피타고라스의 사상을 공격하는 것으로 되어 있지만 여기서는 논리적 관점에서 말하고 있다.

12) 현대적 관점에서 볼 때, 양분 역설에서 논리적으로 맹점이 있는 곳은 운동을 가분적

## 2.2. 아킬레스(Achilles)

제논의 운동역설 중에서 가장 많이 알려진 것으로 아리스토텔레스가 전하는 것을 살피면 다음과 같다.

> 가장 느리게 달리는 자라도 가장 빠르게 달리는 자에 의해 결코 따라잡히지 않을 것이다. 왜냐하면 따라잡아야 하는 자는 우선 따라잡히는 자가 출발한 지점에 도달해야 하고, 이렇게 가장 느린 자는 항상 앞에 있어야 하기 때문이다.[13]

이 역설에 대해 심플리키우스가 전하는 것은 논리적 구성이 더 치밀하다.

> ① 운동이 있다면, ② 이 세상에서 가장 느린 자라도 가장 빠른 자가 결코 따라잡을 수 없다. 그러나 이것은 진실로 불가능하다. ③ 그러므로 운동은 없다…[14] (숫자는 필자 삽입).

이 귀류법으로 되어 있는 논증 가운데 ②의 부분을 심플리키우스

---

인 것으로 당연히 받아들이는 제논의 사고에 있다. 운동이 가분적인가? 만일 운동이 가분적이라면 양분 역설의 논증에서 귀류법에 의해 논증되는 것은 운동이 '존재'가 아니라는 점이다. 즉, 운동은 파르메니데스의 존재처럼 불가분의 연속체가 아니라는 것이다. 그러나 만일 운동이 연속적인 것이라면(베르그송은 운동을 나눌 수 없는 연속적인 것으로 본다), 또 제논의 양분 역설의 논리적 구성인 논증 부분 ④는 운동을 논리적으로 구성한 논증으로서 운동이 불연속적이라는 것을 가정한 논증이 되므로, 여기에서 모순이나 딜레마가 드러난다면 양분 역설은 사실상 운동의 연속성을 논증하는 것이라고 할 수 있다. 그리고 운동이 연속적이라면 파르메니데스의 일자 존재의 연속성의 성격과 동일하다. 따라서 운동과 존재는 동일한 성격을 갖게 되어 구분이 안 되므로 논증이 성공할 수 없거나, 구분이 된다면 존재의 한계가 지어진(단편 8) 성격에서 찾을 수밖에 없다. 그러나 이 때에도 파르메니데스의 일자 존재가 생성소멸도 없고 운동하지 않는 것이므로 일자에는 연속성(무한성)과 한계성이 서로 모순된 성격으로서 함께 있는 것이 된다. 베르그송의 철학에서와 같은 현대의 동적 존재론에 나타나는 운동과 그것의 한계 개념 사이의 딜레마도 파르메니데스의 존재론을 운동론으로 역전시킨 것에서 기인하는 것에 불과하다.

13) Aristoteles, *Physica*, Z 9, 239b; 딜스, 앞의 책, 253면 26편 참조.
14) H.D.P. Lee, 앞의 책, 51면.

42

가 극적으로 재구성하여 전한 것을 보면 다음과 같다.

④ 일정한 거리를 앞에 둔 거북이와 아킬레스가 경주를 하면 아
킬레스는 거북이를 결코 따라잡을 수 없다. 왜냐하면 아킬레스가
거북의 첫 번째 위치에 도달하는 시간 동안에 거북이는 비록 느리
나마 얼마간 전진해 있을 것이요, 아킬레스가 거북이의 두 번째 위
치에 도달하는 시간 동안에도 거북은 다시 조금은 전진해 있을 것
이기 때문이다. 그래서 이렇게 무한히 계속해도 아킬레스는 거북
이를 따라잡을 수 없다.[15]

이 논증은 그리스에서 가장 발 빠른 아킬레스 장군의 운동이 거
북이의 위치와의 관계에서만 매순간마다 이루어졌다고 가정하고,
그 후에 일어나는 운동을 추론하는 형식으로 되어 있다. 그래서 논
증 전체를 살펴보자. 우선 ① 운동이 있다고 가정하면, ② 가장 느
린 자라도 가장 빠른 자가 따라 잡을 수 없게 된다. 이에 대한 논리
적 논증은 심플리키우스가 전하는 ④이다. 그런데 이러한 일은 우
리의 사실상의 달리기 경주의 현실에 비추어 보면 불가능(사실은 불
합리)하다. 따라서 논증 ②의 논리적 구성과 현실적 운동의 사실이
모두 옳다는 딜레마가 형성되는데, 이 양자는 모순관계에 있으므로
귀류법에 의해 모순관계를 내포하는 존재인 ③ 운동은 존재하지 않
는 것이 된다.[16]

## 2.3. 화살(Arrow)

화살 역설로 알려진 것을 심플리키우스가 전한 것을 보면 다음과

---

15) H.D.P. Lee, 앞의 책, 50면.
16) 양분 역설과 마찬가지로 아킬레스 역설의 논리적 구성의 맹점은 여러 가지가 지적
될 수 있으나, 여기에서 문제되는 논리와 현실 사이의 관계에서 이 양자의 관계가
모순이나 딜레마의 관계가 아닌 제3의 길인 협조관계가 가능하다는 것을 인정하지
않는 것이 제논의 논박법의 특징이다.

같다.

제논은, 모든 것은 그 자신과 동일한 공간을 점유하고 있을 때 운동하고 있거나 정지하고 있으며, 어느 것도 지금 순간(en to nyn)에는 운동하지 않고, 날아가고 있는 물체는 각각의 모든 지금 순간(kata hekaston nyn)에 그 자신과 동일한 공간을 차지한다는 것을 전제한 뒤에 논증을 다음과 같이 추론한다. 날아가는 물체는 모든 지금 순간에 자신과 동일한 공간을 점유하고 날아가는 모든 지금 순간에 그렇다. 어느 한 지금 순간에 그 자신과 동일한 공간을 차지하고 있는 것은 어떤 것도 지금 순간에는 움직이지 못하므로 움직이고 있지 않다. 그런데 움직이고 있지 않은 것은 정지하고 있다.…따라서 날아가는 물체는 그것이 날고 있을 때, 그것이 날아가는 모든 시간 동안 정지하고 있다.

아리스토텔레스는 이 논증을 다음과 같이 간단히 전하고 있다.

제논의 논의는 오류이다. 왜냐하면 그는 말하기를, 모든 것은 그것이 자신과 동일한 공간을 차지하고 있을 때 정지하거나 운동하고 있는데, 날고 있는 것은 항상 지금 순간에 자신과 동일한 장소를 점유하고 있다면, 날아가는 화살은 정지하고 있다고 한다. 이 논증이 잘못인 것은 시간이… 불가분의 순간들로 구성되어 있지 않기 때문이다.[17]

이 화살 역설을 이상과 같이 두 사람의 것을 인용한 것은 이 역설에 관한 납득할 만한 논리적 구성의 어려움 때문에 학자들 사이에 서로 다른 의견들이 많이 있기 때문이다.[18] 그러나 이 역설 또한 필

---

17) Aristoteles, 앞의 책, Z 9, 239b.

18) 리(H.D.P. Lee)는 아리스토텔레스의 《자연학》, 베커(Bekker)판에 없는 "ouden de kineitai"를 넣어 "ei gar aei, phesin, eremei pan kineitai (ouden de kineitai), hotan e kata to ison, esti d'aei…"로 해야 논리적으로 적합하다고 하며, 혹은 첼러(Zeller)나 버닛(Burnet)이 테미스티우스가 설명식으로 전하는 것에 따라, "ouden de kineitai"를 삽입하는 대신 "e kineitai"를 생략하는 것이 옳다고 한다. 즉, 리의 주장은 "모든

자의 견지에서는 앞의 여럿에 대한 논증에서처럼 제논의 논리적 일
관성이 분명히 드러나고 있고, 이 점이 제논의 천재성을 더욱 뚜렷
이 하는 것이 아닌가 한다. 즉, 이 화살 역설의 논리적 구성은 다음
과 같이 재구성할 수 있다.

① 운동이 있다면,
② 날아가는 화살은 날지 않는다. 이것은 불합리하다.
③ 그러므로 운동은 없다.

그런데 이 논증 중 ②의 논리적 구성은 인용문을 근거로 다음과
같이 말할 수 있다.

> 모든 것은 그 자신과 동일한 공간을 차지하고 있을 때 정지하거
> 나 운동하고 있다. 그런데 "(가) 날아가는 화살은 지금 순간에 그
> 자신과 동일한 장소를 점유하고 있다." 이 때 이 지금 순간은 크기
> 가 있거나 없거나이다. 크기가 없다면 지금 순간들로 이루어진 일
> 정한 크기의 시간 동안이란 있을 수 없다. 따라서 이 지금 순간은

---

것은 그것이 자신과 동일한 공간을 점유할 때 정지하거나 움직이고 있다."는 말이
무의미하다는 것으로, 동일공간을 점유하는 것은 정지의 정의가 되어야 한다고 한
다. 그리고서 이 화살 역설을 다음과 같이 재구성한다.
 ① 모든 것은 정지하거나 움직여야 한다.
 ② 어느 것도 자신과 동일한 공간을 점유하는 것은 운동하고 있지 않다.
 ③ 날아가는 화살은 항상 지금 순간 안에 있다.
 ④ 지금 순간 안에 있는 것은 자신과 동일한 공간을 차지한다.
 ⑤ 그러므로 날으는 화살은 자신과 동일한 공간(kata ton ison)에 있다.
 ⑥ 그래서 화살은 ②에 의해 움직이지 않는다.
 ⑦ 그러므로 ①에 의해 화살은 정지하고 있다.
그러나 우리는 전제 ②가 정지의 정의로서 타당한지 의문시된다. 왜냐하면 이 명
제에는 시간이 들어가 있지 않기 때문이다. 또 날으는 화살도 항상 자신과 동일한
공간을 차지하고 있는 것이 먼저 이해되지, ③, ④, ⑤를 통한 논리적 추론에 의해
타당하게 되는 것은 아니다. 차라리 "모든 것은 그것이 동일한 공간을 차지하고 있
을 때 정지하고 있거나 운동하고 있다."는 말이 난센스가 아니라 옳은 말이다. 그래
서 본 논문은 아리스토텔레스의 《자연학》(베커판)에서 따온 인용문을 첨가나 삭제
하지 않고 충실히 읽는다.

크기가 있어야 할 경우만 남는다. 그래서 (가)에 의해 크기가 있는 지금 순간 동안 그 자신과 동일한 장소를 점유하고 있는 화살이란 말이 성립되는데, 이것은 시간성이 들어간 사실상의 날지 않음을 표현하는 정의가 된다. 따라서 날아가는 화살은 지금 순간들로 이루어진 모든 시간 동안 정지하고 있으므로 날지 않는다.

제논의 화살의 역설에서 논증의 처음에 나오는 지금 순간은 우리의 관념 가운데 인식론적으로 설정되는 순간이므로 이 지금 순간은 크기가 있는 것인지 없는 것인지는 미정이다. 오히려 이 지금 순간은 크기 개념과 상관이 없는 것이다. 그런데 논증 중의 지금 순간은 운동에 대한 논의를 허용하는 크기가 있는 지금 순간으로 변모한다. 제논의 화살 역설은 이처럼 변증법적으로 변모되는 이중적 의미를 가진 지금 순간으로 구성되어 있고, 따라서 순간 점의 다의성에 기초를 두고 있다. 이것은 논리학적으로 분명 오류이나, 이런 논의가 어떤 의미를 갖는가는 후에 살피겠다. 결국 제논의 논증의 결론은 날아간다고 생각되는 화살은 모든 시간 동안 날지 않는 화살들이 줄지어 서서 한 계열을 이루고 있는 것이 된다.

## 2.4. 경기장(Stadium)

경기장 역설은 제논의 역설 중 가장 알려져 있지 않은 것으로서, 그 이유는 아마도 그 논리적 구성이 가장 허술하고, 어디에 논리적 맹점이 있는가를 금방 알아차릴 수 있도록 인식론적인 측면과 현실적인 측면이 분리되어 있기 때문일 것이다.

① 운동이 있다면, ② 똑같은 크기를 지니고 똑같은 속력으로 움직이는 두 운동 집단 중 하나는 다른 집단보다 동일한 시간 동안에 두 배를 움직여서 같은 거리를 가지 않게 된다. 이것은 불합리한

결론이며, 두 운동체 군이 취하는 똑같은 시간이 동시에 두 배이고 절반이라는 것으로부터 이끌어지는 결론이다.[19]

아리스토텔레스(《자연학》, Z 9, 239b)는 이 논증을 제법 상세하게 (아마 그 논리적 맹점이 쉽게 포착되었기 때문일 것이다) 설명하고 있으나, 여기에서는 알렉산더가 그림으로 그려 나타낸 것을 인용한다. 즉, 앞의 논증 중 ②의 보다 치밀한 논리적 구성은 다음과 같다.

> 똑같은 크기의 a, b, c군들이 똑같은 간격으로(일정한 크기의 시간은 똑같은 수의 단위 순간으로 구성되어 있을 것이므로 같은 4개의 문자의 집합으로 표시함) 그림 ㄱ과 같이 a군은 정지하여 있고, b와 c군이 서로 반대방향으로 운동을 시작하여 그림 ㄴ과 같은 상태에 이르렀다고 할 때, b군의 선두 b는 두 개의 a를 지난 것과 똑같은 시간에 네 개의 c를 지난다. 이것은 동일한 시간이 똑같은 수의 순간들로 구성되어 있다는 전제와 모순되므로 불합리하다. 따라서 운동은 존재하지 않는다.

그림 ㄱ　　　　　　　　　　　　　　그림 ㄴ

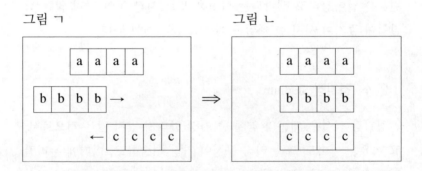

우리는 앞의 경기장 역설에서 지각에 따른 인식론적인 시간과 경주행위에서 성립하는 현실적인 시간이 서로 다름을 알 수 있다. 그런데도 우리는 이 두 시간을 서로 동일한 것으로 생각하고 하나의 시간으로 환원하여 통합하려고 한다. 그러나 분명 지각내용으로서

---

19) H.D.P. Lee, 앞의 책, 55~56면.

의 시간과, 경주행위와 동일한 차원에 있는 지각작용에서 성립하는 시간은 서로 다르다. 지각작용과 지각내용, 사유작용과 사유내용 사이의 동일화는 분석과 종합에서는 축소와 확대의 방식으로, 혹은 차원의 지양(止揚)으로 합리화하는 변증법적 사유에서는 자연스러운 일처럼 일어난다.

# 3. 제논의 운동 역설에 대한 해석들

제논의 운동 논의들에 관한 최초의 논리적 해석은 아리스토텔레스에게서 나타난다. 그는 제논의 운동 논의들을 네 번이나 다루고 있으면서도 각 태도는 모두 다르다. 그는 《자연학(*Physica*)》 첫 권에서(185a, 17, a2) 이 논의들을 악의에 찬 궤변으로 주의를 기울일 가치가 없는 것으로 치부한다. 그러나 아리스토텔레스는 6권(2, 233a, 25~28)에서 양분의 역설을 벗어날 수 있는 가능성에 대해 다음과 같이 이야기한다.

> …무한이 양적인 무한일 경우, 유한한 시간 안에 무한한 위치들의 접촉이 불가능하나 그 무한이 분할의 관점에서의 무한이라면 가능하다. 왜냐하면 시간 자체도 이 점에서 역시 무한하기 때문이다.

아리스토텔레스는 일정한 거리의 무한 분할에 의해 설정된 무한 수의 위치들을 유한한 시간에 하나하나 접촉하면서 갈 수 없다고는 하나, 시간 자체도 하나의 연장으로 볼 수 있고, 따라서 무한 가분하기 때문에 공간의 위치들과 시간의 순간들을 1 : 1 대응시키면 가능하다는 말을 하고 있다.

그러나 과연 이 대답이 양분의 역설에 대한 문제해결로서 적합한

50

가? 상식의 입장에서는 그럴 듯하게 여겨진다. 그러나 이 대답이 적합치 못하다는 것은 금방 알 수 있다. 첫째로, 공간의 무한 가분성을 인정한다 하더라도 시간의 무한 가분성은 무엇을 의미하는가? 시간을 연장과 동일시한다면 공간과 시간의 구분은 무엇에 근거하는가? 더욱 문제되는 것은 여기에서 아리스토텔레스가 의미하는 거리의 무한의 개념은 무엇인가? 현실적인 것인가 가능적인 것인가? 달리 말하면 공간의 무한한 위치들과 시간의 무한한 위치들의 1 : 1 대응은 일정한 거리를 간다 못 간다는 것의 어느 편에도 해답을 줄 수 없게 하는 것이다.

또한 아리스토텔레스는 아킬레스 역설에 대해서 말하기를 "양분에 근거한 것과 본질적으로 동일하며, 다른 점은 아킬레스 역설에서 계속적으로 주어진 길이들이 양분의 역설에서와 같이 절반으로 나누어지지 않는 점만 다를 뿐이다."라고 말하고 있다.[1] 그러나 아킬레스 역설을 이렇게 보는 것은 피상적이며 양분의 역설에 대한 자신의 답변과 모순되고 있다. 왜냐하면 아킬레스 역설에서는 운동에 대한 논리적 구성의 완벽함뿐만 아니라 운동의 전진까지 극적으로 묘사하면서 전진의 거리나 시간이 점점 짧아지고 있음을 잘 보여 주기 때문이다. 시간이 점점 짧아지고 있다는 것은 뒤집어 생각하면 시간의 무한 가분성을 인정하는 것이며 그러면서도 역설이 훌륭하게 성립하고 있다.

아리스토텔레스 자신도 자신의 답변이 피상적임을 느꼈는지 같은 《자연학》 6권(9장)에서 이 논의의 난점들이 일어난 것에 대해 이 문제가 잘못 제기된 것이 아닐까 하고 의문시하고 있다. 제논이 연속을 불연속적인 요소들로 항상 환원될 수 있는 것처럼 논의들을 전개하는데, 이것이 정당한가 하는 문제이다. 연속을 나누면 연속

1) Aristoteles, *Physica*, Ⅵ. 2, 233a.

적인 것이 계속 남아 다시 나눌 수 있게 되며, 따라서 나눌 수 없는 불연속적 요소의 개념은 환상이라고 한다. 연속은 불연속적인 것으로 환원할 수 없고, 오히려 연속과 불연속은 우주를 규정하는 서로 환원할 수 없는 소여(所與)이며 신비한 것이라고 말한다.

그런데《자연학》8권(236a, 11~23)에 오면 그의 태도는 갑자기 바뀐다. 그는 앞에서 취한 태도들을 모두 부정하고 이 문제가 제일철학(第一哲學)의 차원에서 다루어져야 함을 주장한다. 그리고 제논의 역설들이 운동의 문제임을 자각하고 화살 역설에서나 경기장 역설에서 제논의 결론을 거부하는 데 온 힘을 기울인다. 즉, 아리스토텔레스에 따르면 운동이란 일차적인 소여로서 우리의 최초의 감관-지각에 주어지는 것이며, 이 소여는 논의 없이 받아들여져야 한다고 말한다. 아리스토텔레스의 이러한 운동에 대한 발언은 뒤에 볼 것이지만 상당한 통찰을 내포한 것이다. 그러나 그의 이러한 통찰은 그가 운동을 제일철학, 즉 존재론의 문제로 다루면서 흐려버린다.

아리스토텔레스는 '존재'란 두 가지 형태로 주어진다는 것을 인정해야 한다고 말한다(*Meta*, θ, 3, 1047a, 25). 즉, 현실태(energeia)와 잠세태(dynamis)의 형태이다. 달리 말하면, 그는 모든 존재를 운동의 관점에서 보는 것이다. 그리고 아리스토텔레스는 제논의 역설들이 문제 제기에 잘못 설정되었음을 이야기한다. 즉, 제논이 연장을 무한히 분할 가능하다는 것(dynamis)을 무한 분할이 완성되었다(energeia)고 놓고 논의를 전개한 데에서부터 잘못되었다는 것을 지적한다. 사실 어떤 연장에 대해 무한히 나눈다는 것은 무한 개념이 우리 사고의 진행 중에서만 의미를 갖기 때문에 완결된 어떤 개념으로 보기는 어렵다. 따라서 무한히 나눌 수 있다는 것을 나누어졌다고 한다면 이것은 잘못이다. 그러나 아리스토텔레스가 존재를 가능태와 현실태로 나누고 운동(kinesis)을 "가능적으로 존재하는 것의

―그것이 가능적인 한― 현실화"²)라고 정의함으로써 운동을 사유
에 의한 변증법으로 표상하게 하지만, 이러한 변증법적 언명은 수
사학적인 것으로서 제논의 논리적이고 수학적인 논의와 어떤 연관
아래에서 운동이 이야기될 수 있는지는 시간을 수학적으로나 공간
적으로 표현할 수 없는 것만큼이나 그 관련성이 막연하고 모호하
다. 왜냐하면 잠세태와 현실태의 구분은 운동과 변화의 관점에서
본 구분인데, 이 개념이 그에게는 질료와 형상이라는, 존재자를 정
적 관점에서 설명하는 존재론적 원리와 동일한 개념으로 취급될 정
도로 밀접한 관련을 맺기 때문이다.³)

그래서 현실적인 운동과 가능적인 운동이 존재하는 한 어떻게 구
분될지는 애매모호하다. 그는 결국 운동의 존재론적인 원리 이외에
과정(process)으로서의 운동(kinesis)을 설정하지 않을 수 없게 되고,
이 운동을 설명하기 위해 잠세태와 현실태라는 두 존재론적 개념을
서로 겹친 형식으로 정의하게 된다.⁴)

---

2) Aristoteles, 앞의 책, Ⅲ.1, 201a, 10.

3) Aristoteles, *Metaphysica*, 1042a, 27, 1050a, 15. 사실 운동과 존재의 관련성은 존재
가 비운동성을 함축하는 한에서 파르메니데스 이후 고대 그리스 철학적 사색, 특히
플라톤의 이데아 존재와 변화하는 현상계의 관련성에서 중심문제였다. 근대 역학이
나 현대의 열역학에서도 생성소멸의 운동은 물리법칙으로 표현될 수 없고 시간성에
따르는 함수나 과정으로, 즉 수사학적으로 묘사되거나 부가적으로 첨가될 뿐이다.

4) 아리스토텔레스는 잠세태(dynamis)와 현실태(energeia)가 무엇인지는 정의를 통하여
밝혀질 수 없기 때문에〔모든 존재자에 공통적이므로 종차가 없다(c.f. W.D. Ross,
*Aristotel's Metaphysics*, Vol.Ⅱ, p. 251)〕, 유비적으로 파악한다(*Metaphysica*,
1048a). 즉, 잠세태에 대한 현실태의 관계는 "건축기술을 갖고 있는 자에 대한 현재
건축하는 자… 재료에 대한 그 재료로부터 형성된 것"의 관계와 같다. 결국 이 관계
는 ① 능력에 대한 운동의 관계, ② 질료에 대한 형상의 관계와 같다. 날리 말하면 질
료와 형상은 존재자의 정적 관점에서, 가능태(dynamis)와 현실태(energeia)는 동적
관점에서 포착된 것이다. 그런데 가능태와 현실태가 존재론적으로 이해되는 한에서
이들에서 동적 요소가 제거되지 않으면 현실적인 운동이 어떻게 두 가지 양상을 갖
게 되는가는 구분될 수 없다. 즉, 아리스토텔레스의 현실태와 가능태의 구분에는 존
재 관련성과 관련하여 정태적인 의미가 함축되어 있다. 그래서 가령 가능태를 운동
할 수 있는 능력으로 볼 때, 현실태는 두 측면에서 운동에 관계된다. ① 현실태는 현
재 실현 중인 운동 자체를 의미하거나, ② 이미 실현되어 버린 운동의 끝(entelexeia)

아리스토텔레스가 제논의 운동 역설들을 연속과 불연속의 문제로 취급함을 앞에서 보았다. 이것은 분명 아리스토텔레스가 피타고라스 학파가 부딪힌 난점을 염두에 두고 있음이 분명하다. 특히 피타고라스 학파가 부딪힌 난점들(피타고라스의 정리에서 드러난 무리수의 문제)과 엘레아 학파의 논쟁에서의 승리는 그리스의 존재론뿐만 아니라 그리스 수학을 연속으로서의 공간에 관한 학문, 즉 기하학으로 몰입케 한다. 그러나 존재론적 사유와 관련된 이러한 수학의 기하학화는 모든 학문의 모범으로 생각된 유클리드의 기하학에도 불구하고 연속된 크기는 계산할 수 없다는 불편함을 준다.[5] 이 때문에 아리스토텔레스는 연속과 불연속의 문제가 우주적 존재의 서로 환원할 수 없는 구성요소로서 신비하게만 보였을 것이다. 사실 근대에서도 수학을 기하학으로 환원하는 것은 지식의 진보에 장애가 되는 것으로 나타났다. 그러면 피타고라스 학파의 사상과 엘레아 학파의 사상이 본질적으로 다른 것일까?

## 3.1. 엘레아 학파의 존재론과 논리의 문제

제논의 여럿(多)에 관한 논증은 연장의 무한 분할의 가능성을 무한 분할이 완결된 것으로 놓고 논의를 전개한다. 그러나 이것은 아리스토텔레스도 말했듯이 문제가 없을까? 왜냐하면 연장은 그것이 나뉘는 정도에 따라 무한히 작아질 뿐, 남은 선분이 무한 가분하지 않다는 것은 불합리하기 때문이다. 연장은 무규정성(apeiron)의 범

을 의미하거나이다. 이 두 번째의 의미는 자신 안에 목적을 가지지 않은 과정으로서의 운동인 'kinesis'와 대립된다. 결국 아리스토텔레스에 있어서 잠세태와 현실태는 양자의 중간적인 과정으로서의 운동(kinesis)을 안에 둔 존재자의 양끝을 표현하는 것으로 이 양끝은 각각 질료와 형상에 관계하게 된다. 즉, 형상과 질료는 목적론에서, 잠세태와 현실태는 시간성(시간의 화살)에 따르는 운동론에서 능동-수동의 능력 개념이나 현재-과거-미래의 존재 관련성 아래에서 논의되는 변증법적인 성격을 지닌다.

5) 이 때문에 데카르트는 기하학을 수학적으로 표현하는 해석기하학을 창시한다.

주에 드는 것으로 나누는 정도에 따라 작아지는 정도를 가질 뿐 더 이상 불가분의 한계는 보이지 않는다. 그런데도 제논은 연장이 나뉘는 위치를 나타내는 점들이 크기를 갖거나 갖지 않는 모순관계의 두 경우를 살피며 귀류법(reductio ad absurdum)에 의한 역설을 구성하고 있다. 이런 방법은 파르메니데스의 배중률에 기초한 진리관, "그것이 있느냐 혹은 없느냐"라는 물음방식에 의한 존재탐구의 방식이다. 여기서 우선 서구 존재론의 효시이자 이념을 제공한 파르메니데스의 존재론을 살펴보자.

그리스의 자연철학적 전통 속에서 파르메니데스는 일반적으로 헤라클레이토스의 만물유전의 사상과는 정반대의 견해를 가졌던 철학자로 정평을 받고 있다. 즉, 파르메니데스는 우리가 생각하고 말할 수 있는 '존재'는 불변성 내지는 항구성을 가진 일자(一者: to hen)의 성질을 가져야 한다고 하여 실재의 불변적 일자성을 강조하였던 것이다. 이러한 파르메니데스의 존재론에는 모순율에 따르는 논리적 사유(noein)에 의한 존재론적 추론이 놓여 있음은 물론이다.

파르메니데스에 따르면 세계는 우리의 감각·지각이 주는 가상(假象)의 세계요 비실재적인 세계라고 한다. 이 세계가 비실재적이라는 무엇보다도 뚜렷한 증거는 이 세계에 관해서 우리가 표명하는 모든 의견들이 모순에 차 있음을 증명할 수가 있고 또한 모순을 면할 수 없다는 사실이다. 그리고 어떤 의견이 모순을 지니고 있는 것은 거짓임은 물론이다. 따라서 실재(ontos on)에 관하여 내릴 수 있는 정의는 오직 한 가지, 즉 '존재'에 관하여 모순이 배제된 존재론적인 사유(nous)가 주는 생성소멸이 없는 불변부동의 불가분적인 일자(to on)라고 할 수밖에 없다는 것이다. 즉, 그는 이성적 사유(nous)에 의한 존재 물음을 통하여 그 이전의 자연철학적 전통 속에 논리적 사고를 도입함으로써 경험적인 것과 초경험적인 것의 구분을 가능케 하여 서구 존재론의 제일보를 내디딘 것이다.

파르메니데스의 6각운의 시(詩) 속에서, 진리의 여신은 낮과 밤을 가르는 길을 지키는 정의(dike)의 문을 태양신의 딸들과 함께 마차를 타고 통과하여 온 파르메니데스에게 진리탐구의 유일한 방식이 무엇인가를 가르쳐 주기에 앞서 인간에게 나타나는 두 길이 있음을 알려 준다.

··· 하나는 그것(存在)이 있으며(estin) 없을 수 없는 길(ouk esti me einai) 설득(peithous)의 길이노라〔진리(非隱蔽性: aletheia)에 따르므로〕. 다른 하나는 (그것이) 없으며(ouk estin) 필연적으로 없을 수밖에 없는 길, 그것은 말하노니 전혀 생각할 수도 없노라, 왜냐하면 그대는 있지 않은 것을 알 수도(불가능하기에) 말할 수도 없기 때문이다. ···

그런데 후자의 길은 흔적도 없는 길이다.

말해지고 생각될 수 있는 것은 존재하는 것으로 머물러야 하나니, 왜냐하면 그것은 있을 수 있으나 없는 것은 있지 않기 때문이다.···그것이 내가 너로 하여금 생각하게 하는 것이노라, 진실로 이 물음의 방식(없는 것을 묻는 것)에서 내가 너를 떼어 놓고자 하는 최초의 길이다.

그리고 이어 또 하나의 길이 나타난다.

···다음으로 가사적인 인간들이 야누스(dikranoi)처럼 아무것도 모른 채, 방황하는 길로부터도, 왜냐하면 무능하기 때문에 그들 가슴 속에 두서없는 생각들이 들어온다. 그들은 귀먹고 눈멀어 정신이 혼란된 채 이끌려 다닌다. 지각없는 족속들(phyla), 항존하는 것과 존재하지 않음이 동일하다고 생각되고, 동시에 동일하지 않다고, 그래서 그들에게 만유(萬有)의 길은 반대로 되돌려진다.[6]

---

6) 원문은 "he men hopos estin te kai hos ouk estin me einai, ···he de hos ouk estin te kai hos chreon esti me einai···"이다.

56

진리의 여신을 통해 파르메니데스에게는 세 가지 길이 주어진다. 하나는 진리를 찾는 유일하게 가능한 물음방식인 "그것이 있으면서 없을 수 없다."[7]는 것이 보여 주는 길이다. 두 번째 길은 "그것이 없으며 필연적으로 없을 수밖에 없는 길"[8]이다. 세 번째는 존재하는 것과 존재하지 않는 것이 혼합되어 어떤 때는 존재로, 어떤 때는 허무로 생각되는 것으로서 배중률이 적용되지 않고 모순율에 따르지도 않는 상대적인 존재론이 되는 길이다. 그런데 진리의 여신은 우선 알 수도 말할 수도 없는 두 번째 길에서 떨어져 나오라고 하고, 이어 세 번째 길에서도 벗어나길 바란다.

결국 파르메니데스에게는 진리의 길로서 단 하나의 길만이 남는다. "그것이 있으면서 없을 수 없다."는 길이다. 여기에서 '그것은' 무엇을 지칭하는가? 그것은 '존재'이다. 왜냐하면 두 번째와 세 번째 길에서 파르메니데스는 그 길을 존재론적으로 언급하고 있기 때문이다.[9] 그리고 첫 번째 길과 두 번째 길은 배중률이 적용되는 모

---

딜스와 크란츠(H, Diels & W, Kranz)는 "der ein Weg, dass IST *ist* und dass Nichtsein nicht ist, ···der ein ander, dass NICHT ist und Nichtsein erforderlich ist···"로 번역하고 있으며[*Die fragmente der Vorsokratiker*(Weidemann, 1974), S. 233], 버닛(J. Burnet) [*Early Greek Phibsophy*(New York: Meridian, 1957), 173면]은, " The first, namely, that It is, and that it is impossible for it not to be ··· The other, namely that It is not and it must needs not be···"라고 한다. 본 논문은 커크와 레이븐(G.S. Kirk & J.E. Raven)[*The Presokratic Philosophers*(Cambridge, 1966), 268면]의 "the one way, that it is and cannot not-be ··· the other, that it is-not and needs must not-be···"를 따랐다. 해석에 따라 파르메니데스 사상의 분석에 여러 가지가 있을 수 있으나 전체적으로 보아 그의 사상이 존재(Sein, being)에 관한 언명에서 배중률에 기초하고 있으므로, 본 논문은 베르그송의 사상과의 연관성에서 분석상 가장 간명한 것을 택했다. 파르메니데스 존재론에 대한 상세한 분석은 필자의 저서, 《플라톤의 변증법》을 참조할 것.
7) 딜스(Diels)의 해석은 "있다. 그리고 없는 것은 없다."로 번역된다.
8) 딜스(Diels)의 해석은 "없다. 그리고 없는 것이 있어야 한다."로 번역된다.
9) estin(it is)의 주어가 무엇인가에 대해서는 학자들의 의견이 서로 다르다. 거스리(Guthrie)가 그리스 철학사에서 밝히듯 딜스(Diels)와 콘포드(Cornford)는 단순히 동어반복적인 "what is, is"로, 버닛(J. Burnet)은 그 당시의 정신적 존재가 알려지지 않았다는 이유로 body 혹은 충만자로, 레이븐(Raven)은 앞의 견해들이 너무 조급

순관계가 성립되어 있다. 즉, 있는 것은 있고 없는 것은 없다는 동일률적 발언을 가능케 하는 것이다.[10]

그런데 파르메니데스에게 진리의 여신이 가르쳐 준 유일한 진리의 길, "그것이 있으면서 없을 수 없다."는 '그것'이 미확정적인 것으로 말해지는 한 모순율(A는 A이며, A가 아닌 것이 아니다)을 말하는 것이 된다. 그리고 모순율이 내포한 동일률은 존재론적으로 언

하다며 단순히 3인칭 중성인 it(rains)으로, 다른 사람들은 어떤 주어를 찾는 것이 잘못이라고 말한다. 거스리는 오웬(Owen)의 견해를 상세히 쓰면서 estin의 주어는 Fr. 2와 Fr. 6에 나오는 "what can be spoken and thought about must be"라고 하는 주장에 상당히 동조한다. 그러나 여기에서는 아직 주어가 미정이라고 하는 주장도 간과하지 않는다[c.f. Guthrie, *History of Greek Philosophy*, Vol. Ⅱ(Cambridge, 1965), 14~16면]. 필자의 견해로는 거스리가 온당하다고 생각한다. 왜냐하면 파르메니데스에 있어서는 그의 철학적 방법론과 내용 자체가 서로 분리될 수 없게 결부되어 있어서 estin의 주어를 미확정으로 보면, 그것은 모순율을 나타내는 방법론의 의미를 가지며, 오웬처럼 보면 인식 가능한 존재를 의미하는 것이 된다. 한편, 김남두("파르메니데스의 단편에서 탐구의 길과 존재의 규범적 성격", 《서양고전학연구》, 제17집, 한국서양고전학회, 2001)는 오웬의 해석에 따라 'estin'의 주어를 "생각될 수 있고 이야기될 수 있는 것"으로 파악한다. 이러한 해석은 존재가 언어에 의해 파악 가능하다는 것을 의미하므로 존재에 대한 언어의 적극적인 기능을 주장하는 것이 되어 인식론적으로 파르메니데스의 사상을 언어 분석철학이 발달한 현대에서 보다 명료하게 밝히는 장점이 있다. 그러나 이러한 해석은 서구 철학이 논리를 발달시킨 방식으로 전개된 것을 잊게 만드는 성격을 지니고 있다. 또한 파르메니데스가 이러한 인식론적 의도를 가지고 시를 읊었는지, 또 철학사에서 여러 철학자들에게 이렇게 읽히고 그리스 철학사가 전개되었는지는 의문이다. 왜냐하면 서구는 일찍부터 이성적으로, 즉 논리적으로 존재에 대한 탐구를 수행했고, 자연 가운데에서 자연의 생성소멸을 주관하는 원리나 법칙을, 즉 아리스토텔레스의 말대로 아르케(arche)를 탐구하기 시작했기 때문이다. 베르그송이 지적하였듯이 서구 철학은 그 기원에서부터 존재를 생각함에 있어서 무(無)를 먼저 생각하는, 따라서 존재에 대한 '직관'보다는 간접적인 접근방식을 따르는 '지성', 즉 사유의 특징을 잘 나타내기 때문이다. 여하튼 해석에 따라 파르메니데스 사상의 분석에 여러 가지가 있을 수 있으나 전체적으로 보아 그의 사상이 존재(Sein, being)에 관한 언명에 있어 이성의 존재론적 원리인 배중률(to be or not to be)과 생성 부정률(ex nihilo nihil fit)에 기초하고 있으므로 동일한 결론에 도달한다. 사실 파르메니데스는 단편 5에서 "어디로부터 시작하든 그것은 나에게는 동일하게 결합된 똑같은 것입니다. 왜냐하면 그곳으로 내가 다시 돌아오게 될 것이기 때문입니다."라고 말하고 있다.

10) "존재는 있고 비존재는 없다."는 명제는 현대의 기호논리학에서는 전칭 긍정 명제가 주어와 술어 사이가 함언적으로 연결되나, 고전적인 일반논리학에서는 존재적 가정이 있는 명제이다.

58

급된 첫 번째 길과 두 번째 길의 내용을 가지고 온다. 따라서 존재
는 존재이고 무는 무일 뿐이므로, 이 동일률에서 존재론적으로 언
급된 존재와 무 사이에는 정도를 허용하지 않는 한 단절을 내포한
다. 달리 말하면 모순율이 내포하고 있는 동일률은 (모순율에 따르는
이성적 사유에서는) 존재와 무 사이에 단절을 요구하며, 따라서 존재
와 무는 배중률이 적용되어 서로를 규정할 수 없고 모순되므로 독
립된 채 서로 우연할 뿐이다. 물론 여기에서 모순율이 내포한 동일
률은 그것이 존재일반의 동일성을 지칭하는 것인지 아니면 이념적
인 것으로서 사유의 (당위적) 요청인지는 분명 문제시되어야 한다.

　더 나아가 동일률이 지칭하는 존재의 동일성이 존재 자체의 성격
이건 사유의 당위적 요청이건 간에 이 동일률을 가능케 하는 모순
율, 혹은 역으로 존재의 동일성을 전제하고서 이야기되는 모순율은
존재론적 사유(표상)에서는 존재와 무의 의미가 서로 연관을 맺는
한에서 성립하는 것이다. 즉, 우리가 무를 의미 있게 생각하려면
'존재의 무'를 생각하게 되고, 혹은 존재를 무에 직면(무를 배경으로
하는 존재의 표상)해서 생각하게 되는데, 이 때 존재나 무는 자신의
이념적 규정성(동일성)을 포기하고 서로를 규정하는 동일한 지반에
서야 한다. 그런데 이 동일한 지반은 논리적 사유가 전제하는 의미
론적인 상대성의 것이나 이 상대적인 것이 존재론적으로 표상되면
공간으로 나타나는 것이다.[11] 즉, 동일률에서 이야기된 "존재는 존

11) 의미(함축)와 존재(지칭)는 동일한 것이 아니나 허무를 부정하는 파르메니데스 이
후 고전적 사유에서는 존재와 의미를 동일시한다. 이는 '논리적인(정합적인) 것'을
'존재'로 사유하는 것으로, 허무는 자기 모순된 것이므로 존재할 수 없다는 의미를
지닌다. 파르메니데스의 시구에서 "사유와 존재는 동일한 것이다."라는 언명으로
표현된 것이다. 사실, 의미와 존재는 서로 다르면서도 우리의 사고에서 존재론적으
로 서로를 전제하고 이 때문에 존재가 의미로, 의미가 존재로 환원된다. 이러한 의
미와 존재의 상호 전제나 전환에서 성립하는 존재론의 변증법에서 모순율에 따르
는 사고에 허무는 타자성으로 나타나며(《소피스테스》편), 일자와 타자의 모순율에
따르는 플라톤의 변증법은 존재론의 논리학 책인 그의 대화록 《파르메니데스》편에
나타나 있다.

재이고 무는 무이다."의 배후에 의미론적으로 모순율에서 성립하
는 논리적 사유가 이미 전제되어 있다. 그리고 이러한 존재에 대한
논리적 사유에서는 생성(창조)이 부정된다(ex nihilo nihil fit).[12] 그래

12) 모순율에 따르는 우리의 존재론적 사유에서 창조가 부정되는 것(ex nihilo nihil fit)
은 필연적이다. 왜냐하면 모순율은 동일률을 함축하는데, 동일률은 우리의 존재론
적 사고에서는 시간성을 제거하며, 우리의 사고작용이 자신이 기반을 두고 있는 의
식의 운동(흐름)과 그 방향성을 망각하게 하기 때문이다. 이 사태를 베르그송은 다
음과 같이 설명하고 있다. "동일률은 우리 의식의 절대적 법칙이다. 이 법칙은 사유
된 것이 그것이 사유된 순간에 사유된 것임을 확인한다. 이 법칙의 필연성을 절대
적인 것으로 만드는 것은 그것이 미래를 현재에 결부시키는 것이 아니라 단지 현재
에 현재를 연결하는 것일 뿐이다. 그것은 의식이 자신에 대해서 느끼는 흔들릴 수
없는 확신을 표현한다(D.I., 159면)." 동일률은 당위적으로 사유된 것(noema)이자
신념의 의식일 뿐이다. 베르그송은 이 때문에 지성이 창조를 불가능한 것으로 사유
한다고 한다고 하면서 존재론을 창조론으로 전환한다(E.C., 241~242면과
249~251면).
  우리의 지성은 운동을 표상할 수는 없으나 변증법적으로 사유하면서 존재의 생
성소멸이나 창조를 말할 수밖에 없다. 그러나 존재나 의식의 생성소멸과 논리적 사
유는 아무런 관계가 없다. 왜냐하면 변증법적 사유는 논리적 사유를 전제하나, 논
리적 사유는 베르그송이 앞에서 말하고 있듯이 운동이나 시간성과는 아무런 관련
이 없기 때문이다. 즉, 사유가 사건이나 존재를 만들어 낼 수도 없앨 수도 없다. 우
리의 사유는 이미 주어진 것(ex nihilo nihil fit)을 토대로 모든 것을 사유할 뿐이다.
그러나 현실에서는 존재의 생성소멸이 있고, 의식이 현출하고 소멸하기도 하며, 쾌
고나 감정, 기억과 사유의 사건이 생기기도 하고 없어지기도 한다.
  사실 논리적 사유와 변증법은 동전의 양면으로서 서로를 가능케 하며, 헤겔에서
처럼 변증법이 독자적으로 분리될 수 있는 것은 아니다. 모순율에 따르면서도 정신
을 운동의 원인으로 파악하고 있는 진정한 의미의 변증법은 플라톤에서 완성된다.
이 때문에 플라톤의 철학에서는 영원한 존재(이데아)와 이에 참여하고 있는 모든
것(이데아, 영혼, 장소 등)이 영원불멸의 것으로 남는다. 즉, 그의 이데아 개념 자체
가 변증법적인 것이다. 플라톤은 대화록 《파르메니데스》편에서 이데아를 전제하지
않으면 철학적 탐구나 대화가 성립하지 않음을 보여 주기 위하여 '역설(간접)적으
로' 일자와 타자의 관계의 모든 가능한 경우를 전제하고 이들 각각의 경우들에 대
하여 논리적으로 철저한 추론을 통하여 다양한 결론들에 도달하는데, 이 결론들은
전체적으로 보면 차이성(타자성)에서 기원하는 모순이나 반대되는 내용의 것들까
지도 포함하여 하나의 구조를 이루고 있음을 보여 주는 것이다. 달리 말하면, 플라
톤의 변증법은 전체적으로는 간접증명을 사용하고 있는 제논의 변증법과 같은 성
격으로 되어 있고, 존재론적 사유가 표상할 수 있는 모든 존재 양상(현상존재)을 변
증법적으로 묘사하고(보여 주고) 있다. 사실 제논의 변증법은 그의 운동 부정의 네
가지 역설들 각각에서 보이듯이 원자론적 사고와 관계적 사고가 반립적으로 설정
되면서도 이 양자가 운동을 설명하기 위해 상호 보충하거나 상보적으로 결합되어
있다. 그리고 이러한 네 가지 경우의 결론들은 운동의 무한성이나 모순성을 드

서 존재를 논리적으로 사유하는 우리는 존재를 모순율을 통해 규정하게 되는데, 이로 인해 존재(Sein: being)는 생성이 부정된 존재자(Seiendes: thing)로 표상되며, 모순율에서 성립하는 우리의 논리적 사유 기능은 이 존재자와의 관계에서 존재자도 아니고 무도 아닌 존재자의 배후에 있는 무한히 공허한 공간으로 표상되게 된다. 즉, 무에 규정되어 드러나는 존재는 그 이념적 동일성을 벗어나 이제 존재(자) 전체라는 규정성을 갖게 되며, 한편 존재(자) 전체의 부정으로서 무는 존재(자) 전체의 배후에 있는 존재론적 공간으로 표상된다.

결국 파르메니데스의 진리탐구의 유일한 방식, "그것이 있으며 없을 수 없다."의 명제는 존재의 동일성을 지칭하는 것인가, 혹은 존재의 동일성을 미리 전제하고서 이것을 논리적 사유에 의해 존재론적 반성을 하는 진리탐구의 방법(논증방식)으로 쓰이는 것인가의 두 가지 의미를 갖는다.[13] 즉, "그것이 있으며 없을 수 없다."는 명제는 동일률(존재는 있다)과 모순율(존재 아닌 것이 아니다)이 복합된 것인바, 만일 이 명제를 존재의 동일성만을 주장하는 명제로만 본다면 존재의 하나(一)와 여럿(多) 문제와는 아무런 관계가 없다. 한편, 이 명제를 모순율에서 성립하는 진리탐구의 방법으로만 본다면 이것에 의해 아무것도 증명된 것이 없다. 그리고 존재와 무의 의미에 대한 동일률과 모순율의 존재론적 입장은 서로를 배척한다. 왜냐하면 동일률에서 본 존재와 무는 서로를 배척하는 모순성을 갖는

---

러내는 서로 다양한 것이 하나의 전체를 이루고 있다. 이러한 플라톤 변증법의 방법적 태도는 일상 언어에 대한 기호논리학의 방법과도 같은 것이다. 송영진의 앞의 책과 《철학과 논리》(충남대학교 출판부, 2002) 참조.

13) 딜스의 해석 "있다. 그리고 없는 것은 없다."는 동일률을 분명하게 드러내 보여 준다. 그러나 "없는 것은 없다"는 명제는 '없음'의 길이 말해질 수 없고 생각할 수 없다는 발언과 함께 생각해 보면 분명 존재의 길을 언명하고 있다. 즉, "없는 것이 없다"는 의미이며 이 의미는 "다 있다"가 되어 결국 모순율을 드러내 보여 준다.

데 반해 모순율에서 이해된 존재와 무는 서로 의미관련을 맺어야
하기 때문이다.[14]

그런데 파르메니데스는 이 명제를 분명 진리탐구의 방법이라고
말하고 있다. 그리고서 다른 하나의 길을 언급하는데, 그것은 무에
대한 것으로 이 무가 방법으로 언급되는 것이 아니라 존재론적으로
언급되며, 논리적으로는 모순을 범하는 발언을 해야만 하는 길이
다. 더 나아가 파르메니데스는 "…생각할 수 있는 것과 존재할 수
있는 것은 동일하기에(to gar auto noein estin te kai einai) (Fr. 3)"라고
말하고 있다. 이것은 파르메니데스가 그의 진리탐구의 방법(존재론
적 반성)에 의해 규정하는 내용을 그대로 우리 정신(nous)에 직관적
으로 주어진 존재에 관한 진리로 받아들임을 의미하는 것이다.[15] 그
래서 그의 진리탐구의 방법으로 말해진 "(있는) 그것이 있으며 없을
수 없다."의 명제는 이제 존재론적인 반성의 내용이자 존재의 직관
으로 변모한다. 이 명제에 내포된 동일률적 주장으로서 "존재는 존
재이고 무는 무"라는 주장에서 존재는 그 자체 존재하는 것으로 주
어지며, 이 존재는 다시 모순율을 통한 존재론적 반성에 의해 전체
적인 하나(一者)로서 표상된다. 즉, 파르메니데스에 있어서 존재는
그 동일성이나 일자성이 존재론적으로 이해된 모순율의 사유기능
이 이루어지는 공간에서 단적으로 주어지며(비은폐성에 따르며), 무
에 대해 전체적으로(전부) 현재에서 주어지며, 따라서 창조는 부정

---

14) 이처럼 존재론적으로 언급되는 모순율의 모순된 성격은 귀류법의 증명방법으로서
의 정당성 문제로 나타나며, 괴델의 수학적 체계의 불완전성 증명으로 귀결된다.
15) 동사 noein (think of)은 비존재를 상상하는 개념이 아니라 존재에 관한 직접적인 인
식(의식직관)을 의미한다. 즉, 그것은 마음으로 봄을 의미하며 갑작스런 영감을 의
미한다(Guthrie, 앞의 책, 17~18면 참조). 다른 한편, 파르메니데스의 존재에 대비
된 공허나 공간은 우리의 논리적 사유기능이 존재론적으로 상상될 때 파르메니데
스도 말하듯 진리를 드러내는 비은폐성(aletheia)의 장(공간)으로 즉각 표상되는 것
이다. 물론 이 비은폐성의 장(공간)은 존재를 드러내 보이는 존재도 아니고 무도 아
닌 변증법적인 것으로서 그 자체는 반성적 상상력으로만 포착될 뿐이다.

62

된다(ex nihilo nihil fit). 더 나아가 이미 전부 주어졌기 때문에 생성 소멸이 없고 부동하며 종말(시간)이 없게 된다.

　…이 길에는 많은 의미들이 가득 차 있나니 존재하는 것은 창조 되지도 않고 멸망할 수도 없다. 왜냐하면 그것은 완전하고 부동이 며 종말이 없기 때문에, 그것은 과거에도 미래에도 있지 않고 지금 있으며 하나이고 연속적인 것이노라. 왜냐하면 그대는 어떠한 창 조를 이것에서 구할 것인가? 어떻게, 어느 곳으로부터 그것이 커 나올 것인가? 나는 그대가 있지 않은 것으로부터라고 말하거나 생 각하기를 허락치 않노라.
　왜냐하면 있지 않는 것이 말해지거나 생각해지는 것이 아니기에 … 그것은 나눌 수도 없으며, 전체가 똑같기에, 어느 곳에 더 많이 있지도, 연속되는 것을 방해하므로, 어느 곳에 더 적게 있지도 않 나니, 전체는 존재로 가득하다. 그것은 전부 연속되어 있노라. 존 재하는 것에 존재하는 것이 서로 붙어 있기에 (Fr. 8).

더 나아가 그것은 유한하다. 왜냐하면 존재의 무에 대한 당연한 규정 때문에 우리는 존재를 유한하다고 말할 수밖에 없다.[16]

　그것은 동일한 곳에서 동일하게 머무르며 그 자체적으로 있으 며, 그것이 있는 곳에 확고하게 머무른다. 왜냐하면 운명의 신이 한계지어진 재갈 속에 잡고 있어 빙 둘러 한계지우기 때문에, 존재 하는 것이 끝이 없다는 것은 법도에 맞지 않다. 왜냐하면 그것은 부족함이 없기 때문에, 필요하다면 그것은 모두를 필요로 하노라 (Fr. 8).

그런데 문제는 파르메니데스의 존재 속에 어느 사이 연장의 개념

16) 물론 이 당연성은 의문시된다. 무한은 피타고라스 이래 철학에서도 이성적 사유에 서는 생각할 수 없는 것으로 배제되며, 중세에는 신의 속성으로 간주된다. 왜냐하 면 무한 개념은 운동에 관한 사유에서 나타나기 때문이다. 그러나 칸토르 이후 무 한도 이성적 사고의 대상이 되어 철학에서는 변증법에서, 수학에서는 무한 집합론 에서 다루어진다.

(연속)이 들어와 있는 점이다. 그래서 유한한 존재(일자)의 배후에 무한한 공간을 생각하지 않을 수 없다.[17] 이것은 파르메니데스의 존재에 관한 탐구방법이 존재와 무의 존재론적인 연결을 내포하는(존재와 무 사이의 정도를 인정하는) 모순율에서 성립하는 것이므로 당연한 것이다.

그러나 파르메니데스의 모순율에서 성립하는 진리관에서 반성적으로 살펴보면, 무규정하고 무한한 공간은 그 자체 존재가 아니다. 따라서 그것은 생각할 수도 말해질 수도 없는 허무와 같은 것이다.[18] 일자에 대비된 무한한 공간은 마치 "항존하는 것과 존재하지 않음이 동일하다고 생각되고 동시에 동일하지 않다고 생각되는", 진리의 여신이 어리석은 자들(phyla)의 길이라 알려 준 상대적인 경험세계에 대한 표상의 것과 같은 것이다. 달리 말하면 진리의 길(存在)과 비진리의 길(無)이 결합하여 이루어진 것으로 그가 속견(俗見)의 길(hodos doxeos)이라고 한 내용은 바로 이것을 나타낸다. 그는 인간들의 기본적인 대립원리로서 명암, 농축과 희박, 동이(同異) 등을 말하고서,

> …왜냐하면 그들은 두 가지 형상들로 이름 부르려 마음을 먹고, 이들 중 어느 하나만이 호칭되어서는 안 되는 것이어서 (이 점에서 그들은 방황하노라) 그들은 외형상 반대되는 것으로 구분하고 서로 서로 다르게 표징을 부여한다. 한편에는 명징한 불꽃, 매우 (엷고) 가벼우며, 어느 방향으로도 자신과 조금도 다르지 않은 불을,

---

17) 일자에 유한성을 결부시키면 공간에는 당연히 무제한성을 결합해야 한다. 그러한 한에서 원자론자의 공허의 관념은 모순율에 따르는 사유에 필연적인 공간 개념이다. 일자에 무제한성을 결부시키는 철학자는 아낙시만도로스나 멜리소스로서 이들에게서는 '존재'보다는 변화에 기초한 변증법으로서 '로고스'가 의미를 지니고 나타난다.

18) 공간은 그것의 무규정성, 즉 무한성 때문에 우리의 이성적 사유(모순율에 따르는 오성)의 대상이 될 수 없다. 이 때문에 무한을 사고하는 이성을 변증법을 수행하는 이성이라 부를 수 있다.

다른 한편에는 이와 같지 않아, 그 다른 것은 그 자신에마저 다르
며 외형상 검고 칙칙하고 두터운 어둠의 밤, 이러한 모든 질서를,
나는 그대에게 말하노라, 가상(假象)의 것(eikota)이라고, 그래서
인간 중 어느 누구도 너의 판단을 넘지 못하리라(Fr. 8, 1, 53).

현상의 것들은 아리스토텔레스가 과정으로서의 운동(kinesis)에
대해 존재론적으로 말할 때 쓰인 방법으로서, 서로 모순된 개념을
겹쳐 반대 개념으로 만들어 표현한 것들이다. 이러한 것들은 파르
메니데스의 모순율에서 성립하는 진리관의 입장에서는 당연히 배
척되어야 하는 것이다. 그러나 다른 한편 파르메니데스의 일자 존재
의 성격 중 연속성, 즉 연장성 또한 엄밀히 말하면 파르메니데스 자
신도 모르게 들어온 무규정적인 것이므로 제거되어야 할 것이다.[19]

파르메니데스의 진리탐구의 유일한 길, "그것이 있으며 없을 수
없다."는 방법적으로 사용될 때, 그것은 모순율로서 성립하는 것이
며, 제논의 여럿(多)의 논증에서 보았듯이 증명 전체가 보이는 형식
인 귀류법(A : ≠非A)과 동일한 것이다. 그런데 파르메니데스가 진
리의 길에서 말한 존재(그것이 있으며 없을 수 없다)는 바로 "존재는
존재요 무는 무"라는 동일률이다. 따라서 파르메니데스의 존재론
은 존재와 무의 존재론적 혹은 이념적인 모순과 방법적인 모순율이

---

19) 우리가 파르메니데스의 존재 내부에 들어 있는 연장성의 성격을 부정하기 위해 파
르메니데스의 일자(一者)가 유한하다 했는데, 이 유한이 얼마만한 크기를 갖는가라
고 물을 수 있다. 또, 파르메니데스의 존재론에서 존재의 성격(운동, 가분성, 차이
성 등의 부정)을 규정하기 위해 제논처럼 귀류법을 사용하여 증명할 수 있는데, 그
중 유한성의 논증은 귀류법이 성립될 수 없다. 존재의 불가분성과의 비교를 위해
귀류법에 의해 논증을 구성하면 다음과 같다.
　"만일 존재가 나누어진다고 해 보자. 그러면 그것은 존재에 의해서든가 무에 의
해서이다. 그런데 무로 나눈다는 것은 불가능하고 존재로 나눈다는 것은 존재에 존
재를 덧붙인 것으로 나누어진 것이 아니다. 따라서 존재는 나누어질 수 없는 불가
분의 일자이다. 그런데 유한성 증명은 성립되지 않는다. 즉, 존재가 무한하다고 해
보자. 그러면 그것은 존재에 의해서든 무에 의해서든 둘 중에 하나인데, 무에 의해
서는 불가능하고 존재에 의해서는 무한하다는 것은 아무런 불합리함이 없다."
　파르메니데스 뒤에 나오는 멜리소스(Mellisos)는 존재의 무한성을 주장한다.

혼합된 것이다. 달리 말하면 파르메니데스의 존재론은 존재들 상호 간에 분별을 가능케 하는 이념적인 내포(存在의 同一性)의 분리와 구분된 존재들 상호간에 연결관계를 살피려는, 현실(reality)에 대한 논리적 사고의 양면적 성격에서 비롯된 것이다. 따라서 여기서 주목해야 할 것은 분별을 전제하는 이념적인 것과 이 이념적인 것을 통해 현실적인 존재들의 상호관계를 살피려는 논리적 사유(nous)의 본성 문제이다.

마찬가지로 제논의 여럿에 관한 논증에서 이념적 분별원리로서 위치의 관념에 그것이 크기가 있거나 없거나의 물음을 통해 논증을 수행하는데, 이것이 과연 정당한가의 문제이다. 왜냐하면 연장과 관계된 크기의 관념이란 연장의 상호 비교를 통해서만 이야기되는 관계 개념이기 때문이다. 달리 말하면 분별을 가능케 하는 이념적인 것으로서 위치의 개념과 관계를 의미하는 크기의 개념은 서로 모순되어 무관하고 우연하므로, 크기가 있는 위치라거나 크기가 없는 위치라거나 하는 것은 둥근 사각형처럼 전혀 무의미(senseless)하며, 서로 무관한 것을 비교하는 행위는 '냄새나는 소리'라고 말하는 것처럼 지각없는(nonsense) 일이다.

그러나 우리는 제논처럼 위치에 크기를 관련시켜서 생각해 보아야만 하는 필연성이 있지 않을까? 물론 이 일은 약간 무리한 일이지만 다른 한편 모순율을 통한 논리적 사유에 의해 현실의 존재를 생각하지 않을 수 없는 우리 지성(오성)의 요구이기도 하다. 이 때문에 제논의 분할의 원리로 말해지는 위치는 이제 크기가 있거나 없거나의 두 측면에서 논해질 수 있다.

그런데 크기가 없다고 할 경우에는 제논의 논의 자체가 문제될 것이 없다.[20] 따라서 크기가 있다고 할 경우 이 크기는 두 가지 경우

---

20) 단위에 크기가 없다는 것이 차라리 위치와 크기의 무관련성을 드러내기 때문에 옳다. 수학적 사고는 이 길을 따른다.

의 의미를 갖는다. 즉, 위치가 갖는 크기가 연장이 무한히 나뉘는 정도에 따라 점점 작아지거나, 아니면 더 이상 나누어질 수 없는 일정한 한계를 갖게 되는 경우이다. 제논의 운동 역설 중 양분(Dichotomy)과 아킬레스(Achilles)는 전자의 경우를 취급하는 것이 되겠고, 화살(Arrow)과 경기장(Stadium)은 후자의 경우에 성립될 수 있는 것이다. 그런데 전자의 경우, 즉 연장이 무한히 나뉘는 정도에 따라 작아진다고 할 경우, 위치가 갖는 크기는 단적인 규정성을 갖지 못하고 상대적이어서 논의를 더 이상 전개할 수 없는 지경에 이르며, 결국 단적인 규정성을 갖는 현실과의 관계에서 보면 딜레마에 빠진다. 우리가 만일 양분의 역설과 아킬레스의 역설에서 벗어나기 위해 파르메니데스가 일자 존재에 단적으로 연속성을 부여한 것처럼[21] 단적으로 일정한 크기를 가진 단위를 시간과 공간에 부여한다면 이것은 바로 화살의 역설과 경기장의 역설이 전제하는 것이다.[22] 즉, 제논의 화살 역설과 경기장 역설은 바로 이러한 전제 아래서 논의가 전개되며, 이러한 전제가 없으면 우리는 그의 역설을 의미 있게 이해할 수가 없다. 그리고 이 화살 역설과 경기장 역설에서 비로소 연속과 불연속의 문제가 분명히 나타난다. 그러나 우리는 또 다시 역설에 빠진다.

그런데 위치와 같은 것, 즉 연장을 구성하는 단위가 일정한 크기를 가진다는 경우의 사상은 바로 피타고라스 학파에서 볼 수 있다.

---

21) 이 단적인 연속성은 크기에서는 미확정이다.

22) 일정한 크기를 가진 단위의 관념이란 무엇을 의미하는가? 그것은 첫째, 현실적으로 재거나 직관에 주어진 일정한 크기를 의미할 수 있다. 마치 시간·공간·무게 등에 국제적인 표준인 시간·공간·무게의 도량형 원기(原器)가 있듯이. 둘째, 파르메니데스의 존재론에서처럼 존재의 유한성이 미확정적인 규정성만을 의미하는 것으로서의 단위이다. 이 때 이 단위는 비교되는 두 존재(자)의 규정성의 공통치를 드러내려고 설정되는 것의 의미를 가질 뿐이다. 우리가 피타고라스의 정리를 생각하면 이 점이 분명해진다. 따라서 연속과 불연속의 문제는 사실 서로 다른 두 크기의 공통치가 있느냐 없느냐의 문제로 환원된다.

즉, 일정한 규정성을 가진 '위치를 가진 단위(monas thesin echousa) 들'로서 연속적인 일정한 크기의 연장을 규정하려고 함으로써 피타고라스 학파가 무리수의 문제에 부딪힌 것은 제논의 화살 역설이나 경기장 역설과 그 성격이 똑같은 것이다. 여기서 우리는 존재의 여럿을 설정하는 피타고라스 사상과 존재의 일자성을 주장하는 파르메니데스의 사상이 과연 서로 다른 진리관에 입각해 있는가를 반성해 볼 수 있다.

　앞에서 보았듯이 모순율에 입각한 파르메니데스의 진리관은 하나(一)와 여럿(多)의 문제와는 전혀 상관이 없었다. 아니 모순율 자체가 이미 존재의 여럿을 설정해야만 성립하는 것이다. 즉, 피타고라스 학파가 유한한 존재자들 배후에 무한정한 공기(공간)를 설정하듯이 파르메니데스의 일자의 후면에 우리는 무한한 공간을 표상할 수밖에 없다. 단지 파르메니데스는 그의 일자의 배후에 표상되는 공간을 자신의 진리관에 따라 고려하지 않으려고 하는 것일 뿐이다. 따라서 우리가 존재론적인 공간을 인정한다면 이 공간 속에 일자가 있건 여럿이 있건 논리적으로 아무런 모순이 없다. 파르메니데스와 피타고라스의 존재 개념은 모두 모순율에 따른 진리관을 통해서 이성에 주어진 것이기 때문에 서로 동일한 존재론적 지반에 서 있다고 할 수 있다.

　결국 제논은 화살 역설에서는 화살의 공간과의 관계에서 운동의 무규정성을 드러내고, 경기장 역설에서는 단위로서 설정된 운동체의 내부에서 운동의 결과 드러나는 무규정성을 밝혀 내고 있다. 따라서 화살 역설과 경기장 역설이 존재의 여럿을 주장하는 피타고라스 사상을 비판한다고 보면, 마찬가지로 존재의 일자성(一者性)을 내세우는 파르메니데스 사상도 비판하는 것이 된다. 또한 여기서 우리는 모순율에서 성립하는 존재론적 관점에서 포착된 상호 대립된 현실태와 잠세태 개념으로 운동을 설명하려고 한 아리스토텔레

68

스도 이들과 다를 바 없다는 것을 알 수 있다. 그는 존재를 파르메니데스적 진리관에 입각해 이해함으로써 운동을 존재에 부속된 부차적 존재로 이해하고, 존재론 입장에서는 서로 모순된 두 개념인 현실태와 잠세태를 반대관계로 환원하여 과정으로서의 운동(kinesis)을 두 개념이 겹친 상태로 표현할 수밖에 없었다.

그러면 제논의 문제를 연속(無規定性)과 불연속(規定性)의 문제로 보고 이것을 논리적 관점에서 다루게 될 때, 이 문제에 진정으로 접근해 들어가는 방법은 무엇일까? 그것은 나누는 정도에 따라 크기가 달라지는, 즉 연장의 정도를 인정하면서 무한 개념을 취급하는 것이 아닐까? 그리고 이렇게 문제를 다룬다는 것의 인식론적 의미는 무엇인가?

## 3.2. 미적분법과 직관(直觀)

제논의 논의들을 수학적인 연속, 불연속의 문제와 관련시켜 최초로 취급한 사람은 데카르트이다. 그는 미적분 계산의 시초가 되는 무한급수(無限級數)의 방법에 의해 아킬레스 역설이 해결되었다고 생각한다. 그러나 극한 개념이 아직 정립되지 않았기 때문에 사실상 이 문제가 수학적으로 해결되는 것은 미적분법을 창시한 라이프니츠이다. 그는 무한으로의 이행(移行) 혹은 미적분법에 의해 아킬레스가 거북이를 따라잡을 수 있게 된다고 생각한다. 즉, 무한수의 점들 전체를 무한수의 미분된 운동들의 전체로 당해내는 것으로 두 무한을 총합하여 유한한, 그리고 현실적인 소여를 얻게 된 것이다.[23]

제논의 논의가 다시 불붙게 된 것은 르누비에(Renouvier)에 의해서이다.[24] 그는 제논의 문제를 수학적인 해결에 호소하는 것을 반대

23) Jean Milet, 앞의 책, 43면.
24) 위의 책, 45면.

하고 있다. 그는 말하기를 수학자들은 우리에게 기껏해야 현상에 대한 피상적인 묘사만을 줄 뿐이며 연속에 대해 취할 몇 가지 수단을 해석해 낼 수 있을 뿐 그것의 본성을 제공할 수 없다고 한다. 특히 그에게서 볼 수 있는 점은 아킬레스와 화살의 논의가 서로 보완적이라고 한 대목이다.[25] 즉, 르누비에는 아킬레스의 역설을 해소하기 위해 운동체의 빠르기를 나타내는 '단위'를 설정하면 된다고 하는 순간 화살의 역설을 생각하게 된다고 말한다. 그에 따르면 제논의 논의들은 반박할 수 없으며, 연속에 대해서는 수학적 형식주의가 아닌 그것의 직관성을 드러내 준다고 한다.

르누비에에 따르면 제논의 논의들의 변증법적인 엄밀성은 절대적이다. 그는 제논의 논의들을 두 개씩 묶어 볼 수 있고, 이 두 묶음은 다시 하나의 딜레마를 형성함을 보여 준다. 이 딜레마의 한쪽은 연속이 무한히 나누어질 수 있는 부분들로 구성되는 것으로 설정되며, 양분의 역설과 아킬레스의 논증이 그러하다. 이 딜레마의 또 다른 한쪽은, 연속은 나누어질 수 없는 부분들로 이루어진 것으로 화살과 경기장의 역설이 그러하다. 우리는 이 딜레마에서 빠져 나올 수 없다. 따라서 이처럼 인식론적으로 모순된 연속이란 존재할 수 없다고 결론지어질 수밖에 없다고 한다. 르누비에는 말하기를 연속이란 우리 감관-지각의 과도한 착각이라고 한다.[26] 여기에서 르누비에가 이해한 연속 개념은 바로 운동 개념과 연결되어 이해되는 것이다. 운동은 감관의 착각이며, 운동의 표상은 우리에게 불가능하게 되며, 따라서 파르메니데스의 세계관과 연결된다. 그러나 르누비에의 이런 해석이 제논의 역설들이 함축한 모든 의미를 정확히 전달하는가?

---

25) Renouvier, *Logique générale et Logique formelle*(Paris: 1851), 46면과 Hervé Barreau의 앞의 논문이 실린 책, 275면.

26) Renouvier, 앞의 책, 49면과 Milet, J., 앞의 책, 145면.

70

제논의 논의들은 파르메니데스에 있어서 진리탐구의 방식인 모순율에서 성립하는 귀류법으로 되어 있다. 그런데 이 귀류법이 논증하려고 하는 것은 운동의 부정이다. 그래서 제논의 논의들에서 운동(의 결과들)은 연속적인 연장선으로 표현되고 이것을 크기를 가진 위치, 혹은 크기를 가진 단위로써 구성하려고 했다. 여기에서 크기를 가진 위치나 크기를 가진 단위라는 개념은 파르메니데스의 연속적인, 그러나 한계를 지닌 일자의 개념과 똑같은 것으로 이미 모순성을 내포하고 있다. 결국 운동으로서의 연속적인 연장은 파르메니데스의 일자로 구성될 수 없거나 파르메니데스의 진리관의 입장에서는 포착되지 않음이 드러난다. 즉, 존재와 무에 대한 모순율에서 성립한 존재론적 관점에서 운동은 '존재'가 아니며, 혹은 운동은 파르메니데스의 일자와 같은 것이 아니다.[27]

그러나 문제는 아킬레스가 거북이를 따르지 못하고 날으는 화살이 날지 않는 것이 불합리하다고 한 제논의 판단의 근거는 어디에 있는가? 운동을 표현하는 연장의 연속성이 존재를 인정하는 논리적 사유공간에서 포착되지 않으므로 감관의 착각이고 그것이 착각으로서 있는 것이라면 파르메니데스의 일자의 연속성은 우리가 어떻게 이해해야 하는가? 따라서 앞에서 보았듯이 제논의 역설이 갖는 또 하나의 의미는 파르메니데스의 존재론조차도 부정하는 것이다. 그 이유는 인식론적인 분별을 나타내는 위치 개념과 관계와 비교를 전제하는 크기의 관념이, 혹은 동일률에서 이해되는 존재와 무의 모순에서 성립하는 분별과 모순율에서 전제되는 존재와 무의 표상에 의한 의미적 연결이 동일한 지반에서 서로 밀접한 관계를 맺고 있기 때문이다.

27) 엠페도클레스나 아낙사고라스는 운동원인을 사랑과 미움, 혹은 정신(nous)으로 설정하고 이것을 미세한 물체로 이해하는데, 제논의 역설은 바로 이들의 운동원인에 대한 사상을 공격한다고 보는 것이 정확할 것이다(Guthrie, 앞의 책, 159면과 276~277면 참조).

르누비에에 의해 제기된 제논의 역설들의 해결이 이제 수학에 호소할 것인가 직관에 호소할 것인가 하는 문제로 비화된다. 타네리 (J. Tannery)는 수학적 해결에 대해 강점을 부여하여 라이프니츠에 의해 제안된 해결의 태도를 취한다. 그는 무한으로의 이행에 의한 추론은 '현실적' 과정임을 말한다. 그리고 경주의 끝은 도달되고 아킬레스와 거북이와의 거리도 사라진다고 한다.[28]

그러나 이 논문이 에블랭(Evellin)에 의해서 다시 심각히 논박된다.[29] 그는 이 문제에서 주어지는 모든 것을, 각 시대마다 취급된 문제들을 인용하여 다시 취급하며 수학에서 영감을 받은 모든 해결을 거부한다. 에블랭이 통찰한 것은 우리가 만일 연장의 무한 가분성을 인정한다면 운동체는 결코 주어진 한계에 도달하지 못한다는 것이다. 왜냐하면 $\lim_{\Delta x \to 0} f(\Delta x) = 0$에서 $\Delta x$가 무한히 작아져도 그것은 결코 0이 아닌데도 수학에서 0으로 놓고 계산하는 것은 비약이라는 것이다. 따라서 아킬레스는 결코 거북이를 따라 잡을 수 없다는 것이 인정되어야 한다고 한다. 만약 경주의 끝이 인정된다고 하면 그것이 연속이 불연속으로 환원된다는 것을 인정하게 되는 것이다. 그런데 이 가정은 화살과 경기장 역설에서 논박된다. 제논의 역설들이 베르그송의 사색에 결정적인 영향을 미친 것이 바로 타네리와 에블랭의 논쟁에 의해서이다.[30]

---

28) J. Tannery, *Introduction á la théorie des fonctions d'une variable*, t. I. chap. Ⅱ, 65면 등; 양분의 역설의 경우, $1 + \frac{1}{2} + \frac{1}{4} + \frac{1}{8} + \cdots$의 총계는 궁극에서는 2와 같다는 주장이다. Milet, 앞의 책, 45면.

29) Evellin, *Infini et quantité*(Germain–Bailliére, Paris: 1881). 이 논문에 대한 논평은, M. F. Heidsieck, *Bergson et l'espace*(Paris: P.U.F., 1961), 23면 참조.

30) M. F. Heidsieck, 위의 책, 23면. Heidsieck는 파로디(Dominique Parodi)의 말을 인용함으로써 에블랭의 입장을 밝힌다. "에블랭은 유한론자이며 우주를 불연속적이고 비연장적이며 유한의 서로서로 분리된 요소로 구성한다. 존재에 대한 엄밀한 인식을 요구하는 형이상학에서 이성은 자연 속에 유한한 것만이 가능하고 그것이 실재라고 설정한다."

72

에블랭의 주장은 어떤 의미를 가졌는가? 무한으로의 이행이라는
속성을 가진 미적분법적 사고는 연장을 무한히 분할해 들어가는 데
서 성립한다. 그것도 운동의 현실을 인정하며 운동이 이루어진다거
나 이루어졌다고 함으로써 이미 주어진 일정한 한계 안에서 일정한
규칙에 의해 무한 분할되는 부분들의 총합으로 그 한계를 구하는
것이다. 따라서 나누는 정도에 따라 나뉘는 연장의 부분들은 그때
그때마다의 일정한 한계를 가진 것이요, 잠정적인 단위들로 보여진
다. 그러나 분할은 끝없이 계속되므로 이 단위는 부동(浮動)의 상태
에 머무는 것이다. 결국 이러한 사고법은 파르메니데스의 모순율에
기초한 존재론에서 성립하는 존재 자체의 내부에 운동의 현실을 끌
어들이려고 한 아리스토텔레스의 존재론적인 운동의 관념과 다를
바 없다. 에블랭은 바로 미적분적 사고를 통해 직관이 주는 연장을
구성할 수 없음을 주장하는 것이다.[31] 한편, 베르그송은 에블랭을
통해 뒤낭의 "엘레아 제논의 논증(1884)"을 알고 있었다.[32]

뒤낭은 제논의 논증이 운동의 비실재성을 논증하면서 모든 이성
적 인식의 비현실성을 정당화한다고 보았다. 제논의 논증은 바로
칸트의 이율배반과 같은 성질이며, "칸트의 《순수이성비판》이 나타
나기 전에는 제논에 의해서 제기된 문제는 결코 유용하게 취급되고
결정적으로 해결될 수 없었다."고 말한다.[33] 즉, 제논의 논증은 연
속적인 구조의 소여에 대해 인간 이성의 근본적인 무능함을 드러내
는 것이라는 것이다. 또 제논의 논증은 시간과 공간의 관념성을 드
러내 보여 주는 것이라고 한다.

사실 운동은 서구의 전통적인 존재론적 입장에서는 파르메니데
스에서처럼 비존재요, 거꾸로 이야기하면 운동에 대한 인식에서 존

---

31) J. Milet, 앞의 책, 47면.
32) 위의 책, 47~48면.
33) 위의 책, 48면.

재론적 이성은 그 무능력을 드러낸다. 그런데 뒤낭은 제논의 운동 역설들을 통해 칸트의 이율배반을 보고 있다. 즉, 운동을 논함에 있어 우리는 시간과 공간의 문제를 취급하지 않을 수 없는데, 이 때 생각되는 시간과 공간은 연속적인 것으로 표상되며, 결국 연속과 불연속의 문제는 파르메니데스의 존재론에서 일자(一者)의 연속성과 유한성의 모순처럼 시간과 공간의 유한성과 무한성의 이율배반으로 변화한다.[34]

칸트에 따르면 시간과 공간의 유한 · 무한성의 문제는 모두 다 오류라고 말한다. 그것은 겉보기에 상호 모순된 주장을 하고 있는 것 같으며, 따라서 한편이 거짓이면 다른 편은 반드시 참이어야 하는 것처럼 보이는데, 실은 이것 외에 제삼의 입장이 가능한 것이다. 가령, "만일 그 어떤 사람이 '모든 물체는 좋은 냄새가 난다'고 말하거나, 혹은 '나쁜 냄새가 난다'고 말한다면 제삼자, 즉 '아무런 냄새도 나지 않는다'는 말도 성립할 수 있는 것이다."[35] 이 때문에 칸트는 시간에 대해서나 공간에 대해서는 다만 현상(現象)의 제약(制約)을 찾아서 한 발 한 발 소급해 갈 수 있을 뿐이라고 한다. 즉, 칸트의 관점에서 보면, 제논의 문제가 '크기 있는 위치'라는 개념이 갖는 '크기'관념과 '위치' 관념의 상호 우연적 결합에 의해 야기된 딜레마임을 통찰하는 주장을 하는 셈이 된다.[36] 결국 칸트는 시간과

---

34) 칸트의 《순수이성비판》 변증론에 나타나는 네 개의 이율배반 중 시간과 공간에 관한 이율배반과 두 번째 단순자와 복합자를 기초한 이율배반은 논리적 관점에서 보면 동종(同種)의 것임이 드러난다.

35) I. Kant, *Kritik der reinen Vernunft*, B, 531면; 한단석, 《칸트 철학사상의 이해》 (서울: 양영각, 1981), 201면.

36) 칸트는 《순수이성비판》, B. 531면에서 다음과 같은 주석을 달고 있다. "두 개의 서로 대립된 판단이 하나의 용납할 수 없는 조건을 전제로 하는 경우에는 양자가 서로 모순임에도 불구하고 양자는 모두 성립되지 않는다. 왜냐하면 이러한 명제들의 어느 것도 각각 타당하기 위한 조건이 성립되지 않기 때문이다." 이 말은 시간 · 공간에 대한 이율배반에 그대로 적용될 수 있다. 따라서 칸트가 시간과 공간을 한편

공간의 이율배반을 통해서 제논의 역설들이 해결되는 것이 아니라 해소될 것으로 이야기하고 있다. 시간과 공간의 관념은 경험의 선험적 제약일 뿐이지 경험의 원리일 수 없다.

이상과 같은 제논의 역설들을 통해 우리가 알 수 있는 것은 무엇인가? 우선 운동의 네 개 역설의 전체적인 논리적 구조를 살펴보자. 우선 양분의 역설은 공간만을 무한 분할하여 역설을 구성했다. 이에 대한 아리스토텔레스와 같은 반박의 가능성 때문에 아킬레스 역설에서는 공간과 시간을 똑같이 무한 분할함으로써 역설이 구성된 것처럼 보인다. 그러나 이 두 역설은 운동을 시작한다고 하는 점에서 그리고 연장을 무한 분할한다는 점에서 공통적인 성격을 갖는다. 한편, 화살의 역설은 연장을 더 이상 나눌 수 없는 단위로 구성함으로써 성립되며, 이는 마치 앞의 역설들을 해결하는 방식에 대한 답변인 것처럼 보인다. 더 나아가 화살과 경기장의 역설들은 운동이 이루어졌다고 하고서 논증을 구성했는데, 화살 역설에서는 운동을 연속되어 있는 부동(不動)의 단위들의 계열로 나타내 보였고 경기장 역설에서는 단위의 내부에 불합리성을 드러내는 무규정성(無規定性)을 가진 것으로 나타나게 하여 이 양자가 서로 서로를 반박하고 대답하는 것으로 꾸며졌으며, 특히 양분 역설과 아킬레스 역설, 화살 역설과 경기장 역설은 하나의 딜레마를 형성하는 것처럼 보인다. 그러나 우리가 네 개의 역설들 모두를 함께 놓고 본다면 이 역설들 모두는 연장을 무한 분할이든 단위로든 나눈다는 점에서 하나로 통일된다. 결국 이것의 의미는 바로(Barreau)도 이야기하듯 오성적 분석의 관점에서 보면 운동이 모순적인 것으로 드러남을 보

---

에서는 초월론적 관념성이라고 하고, 다른 한편에서는 현상의 제약으로서는 경험적 실재성을 갖는다고 말하는데, 이율배반과 관련하여 살피면 칸트의 주장은 시간과 공간의 선험적 관념성에 강점을 주고 있음이 드러난다. 결국 시간과 공간이 경험적 실재성을 갖는다는 말은 그 경험이 물 자체나 신적으로 절대적인 것이 아닌 인간에 의해 구성된 현실적인 인간적 경험임을 의미한다.

이는 것이 아닐까? 즉, "운동의 사유 속에 포함된 모순을 점차적으로 전개한 것으로 간주해야만 한다."[37]

그러면 왜 운동의 사유가 운동을 모순인 것으로 드러나게 하는가? 이것은 우리가 앞에서 보았듯이 우리의 사유의 인식론적 태도가 파르메니데스적 존재론에 기초하고 있기 때문이다. 그런데 직관적으로 주어지는 현실은 동적이다. 미적분법적 사고는 모순율에 따라 미리 완성된 세계관이나 존재관에 입각한 우리의 사고가 직관적으로 주어진 현실을 따르면서 해명하고 해석하려는 데에서 나타나는 것이다. 이 동적 현실이 우리 감관지각의 단순한 착각인가, 아니면 우리 사유의 운동이나 동적 현실(reel)에 대한 지능이나 사유의 인식능력의 한계 때문인가? 우리는 현실적 동적 존재와 모순율에 따르는 인식능력인 사유 사이의 존재론적이면서도 초월론적인 인식론적인 관계에 대한 답변의 한 가능성으로서 베르그송의 사상을 살펴보자.

---

37) Hervé Barreau, 앞의 논문이 실린 책, 281면.

## 4. 제논의 역설에 대한 베르그송의 해석

　운동 속에는 분별해야 할 두 가지 요소가 있는데, 그것은 운동이 지나온 공간과 이 공간을 지나는 행위(acte)이며, 계기적(繼起的)인 위치들과 이 위치들의 종합이다. 이 요소들 중 첫째 것은 동질적(同質的)인 양(量)이요, 두 번째 것은 우리의 의식에서만 그 실재성을 가지는 것이다. 원한다면 그것은 질(質: qualité) 혹은 강도(强度: intensité)라 해도 좋다. 그러나 여기에서도(시간과 공간적 표상에서와 같이) 운동성(mobilité)의 순수한 강도적 감각과, 운동이 지나온 공간의 연장적 표상 사이에 일종의 상호 침투현상이나 혼합이 이루어진다. 결국, 한편으로 우리는 운동에 이 운동이 지나온 공간 자체의 가능성을 부여하는데, 이 공간을 부여하는 일은 우리가 물체(物體: chose)에 대해서나 하는 것이고, 운동에는 부여하지 못한다는 것을 잊은 것이다. 다른 한편, 우리는 이 운동 자체를 공간 속에 투영하고, 운동이 지나온 선분에 적용하며, 한마디로 운동을 고정시키는 습관이 들어 있다. 마치 이 과정(過程: progrès)을 공간 속에 자리잡게 하는 것이, 의식의 밖에서도 과거가 현재와 함께 있다고 주장하는 것과 다르지 않다는 듯이…[1]

　그런데 베르그송에 따르면, "바로 이 운동과, 운동체가 지나온

---

1) H. Bergson, *D.I.*, 83~84면.

공간과의 혼동에서 우리의 의견대로라면 엘레아 학파의 궤변들(sophisme)이 탄생한다. 왜냐하면 두 점 사이의 간격은 무한히 분할되며, 운동이 이 간격 자체의 부분들처럼 부분들로 구성된다면 이 간격은 결코 뛰어넘을 수 없을 것이다. 그러나 진실은 아킬레스의 걸음걸이 하나하나는 하나의 나눌 수 없는 단순한 행위이고, 이 행위들은 일정 횟수만큼 하고 난 뒤면 아킬레스는 거북이를 추월해 버릴 것이다. 엘레아 학파의 착각은 그들이 이 일련의 독특하고 불가분의 행위들을 이 행위들의 밑에 깔려 있는 동질공간(同質空間)과 동일시하는 데서 온다. 그들은 아킬레스의 운동들 전체를 아킬레스의 발걸음으로가 아닌 거북이의 발걸음으로 재구성할 능력이 있다고 믿는다. 거북이를 따르는 아킬레스에게 그들은 실상 서로에 서로를 맞춘 두 마리의 거북이를, 똑같은 종류의 걸음들, 혹은 동시적인 행위들을 하도록 된 두 거북이를 대치하여 결코 서로 만나지 못하게 한다. 왜 아킬레스는 거북이를 추월할까? 왜냐하면 아킬레스의 걸음걸이 각각과 거북의 걸음걸이 각각은 운동인 한 불가분적이고, 공간인 한 서로 다른 크기이기 때문이다. …제논의 잘못은… 공간만이 이런 자의적인 분해와 재결합을 허용한다는 것을 잊었다는 데 있다."[2]

베르그송은 실재란 동적인 현실이며, 이의 인식은 운동에 대한 우리의 의식에서 질적인 것으로 성립하는 감각작용 내지 정서적 작용(acte affective)에 있다고 말한다. 그리고 이러한 운동이나 감각작용, 혹은 행위에 대한 인식은 시간성에 따른 인식이어야 함을 말한다. 그리고 제논의 운동 역설이 동적 실재와 이에 대한 우리의 인식인 지적 표상 사이의 차이에서 나온 것임을 정확히 지적하고 있다. 또한 운동과 관계하여 우리의 지성적 사고에서는 실재의 운동성

---

2) 앞의 책.

(mobilité)이 동질적 공간과 운동체로 분별된다고 말하고 있다. 즉, 우리의 운동 표상을 구성하는 것은 두 요소인데, 하나는 공간적인 것이요 다른 하나는 운동체(chose)이다. 그리고 운동체와 공간은 동질적이고, 운동성은 우리의 "과거와 현재가 함께 있는" 의식 속에서만 현실성을 갖는 질(質), 혹은 나중에 지속이라고 말할 것이나, 잠정적으로 강도라고 말하고 있다. 더 나아가 그는 시간과 공간을 다르게 이해하며 이 양자를 엄격히 구별하고 있다. 우선 베르그송이 구별하고 있는 양과 질, 그리고 이에 준해서 말해지는 공간과 시간으로서의 지속의 차이를 살펴보자.

## 4.1. 양(量)과 질(質)

우리는 보통 의식의 여러 상태들, 즉 감각(sensation), 감정(sentiment), 정념(passion), 노력 (éffort) 등이 증대하고 감소할 수 있는 것으로 말하며, 혹은 어떤 감각은 다른 감각의 2배, 3배가 강하다고 말한다. 그래서 우리들은 양의 관념에 두 가지가 있는 것처럼 생각한다. 하나는 외연적인 것(l'extensif)으로 분명히 서로 겹쳐 보고 측정할 수 있는 것으로서 공간적인 표상을 갖는 것이며, 다른 하나는 약간 불분명한 듯하나 그래도 측정이 어느 정도 가능하며 크고 작음, 혹은 강약을 비교하여 말할 수 있는 강도(intensité)의 관념이다.

그런데 이 후자의 강도의 관념은 좀 깊이 성찰해 보면 비교가 불가능한 내용을 포함하고 있다. 즉, 감정이나 감각, 노력의 강도들은 우리의 신체 속에서 행해진 일의 대소를 표현할지 모르지만 그러나 의식에 의해서 우리에게 직접 주어진 것은 질적인 것이고, 이 질적인 것의 구분은 서로 비교할 수 없는 차이성을 지닌 이질성(異質性)에 있지, 비교 가능한 외연적인 표상이나 신체의 기계적인 일의 지각은 아니다. 예를 들면, 감각적인 빨강과 파랑, 사랑과 미움의 감정들은 서로 비교될 수 없으며, 그 자체가 독특한 질적인 것이다. 그래서 우리가 말하는 심적 상태들이란 우리의 마음이 갖는 온갖 심적 사상(事象)들의 덩어리 속에서 일어나는 질적인 변화의 한 부분인 어떤 '국면들'이며, 이들이 다시 연결되고 결합하여 이질성의 연합이나 심적 상태의 또 다른 한 국면을 이룬다. 베르그송에 따르면 이런 국면들은 심적 과정(progrès) 가운데에서 우리의 주의를 환기시킬 만한 차이나 변화가 의식될 때, 우리는 그 과정의 한 상태를 고정시켜 기쁨과 슬픔, 불안, 쾌감과 고통 등의 언어로 표현한다고 한다.[3]

또 우리의 반성적 사고는 이 심리적인 의식상태의 순수한 질적 변화의 결과를, 이것을 일으킨다고 생각하는 외적 사실 혹은 그 결과로 신체에서 일어나는 근육의 공간적 크기와 동일시하여 보다 강하거나 약하다고 하는 크기를 가진 강도의 관념을 형성한다. 그래서 "크기를 가진 강도의 관념"[4]이란 두 흐름의 교차점에 위치하고 있는데, 그 한쪽은 외연적인 크기의 관념(동질적이고 따라서 비교가

---

3) H. Bergson, E.C., 43면.

4) H. Bergson, D.I., 54면. 들뢰즈(《차이와 반복》, 제5장)는 그의 차이의 철학을 강도의 개념을 중심으로 전개하고 있지만, 사실 강도의 개념에 함축된 가장 중요한 개념은 힘의 개념이다. 힘은 능동인에 부수된 운동원인으로서 고대에는 존재를 해체하거나 존재에 부수적인 기능으로서, 중세에는 기독교의 영향 아래 존재의 본질이나 존재와 동등한 운동원인인 능동인으로서, 근대에는 뉴턴 역학의 운동법칙에 따라 필연성에 따르는 타성적인 것으로서 그 개념의 의미가 변화되어 왔다. 특히 뉴턴 물리학에서는 현실의 동적 실재를 물체(질량)와 에너지로 나누었고, 그 결과 에너지는 현대 물리학에서는 또다시 중력, 전자기력, 강력, 약력으로 분화되어 있는 것으로 파악되고 있다. 이 네 개의 힘을 현대 물리학에서는 쿼크이론이나 초끈이론으로 통합하려는 노력이 아인슈타인의 통일장이론의 연장선상에서 나타나고 있다.
그런데 힘이나 에너지라는 개념은 물리학적으로만 정의할 수 없는 심리학적 개념이 함축되어 있는 것으로서, 심리학에서는 하나의 통일성을 이루고 있는 합목적적인 존재의 표상을 전제하는 것이다. 말하자면 힘의 강도의 개념은 시간적인, 심리적인 것과 공간적인, 물질적인 크기의 개념을 통합해 가지고 있다. 베르그송은 이 힘의 존재의 두 지각된 양상이나 측면, 즉 힘의 존재가 외적 지각에 포착된 것을 양적인 공간적인 것으로, 내적 감각에 포착된 것을 질적인 시간적인 것으로 철저히 구분하여 말하고 있다.

가능한 관계의 관념)을 외부에서 우리들 내부로 가져오는 데 반해, 다른 쪽은 의식의 심층 속에서 다양성의 내적인 통일적 이미지(질적 표상)를 찾아 그것을 표면으로 가져오는 것이다." 즉, 우리가 크기를 가진 강도의 관념을 분석하면 이것은 외적인 공간적 표상과 내적 의식의 심리적 상태가 혼합되어 형성된 것임이 밝혀진다. 따라서 다양성에는 두 가지가 있는 셈이다. 하나는 명확한 수적 · 공간적 표상에 의해 나타낼 수 있는 상호 외재적이고 공간적인 것이요, 다른 하나는 의식의 내적 통일상태를 이루는 이질적(異質的)인 계기들의 다양성으로 이 이질성은 상호 침투하여 유기적 전체를 이룸으로써 서로 분리되거나 측정할 수 없는 동적 과정(progrés) 속에 있는 것이다.

## 4.2. 지속(durée)과 공간

그런데 우리의 심리상태들은 우리의 의식에서만 실재성을 갖는 동적인 것의 한 측면들이다. 그리고 심리상태의 특성은 다양한 심

---

그러나 앞으로 볼 것이지만, 베르그송은 물리학적 시간(공간화된 시간)과 심리학적 시간이 서로 다르면서도 이들이 서로 관련성을 지니고 있음을 통찰하고, 그의 심신관계론이나 직관론을 통하여 이들의 관계나 본성을 시간성 우위의 입장에서 "존재의 정도 차이"나 "운동의 방향성과 이의 역전(inversion)" 개념에 의해 파악하고자 한다. 사실 물리적인 존재에 시간성이 존재할지는 의문이다. 뉴턴 동력학이나 아인슈타인의 물리법칙에서는 우리가 자연현상의 '생성소멸의 과정'에서 직관적으로 파악하는 (심리적) 시간성이 어떤 적극적인 역할을 하지는 못하기 때문이다. 이 때문에 프리고지네(Ilya Prigogine)는 동력학과 양자역학을 통합할 수 있는 가능성과 이 양자의 관련성을 시간함수를 도입하는 열역학과 화학적 관점에서 찾고 있다. 그는 열역학적 관점에서 확률론이 미시세계에서는 물론 거시적인 세계와 (우연적 요소와 더불어 능동적 요소까지도 함축하는) 생물학적 집단의 활동에서도 필수적임을 간파하고, 자연의 화학적 과정이 보여 주는 말할 수 없이 다양하고 풍부한 '존재'들과 '과정으로서의 생성과 소멸'이 함께 하는 복잡계를 상징하는 '혼돈'으로부터 시간성을 지닌 무산(dissociative) 구조로서의 생명적 (시간)질서(유기체)의 탄생 가능성을 이야기하고 있다〔일리아 프리고지네 · 이사벨 스텐저스, 신국조 옮김, 《혼돈으로부터의 질서》(서울: 고려원미디어, 1993) 참조〕.

82

적 계기들이 서로 상호 침투하고 연속되는 질적인 것인데, 이 상
태가 나의 심적 존재를 형성하고 있다. 즉, 우리 자아의 심적 생을
보면 감각, 감정, 의욕, 표상 등이 나의 존재를 채우고 있으며, 보
다 근본적으로는 나의 존재 자체가 이미 과정이며 끊임없이 변화하
는 것이다. 이 때문에 베르그송은 우리들이 언어로 표현하는 이러
한 상태 자체가 이미 변화이며, 내 자아는 이러한 상태가 선행상태
와 현상태 사이에 어떤 명확한 구별이 없이 마치 멜로디의 여러
소리들이 전부 용해되어 이들의 소리가 연속적으로 내 마음 속에
들어온다 하더라도, 서로 상호 침투하여 연속되어버리는 것처럼
유기적 전체로서 있게 된다고 한다.[5] 베르그송은 이와 같이 변화하
면서도 항상 유기적 통일성을 이루는 우리 자신의 존재의 모습,

---

5) H. Bergson, *E.C.*, 34면. 베르그송은 《의식의 직접 소여론》에서 우리의 심리적 의
식의 삶을 표층의식과 심층의식으로 구분하고, 표층의식은 사회적 의식이나 언어
적 의식으로서 공간화되어 분절되고 나누어져 있으나 심층의식은 유기적으로 연속
된 시간적으로 지속하는 것으로 표현한다. 이 지속에 관한 언명은 생명체에 그대로
적용할 수 있다. 생명체는 물리화학적으로 질서를 보이면서도 개방된 체계로 결코
기계적이지 않다. 프리고지네(앞의 책, 서언 참조)는 현대의 과학도 인간의 주관성
과 관련하여 공간의 시간화를 수행하고 있다고 말하면서 열역학 제2법칙인 엔트로
피 안에서의 무산구조의 진화를 말한다. 그런데 이러한 언명은, 엔트로피가 시간의
불가역성을 상징한다면, 진화나 창조의 관념은 베르그송처럼 엔트로피를 거스르면
서가 아니라 오히려 엔트로피 안에서 가능함을 의미한다.
　물론 현대의 과학적 사고도 시간성과 생명의 본질을 탐색할 수 있다. 이 때문에
프리고지네는 "가역공정은 시간의 화살에 종속적인 과정이다. 이는 엔트로피 개념
에 포함된 두 가지 형태의 과정을 구분하는 수인데, 엔트로피 증가는 비가역환경에
만 해당하기 때문이다."라고 말하고, "우연성과 필연성이 반대되기는커녕, 이 두 가
지 개념은 평형에서 멀리 떨어져 있는 상태에 있는 비선형적인 체계를 규정하는 데
에 있어 근본적인 양상으로 볼 수 있다."고 말한다. "고전 역학에서 시간은 특정 궤
적에서 한 점의 위치를 특정화하는 수의 개념이었다. 그러나 시간을 전체적인 수준
에서 보면 다른 의미를 지닐 수 있다. 어떤 어린아이를 쳐다보고 그 나이를 추측할
때 나이는 어린아이의 신체의 특정한 부분에 위치해 있는 것이 아니다. 이는 총체적
인 판단이다. 이와 같은 개념은 종종 과학이 시간을 공간화한다고 정의한다. 그러나
오늘날에는 또 다른 견해가 가능함을 알아냈다. 어떤 풍경과 이의 진화를 생각하자.
마을은 커지고 교량과 도로는 서로 다른 지점을 연결하고 주민을 수송한다. 지리학
자 베리(B. Berry)의 말에 따르면 우리는 '공간의 시간화'를 연구하게 되었다."
　사실 아인슈타인의 상대성 이론에서 인간의 시간의식이 물리적인 운동의 영향을

아무런 공간적 구별의 관념이 침투될 수 없는 역동적 존재, 즉 과정
적 존재를 시간적으로 표현하여 '과거가 현재와 함께 하는', 더
나아가 미래적 계기까지도 함축하는 '지속(durée)'이라는 말로 표현
한다.[6]

_____

받는 것으로 이해되는 한에서 시간과 공간 개념은 독립적으로 혹은 관찰자의 초월
론적인 관점에서 논의되지 않고, 관찰자의 세계내재적인 관점에서 상호 변환관계
에 있는 것으로 논해지고 있다. 이 때문에 아인슈타인의 상대성 이론이 함축하는
시간과 공간의 연속성과 상호 전환은 인식론적으로 가능하며, '공간의 시간화' 개념
이나 공간귀환(return to the same place)과 동일한 시간귀환(시간역전이 아님)은 상
대론적(인식론적)으로 가능하다[Richard Taylor, *Metaphysics*(New Jersey: Prentice
Hall Inc., 1974), 10장 참조]. 또한 물리학자들은 물리법칙에서 시간역전의 가능성
을 전기-쌍극자 모멘트를 찾는 데에서 발견하려고 하고 있다[A. Zee, "시간 역전",
W.H. Shore 편, 《생명과 우주의 신비》(서울: 예음, 1994)].
   그런데 아인슈타인의 상대성 이론은 어디까지나 물리적 시간의 심리적 의식에
대한 영향을 말하고 있을 뿐 물리적 시간과 심리적 시간의 차이와 이들의 연결관계
나 심리적 시간의 본질을 말하고 있지 않다. 이 때문에 베르그송은 아인슈타인의
시간관을 그의 《지속과 동시성》에서 비판하고 있다. 사실 양자역학은 관찰자의 세
계내재적인 관점에서 관찰-지각적 시간이 열역학에서 확률론적으로 다루어지는
물리적 실재로부터 발현할 수 있음을 보여 주고 있다. 이러한 시간관은 공간성 우
위의 시간관이다. 그러나 여기에서도 인간의 심리적 효과나 '선택'과 관련된 우연
성의 종합에 기초한 시간성이다. 사실 물리적인 힘은 열역학에서 에너지 보존의 제
1법칙과 함께 제2법칙인 엔트로피 현상이 있는 것으로서 확률론적으로 파악되고,
이 때문에 화살이 있는 비가역적인 시간과 함께 말해져야 하는 것으로서 일의적으
로 정의할 수 없는 것으로 나타나고 있다.
   베르그송에 따르면, 물리적 과정에는 시간이란 존재하지 않는다. 이 때문에 현실
적으로 "시간의 화살(한계)이 있는 지속이나 과정(process)"의 현상에서의 시간역전
은 불가능하다(Taylor, 위의 책, 11장 참조). 물질은 무시간적 존재(기억이나 연속
성이 없는 우연성)이기 때문이다. 즉, 시간성은 물리적 실재의 무차별성(우연성)에
관계하여 편향성을 나타내므로 공간의 시간화의 인식론은 인간화 이론으로서 시간
의 절대적 우위에서 성립하는 현상일 뿐이다. 상대성 이론이 적용되는 (절대공간이
나 절대시간이 부정된) 시공연속체로서의 시간의 화살이 있는 심리적이거나 생물
적 현실에서는 시간지체는 가능하나 시간역전은 물론 공간역전도 불가능하다.

6) H. Bergson, *E.C.*, 2면. 베르그송은 존재를 '과정'이나 '됨'의 동적 존재로, 이 동적
   존재의 본질을 시간적으로 파악되는 지속으로 표현한다. 그는 모든 생명적 존재의
   현실을 이루는 이 시간성의 본질은 힘(élan vital)이며, 모든 징후로 보아 생명의 이
   러한 능력은 '유한한' 것으로서 그 능력이 발휘되면 쉽사리 소모되는 것이고 여러
   방향으로 멀리까지 가기는 어려워 '선택'을 하는 것 같다고 말한다. 이러한 힘이 무
   기물질에 대해서는 지능과 본능으로 작용하고 있으며(위의 책, 142면), 이 힘을 우

84

베르그송이 우리의 심적 존재의 양태를 표현하는 말로서 사용하
는 지속의 표상은 분석될 수는 없으나 사실상 세 계기를 내포하고
있다. 하나는 현재적인 의식의 외부에서 주어지는, 따라서 심적인
이미지를 점차 풍부케 하는 끊임없는 새로운 계기(契機)들의 연속
적인 현전(現前)이다. 이러한 계기들은 두 방향에서 주어지는데, 하
나는 물적 현실에서 주어지는 것이고 다른 하나는 베르그송이 정신

리는 우리 자신의 심리적이라고 부르는 것에서 직관할 수 있다고 한다. 그런데 이 힘
은 물리력이 지니는 필연성에 대하여 가능한 한 많은 불확정성을 접목시키려는 노력
(effort)이라고도 하며, 이 노력은 에너지를 창조하는 데까지는 이르지 못하지만, 또
는 창조한다 하더라도 창조된 양이 우리의 감관지각이나 측정기구, 우리의 실험이나
과학으로 얻을 수 있을 정도의 크기에는 이르지 못한다고 말한다(E.C., 116면). 이
때문에 자크 모노(Jack Monot)[김진욱 역, 《우연과 필연》(서울: 문명사, 1974)]는 베
르그송을 생기론자(生氣論者)로 분류하고 있다. 철학적 전통에서는 우리 우주에 헤
라클레이토스의 말대로 상승운동과 하강운동이라고 하는 이원적인 운동이 있는데,
베르그송은 이러한 생명적 힘은 상승운동의 것으로 말하고, 물질은 상승운동의 이완
과정으로 보는 플로티누스 전통에 따르나 플로티누스적 '명상'보다는 역동적 기능을
존재의 본질로 보는 일원론적인 신비주의적 유심론자이다(E.C., 211면).
    역설적으로, 진화론을 진리로 믿는 현대의 자연과학자들이나 생물학자들은 자연
에 생기와 같은 것은 없으며, 생명체는 우연과 필연의 복합물로서, 지성으로서는 아
직 규명할 수는 없으나 앞으로 시간성에 대한 물리적·화학적 규명을 통해 밝혀질
수 있는 것으로서 자연 발생한다고 생각하고 있다. 펜로즈(Roger Penrose)는 우주적
인 차원에서 현재와 같은 시간을 지닌 우주가 탄생하는 가능성을 의미하는 우주적
인 차원에서의 필연성에 우연성을 접목시키는 이러한 노력과 같은 것을, 《황제의 새
마음》(박승수 옮김, 이화여자대학교 출판부, 1997), 하권 527면에서 창조주가 바늘
로 미소국면을 찌르는 것으로 묘사하고 있다. 특히 프리고지네는 생명체와 같이 열
려 있는 비선형, 비평형 상태의 계에서 미시적인 요동의 효과로 거시적인 무산구조
(dissociative)가 자연적으로 형성될 수 있음을 발견하였으며(프리고지네, 앞의 책 참
조), 이러한 자생적인 조직화의 관점에서 생명현상이 지구의 해저 속의 화산 활동이
있는 변화가 거의 없는 안정된 곳에서 35억 년 전후에 탄생한 것으로 폴 데이비스
(Paul Davies)[고문주 옮김, 《생명의 기원》(서울: 북힐스, 2002) 참조]는 보고 있다.
    그러나 문제는 베르그송이 말하듯이 직관을 전제하지 않는 시성이 시간성을 물리학
적으로 규명할 수 있을지는 의문이다. 지성은 시간성의 방향이나 '한계'에만 관계하기
때문이다. 특히 프리고지네는 우연성을 자체 내부에 지니는 비평형계의 요동으로부
터의 질서가 탄생하는 결정성을 지니는 무생물의 경우와 우연성을 외부에 지니는 지
향성을 지니는 생물계의 결정성의 질서를 동일시하거나 혼동하는 것을 경고하고 있
다. 물론 이 혼동에서 기원하는 상호 대립하고 경쟁하는 각 학설들의 한계와 각 학설
들이 함축한 불가능성은, 경쟁하는 여러 학설들의 병립 가능성과 이들의 통합 가능성
을 창출하는 '기회'로 볼 수도 있다고 말한다(프리고지네, 앞의 책, 제 6, 7장 참조).

의 본질적 특성으로 파악하고 있는 기억에서 주어지는 것이다. 지속이 내포하는 두 번째 요소는 현재적인 의식의 외부에서 주어지는 여러 계기들의 상호 침투에 의해 유기적 일체화를 이룬 것으로서 의식에 직접적으로 주어지는 질적인 상태이다. 셋째로 현재적인 의식에 순간순간 파악되는 이러한 질적 상태들은 또한 유기적 결합에 의해 나의 동적 존재의 통일성을 생각하게 하는데, 이것은 바로 나의 살아 있는 존재 자체인 동적인 것을 인식케 하는 힘의 직관이다.

따라서 "우리의 지속이란 차례로 대치되는 순간의 것들이 아니다. 그렇게 되면 현재밖에 없을 것이고, 현재에 이르는 과거의 연장도(미래로의) 진화도 없을 것이다. 지속이란 과거가 미래를 잠식하고 불어가면서 전진하는 연속적인 과정(progrès)이다."[7] 즉, 지속이란 순간들의 지나감도 아니고, 나의 심적 존재에서 과거는 흘러가지 않고 현재에서 살아남으며, 현재에서 외적으로 주어지는 새로운 계기와 하나의 새로운 단위를 이룸으로써 심적 과정으로서의 지속의 의식은 매순간에서 보면 새로운 질의 창조이다. 그리고 이 창조를 가능케 하는 것은 과거의 보존을 통해서 가능하므로 지속은

---

7) H. Bergson, *E.C.*, 5면. 사실 시간성의 계기들인 현재, 과거, 미래는 지성이 구분한 것으로서 실제로는 서로 분리할 수 없게 결합되어 창조적으로 진화하는 지속인데, 베르그송에 따르면 생명체의 필요성 때문에 나타난 기억이라는 현상으로 인해 반성이 가능한 우리의 지성에게는 시간에 대한 의식이나 인식은 여러 가지로 분석되어 복잡하게 나타난다고 한다. 그러나 생명체의 본래적 경향성은 행위이기 때문에 의식의 계기로서 시간성은 '미래로 기울어져' 있는 것이다. 이 분리할 수 없게 결합된 지속의 계기들을 심리적 지향성에 따라 분리되어 있는 것처럼 사유하고 처리하는 것은 우리의 모순율에 따르는 논리적 사유, 베르그송의 표현에 따르면 사물 사이의 관계를 생각하기 위해 모든 것을 분석하는 공간적 사고, 즉 존재를 생각함에 있어서 공간을 가장 기초적인 것으로 설정하고 생각하는 사유인 '지능(l'intelligence)' 때문이다. 그런데 이런 지능은 '반성적' 사유에서 성립하기 때문에 '회고적'이고, 따라서 지능이 파악하는 현재, 즉 지속의 심리적 시간성이 제거된 공간적으로 파악되는 '영원한' 현재는, 사실 심리적 현실인 '미래에로 기울어진' 지속의 계기 중에서의 '과거적인 것'이다. 역설적으로 이전 현재와 동일하지 않은 새로운 현재란 사실상 과거 전체의 현실화 과정을 통해 생겨나는 것이며, 따라서 이 새로운 현재의 관점에서 보자면 과거 전체는 현재보다 '먼저' 존재해야 한다. "기억의 두 양상"의 장, 주석 23 참조.

창조적 진화의 성격을 갖는다.[8]

그런데 우리는 이 지속의 계기들을 보통 공간 중에 있는 신체가 갖는 운동 표상이나 감관-지각이 주는 외적 대상의 표상과 섞어버린다. 예를 들어, 우리가 시간을 생각하면서 괘종시계의 문자판 위에 있는 숫자들에 상응하는 바늘의 운동을 생각한다면, 우리가 생각하고 있는 것은 지속하는 시간을 측정하고 있는 것이 아니다. 우리의 외부에는 바늘과 시계추의 순간적인 위치(현재)가 있을 뿐이다. 그런데 한편 이를 바라보는 우리의 내부에서는 의식 사실이나 상태들의 유기적 일체화나 상호 침투가 계속 행해지고 있어서, 저 시계추의 상호 외재적인 연속이 없는 동시성의 계기와 이 내적인 유기적 통일성이 상호 교류(endosmose)의 효과를 일으킨다. 그래서 외적인 지각에 상응하는 지속의 연속적인 계기들이 서로 구분되고 셀 수 있는 것처럼 생각되는 일상의 시간의 관념이 생긴다는 것이다.[9] 베르그송은 이 시간을 '공간화된 시간'이라고 하며, 이런 시간 관념은 시간의 흐름이 갖는 방향성의 계기(契機)만 덧붙여진 공간과 다를 바 없다고 한다.[10] 그리고 공간이란 공간화된 시간의 관념에서 시간의 계기성(繼起性)이나 방향성이 제거된 연결이 없는 상호

---

8) 베르그송은 창조적으로 진화하는 우주적 운동의 결정체인 생명과 의식의 창조적 진화의 원인성에 관한 서구적 지성의 목적론과 기계론적 설명을 거부한다. 베르그송의 인과적 설명에 나타나는 그의 창조적 진화의 인과성에 관한 견해는 다음과 같다. "원인은 일종의 독특한 것으로서 결과의 부분을 이루어 결과와 동시에 구체화하고 결과를 결정함과 동시에 결과에 의해서도 결정되고 있는 경우에 그것이 어떤 것이 될지를 전혀 모른다는 것, 이러한 것이 우리가 마음 속으로 느낄 수 있고 자기의 외부에서 공감에 의해 살필 수 있으나 순수 지성의 용어로는 표현될 수 없고 그것의 좁은 의미로 생각되지도 않는 것이다(E.C., 165면)." 베르그송이 생각하는 창조적 진화의 원인성에 따르는 인과율은 동일한 것을 동일한 것에 의해 설명하는 논리적이거나 기계적인 것이 아니며, 만물의 조화나 통일성을 생각한다면 그것은 원인 쪽에 있을 뿐 결과에서는 다양성과 차이성이 나타나며 이 때문에 결과적 현상에는 부조화나 모순까지도 나타난다.

9) H. Bergson, D.I., 81~82면.

10) 위의 책, 73~74면, 81면.

외재적인 계기들의 동시성(simultanéité)에서 성립하는 것으로 말해진다.[11] 결국 우리는 베르그송의 지속에 대한 인식론적인 세 계기를 구분해야 한다. 첫째는 상호 외재성의 원리인 텅 빈 공간, 둘째는

---

11) 계기성(succession)의 이면은 힘의 약동이며 그것은 공간화될 수 없다. 베르그송에 있어서 공간성이란 상호 비교에서 성립하는 라이프니츠가 말하는 관계 개념으로서 3차원적으로 표상되는 추상물이다. 이러한 공간 관념은 사실 상호 비교에서 성립하며 공통치를 찾는 정신에서 형성된 관념적인 것으로서, 현실적으로는 우연성이나 단절을 함축하고 있다. 플라톤은 《티마이오스》편에서 장소가 우연적인 힘으로 가득 차 있다고 말하고, 이것이 연결이나 연속된 모습으로 우리에게 나타나는 것은 정신의 작용(데미우르고스로 표현된 능동자: Poioun)에 의해서이며, 이러한 연속이나 연장은 동일성의 반복에 의한 필연성(anangke)의 모습을 띠고 나타난다고 한다. 베르그송은 이런 필연성에 따르는 물질 관념의 형성을 《물질과 기억》(236면)에서 우리의 행위(삶)에의 경향성이나 제작욕구에 기인하는 것으로 말한다. 반면에 힘의 약동에 의한 계기성은 들뢰즈에 따르면 차이에 의한 반복으로 나타난다고 말할 수 있다(들뢰즈, 《차이와 반복》, 서론 참조).

　　서구의 전통적 존재론은 파르메니데스의 존재론에 나타난 것처럼 존재의 개념을 우리의 모순율에 따르는 사유(nous)가 파악하는 불변부동의 일자로서 표현한다. 파르메니데스의 이러한 일자 존재를 통하여 현실적인 것을 설명하려는 것이 원자론이나 플라톤 이래의 서구 존재론의 전통이었다. 원자론자들은 관념적으로나 생각할 수 있는 타성적인 존재로서의 원자와 공허(kenon)를 현실적인 것으로 인정하려고 했다. 그러나 플라톤은 《소피스테스》편에서 존재(on)에 운동능력(dynamis)을 부여하고, 《티마이오스》편에서는 공허(kenon)를 부정하며 운동 존재와 운동 가능성에 대한 우리의 지적 표상에 필수적인 공간을 우연적인 힘이 가득 찬 장소(chora)로 바꾸었다. 아리스토텔레스도 플라톤처럼 공허를 부정하나, 플라톤의 장소(chora)를 질료라는 개념으로 대치했다. 그런데 힘에 대한 이러한 이원론적인 관념(능동성과 우연성)은 근대의 뉴턴 역학에서는 사라지고 대신 뉴턴의 세 가지 운동법칙에 함축된 필연성에 따르는 타성적인 힘만이 자연에 존재하는 것으로 간주된다. 즉, 뉴턴의 역학은 파르메니데스적인 모순율에 따른 존재론적 사고를 바탕으로 하여 형성되었는데, 이러한 물리학의 지성적 태도와 사고는 열역학에서도 힘에 대해 에너지 보존법칙과 함께 에너지 준위나 질서의 감소(dégradation de l'energie)의 법칙으로 파악한다($E.C.$, 242~245면)고 한다. 칸트는 이러한 뉴턴 물리학을 기초로 하여 지성(오성) 중심의 인식론을 형성하고 과거 존재론의 이성의 절대적 태도를 비판한다.

　　그런데 칸트의 인식론은, 베르그송에 따르면 존재의 인식론적 전제가 되는 시간에 대한 통찰이 없이 단지 지성이 지니는 공간적 사고의 한계를 지적하는 것에 머물고 말았다. 베르그송은 우리에게 직접 주어진 것(Data)을 심리적인 것으로 보고 이에 기초하여 과거의 존재론이 공간 위주의 존재론이었음을 인식론적으로 반성한다. 그는 '존재'에 관한 관념을 힘과 운동이라는 현실적이고 역동적인 것으로 바꾸는데, 그것이 바로 우리에게 직접적 인식에 주어진 심적 존재로서의 '지속'이다. 그는 공간이나 물체를 인간의 지능이 파악하는 관념적인 것으로 간주한다($E.C.$, 233~250면).

(3차원적으로) 공간화될 수 없는 질적 통일성, 그리고 셋째는 이 양
자의 상호 침투에 의한 혼합물인 연속적인 표상으로서의 공간화된
시간, 혹은 서로 구분되는 계기들을 내포하는 연속(장)성(extention)
이다. 말하자면 이 공간화된 시간은 모순된 성격의 것이, 즉 단절
을 의미하는 상호 외재성으로서의 공간성과 연속적 통일성으로서
의 질-지속이라는 시간성이 혼합되어 있는 것이다.[12]

---

12) 베르그송의 존재론에서 공간성과 시간성은 칸트가 말한 것처럼 단순한 우리의 감
성의 형식이 아니라 서로 다른 두 양상의 동적 존재가 된다. 이 중 공간화하는 존재
는 《창조적 진화》에서 하강하는 운동으로 말해지는 상호 외재적인 힘이며, 플라톤
이 대화편 《티마이오스》편에서 말한 타자화하는 우연-필연성으로서의 장소(chora)
와 성격이 같다. 한편, 지속은 상승하는 운동으로서, 하강하는 물질의 운동이란 이
러한 상승하는 운동을 '역전(inversion)' (*E.C.*, 211면)시키는 데에서 성립한다고 말
한다. 말하자면, 생명의 운동이나 정신의 운동은 물질의 우연-필연성을 '거슬러 올
라가는(remonter)'(*E.C.*, 209면) 것으로 말해진다. 현대 물리학적으로 말하면, 하강
하는 운동을 베르그송은 열역학 법칙의 하나인 엔트로피 법칙으로 이해하고 있으
며 상승하는 운동은 하강하는 운동에 기초(관통)하면서도 차원이 다르게(엔트로피
에 반하는 것으로) 표현된다(*E.C.*, 246~248면). 그는 에너지 보존법칙이 지성의 측
정을 위한 것으로서 실제적 의미를 갖지 않으며, 에너지의 감소나 증가가 기호를
필요로 하지 않는 사실 법칙이고 그런 면에서 가장 형이상학적이라고 말한다. 그러
나 여기에서 베르그송의 "엔트로피에 반한다."는 것의 의미는 현대 물리학의 관점
에서 보면 엔트로피 법칙에 "우연한다는 의미에서 모순된다."는 의미이지, 엔트로
피 법칙에 어긋난다는 의미는 아니어야 할 것이다. 프리고지네[Ilya Prigogine, 이
철수 옮김, 《있음에서 됨으로》(서울: 민음사, 1988)]에 따르면, 열린계로서 생명체
는 엔트로피 법칙에 따르면서, 아니 엔트로피의 법칙 가운데에서 됨(생성)의 존재
로서 있을 수 있는 것으로 말해진다. 사실 고대 그리스의 엠페도클레스의 우주론에
서 표명된 우주 존재의 결합과 분리의 운동원리인 사랑과 미움으로 표현된 우주의
응축과 희박화는 베르그송의 상승과 하강운동원리로 말할 수 있을 것이다. 그런데
이러한 운동원리에 대한 표현 속에는 정량적인 표현이 들어 있고, 이 때문에 베르
그송은 상승운동을 엔트로피 법칙에 반하는 것으로 말할 수 있다. 문제는 여기에서
반대의 의미가 '접촉이나 우연성으로 말해지는 질적인 모순', 즉 형이상학적이고
'유비적인 것'이라는 것이다.
　사실 베르그송에 따르면 자발성의 원인성인 지속은 직관될 뿐 지성적으로는 파
악할 수 없는 것이다. 이 때문에 베르그송은 《지속과 동시성》에서 아인슈타인의 상
대성 이론에서 성립하는 '물리적 시간'에 반대하고 있다. 아인슈타인의 쌍둥이 역설
(이 때 쌍둥이는 물리적 존재이다)에서처럼 물리적 현실에서는 시간이 공간과 관계
하여 길어지고 짧아질 수 있으나, 이러한 물리적 현실에 기초하고 있는 생리적인
현실이나 심리적 현실은 아인슈타인이 말하듯이 단순히 짧아지고 길어질 수 있는
수동적인 것이 아니라는 것이다. 물론 베르그송에 있어서 심적인 것이나 정신적

이제 다시 제논의 역설문제로 되돌아오자. 베르그송은 제논의 역설들에 대한 비판의 기초로서 아킬레스의 걸음과 거북이의 걸음 각각이 모두 나누어질 수 없는 하나의 행위(acte)요, 이것은 이 행위의 밑에 깔려 있는 분할할 수 있는 공간과 같지 않다고 말한다. 즉, 베르그송은 나눌 수 있는 것(空間)과 나눌 수 없는 것(acte)을 단적으로 대비시키면서, 제논의 역설들은 운동 자체를 다루지 않고, 그 밑에 설정된 연속성의 공간이나 공간화된 시간을 통해서 다룸으로써 나눌 수 없는 것을 나눌 수 있다고 한 데서 야기된 것이라고 말하고 있다. 여기에서 우리가 분명히 해야 할 것이 하나 있다. 그것은 베르그송이 이 문제에서 다루고 있는 것이 연장의 분할문제가 아니라 힘(에너지)과 관계하는 작용 내지 운동이라는 점이다. 즉, 제논의 논의들은 수학자들이 다루어 왔던 연속과 불연속의 문제가 아니라는 점이다. 베르그송은 오히려 연장, 즉 공간은 무한히 나눌 수 있으며 또 나누어지는 것으로 상호 외재성의 원리인 데 반해, 운동은 나누어질 수 없는 것 자체라는 것이다. 베르그송에 있어서 나누어질 수 없는 것은 시간, 즉 지속으로서 순수한 시간이며, 이것은 바로 우리의 의식에서만 실재성을 갖는 살아 있는, 즉 능동적인 운동이다. 여기에서 비로소 우리는 제논의 논증들이 운동과 시간을 공간으로 환원시켜 보는 데서 성립하는 공간의 연속과 불연속의 문제가 아니라 시간과 관련된 운동 자체의 문제라는 사실을 베르그송을 통해 새롭게 알 수 있다.

물론 베르그송 이전의 철학자들도 제논의 역설들을 다루면서 시간과 공간 그리고 운동의 문제를 다루기는 했지만, 베르그송의 입

---

인 것으로 말하여지는 '의식의 현실'도 물적인 것에 기초하고 있기에 물리적인 것의 영향을 받기는 하겠으나 단순히 물질에 수반되는 수동적인 것이 아니라, 창조적인 '자발적인 것이자 절대적인 현실'이다. 이 때문에 베르그송은 하강하는 물질의운동이 생명의 운동을 '차단(interruption)'하거나 '전도(intervension)'하는 것(E.C., 209면)에서 성립한다고 말하고 있다.

90

장에서 보면 모두가 시간을 공간화된 시간으로 다루었고, 또 운동
을 연장으로 대치하여 다루었기 때문에 진정한 의미에서 시간과 운
동의 문제를 다루었다고 보기는 어렵다. 베르그송의 독창성은 바로
이 시간의 근원을 지속이라는 '자발성이 지니는 동성(動性)' 자체에
서 찾은 데 있다고 하겠다.

　베르그송에 있어서 운동의 불가분성은 지속의 불가분성과 크게
다르지 않다. 왜냐하면 지속은 의식의 징표이며, 운동이 나누어질
수 없다고 하는 것은 "운동체가 한 위치에서 다른 위치로 지나는 작
용은 지속을 점유하는 작용이고, 이 지속은 공간 관념에서 벗어난
의식적 방관자에게만 현실성을 갖는 작용이기 때문이다."[13] 따라서
아킬레스의 각 걸음걸이나 거북의 각 걸음걸이는 그 자신의 고유한
질적인 것으로 의식에 주어지며, 이러한 질적인 것을 나누는 것은
그 질을 전적으로 변화시키지 않고는 수행될 수 없다. 왜냐하면 성
질의 이면은 지속의 자발적인 동성 자체요, 그것은 여러 이질적 계
기들의 통일성이기 때문이다.

　더 나아가 공간과 지속, 즉 운동의 차이는 전자가 정지의 표상인
데 반해, 후자는 운동 자체라는 점이다. 가령 점 A에서 점 B로 내
손을 움직일 때, "내 손이 틀림없이 A와 B 사이의 중간 위치들을
지나며 이 중간 위치들은 우리가 지나는 도상에서 원하는 수만큼의
중간 숙영지(宿營地)들을 닮았다."[14] 그러나 이 중간의 숙영지에서
운동체는 지나는 것이 아니라 멈춘다. "과정(passage)은 운동이나,
멈춤은 정지이다." "정지는 운동을 방해하나 지나감은 운동과 하나
가 된다." 즉 "공간의 모든 점들은 필연적으로 나에게는 고정되어

13) H. Bergson, D.I., 82면. 여기에서 방관자의 의미는 칸트의 미학적인 의미가 아니
　라 인식론적인 의미의 '무관심적 관심', 즉 한편으로는 분별하는 지각의식에, 다른
　한편은 작용하는 의식이 결합된 것으로서 후에 직관이론의 중심에 있는 지각의식
　과 의지적 의식의 일치를 나타내는 공감(sympathie)을 의미한다.
14) H. Bergson, M.M., 210면.

있다." 따라서 "운동을 지각하는 감각의 소여들을, 운동을 정지된 공간에 일치시켜 재구성하는 정신의 인공물과 혼동해서는 안 된다." 그런데 이 과정(progrès)을 궤도에 일치시키려는 점에서 같으나 이 혼동을 강화하는 또 하나의 것이 덧붙여지는데, 그것은 "흘러가고 있는 지속과 이미 흘러가 버린 지속을 혼동하는 것이다."[15] 그래서 "착각을 용이하게 하는 것은 우리가 운동의 과정 위에서 위치들을 구분하듯이 지속의 흐름 중에서 순간들을 구분하는 것이다. 한 점에서 다른 점으로 가는 운동이 하나의 불가분의 전체를 이룬다고 해 보자. 이 운동은 그럼에도 불구하고 일정한 시간을 채우고, 우리는 이 지속에서 불가분의 순간을 구분하면, 운동체가 이 순간에 다른 것들로부터 분리된 어떤 위치를 차지하기에 충분하다. 그러므로 운동의 불가분성은 순간의 불가능성을 함축한다. 그리고 지속 관념의 아주 개략적인 분석은 동시에 우리가 왜 지속에 순간들을 부여하고 그러면서도 어떻게 그것을 가질 수 없는가를 보여 준다. A에서 B로 이동하는 내 손의 운동처럼 단순한 운동이 있다고 하자. 이 도정은 나의 의식에 하나의 불가분의 전체처럼 주어진다. 물론 그것은 지속한다. 그러나 이 지속은 더욱 내 의식에 대해 취하는 내적인 측면과 일치하는 것이어서 완결적이고 그 의식과 같이 불가분의 것이다."[16]

앞의 논의에서 베르그송은 나의 주체적인 심리적 의식과 직접 관계하는 신체의 운동을 예로 들어서, 운동을 그것이 지나온 궤적과 일치시키려고 하는 것을 허용치 않는다. 궤적이란 이미 운동이 끝나 버린 것이요 연장은 정지하고 있다. 운동과 정지를 어떻게 일치시킬 수 있는가?[17] 지속에서는 정지된 순간을 구분할 수 없기 때문

---

15) 앞의 책, 210면.
16) 위의 책, 211면.
17) 베르그송은 운동을 추상적인 것으로 말하지 않고 현실적인 것으로서 지속이라고

에 결코 연장의 한 위치와 일치시킬 수 없다. 지속에서 정지된 위치를 구분한다는 것은 지속을 단절함을 의미하는데, 이것은 공간에서나 가능한 일일 뿐이다. 공간은 우리 마음대로 하나의 위치에 의해 분할할 수 있기 때문이다. 따라서 지속의 불가분성은 연장에서 위치에 일치되는 순간 개념의 불가능성을 나타낸다. 흐르고 있는 지속과 이미 흘러간 지속(연장으로 상징된다)은 결코 동일하지 않다.

베르그송의 이와 같은 운동에 관한 생각은 다음 사실을 내포한다. 즉, 운동의 실재성을 우리의 살아 있는 자발적인 내적 · 심리적 의식과의 관련성에서만 보아야 한다는 것이다. 이에 대해 우리는 그러면 하나의 물체(corps)가 우리에게 외적인 공간 속을 이동함으로써 일어나는 운동을 어떻게 공간 표상(궤적) 없이 생각할 수 있는가 하고 물을 수 있다. 왜냐하면 이 때 운동하는 물체는 나와 직접 관계하지 않으므로 그 운동을 나의 내부에서 느끼지 못하고 그것의 궤도를 통해서만 운동함을 알기 때문이다. 그래서 우리는 끊임없이 유혹을 받는다. 즉, 운동이 연속적인 통일성으로 말해진다면 일단 연장의 연속성(空間化된 時間)으로 표상할 수 있는 것이 아닌가 하고 말이다. 물론 베르그송은 연장의 연속성은 동질적인 것이요[18] 따라

---

말하고 있으므로, 정지도 관념적인 것이 아니라 현실적인 것으로 바꾸어 말하여야 한다. 정지는 물리학에서 열역학 제3법칙인 절대 0도(−273도)로 말해진다. 이 절대 온도에서 모든 물체는 비록 시간이 길게 걸리지만 모두 해체되어 소멸된다고 한다. 그러나 이러한 절대적 정지는 베르그송의 관점에서는 지성이 가져온 한계치의 것으로서 현실적으로는 불가능하다.

18) 베르그송이 공간을 동질적인 것으로 보는 것은 헤라클레이토스처럼 만물이 운동한다고 보고, 따라서 존재하는 모든 것은 질적으로 파악된다고 한나는 가정 아래서 이해되는 말이다. 공간이란 상호 비교하는 정신에 의해 구성된, 따라서 공통치를 발견하려는 지성에 의해서 포착되는 것이기 때문에 동질적이라고 말한다. 플라톤이나 아리스토텔레스처럼 베르그송도 《창조적 진화》(283면)에서 '허무' 관념을 비판하고 텅 빈 공간을 부정한다. "공백의 개념이란 현존하는 것과 존재할 수 있거나 아니면 존재해야 할 것 사이에 대한 비교, 즉 충만과 충만 사이에 성립하는 비교일 뿐이다." 베르그송은 《물질과 기억》에서 시간과 공간을 철저히 구분하고 이에 상응하는 존재로서 물질과 정신(기억)의 존재를 할당하여 이들이 독립될 수 있는 것처

서 나누어도 그 본래적 성격은 달라지지 않으나 운동의 연속성은
이질적인 계기들에 의해 형성된 것이며, 또 이 이질성은 우리의 의
식상태 속에서만 현실성을 갖는 동성 자체이기 때문에 나눈다는 것
은 전체가 질적으로 변한다고 말할 것이다. 그러나 수학자들이 연
장의 연속과 불연속의 문제를 다룰 때 연속을 운동에, 불연속을 우
리의 분별하는 지성의 인식방식에 환원함으로써 운동을 생각할 수
있는 가능성을 보여 주지 않았는가?[19] 또 베르그송도 크기의 관점
에서 아킬레스와 거북이의 발걸음 각각의 고유한 질들을 비교할 수
없다고 말하면서도 아킬레스와 거북이를 비교하고 있지 않은가?
그런데 비교한다는 것은 동질성을 전제함으로써만 가능하기 때문
에, 만약 베르그송처럼 아킬레스의 걸음걸이와 거북이의 걸음걸이
의 질적 고유성만을 고집한다면 우리는 비교되는 운동을, 서로 한
계가 드러나는 운동을 전혀 이해할 수 없게 된다. 도대체 베르그송

---

럼 말하면서도 심신관계를 말하기 위해 공간을 시간성으로 환원한다.
　　그런데 현대 물리학에서 동적 현실을 시공 4차원적인 것으로 말하고 있고 시간
을 공간적 존재에 부수된 일차원적인 것으로 말하며 이러한 시간성의 독립된 기원
을 운동의 화살(방위)에서 찾는다[폴 데이비스(Paul Davies), 김동광 역, 《시간의
패러독스》(서울: 두산동아, 1997) 참조]. 그러나 필자는 이 양자와 달리 시간이란
것이 공간적인 것에서 독립될 수 없는 것으로 본다. 즉, 필자가 베르그송의 심신관
계를 분석하는 데에서 말하고자 하듯이 필자의 관점은 베르그송과 달리 정신이 물
질에서 독립될 수 없다는 것이다. 비유적으로 말하면, 현실적인 자발성의 존재인
정신이 4차원적인데(물론 최근 과학자들은 초끈이론에서는 11차원까지 말한다.),
물적인 것은 이 4차원의 현실적인 동적인 것에서 지성이 시간성을 추상한 3차원적
인 것으로 말할 수 있다는 것이다. 그리고 이 3차원적인 것은 뉴턴 역학의 3운동법
칙이 표명하는 기계론적인 인과의 것이다. 이러한 물리학자들의 인과성에 대한 태
도는 베르그송이 존재의 근원으로 설정한 생명의 약동의 창조력이나 힘의 기원을
초공간적인 것으로 보고(E.C., 245면) 이를 측정할 수 없다고 함으로써 비판하고
있다(E.C., 116면). 베르그송이 말하듯이 정신적 존재의 본질은 기억현상과 같은
시간성으로 말하여질 수 있고, 물적 존재는 동질성을 전제하는 무차별성, 즉 필연
성에서 성립하는 무규정적인 공간적 속성이나 우연성으로 말하여질 수밖에 없다.

19) 수학에서 연속과 불연속의 문제는 제논의 역설 때문에 나타난 문제로서 크기의 단
위를 설정할 때 서로 해소될 수 없는 딜레마에 빠진다. 칸토르(Cantor)의 무한 개념
의 연속체 가설이 바로 이러한 딜레마의 하나이다. 무한 개념은 양적 개념으로서는
단순한 것이나 질적인 무규정성의 개념으로서는 복잡한 의미를 지닌다.

에 있어서 운동이란 무엇이며 그것의 비교는 가능한가?

## 4.3. 운동과 실재

베르그송은 운동을 길이의 변화나 추상적인 수식(數式)으로 다루는 수학자나 물리학자를 결코 운동 자체를 다루고 있다고 보지 않는다. 그들은 운동을 절대적인 현실(實在)로 말하지만 사실은 운동을 상대적인 것으로, 즉 존재자들 간의 관계나 비교를 통해 포착하는 상대적인 것으로 다룬다고 베르그송은 비난한다.[20] 그들은 운동을 장소의 이동으로 이야기하는데, 운동이 하나의 현실이기 위해서는 이 장소의 차이나 위상을 절대적인 것으로 요구할 필요가 생긴다. 그래서 뉴턴처럼 '절대공간' 안에서 절대적인 위치를 구분한다. 그런데 절대공간 속에서 절대적인 위치를 구분하기 위해서는 서로 다른 위치들이 질적으로 다르든가, 혹은 우주 전체와의 관계에서 서로 달라야 한다. 그러나 전자의 경우는 공간의 이질적인 부분들 밑에 동질적인 공간을 그 지지물로 놓아야 하고, 후자는 폐쇄된 공간이므로 그것의 밖에 다른 동질공간을 두어야 한다. 그래서 이들은 추상과 환원적 사고에 의해 항상 동질적이고도 무한한 텅 빈 공간(kenon)으로 되돌아온다. 그러나 동질적이고 무한한 공간이란 모순된 표상이다. 무한한 동질공간이란 한편으로 내포는 동질성으로 규정되고, 다른 한편으로는 외연은 무규정한 양으로 규정된 것이 결합되어 있기 때문이다.[21]

---

20) H. Bergson, *M.M.*, 215~217면.

21) 원자론자들은 이러한 무한공간(kenon)의 이면에 원자(atom)와 같은 유한한 동질적 존재를 설정하나 이러한 원자의 내포는 동질적인 한, 양적이고 관계적 규정에 불과하다. 즉, 원자론자들은 끝까지 운동에 대해 양적 규정이나 동질성을 전제하고 있다는 점에서 모순율에 따르는 지성이 구성한 것이다. 이에 대해 베르그송은 실재의 본질을 '힘'으로 보고 원자의 내포를 질적 차이성으로 대치하며, 공간이란 이 힘에 부속된 이질적 창조성을 추상한 것으로 본다. 그는 추상적 공간, 혹은 동질공간을

우리는 또한 운동의 실재성을 말하기 위해 운동의 원인으로서 힘의 존재를 이야기한다. 그러나 힘이란 물리학에서는 빠르기와 질량의 함수이며 가속(可速)과 관계한다. 따라서 그것은 공간 속에서 산출된다고 생각되는 공간운동과 관계하며 결국 동질공간에 다시 도달하게 된다. 형이상학자들은 노력의 감각에서 느끼는 것과 같은 것을 공간에서 지각된 운동의 원인으로 생각한다. 그러나 이 근육의 노력도 이미 신체에서 수행되었거나 시작하는 운동의 의식일 뿐이다. 결국 수학자, 물리학자, 형이상학자가 다루는 운동을 분석해 보면, 이들은 항상 운동을 운동체와 이 운동체의 지지물로서 동질공간을 배후에 설정하여 설명하고 있음이 드러난다.[22] 달리 말하면 우리는 운동을 생각함에 있어 물체(corps)와 동질공간을 생각하지 않을 수 없다. 그러나 물체와 공간은 이미 운동이 완결된 체계이거나 어디에도 운동 혹은 힘, 즉 에너지와 같은 '운동의 원인'은 없다. 결국 상식이나 과학은 모두 다원론자나 원자론자들처럼 운동 원인을 물체나 공간과 함께 하나의 부가적인 요소로 첨가하는 수밖에 없다. 그러나 베르그송의 관점에서 보면 공간이나 물체는 이미 부동의 것으로서 지성의 구성물이다. 그리고 이러한 구성물은 공간관념을 배후에 깔고 있으므로 현실적인 실재가 아니라 비교하고 분석하려는 지성에 의해 구성된 상대적인 것에 불과한 것이다.[23]

---

넘어서 존재의 근원에 관하여 '창조적 신'을 생각하는 히브리적 사고에 기원을 둔 심적 존재에 대한 직관론의 입장에 선다. 보만(Torleif Boman), 허혁 역, 《그리스적 사유와 히브리적 사유의 비교》(대구: 분도출판사, 1975) 참조.

22) H. Bergson, *M.M.*, 217면.

23) 문제는 베르그송이 여기에서 말하는 실재의 절대적인 것과 상대적인 것의 관계이다. 상대적인 것은 두 항을 전제한다. 그러나 절대적인 것은 단일하다. 따라서 상대적인 것과 절대적인 것이 관계를 맺는다는 것은 그 논리적 관계가 여러 가지가 가능하다. 예를 들어, 일반적으로 지능은 질적인 것을 상대적인 것으로 놓고 이 배후에 공간적인 것을 절대적인 것으로 놓는 경향이 있다. 이 때는 시간의 화살이 사라지고 모든 것이 '영원한 현재' 가운데 있게 된다. 파르메니데스나 제논, 혹은 원자론자들의 사고가 그러하다. 그러나 이러한 '영원한 현재'란 베르그송에 따르면 동

사실 우리의 상식적인 사고에 따르면, 감각이나 성질들은 이질적이고, 운동은 공간 중에서 이루어지는 동질적인 것으로 서로 분리되어 있다. 그리고 질은 불가분적이고 그 변화는 인과적으로, 혹은 필연성으로 측정될 수 없으나, 공간운동은 항상 가분적이고 속도나 방향의 계산이 가능하다는 차이점에서 서로를 구별한다. 또한 우리들은 질들을 감각의 형태로 의식 속에 넣고, 운동을 우리의 의식과는 독립적인 것으로 공간 속에서 이루어지는 것으로 생각한다. 그러나 베르그송에 따르면 실재 자체는 우리의 의식작용에서만 그 실

---

시성에서 성립하는 공간적인 것에 불과하다.

정성적인 것을 현실의 절대적인 것으로 놓는 경우에도 엠페도클레스의 사랑과 미움의 운동원리는 응축과 희박화라는 밀레토스 학파의 운동원리의 정성적 표현으로서 그 의미가 상대적일 뿐 베르그송이 말하는 지속이라는 존재의 '영원한 현재성(살아 있는 현재)'이 함축하는 절대성이 없다. 이러한 정성적인 것을 베르그송은 공간화된 질이나 공간화된 시간성이라고 한다. 공간화된 질이나 시간성에는 상대적이면서도 개념의 내포와 외연이 그러하듯이 양적인 것과 동일—차이의 반비례적 관계에 있을 뿐이다. 문제는 공간화된 시간에도 시간의 화살이 공간적 차원이나 허수의 차원으로 나타난다는 것이다. 말하자면 과거 존재론에서 개별적인 것(individual)과 보편적인 것(universal), 특수한 것(particular)과 일반적인 것(general)의 관계는 2차원이 3차원과 관계하는 3차방정식이나 뫼비우스 띠가 클라인 병에 관계하듯이 교직되어 존재의 정도 차이를 표현할 때, 특수한 것과 보편적인 것, 그리고 이 사이에 개별적인 것과 일반적인 것이 위치하여 관계하듯이 혹은 데카르트의 직교좌표처럼 이중—삼중의 차원적 관계에 있다. 이러한 상대적인 것과 절대적인 것, 개별적인 것과 보편적인 것의 관계의 변증법은 고대에서는 파르메니데스의 일자를 절대적인 것으로 놓는 플라톤(박종현 역주)의 《플라톤의 네 대화편: 에우티프론, 소크라테스의 변론, 크리톤, 파이돈》(107c)편과 《국가(정체)》(609a~611a)편의 영혼 불멸 논증과 이를 유비적으로 표현한 우주나 지구의 구조를 신화적으로 말하는 데에서도 나타난다.

현대에서는 과거 존재론과 달리 운동이나 변화가 절대적인 현실로 파악된다. 베르그송은 이러한 절대적인 현실(운동)이 지속이라는 시간성[아인슈타인이 신비하게 생각한 현재성(프리고지네의 《혼돈으로부터의 질서》, 290면 참조)]에서 성립함을 통찰하고 있다. 이 때문에 그는 물질이 지니는 우연—필연성이 함축하는 공간성을 동시성의 관념에서 성립하는 상대적인 것으로 파악하고 질적인 것을 절대적인 것으로 파악하여 우주에 단일하고 보편적인 것으로 놓는데, 그것이 창조적으로 진화하는 지속(질)의 '말로 표현할 수 없는', 들뢰즈의 표현대로 '질적 차이성'에 두고 있다. 다른 한편, 현대 과학자들은 동적 현실을 절대적으로 파악하면서도 열역학 제2법칙인 엔트로피 현상에서 나타나는 시간의 화살을 우주에 보편적인 것으로 놓는다는 점에서, 그리고 열—사멸을 주장하는 점에서 시간성을 환상으로 파악하려 하고 있는 한, 베르그송이 말하듯이 공간적인 사고에 젖어 있다.

재성이 인식되는 동적인 것이요, 실재가 물체와 공간으로 분리되거나 실재의 질과 양이 분리될 수 없다는 것이다. 즉 "운동이란 그 자체로서는 계산되고 추상적인 기호에 의해 측정되는 것이 아니라 지속을 점유하는 불가분의 것으로 전후를 예상케 하며, 시간의 계기적(繼起的) 순간들을 우리 의식의 연속성과 닮은 가변적인 실로 묶고 있는 것이다."[24] 말하자면 소위 물체가 공간을 이동한다고 말해지는 공간운동도 현실적으로는 우리의 의식과의 관계에서 말해져야 하는 것이며, 그런 한에서 우리의 자발적인 의식에 직접적인 소여인 성질(質)과 닮은 것이다. 그리고 그 성질은 우리의 의식의 긴장 정도에 따라 전혀 다른 양상을 띤다. 그는 이러한 다양한 양상을 지속의 강도의 본질적 차이로 말한다. 이 지속하는 존재는 역동적 존재(élan vital)이다. 공간이란 이러한 역동적 실재에 부속되는 추상물이라는 것이다.[25]

---

그러나 프리고지네의 《있음에서 됨으로》에 나타나 있듯이 열-사멸 가운데에서 생명현상이 나타남을 말한다는 점에서 시간성을 절대적 현실로 파악하려는 과학자나 철학자들이 나타나고 있다. 이 때문에 베르그송의 정신과 물질의 상승과 하강운동에 관한 유비는 현대 물리학의 엔트로피 법칙을 하강운동에 유비한다면 상승운동은 빅뱅 이론과 블랙홀 이론으로 비유하여 말할 수 있다. 필자의 생각으로는 빅뱅 과정이나 블랙홀 과정에서도 항상 열역학 제2법칙인 엔트로피 법칙은 타당하다고 본다. 즉, 물리적 시간의 화살은 호킹이 말하듯이 우주가 빅뱅에 의해 확산하든 중력법칙에 의해 응축하든 일정하다[스티븐 호킹, 김성원 옮김, 《시간과 화살》(두레: 1991) 17면 참조]. 그러므로 "열-사멸로 향하는 단일하고 우주에 보편적인" 물리적 현실에 기초하고 있는 생명의 시간의 화살도 단순하고 단일한 것으로 환원될 수 있는 것인지는 의문이다. 열-사멸의 관념은 어떤 극한이자 '한계'를 생각하는 지성의 관념적인 것으로서 단순한 것이고 그것은 현실적으로 불가능한 것이다. 우리의 지성에 무한한 것으로 드러나는 절대적인 동적 현실은 하이젠베르크의 불확정성 원리가 타당한 세계이다. 그리고 불확정성 원리가 확률적 사고를 필요로 하고, 확률적 사고가 적어도 두 개 이상의 사건 존재나 경우를 함축하듯이 우주는 우리 사고에도 복잡한 것으로 파악되고 있다.

24) H. Bergson, *M.M.*, 227면.
25) 우리는 공간운동을 생각하면서 물체의 배후에 텅 빈 공간을 전제하나 이는 잘못이라는 것을 베르그송이 지적하는 것이다. 이 사태는 현대 우주론에서 전 우주적 차원의 역동적 존재인 우주의 생성에서 보면 공간이란 빅뱅과 더불어 생겨나는 것임을, 공간이 우주 배후에 미리 있다고 잘못 생각하는 것과도 같다[조지 스무트 · 키

그러면 우선 우리의 지각에 나타나는 감각적 성질을 살펴보자. 가령 어떤 한 색깔은 물리학에서는 운동의 파장이나 진동수에 의해 구별한다. 그런데 이 색의 진동수를 이완시키거나 약화시키면 그 색은 희박화되고 퇴색하면서 계기적 색의 인상으로 연속되어 점점 순수진동으로 변화하는 현상을 볼 수 있다. 그래서 베르그송에 따르면 어떤 두 색깔의 상호 불가환원성은 우리 지속의 한 순간들에서 수많은 진동들이 지속 안에 압축되어 있는 정도 때문이라고 한다. 말하자면 우리가 지각하는 부동(不動)의 것이라 생각된 질(qualité)이란 우리의 의식이 자신의 지속의 강도에 의해 압축된 운동 이외의 다른 것이 아니라는 것이다. 그래서 그는 "감각이란 표면에서는 부동한 것으로 퍼져 있는 것 같으나 그 심층은 살아 있고 진동한다."[26] 고 한다. 말하자면 외적 실재는 동시성의 계기들로 해체되어 있으나 운동인 한 결코 완전히 분리되어 있지는 않으며, 이것을 기억이라고 말할 수 있는 압축과 지속을 수행하는 내적 자발성이 우리에게 현상한 것이 성질로 나타나는 것이라는 것이다.

그런데 우리의 외적 지각에는 우리의 의식의 상태와 우리에게서 독립적인 물리적 실재를 포착하는 과정이 있다. 바로 이 모순된 성격이 우리로 하여금 우리의 감각이 지각과는 완전히 일치하지 않는 외적 세계를 믿게 하는 이론적인 주요 근거가 있다.[27] 그런데 이 외

---

데이비슨(G. Smoot & K. Davidson), 과학세대 옮김, 《우주의 역사》(서울: 까치, 1994), 71면 참조]. 또한 공간을 생각하면서 우리는 현실적으로 그 '한계'를 따지는데, 이 한계 개념이란 지성이 '비교'하면서 생긴 관념으로서 '크기'나 그 기준을 설정히는 태도이다. 이 때문에 관념상의 시간이나 공간의 크기(한계)의 절대적 기준은 현실과의 관계에서 있을 수 없다. 현실적으로도 상대성 이론이나 양자역학에 따르면, 우주의 시간이나 크기란 우리 '인간'의 시간의식이나 공간지각을 기준으로 하는 상대적인 것이며, 동적인 우주에서 시공의 절대적 기준이나 크기를 "우주 나이가 150억 년이라느니 크기가 수천억의 은하단의 모임이라느니" 하고 확정적으로 정하여 말할 수는 없다.

26) H. Bergson, *M.M.*, 229면.
27) 베르그송은 《물질과 기억》에서 물 자체의 객관성과 이의 인식이 지각에서 이루어

적 실재는 우리의 지각작용에서 우리의 심적인 것과 연결되지 않으
면 안 된다. 베르그송은 바로 이 점을 통찰하고서 "성질 자체 속에
서 우리가 알게 된 동적인 것이 바로 질적인 것의 기체(基體)로서
간주되어야 한다."[28]고 한다. 말하자면, 외적 실재는 우리의 심적
의식과 동화되지 않는 측면이 있으며, 이 측면이 칸트적인 의미의
'물 자체'로서 '동시성'에서 성립하는 공간적인 것으로 표상되는
운동이며, 그것이 운동인 한 우리의 의식과 연결되지 않을 수 없다
는 것이다.[29] 따라서 우리의 사유에서 극단적으로 분리된 양적인 것

진다고 말하고, 감각과 지각을 구분한다.

28) H. Bergson, *M.M.*, 229면.
29) 들뢰즈(《베르그송주의》, 75~87면)는 베르그송이 《지속과 동시성》에서 시공연속체
를 주장하는 아인슈타인의 상대성 이론을 비난하기보다는 이 시간을 공간 4차원의
것으로 공간화하였다는 것을 비난한다고 한다. 즉, 아인슈타인이 말하는 시간은 물
리적 시간일 뿐 생리적 현실이나 심리적인 '절대적 현실'의 시간, 시간의 척도나 기
준이 현실적이며 절대적인 지속을 의미하고 있지 않다는 것이다. 아리스토텔레스
주의자인 들뢰즈의 말에 따르면, 아인슈타인이 잠세태를 공간화하여 영원한 현재
에서 성립하는 현실태로 만들어서 시간을 결정론적인 것으로 만들었다는 것을 베
르그송이 비난하고 있다고 말한다. 사실, 들뢰즈는 베르그송의 생명의 약동 개념에
기초한 '창조적 진화'의 관념을 포스트모더니즘의 존재론적 기초 개념인 '차이와 반
복' 개념으로 환원하여 말하고 있다. 그는 말한다. 차이성에서 기원하는 "반복은 법
칙에 반한다. 법칙의 유사한 형식과 등가적인 내용에 반하는 것이다. 만일 반복을
자연에서조차 발견할 수 있다면, 그것은 법칙에 대항하여 자기자신을 긍정하는 어
떤 역량으로, 법칙 아래 작용하지만 아마 법칙보다도 우월한 그런 역량으로 가능하
다. 반복이 실존한다면, 그 반복은 일반성에 대립하는 어떤 독특한 단일성
(singularité), 특수성(paticularité)에 대립하는 어떤 보편성, 평범한 것에 대립하는
어떤 특이한 것, 변이에 대립하는 어떤 순간성, 항구성에 대립하는 어떤 영원성 등
을 동시에 표현한다. … 반복은 하나의 일반성의 질서에서 다른 일반성의 질서로
향하는 이행 안에서만 나타난다. 오로지 이행을 기회로 삼고 그 이행에 힘입어 모
습을 드러내는 것이다"(들뢰즈, 《차이와 반복》, 29~30). 그는 반복이 자연에서 불
가능하며 니체의 '영원한 회귀' 개념으로 환원되는 것으로서 확률적인 우연성의 중
첩을 의미한다. 이 우연성의 중첩의 결과로 나타나는 푸아송(Poisson) 분포에서 최
고의 확률치는 목적성과 결합되면 실재나 존재를 상징하는 것으로서의 독특한 것
(singularité)이다. 즉, 반복이란 물리적 우연성과 합목적성이 함축하는 이중의 우연
성을 중첩한 차이의 존재가 외적으로 발현하여 나타나는 과정의 산물(succession)
로써 표현되고 있다(주석 11 참조). 그는 베르그송의 지속을, 동역학과 양자역학을
통합한 미래의 자연과학과 관련하여 선취적으로 차이의 변증법으로 말하고 있는
셈이다. 이 때문에 그의 차이의 변증법은 프리고지네(신국조 옮김)의 《혼돈으로부

과 질적인 것은 실재를 구성하는 것이므로 분리될 것이 아니라, 연결되고 통합되어 실재를 원상으로 복구하여야 하며, 이를 위해 우리는 질 속에 운동을 넣지 않을 수 없게 된다는 것이다. 말하자면 운동은 이미 질적인 것으로 나의 직접적 의식이 주는 지속과 동일하다는 것이다.[30] 베르그송에 따르면 물리학자가 다루는 연장의 연속성도 현실적인 것으로 이해되는 한, 사실상 질적인 것으로 포착되며 결코 텅 빈 것은 아니다.[31]

한편, 베르그송에 따르면 외적 지각작용은 인식을 위해서가 아니라 행위를 위해서 있고, 따라서 감각과 신체와의 관계에서 말해져야 한다. 즉, 감관-지각은 상호 연속되어 운동하는 외적 세계 속에서 우리의 신체가 몰입되어 상호작용을 하면서 우리의 관심을 끄는 것을 잠시 고정시키는 우리 의식의 자발성의 반사적 소산이라는 것이다.[32] 따라서 외적 물체들의 한계(윤곽)로 지각되는 것은 바로 우리의 지각작용이 상호 연관성을 맺고 운동하는 외적 실재의 과정에서 잠정적으로 고정한 신체의 반영물인 질적인 것이다. 결국 베르그송에 따르면 상식적으로 이해되고 있는 물체의 공간운동이란 우주의 전체적인 질적 국면이나 상황의 것으로 해소되어 이해되어야 함을 의미한다. 이 때문에 "실재하는(réel) 운동은 물체의 이동이라기보다는 상태의 전이(轉移: transport)이다."[33] 따라서 상식이나 과학이 이해하는 공간운동에서 공간과 고정된 물체는 뉴턴에서처럼 따로따로 '절대적인' 것으로 분할될 수 있는 것이 아니며, 이 양자는

---

터의 질서》, 167~168면에서 인용되고 있다.

30) 《물질과 기억》 제1장에서 외적 실재로서의 물질은 상호 연관성이 없는 우연성을 지니며, 라이프니츠의 말대로 순수지각의 현재성에서 포착되는 '순간적 정신'으로 표현되고 있다.

31) H. Bergson, P.M., 215면.

32) H. Bergson, M.M., 27면과 33면.

33) 위의 책, 226면.

서로 완화되어 에너지와 함께 우주적인 운동으로 융해되어야 한다고 한다.[34] 베르그송은 《창조적 진화》에서 우리에게 무질서의 관념이 발생하게 되는 것을 논하면서 헤라클레이토스처럼 우주에 상승운동(지속)과 하강운동(해체)이라는 두 가지 운동이 있다고 말하고, 원자와 공간을 상징하는 질서와 무질서의 관념은 물론 현실적인 존재의 표상은 이 두 운동의 결합이나 연합에서 발생하는 것으로 말하기도 한다.[35]

그러면 왜 우리의 지성이 동적인 현실을 고정된 체계인 물체와 공간으로 표상하게 되는가? 베르그송은 앞에서 공간을 질적인 것(절대적인 것)이든 위상을 지닌 관계적인 것이든 실재하는 것으로 다루면, 우리 지능적 지성은 이 배후에 무규정한(무한한) 동질공간을 생각하게 되어 공간의 유한성-무한성과 같은 이율배반에 빠짐을 지적했다. 그런데 이런 이율배반은 그 자체가 모순적인 한 현실적인 것일 수 없다. 베르그송에 따르면, 이러한 이율배반에 빠진 것은 우리가 공간을 실재하는 것으로 놓았기 때문이다. 따라서 공간은 존재하는 것일 수 없다. 공간은 앞에서 보았듯이 상호 외재성을 전제하는 것이면서 한편으로 연장적인 것으로 표상되는 한 통일성을 갖는 것으로, 따라서 지속과 닮은 성격이 있다.[36] 그리고 이 두

---

34) 앞의 책, 229~230면. 베르그송이 여기에서 물질에 관해 양자역학적인 실재관에 동조하는 것으로 볼 수도 있다. 물론 플랑크 상수가 나타내는 힘의 띄엄띄엄한 존재나 우연성의 확률적 존재에 대한 관념을 베르그송이 가졌다고 보기에는 힘들다. 그러나 양자역학 안에 전체론(holism)적 관점이 있음을 생각하면 동적 존재의 연속성을 주장하는 베르그송의 형이상학적 원리가 틀렸다고 말하기에는 애매한 점이 있다. 베르그송이 보기에 뉴턴의 물체, 에너지, 절대공간이나 시간 개념은 파르메니데스의 '존재'처럼 생성(창조)을 사유 못하게 금한 모순율(ex nihilo nihil fit)에 따르는 존재론적 지성이 만들어 낸 허구물이다. 이 때문에 뉴턴의 운동법칙에서 관성의 법칙이 가장 의문시된다. 판넨베르그(Pannenberg), 박일준 옮김, 《자연신학》(서울: 한국신학연구소, 2000), 제1장 참조.

35) H. Bergson, *E.C.*, 233~236면.

36) 우리의 연장적 공간에 관한 표상은 연결을 상징하는 통일성과 단절을 상징하는 우연성의 결합의 산물이다. 즉, 우리의 공간성에 관한 일상적인 표상에도 시간성이

성격은 제논에서처럼 크기를 가진 위치 개념만큼이나 모순된 것이다. 사실 베르그송은 무관념(無觀念) 혹은 공간 관념이 그 실재성에 있어서는 허위적인 것임을 폭로하고 있다.[37)

그런데 이러한 공간의 관념을 형성하게끔 돕는 것은 베르그송에 따르면, (제작적) 삶이나 행위에 관심을 둔 우리 지능적 지성 때문이다. 즉, 행위에의 관심에 사로잡힌 우리의 감관-지각이 포착한 사물의 부동의 한계는 우리의 자발성(activité)이 행위하기 위해 연속적으로 상호작용하는 동적인 우주에서 우리의 관심에 따라 잠정적으로 고정한 것이며, 따라서 질적이고 그 내부는 동적인 것인데도 우리의 모순율에 기초한 지성적 사유는 그것을 고정되고 불변의 것으로 생각한다는 것이다.[38) 결국 물체는 부동하고 독립적이며 그 자체 완결된 존재가 된다. 이제 현실의 운동을 설명하기 위해 이 독립적이고 완결된 물체에 운동원인을 덧붙이지 않을 수 없다. 그런데 운동은 우리의 지속이 보여 주듯 연속성이므로 타자(他者)와의 관계에서 설명할 수밖에 없다. 그리고 이 타자 존재들도 이 물체와 같은 부동의 독립적인 것이다. 결국 우리는 존재자 전체와의 관계에서 운동을 생각할 수밖에 없고, 고정된 존재자 전체의 배후에 텅 빈 공간을 생각하지 않을 수 없다. 즉, 우리는 물체(corps)를 표상하고 운동을 생각하는 순간, 원자론자들과 같이 텅 빈 공간을 생각하지 않을 수 없게 된다. 이것은 바로 우리 사유의 극단적인 분별과 분리 의식, 그것도 존재와 무에 대한 파르메니데스에서와 같은 모순율에

---

함축되어 있다. 플라톤은 《티마이오스》편에서 우연성을 우리의 심리적인 것(영혼)의 외적인 것으로 보고, 영혼이 이를 '강제로' 결합한 이질성의 기초로 보며, 이러한 우연성의 통일은 우리의 정신의 작용으로 본다. 그러나 베르그송은 운동실재는 지속하는 의식과 같은 것으로서 이질성 자체가 정신적인 것이요, 우연성이나 필연성으로 말해지는 물질적인 것은 이 정신이 해체되거나 냉각된 한계선상의 것으로 본다.

37) H. Bergson, E.C., 279~297면.
38) 위의 책, 273면.

따르는 존재론적인 사유방식에서 나타나는 것이다. 즉, 동적인 현실을 동일률에 기초한 이성의 입장에서 바라보려는 것의 결과이다. 따라서 베르그송에 있어서 공간이란 모순율의 요구에 따라 지능적 지성(오성)이 형성한 허구요, 불변하는 물체도 마찬가지로 우리 지성이 현실에 대해 갖는 과도한 분별의식의 산물로 허구적인 속성을 내포하고 있다. 그것들은 각각 완결된 것으로서 우리의 행위를 위한 감관-지각에 기반을 두고 있는 지성적 사고가 만들어 낸 운동을 표상하기 위한 도식(圖式)일 뿐이라는 것이다.[39]

그러면 베르그송처럼 운동을 우리에게 직접적인 의식과의 관계에서 파악한다면 우리는 운동을 어떻게 상호 비교할 수 있을까? 그리고 질적인 것을 인식한다는 것은 무엇을 의미하는가? 베르그송에 따르면, 우리의 지속에서 직접적 의식이 지각하는 것은 주어진 시간 안에 한정된 수의 의식된 현상만을 포함할 수 있다고 한다. "가령 우리의 지속이 1초 안에 지각한 빨강색의 진동수를 센다면, 우리의 반성적 의식이 알아채는 것으로 셀 때 2,500년이 걸린다고 한다. 그러나 공간은 그것이 아무리 작은 것일지라도 그 간격 속에 우리가 원하는만큼의 가분적인 내용(1초의 백만, 혹은 천만분의 1 등)을 집어넣을 수 있다." 왜냐하면 공간은 우리의 직접적 의식에서 소외된 것으로 우리에게 외재적이기 때문이다. 그러나 "지속의 부분은 그것을 나누는 행위의 계기적(繼起的) 순간과 일치하므로 우리가 그것에 순간을 고정하는만큼 부분들을 갖겠지만, 우리 의식의 하나의 순간에 일정수의 요소들의 작용만을 넣을 수밖에 없다면 그리고 그것이 어느 곳에선가 분할을 멈추면 그곳에서 지속의 가분성

---

39) 말하자면 베르그송은 고대 그리스에서 발원하고 근대 과학의 기초적인 사고방식인 원자론자들의 세계관을 공격하고 있는 것이다. 그에 따르면, 원자론자들의 세계관은 근원적으로는 우리의 모순율에 따라 존재론적 사고를 수행하는 지성의 현실에 대한 신체적 행위나 (도구) 제작적 관심에서 나온 것이다.

104

도 멈춘다."[40] 말하자면 운동에 대한 인식은 무한 가분성을 가진 공간을 매개로 하거나, 상호 비교 대조하기 위해 서로 다른 두 크기의 공통치를 찾아 그 배후에 설정하는 환원적 사고나 3차원적인 추상적 사고에서가 아니라 전체적으로 주어지는 현실적 사실에 대한 직접적인 의식이 주는 질적인 것의 한계를 포착하는 일이 된다. 결국 베르그송에 있어서 상식이 말하는 소위 공간운동의 인식이란 지속과의 관련에서 아킬레스나 거북이의 걸음걸이 각각을 하나의 현실

─────────────

40) H. Bergson, *M.M.*, 228~230면. 이것은 우리의 지속, 즉 자유의 능력에도 한계가 있음을 의미한다. 다른 한편, 베르그송은 우리가 설탕물을 녹일 때에도 기다려야 하는 현실을 지속으로 표현한다. 더 나아가 베르그송은 우주의 모든 사물들을 지속의 여러 가지 강도를 지닌 것으로 말하며 이를 통합하는 우주 자체도 시간적 존재이다. 시간과 공간 각각은 하나는 운동과 다른 하나는 정지와 관계하는 표상으로서 상호 반립적(상보적)이나, 베르그송에 있어서 정지란 있을 수 없다. 이 때문에 베르그송은 지성이 가져온 정지를 함축하는 공간성의 표상은 상대적인 것으로서, 절대적인 시간성 속에 통합되어야 할 것으로 보고 이를 창조적으로 진화하는 '지속' 개념으로 표현한다.

그런데 물리학에서 시간이란 시계로 측정하는 것이다. 시간의 측정과 관련한 이 간단한 말 속에는 칸트의 실험적 방법에 의한 진리구성설의 의미가 함축되어 있다. 즉, 물리적인 측정에 의한 시간이란 지성이 구성해 낸 것이다. 그러나 이러한 시간의 측정은 직관적으로 알려지는 것이거나 선험적으로 주어진 것으로 설정하지 않으면 실험하거나 검증할 수 없다. 양자역학의 '할머니 살해의 역설'에서 볼 수 있듯이 물리적 세계는 양자역학적 임의성에 기초해야 시간적인 인과성이 이해되는 반면에 베르그송이 말하는 직관적 자유는 인과성에 기초한 임의성으로 보인다[D.H. Freedman, "양자론에 관한 두 가지 관점", W.H. Shore 엮음, 과학세대 옮김, 《생명과 우주의 신비》(예음, 1994) 참조]. 이 때문에 시간성의 본질을 지적으로, 즉 물리학적으로 탐색하는 일은 베르그송이 보기에는 불가능하다. 베르그송에 따르면 모든 물질과학이나 우주론은 인간의 지능의 관점에서 보는 '인간화 이론'으로서 환원할 수 있다.

그런데 호킹(Stephen Hawking)[김동광 옮김, 《그림으로 보는 시간의 역사》(서울: 까치, 1998)]은 시간이 역사를 지닌다고 말함에 의해서 시간이 우주의 탄생과 함께 함을 극명하게 보여 준다. 현대의 우주론에서 말하는 빅뱅 가설이 진실이라면(호킹은 자신의 양자중력이론의 가설에 따라 우주란 그저 존재하는 것이라고 말하고 있어서 니체와 같이 영원회귀사상을 지니고 있는 것으로 보이지만), 시간과 공간은 초기우주의 양자적 상태에서 발현하여 (우리) 우주의 탄생과 더불어 발생하는 것이다. 결국 현대 우주론의 관점에서 보면, 베르그송은 우리의 존재를 시간성의 존재 양상인 지속으로 파악하므로 우리의 존재란 시간의 생성과 더불어 존재하게 된 우주의 역사와 똑같은 지속을 지니며 우주의 양상과 더불어 생성소멸한다고 볼 수 있다.

적인 크기를 지닌 행위로 다루는 일이다. 그리고 이 때 크기는 의식에 주어진 현실적인 질로서의 연장이거나 추상물이다.[41]

　베르그송에 따르면, 운동은 운동이고 정지는 정지이다. 또 제논의 모든 역설들은 운동을 운동체와 연장으로 나누어 현실적인 운동을 이들로 대치하며, 또 운동을 직접 다루는 것이 아니라 운동이 이루어진 결과를 가지고 이들을 마음대로 나누어 보는데서 성립한다고 한다. 즉, 연장은 운동의 결과로서 운동과는 달리 정지한 것이며, 또한 연장은 마음대로 나누어 보는데서 성립한다. 그러나 지속은 나눌 수 없는 것이다. 가령 그것을 둘로 나누는 순간 그것은 연속적인 운동이 아닌 운동-정지-운동의 형태로 변모한다(Dichotomy). 어떤 거리를 간다면 그것은 운동체가 단번에 가는데서 성립한다. 또, 우리가 서로 다른 두 운동체를 비교할 때에도 이 양자의 배후에 연장의 공통치인 단위를 설정하고 서로의 비교에 의해 일치점을 찾는데, 그것은 시간을 진정으로 다루는 것이 아니라 양자의 동시성만을 찾는 일이 된다(Achilles). 그런데 운동하는 실재에서 동시성이란 불가능하다. 베르그송은 만약 우주의 운동이 모두 두 배 빨라진다 해도 수학자들이 계산하는 모든 방정식에는 하등의 변화가 없을 것이라고 한다. 그러나 한 멜로디의 지속은 그 성질을 바꾸지 않고 짧게 할 수 없듯이 우리의 의식은 이 차이를 알아차릴 것이다. "어떤 간격이란 살아본 지속이다."[42] 우리의 의식은 "수축되지도 않고 연장되지도 않는 지속을 영위한다."[43] 운동체를 한 위치에

41) 여기에서 우리의 사고방식은 공간을 4차원적인 동적 현실에서 비교 분석이 가능한 추상한 것으로 보거나, 아니면 동적 현실이 하나의 비교 가능한 공간적 차원(세계나 우주를)을 형성하는 것으로 볼 수도 있다. 우주현실을 아인슈타인의 상대성 이론과 양자역학을 통일하고자 하는 관점에서 바라보고자 하는 물리학자들에게는 공간의 차원이 초끈이론에서처럼 점차 더 많아진다. 브라이언 그린(Brian R. Greene), 박병철 옮김, 《엘러건트 유니버스》(서울: 승산, 2002) 참조.

42) H. Bergson, D.I., 145면.
43) H. Bergson, P.M., 11면.

고정시키거나(Arrow), 정지된 것과 운동한 것을 비교하는 것 (Stadium)은 모두 잘못이다.

이와 같이 베르그송의 제논의 역설들에 대한 해석을 통해서 우리는 이제 운동에 대한 역설을 형성한 제논의 의도와 이 역설을 이용하는 베르그송의 의도가 전혀 다르다는 것을 알 수 있다. 즉, 제논은 운동이 실재가 아니며 없다(파르메니데스의 존재가 아니라)고 주장하는 데 반해, 베르그송은 운동은 절대적 실재이고 이 실재를 파악하는 사고방식이 잘못되었음을 지적한다. 즉, 제논과 베르그송은 존재에 대한 인식 기능으로서 오성적 사유, 혹은 베르그송이 전통적인 존재론적 사유를 지적하기 위해 사용한 지능적 지성(언어적 지성, 혹은 반성적 의식)에 대한 태도가 서로 다르다. 전자는 불변하는 실재에 대한 인식은 우리의 사유(nous)를 통해서라고 주장하나 베르그송은 그렇지 않다고 한다. 우리의 사유는 전통적으로 믿어 왔듯이 현상의 배후에 있는 실재를 파악하는 것이 아니다. 베르그송은 지능적 지성이란 다른 존재 이유를 갖는 것이며, 따라서 지능적 지성에 대한 전통적인 견해를 우리가 이 지성의 성격이나 그 존재 이유를 모르고 곧바로 믿으면 지능적 지성이 주는 환상이나 독선을 자각치 못하는 오류에 빠진다고 한다. 이 때문에 우리는 지능적 지성의 기능을 그 성격이나 존재 이유의 측면에서 인식론적으로 따져 보아야 한다.

# 5. 감관-지각과 기억의 정신현상

칸트에 의하면, 우리의 인식능력에는 하나의 뿌리(마음)에서 나온 감성과 사고하는 오성(지능)이라는 두 능력이 있다. 그리고 칸트 인식론의 근간을 이루는 "직관 없는 사유는 공허하고 개념이 없는 직관은 맹목이다."라는 주장은 전통적으로 있어 온 감관-지각과 사유에 대한 두 견해, 즉 감성은 인식에 장애가 되어 왔다는 플라톤이나, 감성은 사유보다는 열등한 인식능력이라는 라이프니츠의 견해에 정면으로 배치된다. 그러나 칸트의 이러한 견해도 다윈의 진화론이 나오기 이전의 근대적 사고이다. 베르그송에 따르면 우리의 마음의 기초는 감관-지각적인 감성적인 것이고, 감정이나 사고(cogito)란 이러한 감성적인 것을 기초로 하여 기억과 같은 마음의 능력이 갖추어졌을 때 이를 토대로 하여 나타난 것이다. 즉, 베르그송은 자신의 동적 존재론과 지속의 관점에서 감각과 지각을 물적인 운동(무한히 이완된 진동)의 선택과 압축, 그리고 고정하는 것에서 이루어지는 것으로 보고 기억도 기본적으로는 심리적 의식이 지니는 지속의 긴장된 압축과 고정에서 성립하는 것으로 본다. 이러한 심리적 능력이 전제되지 않으면 언어에 의한 사유, 즉 언어적 행위에 수반하는 반성적 의식이란 성립하지 않기 때문이다. 즉, 외적인 감관-지각이나 내적인 심리적 체험, 그리고 기억은 언어행위의 전제가 되는 심적 기능이다. 이 때문에 우리는 베르그송이 말하는 지능(사유)이나 직관을 살피기 이전에 먼저 감관-지각과 기억의 작용방식이나 현상방식 혹은 발생을 탐구해 보아야 한다.

## 5.1. 감관-지각과 이미지

우리가 감관(sens)으로 외부세계와 만나는 지각(perception)의 문제는 고래로 세계에 대한 인식의 문제와 결부되어 왔다. 이러한 지각의 인식론적 가치를 규명하기 위해서는 자연스럽게 그 발생론을 문제삼지 않을 수 없다. 플라톤의 《테아이테토스》편에 나타나는 지각의 발생에 대한 설명이나 상식적인 견해에서 엿보이는 것들은 우리의 의식과 대상이 만남으로써, 혹은 의식이 신체의 표면이나 밖으로 투사됨으로써 대상이 있는 곳에서 지각이 이루어진다고 하나, 근대 과학의 발달 이후로는 지각을 두뇌에서 일어나는 운동의 과정, 혹은 그 과정의 심적인 해석으로 생각하게 되었다. 베르그송의 지각론에서 우선적으로 문제되는 것은 바로 지각이 부수현상론이나 실재론자(유물론자)들이 생각하듯이 과연 두뇌에서 일어나느냐 하는 것이다. 우리는 이제 베르그송의 직관론에 따른 "지각현상에 대한 이미지(image)에 의한 설명"을 분석하며 그의 논의를 따라가 보자.

우리는 우리의 감관을 통하여 우리 앞에 나타나는 물상(image)[1] 들이 우리가 자연법칙이라고 부르는 일정한 관계에 따라 그들의 부

---

1) 기억과 반성이 들어가지 않은 최초의 지각에 직접적으로 주어신 것을 베르그송은 이미지(image)라 부른다. 그가 이 말을 쓴 동기는 《물질과 기억》 제7판 서문에 표명되고 있듯이 물질이라는 말에서 일어날 수 있는 유물론적 혹은 관념론적 오해를 피하고 우리에게 직접적으로 현상하는 물질을 나타내고자 한 것이다. 따라서 이 이미지는 한편으로 버클리(Berkley)의 "Esse est percipi"의 지각상을 의미하기도 하고, 다른 한편 감각이 끝나는 물질적 세계와의 한계선에서 성립하므로 일면 물질이기도 하다. 이 때문에 이 저서에서는 경우에 따라 물상(物象)이나 이미지(物像)라는 말로 명명한다.

분적 요소들에 이르기까지 서로 작용-반작용하는 것을 볼 수 있는 데, 우리의 신체만은 이러한 자연법칙의 결정성을 모면하고 있는 것 같다. 이러한 결정성을 모면하고 있음은 우리의 신체의 외부로 부터 오는 진동들과 우리가 수행할 행위 사이에 심리적 감정(affection)이 끼어 영향을 미치고 있기  때문인 것으로 보이며, 우리의 행위가 자동적으로 될 때 심리적 감정이 사라지는 것에서도 알 수 있다. 그러기에 "모든 것은 마치 우주라고 하는 물상들 전체 속에서 내가 나의 신체라고 하는 어떤 특수한 물상의 간섭 없이는 실제로 새롭게 산출될 수 없는 듯이 보인다."[2]

그러면 이러한 신체라는 물상의 특이성이 어디에 있는가를 살피기 위해 나의 신체와 똑같은 다른 물상을 살펴보자. 우리는 그곳에서 그 물상 밖의 진동들을 그 신체의 중추에 보내는 구심신경과 신경중추에서 진동들을 신체의 주변으로 이끌어 신체의 일부나 전체를 움직이게 하는 원심신경만을 볼 뿐이다. 그리고 이들 모두는 물상들일 뿐이다.

정신물리학자나 심리학자들은 구심신경 중 몇몇이 외부세계의 표상을 산출한다고 주장한다. 그러나 구심신경, 중추들, 진동들은 우리의 지각에 나타난 물상들일 뿐이며, 만일 진동들이라고 하는 물상이 그 신체라는 물상의 외부에 있는 물상들을 산출한다면, 그 진동들은 어떠한 방법으로든지 외부세계라는 물상들(이나 그 물상들의 정보)을 포함하고 있어야 한다. 그러나 최초에 물상들 전체를 설정하고 지금까지 논의한 것에 의하면, 물질세계라는 물상이 우리 두뇌라는 물상의 부분이 아니라 두뇌라는 물상이 물질세계의 일부분을 이루고 있을 뿐이다. 즉, 우리의 신체라고 하는 물상도 이 물

---

2) H. Bergson, *M.M.*, 12면. 베르그송은 전 과거에 의한 자기 결정성으로서의 행위에서 성립하는 자유를 《의식의 직접 소여론》에서 이미 말하고 있다.

상을 둘러싸고 있는 모든 외부의 물상과 마찬가지로 서로 운동을
주고받는 것일 뿐이며, 외부의 물상과 다른 점이 있다면 그것은 이
러한 작용들을 신체나 두뇌가 선택하는 것처럼 보이는 데 있다. 따
라서 두뇌는 '행위의 중심'이지 표상을 산출하는 것은 아니다.[3]

그러면 신경계 특히 척수와 두뇌는 무슨 역할을 하는가? 우리가
지각하는 척수와 뇌수도 베르그송에 따르면 물상들일 뿐이다. 즉,
나의 신체라는 물상이 외부물상들과 운동을 주고받는 것이라면 신
경중추들도 본질적으로 그러한 역할을 하는 것에 불과하게 된다.
척수의 수준에서 자극은 곧바로 운동반응으로 반사되며, 이러한 반
사는 단지 외부세계로 기계적인 일종의 개방된 순환을 형성한다.
그런데 고등동물에서 두뇌의 존재는 이러한 반응을 연기하고 지체
시키는 효과를 가지는 것이다. 뇌수는 외부로부터 받은 자극들을
가능적인 운동으로 이끌거나 단순히 수많은 시초적 운동이나 반응
(action naissant)[4]으로 국한시켜 운동을 인도하고 억제하는 것일 뿐
이며, 그 두뇌피질의 다양한 감각영역의 세포들과 구심섬유의 말단
가지들, 롤랜딕 지대(Rolandik zone)의 운동세포 사이에 끼인 세포들
이 수용한 진동들에게 자발적으로 일정한 척수의 운동 메커니즘을
얻게 하고 선택하는 것을 허용하는 것이다. 즉, 두뇌는 수집된 운
동에 대해서는 분석의 도구이고, 수행될 행위와의 관계에서는 선택
의 도구일 뿐이다.

따라서 선입견이나 존재론적인 전제 없이 지각을 전체 물상의 현
상적 차원에서 논의를 전개하는 베르그송에 있어서 관념론과 실재

---

3) 앞의 책, 14면.

4) 시초적, 혹은 초발반응이나 초발운동이란 지각에 반응한 시초적 운동으로서 운동
   이 단순히 두뇌에 국한되는 것을 의미한다. 베르그송은 능동-수동이 모두 동적 존
   재에서 이루어지듯이 의식도 동적 존재로 본다. 그리고 동역학에서 운동을 설명하
   는 방법에 원자론과 파동론이 있는데, 베르그송의 운동론을 역학과 관련하여 굳이
   말하자면 그는 파동론을 우위로 하고 원자론을 이에 부수적인 것으로 본다.

론 사이에 걸친 문제는 다음과 같은 말로 제기된다. 즉, 관념론의 체계는 우주에 대한 나의 지각의 체계이고, 이 체계에서는 나의 신체라는 특이한 물상이 그 체계의 중심을 점유하고 있어 그것의 조그마한 변화에도 만화경을 돌릴 때처럼 그 주위의 물상들이 완전히 변화한다. 다른 한 체계, 즉 물질 실재론에서는 중심이 없이 물상들이 그 자체적으로 있으면서도(이 경우 주체는 모든 물상들이 된다) 서로 영향을 주고받되, 결과가 원인에 준하는 방식으로 있는 우주 체계이다. 어떻게 동일한 현상인 물상들이 동시에 두 체계 속으로 들어올 수 있는가? 물론 여기에서 전제되어야 할 것은 외부성이니 내부성이니 하는 포섭관계는 물상들 사이의 관계이어야 하며 마음이나 사유와 우주 전체 사이의 포섭관계는 아니다. 왜냐하면 우주가 마음, 즉 사유 안에 혹은 밖에 존재한다고 하거나 마음이 우주 안에 있다고 하는 것은 문제를 풀 수 없는 말로 만들고, 사유, 우주, 존재라고 하는 말들이 필연적으로 이편과 저편에서 매우 다른 의미로 파악되는 쓸데없는 논의에 이르기 때문이다.[5]

전자의 체계를 가진 관념론은 현재의 경험에 주어진 것에서 출발했기 때문인데, 이들이 현재를 과거와 관련시켜 미래를 예견하고자

5) 포섭관계는 이미지들 사이의 관계이지 신체와 의식, 혹은 신체와 사유 사이의 관계는 아니다. 사실 의식(정신)이 몸 안에 있다든가 몸 밖에 있다든가, 혹은 신체가 의식 안에 있다든가 의식 밖에 있다고 말하는 것은 의식이나 사유를 이미지와 같은 포섭관계를 가질 수 있는 것처럼 말하는 것이다. 그러나 의식 혹은 데카르트의 사유란 안과 밖이 없는 것이다. 이 때문에 데카르트는 마음을 비연장적인 것으로 파악한다. 그러나 이러한 사유나 의식의 비연장성이란 언급도 많은 문제를 일으킨다. 왜냐하면 심리적 기능으로서 의식은 자의식으로서, 의식은 깨자마자(라틴어 evenire: event) 인식론적으로 주관과 객체를 분리하며, 또 주관이나 객체를 지향하여 이들에 내재와 초월을 수행하면서도 이 모두를 포괄하기도 하는 기능을 수행하는 것이기 때문이다. 그리고 이러한 의식의 현상적 기능을 존재론적 사유는 모순율에 따라 변증법적으로 설명하려고 한다. 베르그송은 자신의 의식에 관한 직관론에서 바로 이러한 의식의 지향적 기능을 동적 존재론의 입장에서 설명하려고 한다. 그리고 베르그송은 고대 존재론과 근대 인식론을 자신의 직관론, 즉 창조적 진화라는 의식의 현상학으로 통합한다.

할 때는 신체라는 물상의 중심적인 위치를 포기하고 모든 물상들을 동일한 차원에 놓지 않을 수 없다. 이러한 조건에서만 우주과학이 가능하고 또 그것이 미래를 예견하는 데 성공했기 때문에 그것을 밑받침하는 가정이 자의적인 것이 아님을 알게 되어, 라이프니츠처럼 어떤 요행을 일깨우고 칸트처럼 감성과 오성 사이에 무엇인지 모르는 조화를 생각함에 의해서만 이 질서를 다시 세울 수가 있었다.

결과가 원인에 따르는 가변법칙이 있는 후자의 체계는 지각현실을 인정하지 않을 수 없어서 모든 물상들 가운데 우리가 두뇌라고 부르는 물상을 선택하고 이 물상의 내적 상태가 외부물상들을 상대적이고 가변적으로 복사함에 의해 외부세계를 산출한다고 하여 두뇌에 특권을 부여한다. 이 두 이론들은 결국 한 체계에서 다른 체계를 연역하려 하나 동일한 지반에 놓일 때에 상반된 방향에서 동일한 장애와 싸우게 된다. 베르그송은 이러한 두 이론이 일으키는 난점, 즉 주체와 관련된 우연이나 신비한 능력(deus ex machina)을 끌어들이는 일이 지각을 순수인식적인 기능으로 보는 데서 일어난다는 것을 통찰하고 있다. 즉, 과학이 요청하는 질서를 가진 실재론은 지각에서 하나의 혼란되고 잠정적인 과학만을 보고, 지각이 주관과 관계 맺는 측면을 절대적인 것으로 설정한 관념론은 과학을 실재의 상징적인 표현으로 간주한다는 것이다.[6] 우리는 외부물질세계인식을 위한 소재들을 전적으로 우리의 감관에 의존하고 있는 것 같으며 그래서 철학은 지각이 주는 인식적 가치를 논하게 되는

---

6) 앞의 책, 235면. 이것은 베르그송이 고대 존재론과 근대 인식론을 지성이 구상한 이성중심적인 합리적 전통의 것으로 간주하고, 이와는 전혀 다른 자신의 역동적인 존재론으로 통합하려는 의도에서 한 발언으로 당시로서는 천재적인 발언이다. 감관-지각에 대해 과거 철학은 "첫째, 다양한 종류의 성질들 사이에 어떠한 공통적인 것도 없고, 둘째, 연장성과 순수성질 사이에 어떠한 공통점도 없다."고 하나, 베르그송은 "상이한 종류의 질들 사이에 어떤 공통적인 것이 있으며, 이 질들은 모두가 상이한 정도로 연장성을 띠고 있다."는 것을 말한다.

데 과연 생명현상에서 지각이 그 기능상 외부세계의 순수인식을 위한 것인가?

## 5.2. 지각과 행위

베르그송에 따라서 우리는 신경계통이나 두뇌가 표상을 일으키거나 만드는 도구가 결코 아니며 행위와 관련된 것임을 보았다. 그리고 그 두뇌의 발달 정도는 점점 복잡해지는 신체의 운동 메커니즘과 비례하며, 따라서 이 운동 메커니즘과 관계하는 지각의 범위가 그것의 발달과정과 정확히 일치함을 볼 수 있다. 이러한 현상에서 우리는 감관-지각이 순수인식으로 향해진 것이 아니라 바로 행위와 관계하고 있음을 명확히 알 수 있다. 베르그송은 이러한 사실에서 다음과 같은 사실까지 유추한다. 즉, 지각 자체의 점증하는 범위는 바로 그 생명체의 운동이 내포하는 비결정성(indétermination)의 정도와 일치한다는 것이다.[7]

지각은 외부의 물질(물상)에서 오는 진동이 필연적인 반작용으로 연장되지 않는 순간에 나타난다. 간단한 유기체에서는 그것이 접촉을 닮았으며, 그 유기체의 지각과 운동반응의 과정은 필요한 자극에 따르는 자동적인 충동과 거의 구별되지 않는다. 그러나 반응이 망설일 여지가 많은 정도에 따라서 동물에게는 그가 관계하는 대상에 대한 행위의 거리 역시 점증한다. 생물체가 처리하는 독립된 부분, 즉 행위의 비결정지대는 지각의 폭에 정확히 일치한다. 지각은 행위가 시간을 처리하는 것과 똑같은 비례로 공간을 처리하는 것이다. 그러나 문제는 왜 유기체와 다소간 떨어진 대상과의 관계가 의식된 지각(표상)과 같은 특수한 형태를 취하고, 그것이 마치 두뇌의 내부운동으로부터 일어나는 것처럼 보이는가이다.

---

7) 앞의 책, 29면.

114

    베르그송은 의식된 지각의 설명을 동적 존재론의 말로 표현하고
있다.[8] "물질은 지각됨이 없이 존재할 수 있다. 그것은 표상됨이 없
이 존재할 수 있는 것이다. 그리고 존재와 표상 사이의 거리는 물질
자체와 이에 대한 의식된 지각의 간격을 바로 측정하고 있는 것이
다. 그런데 존재에서 표상에 이르기 위해 무엇인가 덧붙여져야 한
다면 그 거리는 건널 수 없는 것이고, 물질로부터 표상에 이르는 길
은 뚫을 수 없는 신비에 뒤덮일 것이지만, 감소의 방식으로 이행된
다면 그 때에는 존재하는 물질들이 그들 자신 중에 어떤 것을 포기
하도록 강요되어서 표상으로 변하기에 충분할 것이다. 따라서 다른
물상들의 모든 점에 대해 한 물상이 다른 물상에 대해서 받은 작용
전부를 전하여 결국 우주로 모든 방향의 변화들이 지나는 길에 불
과하게 되는바, 한 존재하는 물상에서 그에게 앞선 것과 뒤따르는
것을 분리함으로써 한 순간에서 한 변화를 포착한다면, 그것을 표
상으로 전환시킬 것이다. 그러나 다른 물상들과 관계 맺는 순간에
는 다른 물상들 속으로 연속되고 사라져야 하기 때문에 그것은 무
성격적이고 중화(neutralisé)된 것이다. 우주 속에서 생명체들이 비
결정의 중심을 이룬다면 물질의 작용 전체가 저항과 소모도 없이
지나는, 그래서 전 우주의 사진이 분리될 건판이 없는 투명한 라이
프니츠의 단자(單子)와는 달리 바로 그 비결정의 중심이 사진 건판
의 역할을 하여 그곳에 관심을 끄는 작용을 머무르게 할 것이다. 이
러한 전환을 위해 필요한 것은 대상을 밝히는 것이 아니라 반대로
그 어떤 면을 불분명하게 하는 것이다. 따라서 대상으로부터 항상
확산하면서 나오는, 그러나 결코 밝아져 있지 않은 빛(작용)을 그
생명체는 그 대상의 표면에 반사하는 것처럼 보이는 것이다(작용에

---

8) 플라톤은 《테아이테토스》편, 151~157c에서 운동에서 성립하는 능동작용(poioun)
   과 수동작용(paschein)으로 지각의 발생을 설명한다. 한편, 아리스토텔레스에서 능
   동과 수동은 잠세태·현실태 개념과 관계하며, 존재론의 10개 범주에 속하는 것으
   로 자연학이나 운동론의 중요한 개념이었다.

대해 똑같은 반작용을 하므로). 그러면 이번에는 그 생명체를 둘러싸고 있는 물상들을 그 생명체를 향해 그 생명체의 관심에 관계된 측면을 밝게 내보이는 것처럼 될 것이다."[9]

우리는 이상의 논설에 대해 몇 가지 사실만을 지적하고 넘어가자. 첫째로, 베르그송은 물상들이 연속성을 지니며, 우주의 모든 변화들이 지나는 길에 불과한 것으로 말함으로써 변화의 흐름에서 생명체가 잠정적으로 절단하여 고정화한 것을 물상이라 생각한다.[10] 또한 베르그송은 말하기를 외적인 물상들은 그들을 연결하고 있는 근본적인 필연성의 메커니즘 때문에 모든 면을 상호적으로 동시에 나타내어 결코 서로 지각되지도 지각하지도 않는다고 말할 수 있으나, 이들이 어떤 자발성에 부딪히면 그들의 필연성의 작용은 그만큼 감소하고, 이러한 그들 작용의 감소가 그들에 대해 우리가 갖는 표상이라는 것이다. 즉, 사물에 대한 우리의 표상은 그 물상들이 우리의 자유에 대해 반사한 것(저항)으로부터 일어난 것이다.

여기에서 우리가 실험적으로 사유에 의해 우리의 두뇌나 척수조직의 모든 구심신경을 칼로 잘라 낸다고 해 보자. 그 때에 우주, 그리고 그 신체의 나머지까지도 그대로 남아 있을 것이다. 그런데 이러한 칼질에 의해 사라진 것은 나의 지각이다. 지금까지의 물상들에 관한 가정에 의하면 구심신경의 절단은 중추를 통해 신체의 주변에서 주변으로 가는 흐름을 차단하는 것이며, 그것은 주위의 물

---

9) H. Bergson, *M.M.*, 34면.

10) 사실, 전 우주적 흐름(courant)인 동적 연속 안에서 작용과 반작용을 말하는 것은 불합리한 것 같다. 그리고 이 문제를 해결하는 방식에는 운동에 관한 파인만[Richard P. Feynman, 박병철 옮김, *Quantum electrodynamiics*(서울: 승산, 2000) 참조]이나 현대의 양자역학과 베르그송의 운동역학의 존재론 사이에 차이가 있다. 그러나 물질은 필연적인 과정을 밟는 연속된 흐름(여기에서 말하는 필연성은 플라톤의 《티마이오스》편에 나오는 우연-필연성의 의미이다)이고, 생명체는 시간적으로 과거를 이끌고 있는 지속이어서, 베르그송은 지속의 다양한 정도를 인정하여 연속 안에서 상호작용을 설명하고 있는 것이다.

116

상들에게 작용하는 데 필요한 운동의 양과 성질을 나의 신체로 하여금 얻지 못하게 하는 상태에 넣는 것으로 행위에만 관계하는 것이다. 그런데 사라진 것은 나의 지각이다. 이것은 무엇을 의미하는가? 그것은 지금까지의 논의에서 보았듯이, 지각이란 그림자나 반사의 방식으로 물상들의 총체 속에서 내 신체의 잠재적이거나 가능한 작용을 부각시키고 있는 것일 뿐이다. 즉, 물질의 실재성은 그들 요소 전체의 물상과 모든 종류의 작용의 물상의 총체이며, 그 물질에 대한 지각은 내 신체의 가능한 작용에 관계된 바로 그 부분의 물상인 것이다.[11]

이러한 나의 의식된 감관-지각(표상)은 나의 욕구와 관계 없는, 일반적으로 말하면, 나의 기능에 관계 없는 것을 제거하는 데서 오는 것이다. 그러기에 표상화되지 않은 어떤 물질적인 총체는 표상화된 것보다 무한히 광대하다고 베르그송은 말하고 있다. 왜냐하면 이 점은 물질세계의 모든 점의 작용을 거두어들이고 전달하는 데 반해 우리의 정신은 몇몇 관점에서 그것의 몇몇 부분만을 획득하기 때문이다. 외부지각에서 의식은 바로 이러한 선택과 분리에서 성립하며, 이러한 선택은 이미 정신을 말하는 것이다.

여기에서 우리는 이 장의 처음에서 제기했던 물음에 대한 해답을 발견할 수 있다. 즉, 베르그송은 지각작용을 대상에 대한 단순한 인식을 기준으로 해서 보지 않고 대상에 대한 우리 신체의 가능적인 능력을 나타내는 행위(작용)를 기준으로 보는 것이다. 더 나아가

11) H. Bergson, *M.M.*, 17면. 물질의 실재성과 표상 사이의 차이를 말한다. 물체의 표상이란 오관작용의 종합의 결과이지만 이러한 종합은 나의 신체의 반영이다. 예를 들어, 시각 하나로만 설명하면, 시각에 나타난 것은 물상의 표면으로서 물상의 일부이다. 박홍규는 시각작용을 물리학에서 말하는 허상이론으로 설명하면서 시각이란 것도 우리의 신체의 표면에서 이루어진다고 하였다(강의 노트). 그런데 이러한 허상이론은 물리학적 관점으로서 감관-지각에 대한 직관적 관점이 아니라 직관을 설명하기 위한 지성적 관점이다. 그리고 지성은 직관을 전제해야만 직관을 존재론적으로 구성하는 이야기를 할 수 있다. 사실 맹인이 처음 시각을 갖게 되면 시각이 신체적 감각과 동일시된다고 한다. 이 사실은 박홍규의 발언을 확증하는 것이다.

서 베르그송은 순수지각의 총체를 우주라고 말한다.[12] 이러한 순수
지각을 설정하지 않은 실재론자나 심리학자들은 대상→감관→두
뇌의 인과계열을 설정하고 나서 이들을 모두 지워버리고 단지 두뇌
의 과정이나 이 과정의 현상을 보는 체하며, 합리론자나 경험론자
들처럼 비연장적인 최초의 정신이 동질적 공간으로 투사되는 것처
럼 설명하여 연장성을 획득할 수 없게 하는 난관에 부딪히는 것이
다.[13] 그런데 베르그송은 최초에 이미 물상들의 전체를 설정했기 때
문에 그것을 지각 메커니즘에 의해 두뇌에서 산출되는 것처럼 다시
묘사할 필요는 없고,[14] 지각이 권리적으로는 물상 전체이고, 사실
적으로는 우리의 관심을 일으키는 것으로 환원되기 때문에 그것을
어떻게 한정하는가만 문제가 될 뿐이다.

그러나 이러한 한정도 베르그송의 관점에서는 쉽게 이해된다.
즉, 지각의 부분들이 행위적인 중심과 관계하여 질서지어졌다는 점
에서 순수하고 단순한 물상과 구분되기 때문에 지각이란 우리의 신
체라는 물상의 행동방식에 놓여 있는 비결정지대를 그리는 것에 국
한된다. 역으로 신체적 작용의 비결정성은 그것을 상징하는 두뇌의
회색질 구조에서 결과하는 한 우리의 지각범위에 대한 정확한 측량
을 나타내고 있다. 그리고 베르그송에 의하면 이러한 행위와 지각
의 상호 의존성은 비결정의 또 하나의 기능인 의지(vouloir)[15]와 관

---

12) 베르그송의 '순수지각'의 의미는 이중적이다. 하나는 인식론적인 의미에서 이미지
    전체이고, 나중에 볼 것이지만 존재론적으로는 우주적 작용의 극히 일부인 물상이
    된다.

13) 데카르트 이후의 대륙 합리론자나 경험론자는 지각현상을 설명하면서 뉴턴의 역학
    을 설정하고 있다는 점에서 유물론자나 실재론자들의 존재론을 전제하고 있다.

14) 의식은 산출되는 것이 아니라 깨어 일어나는(evenire) 것이다. 그리고 우리말 가운
    데 "잠(무분별의 상태로서 무의식이자 기능하는 비의식의 상태)에서 깬다."는 표현
    은 의식이 자아와 대상을 분별하게 된다는 의미를 지니고 있어서 의식의 일어남을
    설명하는 데 아주 적합한 말이다. 의식은 제작되거나 산출되는 것이 아니다.

15) H. Bergson, M.M., 39면. 베르그송에서 인식과 행위의 통합은 의지에 의해 가능한

118

계한다. 따라서 우리의 지각이 마치 두뇌의 내부운동에서 나오는 것처럼 일어난다는 것은 놀라운 일이 아니다. 그러나 베르그송에 있어서 지각은 바로 우리의 신체 안에서가 아니라 신체 밖의 대상이 있는 곳에서 물 자체로서의 이미지 자체가 지각되는 것이다.

이러한 설명에 대해 우리가 반론을 제기할 수 있게 하는 사실들이 있는 것 같다. 즉, 대상의 실재가 사라졌는데도 우리에게는 대상의 이미지가 남아 있는 듯이 보인다. 또는 모든 점에서 외부지각과 닮은 이미지들이 떠오르는 환상이나 꿈과 같은 상태들이 있어서 두뇌의 현상이 이미지들을 산출하기에 충분한 것처럼 보인다는 것이다.[16] 그런데 우리는 베르그송의 지각이 행위의 자발성에서 연유되어 반응의 선택에서 성립함을 보았다. 그리고 선택이 이미 분별하는 의식이나 정신의 기능을 끌어들임을 확인했다. 따라서 이러한 종류의 심리적 상태에서는 앞으로 언급되겠지만 정신의 특성인 기억이 최초의 역할을 수행하고 있음을 알 수 있다. 즉, 우리의 의식된 지각(표상)이란 이미 기억작용이 침투된 것이다. 기억은 베르그송에 의하면 비결정성을 가진 우리의 자발성의 소산, 즉 인식의 영역 안으로 향한 비결정성에 대한 반사적 소산이라는 것이다.[17] 즉, 지각에 의한 반응의 선택이 생물체에서 요행으로 수행되지는 않을

---

것이다. 그의 기능 존재론은 지각과 사고나 감정을, 즉 인식을 의지의 사실로 전환하려고 하는 의지의 형이상학이다.

16) 현대의 일부 과학자들[DNA 구조를 밝힌 F. 크릭, 과학세대 옮김, 《놀라운 가설》(서울: 한뜻, 1996)]이나 표상론자들은 두뇌를 기억장치(Rom)와 이를 현실화시키는 Ram 장치를 지닌 컴퓨터와 같은 정보처리 기계로 보며 두뇌를 '스크린'으로 간주하는데, 이는 스크린이 우리의 신체 밖에 있다는 베르그송의 직관론과 도치된 것으로서 원자론적 사고의 결과이다. 지각의 현상이나 기억의 현상에 대한 이러한 역전된 관점을 수정하고 표상론의 오류를 수정하기 위해서는 양자역학의 전체론적인 장(場)의 사고(혹은 확률적 사고)가 필요하다. 베르그송의 직관에 관한 운동존재론적 설명은 양자역학적 사고에 가깝다. 이 때문에 꿈이나 환상에 대한 베르그송의 설명은 오관기능과 신체적 기억장치인 두뇌의 합작이다. 결코 두뇌를 스크린으로 보는 기억작용 홀로의 것이 아니다.

17) H. Bergson, *M.M.*, 67면.

것이며, 따라서 반응은 비슷한 상황이 남겨 놓은 추억에 호소해야 하고, 가능적인 행위의 비결정성이 변덕과 혼동되지 않기 위해 지각된 물상들의 보존이 요구되는바, 즉 이것이 기억이라는 것이다. 물론 이러한 가설들은 검증될 수 없는 것임을 베르그송은 말하고 있다. 특히 그의 지각론은 유물론자들처럼 최초의 현상인 물상으로부터 정신을 산출하거나 연역하지 않고, 오히려 현상의 의미를 직접적 의식에서 밝힘으로써 동적 형이상학의 영역으로 넘어가고 있음을 볼 수 있다. 그렇다고 그의 지각론에서의 물상이 정신의 영역의 것으로 완전히 환원되는 것은 아니다. 그는 이 물상의 세계를 행위와 관계하는 세계로 남겨 두고 있으며, 그가 말하는 '순수지각'[18]을 설정하지 않고서는 논의를 전개할 수도 없으며, 다음에서 밝히는 몇몇 심리학적인 난점들을 해결하거나 해소하는 데에서 이 가설의 적극적인 의미를 찾는 것이다.

지각을 생각하면서 심리학자들은 자신의 신체로부터 출발하여 신체의 주변에서 받은 인상들이 물질세계 전체의 재구성에 충분한 것처럼 생각하고, 이러한 비연장적인 듯한 감각에서 감정의 상태, 결국에는 순수한 정신적인 상태에 도달하며, 이러한 비연장적인 심리적 상태들로 외부지각을 구성하고 설명하려 한다. 관념론자들은 물질세계에서 주관적이며 비연장적인 상태들의 종합만을 보며, 실재론자는 이 종합의 뒤에 독립된 실재가 있다는 것을 덧붙인다. 그래서 이들에게는 우리가 지각하는 것은 물질 대상이 아니게 된다. 문제는 우리의 서로 다른 감각적 요소들이 어떻게 우리가 공간상의 한 점이라고 부르는 것에 상응하는 유일한 하나의 지각으로 합해지는가이다. 사람들이 연장성에서나 의식 안에서 감각내용들이 함께

---

18) 베르그송의 '순수지각'이란 이미지 전체를 의미하기도 하고 물 자체로서 의식된 이미지 일부를 지칭하기도 하는 존재론적인 것과 인식론적인 것을 통합하는 개념으로서 일견 모순된 것으로 보이는 것이다.

존재할 수 있는, 따라서 감각들의 단일한 공통적인 결과를 받아들이기에 아주 적합한 건판(공통감각기관: common sense)을 본다면, 또한 각각의 감관(sens)의 역할이 동질적인 공간 안에서 이루어지는 기계적인 운동들을 그 자체의 고유한 언어로 해석하는 것으로 생각한다면, 이들은 연장과 함께 어떻게 생각해 볼 수 없는 새로운 것을 끌어들인다. 더 나아가 오관의 감각들이 어떻게 재결합하는가 하는 과정도 설명되지 않는다.

예를 들어, 시각적인 연장(지각)과 접촉의 연장(감각)은 어떻게 결합할 것인가? 감각질서의 관점에서 이 둘 사이에는 어떠한 공통점도 허용될 수가 없다. 그래서 이 양자의 상호 일치는 시각적인 감각질서와 촉감질서에 대한 평행론에 의해 설명될 수밖에 없다. 더욱이 이 양자의 평행을 보장하는 새로운 또 하나의 질서가 요구되며, 결국 우리의 개인적인 감각과 독립되어 있는 질서로서의 물질세계의 질서를 요청하게 되는 것이다. 이러한 이론들은 최초의 가정에다 연장, 하나의 사진 건판, 그리고 외부세계의 알 수 없는 조화된 질서들을 끌어모으고 있는 것이다. 또한 이들에게 최초로 주어지는 비연장적인 감각이 어떻게 연장성을 획득할 것인가? 이들은 심리적 상태나 감정적 상태들이 강도의 감소라는 유일한 결과에 의해 연장을 획득하게 하고 공간 안에서 일정한 자리를 차지하는 것처럼 생각한다.[19] 자극의 점차적인 증가에 의해 지각이 고통으로 변해 버린다는 것은 반박될 수 없다. 그러나 왜 다른 순간에서가 아니라 바로 어떤 일정한 순간에서일까? 이들의 가정에서는 왜 강도의 감소에 확장의 권리와 외부적 독립의 권리를 부여하는지 설명될 수 없다. 그러나 베르그송의 가정에 의해 이 두 난점은 쉽게 설명된다.

우리에게 최초로 물상 전체가 주어지고 그 중심에 신체라고 하는

---

19) 베르그송은 여기에서 그 당시의 연상주의 심리학과 영국 경험론을 비판하고 있다.

물상이 있으며, 그것의 가능적인 작용[20]에 의해 반사된 주위의 물상들은 그들 자신 위에서 분명해지는 것으로 나타난다. 이것이 바로 의식된 지각이며, 신체의 가능한 행위의 종류들이 있는 만큼 물체들 편에서도 다양한 반사의 체계가 있어서 이 체계들 각각은 나의 감관들의 하나에 상응할 것이다. 즉, 동일한 대상에서 나의 서로 다른 감관에 의해 지각된 성질들 각각은 나의 행위의 일정한 경향이나 방향, 다시 말하면 일정한 욕구를 상징한다.[21] 이제 나의 다양한 감관들에 의한 한 물체의 모든 지각들이 합하여 이 물체의 완전한 지각을 줄 것인가? 그렇지는 않다. 왜냐하면 그것들은 그 물체 전체 속에서 선택되었기 때문이다. 의식적으로 지각한다는 것은 선택한다는 것을 의미하고, 나의 다양한 감관들은 나의 욕구에 의해 분리되었기 때문에 나의 다양한 감관들이 주는 동일한 대상의 지각들은 전체에서 단절된 부분들만을 줄 뿐이며, 베르그송에 있어서 모든 물체의 모든 점들의 모든 영향을 지각한다는 것은 물적 대상의 상태에까지 내려간다는 것을 의미한다. 여기에서 어린아이에 대한 감관교육의 필요성이 이해된다.

교육은 나의 감관들 상호간을 조화시키고 그것들의 소여들 사이에 나의 신체적 욕구의 불연속에 의해서 파괴된 연속성을 복구하고 결국은 물적 대상의 전체를 유사하게 재구성하는 것을 목표로 한다. 그런데 베르그송에 따르면 지각된 것은 바로 사물 자체들에서이며 우리의 내부에서가 아니기 때문에 이들의 결합은 쉽게 설명된

---

20) 여기에서 가능성(possible)은 어디까지나 능동성에서 성립하는 것으로서 단순히 선택적인 의미가 아니라 메가라 학파가 말하는 능력으로서의 잠세태 개념이다. H. Bergson, *P.M.*, 제3장 "가능성과 현실성" 참조.

21) 인간에게 왜 오관작용이 상호 환원할 수 없이 분리되어 있고 전문화되어 있는가 하는 점은 인식론에서 가장 큰 의문이다. 오관의 통합은 촉감에서 찾아지는가 아니면 공통감각(common sense), 즉 오성(understanding)에서 찾아지는가? 영국 철학자들은 오성이라는 말이 함축한 '실체(substance)를 인지하는' 지능을 의미하는 공통감각에서 찾는다. 그러나 필자는 베르그송과 같이 촉감에서 찾는다.

122

다. 또한 지각과 심리적인 내감도 단순한 강도만의 차이가 아니다.
지각이란 대상에 대한 가능적 작용(행위)이며, 우리의 신체와 지각
된 대상으로부터 분리시키는 거리는 기대나 위험의 직접성의 다소
를 나타낸다. 따라서 그 거리가 감소하면, 즉 기대나 위험이 직접
적일수록 우리의 행위는 현실적으로 되어 지각된 대상이 신체 자체
가 되면 그 때에는 가능적 행위가 아닌 아주 독특한 지각을 나타내
는 현실적 행위, 즉 감각(sensation)이 된다. 결국 모든 것은 마치 우
리의 가능적 작용이 그들의 작용점이나 근원으로의 진정한 귀환에
의해 일어나는 것으로 된다. 즉, 외부물상들은 우리의 신체에 의해
이 신체를 둘러싸고 있는 공간 속으로 이 신체의 작용이 반사된 것
처럼 나타나 보이고, 현실적인 작용인 감각은 이 가능적 작용이 신
체에 의해 그 신체의 내부에 멈춰 있는 것처럼 일어나는 것이다. 다
시 말하면 지각은 외부세계에 대한 우리의 가능적 작용이지만 감각
은 현실적인 행위의 시초인 것이다.²²⁾

그런데 우리의 신체는 공간 안의 수학적인 점이 아닌 이상, 즉 연
장되어 있는 이상 우리의 잠재적인 작용²³⁾은 현실적인 작용에 스며
들어 있음을 알게 된다. 다시 말하면 현실적으로 심리적인 감정 없
는 지각은 없는 것이다. 여기에서 지각과 신체의 관계를 총괄적으
로 살펴볼 수 있다. 우선 베르그송에 있어서 외부세계는 무한한 변
형들이 상호적으로 영향을 주는 연속된 흐름이며, 이 흐름 속에서

---

22) 모든 감관-지각의 기초는 접촉감각, 즉 촉감이다. 베르그송은 감각과 지각의 차이
를 가능성과 현실성의 차이에서, 즉 능력과 관계하는 잠세태의 개념에서 찾고 있
다. 이것은 그의 운동 개념이 능력과 관계하여 행위와 인식의 이중성을 지니고 있
음을 의미한다.
23) 지금까지 가능적인 작용의 의미는 정신의 물질에 대한 적극적인 능동성을 의미하
는 말로 쓰여 왔다. 따라서 가능적이란 말을 잠재적이란 말로 대치하는 것은 현실
적인 지각과 관련된 정신의 능력을 지칭하기 위해서이며, 베르그송은 이 두 말을
혼용하고 있다. 베르그송에 있어서 현실적인 지각은 물 자체이다. 그러나 이러한
물 자체의 지각이 의식에서 현실화되는 것은 정신의 기능이 없어서는 안 된다.

우리의 지각은 우리의 신체가 그 흐름 속에서 수행할 행위를 잠정
적으로 그리는 역할을 하는 것이다. 따라서 이 지각이 포착한 물상
들에게 작용을 하는 신체는 이 지각이 그려 놓은 가능적인 작용의
모습을 행위로 연속시키는 것이다. 그러나 감각은 바로 이 지각에
서 나타나 보이는 가능적 작용이 우리의 신체 자체 안에서 일어날
때 그것을 행위로 연속시키려는 이중적인 힘(가능적인 작용과 현실적
인 작용)의 경험인 것이다. 이러한 행위를 완성하고 감각들을 겪는
이중적인 힘의 경험, 즉 운동-감각(sensori-moteur)의 능력에 의해
비개인적인 표상(자아나 중심의 감각이 없다)으로 시작하는 유아기의
감관-지각적 의식에서 신체를 이미지들 사이에서 나의 것이라 확
인할 수 있게 된다는 것이다.[24]

   이제 신체적 수준에서 일어나는 순수지각은 현실적으로 심리적
감정과 분리될 수 없으며 앞에서도 잠깐 언급했듯이 기억과 보완적
인 관계에 있어야 함을 보았다. 즉, 비결정성을 가진 우리 자발성
의 반사적 소산으로서의 이미지의 부활은 그들이 유용하게 쓰이기
위해서 보존되는 한, 현재 지각을 도와야 하고 또 그것에 대치될 수
있어야 한다. 사실 우리의 외부지각이 발현하는 순간적인 직관의
심층은 상당한 지속을 점유하는 것이므로 그것의 수많은 기억의 계
기들이 덧붙여지게 되어 이 순수지각은 다양한 계기들을 압축하는
기억에 비하면 아무것도 아니게 된다. 순수지각에 유사한 방금 지
나간 직관들의 추억은 우리의 기억에서 다음에 오는 모든 계열의
사건들에 연결되어 우리의 결정을 분명하게 할 수 있으므로 직관
자체보다는 유용하며, 순수지각은 이 때 단지 추억을 불러들이고
그것을 자신에 연결시켜 이들을 실현시키는 것이다.[25] 여기에서 현

24) 인간은 다른 동물과 달리 유아기에 생리-신체적 기억인 본능과 거리가 멀어 연결이
   없는 듯한 감관-지각적 의식을 지닌 정신적 존재가 된다. 이러한 사태를 철학적 인
   간학에서는 유아를 본능이 없는 미완의 (가능적) 존재로 태어나는 것으로 묘사한다.
25) 여기에서 순수지각은 신체와 관련되며 존재론적인 의미이다. 그것은 실재의 극히

실적인 지각이 권리적으로는 사물 자체에서이지만 사실적으로는 우리 안에서 지각한다고 말해야 할 것이며, 이 때의 우리의 앎이란 기억으로서의 정신을 의미하는 것이다. 그러나 이 때에도 대상과 작용하는 비개인적인 심층(접촉감각)은 남아 있고, 이 심층이 바로 외부성의 일부인 것이다. 이러한 것을 잊은 심리학자들은 정신의 인식과 신체의 인식을 혼동하거나 차이를 가려 버림으로써 순수추억과 순수지각 사이에 본성의 차이가 아닌 강도의 차이만을 보는 것이다.[26] 사실 지각과 추억은 상호 침투현상에 의해 그들의 실체를 교환한다. 그러나 심리학자들이나 형이상학자들은 이러한 혼합의 상태를 단순한 것으로 파악하고, 그것의 두 측면 중의 어느 하나가 다른 것에 우월함에 따라 어떤 때는 지각이라고 하고, 어떤 때는 추억이라고 한다. 베르그송에 따르면, 이들은 과거와 현재를 구분하는 본질적인 차이를 무시하고 기억의 이론, 재인의 현상, 일반적으로 무의식의 메커니즘을 이해할 수 없게 만들었다는 것이다. 따라서 우리는 이러한 감관-지각에 관한 논의가 기억과의 연관 아래에서 다시 살펴짐을 예견한다. 그리고 베르그송에 있어서 기억이란 지속을 의미한다.

그러면 베르그송이 말하는 지속, 즉 우리 자아의 물적 구조를 드러내 주는 통로가 되는 외적 지각(perception)의 이면에서 작용하고 있는 내적 지각인 감각이나 감정(émotion)에 관한 직관의식인 지속이란 무엇인가? 베르그송에 있어서 지속은 들뢰즈의 말처럼 우선적으로 기억이며, 기억이기 때문에 의식이고 자발성(자유)이다.[27] 그리고 이러한 자발성은 여러 정도, 즉 신적 존재의 영원성을 제외

일부를 의미한다. 이 때문에 순수지각이 이미지 전체라고 할 때의 인식론적인 권리적 의미와는 다르다.

26) 그 대표자는 흄(D. Hume)이다. *A treatise of human nature*, ed. by Ernest C. Mossner(London: Penguin Books Ltd., 1969) 참조.

27) G. Deleuze, 앞의 책, 29면.

하고는 다양한 한계들을 지녔다. 따라서 그가 시간성의 본질을 지속에서 보는 한, 기억에 관한 그의 탐구를 일상적인 의미와의 관계에서 살펴보아야 한다.

## 5.3. 신체적 기억과 순수기억, 그리고 시간의식

베르그송에 따르면 기억은 "비결정성을 지닌 우리 의지의, 인식의 영역에로의 반사적 소산"[28]이라고 한다. 즉, 지각에 따르는 반응의 선택이 생물에 있어서 요행으로 수행되지는 않을 것이며, 따라서 반응은 비슷한 상황이 남겨 놓은 추억의 도움을 요구하고, 가능적 행위의 비결정성이 변덕과 혼동되지 않기 위해 지각된 물적 현상, 즉 이미지들의 보존이 요구되는바, 이것이 기억이라는 것이다. 그런데 이미지의 논리에 따르면 신체, 특히 두뇌란 대상들 사이에 낀 하나의 행위자, 즉 운동-감각기관에 불과하므로 표상을 산출하지 못하는 것은 물론 이미지들을 저장하는 것일 수도 없다. 따라서 베르그송에 있어서 모든 것은 마치 신체와는 독립된 정신적 기억이 있어야 하며, 이것이 지각에 나타나는 대로 시간에 따라 지각-이미지들을 끌어모아야 하는 것처럼 된다. 그런데 이미지는 한편으로 물질이다. 그러므로 이것을 끌어모은다는 것은 필연적으로 하나의 저장소를 상정해야 한다.[29] 그러나 베르그송에 있어서 정신적인 것

---

28) H. Bergson, *M.M.*, 29면.

29) 여기에서 저장한다, 저장소가 있어야 한다는 말은 관념론자나 실재론자가 모두 범하는 '의식적인' 혹은 '인식적인' 것을 존재하는 것으로 혹은 3차원의 물적인 것(image)으로 착각하는 것에서 유래한다. 베르그송은 이미지(image)에 의한 지각론에서 이들이 범하는 오류를 지적하면서 "의식적인 것, 혹은 인식적인 것이 존재하는 것(image)이 아니라는 것"이다. 그러면서 인식적인 것과 존재하는 것을 베르그송은 작용적인 것으로서 자발적인 것을 통하여 통합하고 있다.
    그런데도 앞으로 볼 것이지만, 베르그송은 인식적인 것을 존재하는 것으로 착각하는 오류를 기억론을 통하여 범하고 있다. 즉, 베르그송은 두 가지 기억론에서 신체와 관계하지 않는 지속하는 순수기억의 존재를 말하는데, 이것은 "순수기억이 지

은 공간처럼 저장하고 저장되는 관계에 있는 물질이 아니다. 그러면서 정신은 지속하는 것으로서 존재한다. 베르그송에 있어서 기억은 도대체 어떻게 이해되어야 하는가?

심리학자들은 보통 기억을 마치 습관처럼, 혹은 동일한 것을 반복하는 중에 두뇌에 새겨지는 각인(impression)처럼 말한다. 특히 이러한 경향은 조건반사에 의한 동물실험에서 기억을 두뇌 세포의 분자구조의 변화나 구성물질의 비율 변경 등에 의해 설명하는 데서 볼 수 있다. 그러나 문제는 행위만 하는 실험대상인 동물은 스스로의 행위를 과거에 한 것으로 기억할 것인가이다. 오히려 실험자가 그 동물의 행동이 반복에 의해 점차 자동화되는 것을 자신의 의식적인 기억에 의해 검증하고 있지 않은가? 베르그송에 의하면 동물들의 기억이란 동일한 신체적 노력의 반복에 의한 추억들의 획득은 습관이라고 알려진 과정을 닮은 것일 뿐이며, "진정한 기억이란 생의 사건들과 그 사소한 모든 것을, 말하자면 생의 역사를 그 자연적인 필연성에 따라 기록하는 것이다."[30] 그리고 그것을 의식하는 것

각—이미지들을 그 자연 필연성에 따라 모두 압축하여 저장하고" 있다가 특수한 경우(죽음의 경계에까지 갔다가 살아난 사람)에 의식 안에 펼쳐 보이는 사건을 예로 들기 때문이다. 이 때문에 우리는 이 기억의 저장소로서 정신의 존재(지속)를 생각하는 것이다. 물론 베르그송은 정신이 물질(image)처럼 저장하고 저장되는 관계에 있는 것이 아니라 자발성(activité)으로서 저절로 기억하고 그것의 현실화의 계기로서 신체의 기능을 소극적인 것으로 말하여 플로티누스적인 일원론으로 나아가나, 순수기억이 신체와 관계하지 않는다고 말하는 것은 이원론과 물질적인 것을 무한히 넘어서는 정신능력의 신비주의를 끌어들이는 것이다. 사실, 지각된 것(image)이 정신적으로 기억된다는 것은 물적인 것이 저장된다는 것을 암시하거나, 그렇지 않으면 물적인 것이 (언어와 같은) 정신적인 것으로 변하거나 환원되어야 한다. 그래야 이 양자 간에 연속성이 존재하는 것 같다. 정신적인 것이 물적인 것에 기초하면서도 그 이상의 것(비유적으로 4차원적인 것)이라고 베르그송은 《물질과 기억》에서 언급하면서도 우리를 착각에 빠지게 하는 것이 순수기억의 신체와의 무관련성이나 영혼의 신체에서의 독립성에 관한 베르그송의 언급이다(《도덕과 종교의 두 원천》에서는 심령과학에서 말하는 영이나 지상에서의 신의 탄생을 말한다).

30) H. Bergson, *M.M.*, 84면. 진정한 기억은 '순수기억'으로서 지속을 말한다. 그런데 이 지속이 신체적인 기초 없이 이루어질지, 그리고 이 능력이 얼마나 되는가 하는 기억능력의 한계는 문제가 된다. 기억이란 의식의 깸과 소멸처럼 망각과 상호관계

이다. 그가 예시한 학과의 암송과정에서 볼 수 있듯이 여러 차례의
강독에 의해 점차 우리는 그 학과의 내용을 일정한 시간 안에 기계
적으로 외우는데, 이러한 기억은 일종의 신체의 운동습관일 뿐이
며, 그것이 기억인 것으로 인식되는 것은 우리가 강독했다는 회상
기억에 의해 확인될 뿐이다. 따라서 진정한 기억, 베르그송에 따르
면 순수기억은 강독의 결과인 습관기억이 아닌 강독의 기억으로 그
강독의 사건 하나하나는 그 자신의 고유한 시간을 갖고 결코 반복
되거나 다른 것에 대치될 수 없는 것을 본질로 한다.[31]

　베르그송은 우선 신체적 노력의 반복에 의해 형성되는 습관기억
을 그가 지각과 신체와의 관계에서 밝힌 것을 근거로 하여 다음과

---

에 있고, 이 때문에 생성-소멸하는 '과정(process)' 개념처럼 '한계'를 지닌다. 베르
그송은 원리적으로 생명의 약동이 한계를 지닌 자발성의 것이라고 말하면서 현실
적으로는 생명체의 다양한 종류에 비교하여 지속의 긴장 정도나 강도가 무수한 차
이와 종류가 있음을 《창조적 진화》 곳곳에서(*E.C.*, 116, 142면 등) 언급하고 있다.

31) 베르그송이 말하는 순수기억은 지속을 의미하며, 지속은 습관기억의 전제가 되는
감관-지각이나 심리적 체험의 현재적으로 작용하는 '현행적 의식'이다. 그리고 지
속은 심리적이고 정신적인 것으로서 물적인 것(우연-필연성)을 베르그송의 말대로
등급을 지니면서 점진적으로 무한히 넘어서는(개방된) 것으로서 신체를 기초로 하
여 성립한다. 그런데도 베르그송은 지속으로서의 순수기억을 신체에서 독립할 수
있는 것으로 말하며, 그는 이러한 순수기억을 확증하는 (베르그송 자신의 직접증거
가 아닌) 간접증거의 예로서 여러 임상적 경험 사실과 물에 빠졌다 살아난 사람 자
신이 말하는 자신의 전 인생에 대한 기억을 들고 있는데, 그 능력이 물적인 것에서
독립하여 자체적으로 존재할 것인지는 의심이 든다. 사실, 순수기억이란 언어적 기
억을 매개로 하여 가능한 것으로서 언어적 기억의 전제가 되는 감관-지각이나 이
의 지속인 심리적 체험이다. 이런 심적 체험은 인간의 언어적 사고를 통하여 우리
가 감정 혹은 정서라고 말할 수 있는 것으로까지 전문화되고 세분화되어 진화한 것
이므로 언어적 사고를 통하여 발현되고 언어적 기억을 통하여 우리가 의식하듯이
상당한 지속을 점유하고 있다. 그러나 이 지속의 능력에 대한 의식인 순수기억은
인간에게는 일정한 '한계'가 있다. 따라서 순수기억의 능력이 베르그송이 말하듯이
인생의 모든 것을 기억할 만큼 심대한 것인지, 더 나아가서 원리적으로는 우주적
의식에서 모든 역사의 기록이 우주 탄생 이후부터 가능하다 할지라도 생물로서의
인간에게 자신의 탄생 이후의 역사를 기억하고 의식할 필요성이 있는지는 의문이
다. 인간에게 '의식'이란 현실을 살아야 하는, 따라서 현실의 문제상황을 헤쳐 나가
기 위해 나타난, 그것도 언어를 통하여 가능한 반성에 의해 나타난 행위의 보조수
단(베르그송의 말대로 '가능적 행위')이기 때문이다.

128

같이 분명히 부각시킨다. "지각은 의지에 의해 두뇌의 시초적(nais-sant) 운동반응으로 연속되는데" 한번 지각된 이미지들이 반복되어 나타남으로 해서 이 지각 이미지에 반응하는 두뇌의 시초적 운동은 우리의 운동감각기관을 변화시켜 우리의 신체 속에 행위의 장치들을 형성한다. 그래서 전혀 다른 질서의 경험이 형성되는데, 그것은 "외부자극에 즉각적인 반응체계를 가지는 데서 성립하며", 따라서 그 경험은 척수나 두뇌와 같은 운동 메커니즘 속에 저장된다. 우리는 "이러한 운동 메커니즘이 작동하는 순간에만 이와 결부된 과거를 의식하며 그것도 우리의 행위에서 파악한다." 따라서 "그것은 생의 역사에서 빠져 나와 항상 현재 속에 자리잡고 미래만을 바라보는 것이다." "그것의 의식은 우리의 과거를 우리에게 표상케 하지 않고 작동시키며, 그것이 기억인 것은 과거의 이미지를 저장했기 때문이 아니라 현 순간까지 그것의 유용한 결과를 연장했기 때문이다."[32] 또한 우리는 꿈이나 인식을 위해서 사는 것이 아니라 행위하는 존재이므로 우리에게 항상 현전(현재)해 있는 것은 이러한 신체적 기억이다. 말하자면 신체적 기억은 그것이 작동하는 순간 인간에게서는 의식될 수 있는 것이다. 이것이 습관기억으로서 신체적 기억이며, 지각에 즉각적으로 반영되는 기계적 기억이다. 이 기억은 신체적 메커니즘에 기록되는 것이다.[33]

---

32) H. Bergson, *M.M.*, 84면.
33) 습관기억에는 두 가지가 있다. 하나는 척수의 수준에서 이루어지는 것과 다른 하나는 두뇌의 수준에서 이루어지는 것이다. 환경과의 관계에서 자극반응은 지각이나 감각에 즉각적으로 이루어지는 척수 수준에서의 것과 두뇌 수준에서의 것이 있다. 그리고 척수와는 달리 두뇌의 수준에서 이루어지는 심적 기능은 두뇌가 어느 정도 자율성을 지니는 만큼 복잡성에서뿐만 아니라 능력의 수준에서도 반성적인 한, '고차적이고 의식적인' 것이다. 그리고 이런 두뇌의 감관–지각중추와 오관의 감관–지각적 작용의 연속적인 복잡성에서 이루어지는 의식적인 것을 베르그송은 '의식적 지각(*M.M.*, 27~28면)' 혹은 경험이라 부른다. 그런데 지각 곁에는 감각이 있다. 이 때문에 감각에도 직접적인 것과 반성적인 감각, 즉 감정이 있다고 해야 한다.
　　다른 한편, 인간에게는 감관–지각적 수준에서의 습관기억 외에 감관–지각적인

한편, 강독의 기억, 즉 생의 역사를 그 자연적인 필연성에 따라
기록하는 기억이 있다. 이 기억은 베르그송이 순수기억이라 한 것
으로서 진정한 의미에서의 지속과 동일시되는 기억이며, "아무런
의지의 개입 없이 지속의 모든 순간에 일어나기 때문에 과거 사건
에 고유한 날짜와 장소를 보존하고 있다." 그런데 우리는 이러한
기억작용이 있다는 사실을 거의 경험하지 못한다고 한다. 왜냐하면
우리는 지각과 이에 따르는 습관적인 반사적 행위를 끊임없이 수행
하고 또 해야 하기 때문이다. 단지 이 "순수기억의 극히 일부가 현
재의 행위상황에서 신경계의 반응을 반영하는 지각과 결합하여 현
재에 유용한 전체를 구성하는 데 사용될 뿐이며", "현재 지각과 관
계 없는 대부분의 추억은 지각과 이에 따르는 운동반응 사이의 연

경험과의 관계에서 두뇌(감정이나 언어중추) 수준에서 자율적으로 이루어지는 언
어적 습관기억이 있다. 이 언어적 습관기억은 동물들의 의식보다 한 단계 더 높은
인간에게 무한한 반성과 추상적 사유나 관념적 행위(사유)를 수행할 수 있게 하는
것이다. 그리고 사유도 일종의 언어적 행위인 한 의지에 관계한다. 이에 따라 심리
적인 것도 감각적인 것과 감정적인 것 두 가지가 있다고 보아야 한다. 베르그송은
습관-기억에서 이 두 기억을 구분하지 않았기 때문에, 감관-지각적 체험에 수반되
는 심리적 기억인 감각의 지속과 언어적 습관기억에 수반하는 감정이나 의식의 지
속을 구분하지 않는다. 즉, 그는 곤충 수준에서의 (신체나 생리와 구분되지 않는)
본능적인 기억과 언어를 사용하는 동물이나 인간에 수반되는 순수기억, 즉 습관기
억에 전제가 되기도 하는 지각과, 결과가 되기도 하는 지속으로서의 심리적 의식의
순수기억을 두 가지로 구분하면서 그리고 동시에 행위, 즉 의지의 차원에서 통합하
면서도, 신체와의 연관성이 끊어진 순수기억의 독립된 존재를 이야기하는 오류를
범한다. 곤충이나 동물의 습관기억은 생리적인 것이거나 본능적인 것으로서 소위
심리적인 인간의 의식을 지니지는 않는 것 같다. 즉, 곤충에게는 언어를 사용하는
동물이나 인간에게서처럼 2차적이고 자발적 의식이 수반하는 것인지는 알 수 없다.
말하자면, 데넷의 말처럼 인간의 의식은 언어와 더불어 발생한다.
　데넷은《마음의 진화》에서 두뇌를 지닌 동물을 포퍼 생물이라 하고, 이보다 한
단계 높은 인간은 그레고리언 생물이라고 하여 이를 구분하고 있다. 이 양자의 차
이는 포퍼 생물이 기억의 내용을 두뇌 안에만 놓는 데 반해, 그레고리언 생물은 기
억내용은 두뇌 밖(책이나 사회)에 저장하고 기억내용의 지표(indice)만을 언어로써
두뇌 안에 지니고 있다는 데에 있다. 데넷은 인간에게서 비로소 진정한 의미의 의
식이 발생한다고 보고 있다. 따라서 언어적 사유가 이루어지는 습관기억과 이의 전
제가 되는 감관-지각이나 심리적 체험이 베르그송이 말하는 순수기억의 조건을 전
부 지니고 있다.

속성에 방해되어 무의식의 상태에 있다."는 것이다. 따라서 이 순수기억의 존재는 특수한 경우의 경험에 의해 알려질 뿐이며 그런 경우를 베르그송은 갑작스러운 질식이나 물에 빠졌다 살아난 사람 혹은 교수형에 처했다 살아난 사람의 경험, 일반적으로는 외부지각과 신체운동 반응 사이에 유지된 연속 내지는 균형이 파괴되는 수면과 같은 상태에서 이루어지는 꿈의 경험을 말하고 있다.[34]

기억에 대한 베르그송의 이러한 설명에는 지각과 신체, 그리고 신체와 순수기억 사이의 관계에 대한 중요한 사실들이 들어 있다. 그것은 행위와 관계되는 현재적 상황에서 지각과 이에 정확히 반응하는 두뇌의 시초적 운동(l'action naissante) 사이에는 뗄 수 없는 연속성이 성립하고 있으며, 여기에서 기억이 말해질 수 있다면 그것은 지각의 반복적인 발생에 따른 두뇌 메커니즘의 자동적인 반응체계의 형성을 의미한다. 이에 반해 의식의 자발성 자체가 가지는 기억은 지속의 모든 순간에 일어나기 때문에 정신의 어떤 특정한 기

---

34) 사실 베르그송이 말하는 이 순수기억은 신체적으로 학습된 언어적 기억과 행위의 도움을 받아 신체적 수준에서 현실화된 지각작용의 종합에서 이루어지는 것이다. 이 때문에 베르그송도 《물질과 기억》(71면)에서 "과거는 관념일 뿐이고 현재는 관념 운동적(idéo-moteur)이다."라고 분명히 말하고 있다. 또한 《창조적 진화》(181~182면)에서 순수기억을 현재의 지각을 전에 있었던 것으로서 사고하기보다는 오히려 실연하는 것에 의해 재인하는 것으로 말하면서, 인간이 이와는 반대로 지각에 관계 없이 마음대로 기억을 불러일으키는 것은 인간이 언어를 만들고 이를 통하여 모든 것을 지배하려는 지능 때문에 가능한 것으로 말하고 있다. 이러한 언어에 의한 관념의 도움으로 현실화된 지각작용을 지속과 동일시하여 순수기억으로 착각하고 있다(지속이란 베르그송의 말대로 정서나 감정과 같은 심리적 체험에 대한 직접적 의식에서 성립하는 것일 뿐이다). 물론 지각작용은 베르그송의 말대로 "신체적 작용을 반영"하는 것이고, 신체란 긴 세월(수십억 년)의 진화과정에 의한 기억체계이다. 즉, 습관적인(본능적이거나 학습적인, 혹은 환경적이고 인간에게는 문화적인) 것이 물리화된 것이다. 이 때문에 그가 말하는 신체적 기억이란 진정한 의미에서의 순수기억 작용의 토대가 된다. 이러한 신체적 기억작용의 연장이 동물에게서 나타나는 자연발생적인 언어나 이에서 진화한 인간의 인위적인 언어의 사용으로 나타난다. 그리고 인간의 언어는 사회적 산물이다. 이 때문에 사회란 일종의 기억장치라는 말이 성립한다. 앙드레 베르제 · 드 니 위스망, 앞의 책, "기억" 장 참조.

능이 아니라 의식 자체라 할 수 있다. 왜냐하면 과거를 보존하지 않
는 의식은 순간순간 죽었다가 다시 태어나야 하는 의식일 텐데, 이
런 의식이란 현실적으로는 불가능하기 때문이다. 앞의 지각작용에
대한 설명에서도 의식이 선택에서 성립한다고 말하고 이 선택이 물
질의 흐름(상호 외재적인 필연성이라서 순간순간 전이되어 지속이 없다)
에서 지각-이미지를 잠시 분리하여 고정시킨다고 할 때에 이미 이
'고정' 개념은 기능적인 것으로 지속, 즉 기억을 의미한다.[35] 따라서
베르그송에 있어서 현행적 의식은 바로 기억을 전제하는 것이며 의
식은 기억을 의미한다. 이 때문에 베르그송이 말하는 의식의 의미
에도 이중성이 있다. 하나는 현재적인 감관-지각의 현행적 의식이
고 다른 하나는 정신적 존재가 함축하는 순수기억으로서의 의식이
다.[36]

---

35) 그런데 현실적으로 물적인 것(image)만이 고정된다. 물적인 것의 도움 없는 기억이
란 존재할 수 없다. 사실, 베르그송이 말하는 순수기억이란 인식적인 것으로서 우
리말 그대로 '회상(回想)'에 해당한다. 그리고 이러한 회상은 언어적 기억과 감관-
지각적 체험이나 심리적 체험의 종합에 의해 가능하다. 그리고 언어적 의식이란 그
가 암송행위에서 말하듯 신체적 기억에 기초하고 있다. 인간이 언어를 사용한다는
것은, 신체적 기억과 함께 정신의 여러 기능들, 예를 들면 연상, 상상, 추억, 추리,
더 나아가서는 자발적 사유와 2차적이며 형이상학적인 반성적 사유를 수행하는 것
이다. 말하자면 감관-지각과 신체적 기억에 의존하여 언어가 두뇌에서 기억되고
언어적 사유가 수행되는 것이다. 언어적 사유란 일종의 언어에 의한 행위이다. 따
라서 언어에 관계된 의식은 비록 두뇌에서 이루어지는 것처럼 보이나 감관-지각이
나 일차적인 신체적 기억에 기초하고 있음이 분명하다. 이러한 두뇌에서 이루어지
는 제2차적인 신체적 기억을 순수기억으로, 혹은 자발적인 정신적 존재가 신체에서
독립적으로 수행하는 것으로 말하는 베르그송의 오류는 아마도 선험적으로 독립적
인 정신의 존재를 인정하는 그의 기독교적인 신앙(도그마)의 영향이거나, 아니면
그의 사유가 자기도 모르게 서구의 사유 전통 속에서 파르메니데스와 같은 존재론
적인 반성을 수행하기 때문이다. 즉, 그가 비록 자발성에 기초하여 전통적인 존재
론에 반하는 동적 존재론을 주장하기는 하나, 그 역시 플라톤적인 존재론적 반성을
수행하여 사유(cogito) 존재를 정립하는 데카르트의 성찰의 전통에 서 있기 때문일
것이다. 사실 베르그송의 이미지에 의한 의식된 지각론의 천재성도 인식적인 것(정
신적인 것)의 물적 존재인 이미지, 특히 신체나 두뇌에서의 비독립성과 이의 초(포)
월성에 있다.
36) 베르그송은 《창조적 진화》(180~185면)에서 생의 약동력(élan vital)과 의식을 동일
시하고 동물에서의 의식이 지능과 본능으로 분화되어 진화한 것으로 말한다. 그리

132

그러나 이 순수기억이 현재의 순간에서 바로 사라져 버리는 것
같은 인상을 주는데, 그것은 베르그송에 따르면 지각과 이에 따르
는 신체의 운동 사이의 연속성 때문이다.[37] 그래서 이 순수기억이
현재화되는 것은 현재 지각과 유사하거나 혹은 그것에 유용하게 연
결될 수 있는 것에 한하고, 그 추억들 중에 몇몇이 지각과 신체의
운동반응 사이의 연속성의 장벽을 넘쳐 흘러 현재 지각의 주위에
불분명한 무리를 형성할 뿐이고 그 이외에는 무의식(비의식)에 잠긴
다는 것이다. 그러나 베르그송은 왜 순수기억은 의식되지 않는다고
말하는 것일까? 그가 말한 지속이란 정신의 운동이나 작용이고, 지
속이란 기억작용이 있는 것을 전제하며, 바로 이 때문에 지속은 곧
의식이라고 말하여야 함에도 불구하고 무의식 속에 잠긴다고 말하
는 것일까? 그것은 순수기억이 이미지의 기억이 아니라는 것을 말

고 생명의 다양한 현상은 베르그송의 말대로 근원적인 약동력으로서의 의지가 인식
과 행위의 양면으로 분화되면서 창조적으로 진화해 나타난 것으로 말한다. 이 때문
에 베르그송에 있어서 의식은 곧 존재를 의미하며, 현행적인 작용적 의식과 기억현
상으로서의 의식이라는 이중적 측면과 의미가 있다. 마찬가지로 베르그송에 있어서
무의식도 언어적 무의식뿐만 아니라 행위와 관계하는 지각에도 무의식이 있다.

37) 베르그송이 여기에서 무의식적인 것으로 말하는 순수기억은 감관–지각적 작용과
사유의 언어적 행위에 의해 발현할 수 있는 것이다. 이러한 사유의 언어적 행위에
도움을 받는 순수기억을 무의식적인 것으로 말하는 것은 언어(language)를 무의식
과 동일시하여 언어와 심리적 관계를 밝히고 있는 라캉(Lacan)과 같은 현대의 심리
학자나 구조주의 이후의 포스트모더니스트인 언어학자들과 견해를 같이 한다. 그
러나 베르그송은 순수기억을 신체에서 독립된 존재로 말하는데, 언어란 암송기억
에서 나타나듯이 신체적 습관의 산물이다. 그리고 언어를 통하여 인간에게는 반성
과 사유, 즉 의식(자아)이 가능하다. 따라서 사유란 신체적 기억작용의 한 체계로서
직관적인 시간의식에서 벗어나 있는 것처럼 생각되기도 하나, 행위의 지표가 되는
가능적 작용으로서 지각에 관계한다. 이 때문에 문제는 신체의 운동과 관련된 감
관–지각적 작용, 그리고 이 사이에 끼어드는 생리작용과 감정작용, 감정이나 감
관–지각과 전반적으로 연관되어 있는 언어적 기능의 상호 독립성과 이들의 관련성
이고, 이러한 문제를 제대로 밝히는 것이 인지심리학이나 신경생리학에서 할 일이
다. 필자의 (병적인) 일인칭적 경험에 의하면, 위의 세 기능(감관–지각, 감정, 언어
적 사유)은 두뇌의 구조가 말해 주듯 한 뿌리에서 나온 위계를 가진 자율적이면서
도 어느 정도 독립적인, 그러면서도 근원은 하나이기 때문에 상보적인 세 기능인
것 같다. 앙드레 베르제·드 니 위스망, 앞의 책, "기억"장, 239~242면 참조.

하기 위해서이다. 만일 순수기억이 이미지의 기억이라면, 이미지가 물질적인 것이기 때문에 저장하고 저장되는 관계를 말할 수밖에 없고, 결국 두뇌가 기억의 저장소가 되어야 하기 때문이다. 이렇게 되면 지금까지 두뇌가 기억의 저장소가 아니라는 주장에 정면으로 반하게 된다. 그러면 베르그송이 말하는 순수기억이란 도대체 무엇이고 어떻게 존재하는 것일까?[38] 더 나아가서 베르그송은 신체가 갖는 운동반응의 체계는 순수추억이 현재화되는 것을 방해하는 것이면서도 현재 지각에 유용하고 유사한 것은 현실화될 수 있게 한다는 역설적이면서도 이중적인 기능을 수행하는 것으로 만들고 있다. 그는 기억이론에서 감관-지각과 사유를 분리하고 사유를 현실적 의식의 핵으로 말하는 플라톤이나 데카르트의 전통적인 인식론과 자신의 지각론에서 밝힌 기능론적 일원론을 혼동하고 있는 것일까?[39]

이미지에 의한 지각현상의 논리에 따르면 "물질이나 두뇌로부터 이미지가 발생하거나 기록된다는 모든 가능성과 숨겨진 힘이 제거

---

38) 우리에게 의식은 현행적인 것이며, 다른 한편으로 인식적인 것으로서 '의미'로 존재할 수밖에 없다. 그런데 의미는 언어가 준다. 말하자면 인간의 현행적 의식, 즉 현재적 의식에서 감관-지각적 의식이 주가 되고, 이 감관-지각적 의식에 신체적·습관적 의식과 언어적 기억의 내용이 잠재해 있다. 그리고 이러한 기억이 현실화되는 것은 감관-지각에 수반된 본능적 작용이나 인간의 언어적 수행인 사유에 따르거나이다. 베르그송은 언어에 의해서 이루어지는 인간의 정신적 기억을, 즉 정신을 '무의식'이라고 부르면서 플라톤의 전통에 따르는 아리스토텔레스나 데카르트와 달리 현실적인 의식의 핵이 감관-지각적인 것이라고 말하는 천재성을 보이나, 정신적인 무의식에 독립적인 형이상학적인 존재를 부여하는 점에서 그의 철학을 프로이트와 달리 신비주의로 몰아가는 원인이 된다. 우리의 기억은 사실상 언어적 기억과 현재적인 감관-지각과의 항상적 연결에서 성립한다. 우리가 말하는 의식이나 사유 혹은 마음이란 물적인 것을 기초로 하여 이를 넘어서는 현행적 의식의 현상적 작용과 언어에 의한 자발적인 구성 기능에서 성립한다. 신체를 매개로 하지 않는 지속이나 경험, 즉 체험적 의식은 없으며, 언어에 의한 자발적인 구성 기능에도 신체를 매개로 하는 기억과 예기가 함께 있다.

39) 이 때문에 들뢰즈는 베르그송의 기억이론을 플라톤의 대화록 《테아이테토스》편에 나타난 밀납과 새장에 비유하는 두 기억이론, 즉 잠세태와 현실태로 환원하고 있다. 들뢰즈, 앞의 책, 제3장 "잠재적 공존으로서의 기억" 참조.

134

되며 정신적 현상은 독립적인 실재성을 지닐 것이다."[40] 이 때문에 베르그송의 순수기억에 관한 논의는 우선 몇 가지 중요한 물음에 대답하여야만 그 논의의 정당성을 보증받을 수가 있다. 첫째로, 진정한 기억이 신체적 기억과 구분된다면, 두뇌의 파괴, 혹은 신경조직의 손상이 일어났을 때에도 진정한 기억은 손상되지 않는 측면을 보여야 하지 않을까? 더 나아가서 지각과 이에 따르는 운동감각 사이의 평형이 손상된 경우에 자발적인 순수기억이 날뛰는 현상도 나타나야 한다. 둘째로, 진정한 추억이 무의식 속에 있다면 이 추억의 현실화 내지는 의식화의 계기나 상기작용은 어떻게 설명되는가이다. 베르그송은 이에 대한 대답을 철학적으로 의미 있는 재인(recognition) 작용을 검토하면서 많은 실어증환자들과 기억장애자들의 임상결과를 해명하는 데에서 확인하고 있다.

어린아이는 그의 의지가 구분하는 모든 말을 반복할 수 있으나 이해를 못한다는 사실, 독일어를 이해할 수는 있는 사람이 독일어로 말하고 있는 사람의 억양, 분절법, 말의 틀림까지도 알아채면서 그 자신은 말을 못한다는 예들은 지각과 운동기제 사이에 의지에 의한 연결작용이 있음을 보여 주고, 또 말을 알아듣는 것이 지각과 운동기제 사이의 연결 이상의 자발적인 순수기억의 개입을 요구한다는 것을 보여 준다. 임상 데이터의 대표적인 예로서, 추락의 결

---

40) H. Bergson, *M.M.*, 76면. 베르그송에 있어서 의식의 실재인 정신은 발생하는 것이 아니라 생의 약동력(élan vital)으로 이미 존재하고 있다. 그러면 의식이란 무엇인가? 베르그송의 직관론에 따르면, 정신이란 자기를 이해하고 있는 존재-의식이다. 그리고 이러한 정신의 직관론은 우리가 자신을 의식하거나 객관적으로 알 수 있다는 것을 전제한다. 의식이란 자의식을 의미하며 이 때문에 다양한 생명체가 상징하듯 의식의 다양성은 근원적 정신의 단편화되고 편린화된 것이라는 해석이 가능하다. 왜냐하면 의식이란 정신이라는 존재에 부수된 것으로 일어나기(evenire) 때문이다. 의식이란 근원적 정신에 수반하고 기생하는 것이라는 의미에서, 특히 감관-지각에서 물적 이미지를 지향하고 초월하는 것인 한 사르트르의 말대로 우리의 행위에 수반하는 '문제상황'을 밝히는 것이거나 '병적인' 것이다. 이 때문에 여기에서 정신현상의 한 방식인 순수기억의 물적인 것에서의 독립성을 주장하는 것은 과도하다. 여기에 베르그송의 존재론이나 인식론에 독단론적인 측면이 있다.

과로 말의 분절 기억을 잃어 자발적으로 말할 능력이 없지만 사람들이 그에게 읽어 준 것을 정확하게 반복하는 사실과 추락에 의해 자발적으로 말하는 것은 손상되지 않았으나 언어적 난청이 확실한 환자가 다른 사람의 말을 반복하는 능력은 완전히 가지고 있으면서도 다른 사람이 말하는 것을 알아듣지 못하는 예(자발적인 기억은 남아 있고, 지각과 운동반응의 체계도 손상되지 않았으나 단지 자발적인 기억이 현실화되는 운동기제의 손상)를 들고 있다.

특히 베르그송은 추억-이미지가 뇌표질세포에 저장된다고 할 때 일어나는 여러 가지 난점들을 밝히고 있다. 그는 기억상실에 관한 많은 사실들을 두 가지 범주로 나누어 사태를 해명하는데, 이 가운데 기억의 상실이 점진적인 경우에 단어들이 방법적이고 문법적인 순서를 따르는 듯이 고유명사가 사라지고 이어 보통명사, 마지막으로 동사가 사라지는 사실을 예로 들고 있다. 이 사실에 대해 베르그송은 병이 항상 똑같은 순서로 뇌세포를 먹어 들어간다는 것은 이상한 일이 아니냐고 반문하면서 추억들은 현실화되기 위해 운동기제의 보조를 요구하고, 또한 추억이 회상되기 위해서는 신체적 태도에 스스로를 삽입하는 일종의 정신적 태도를 요구한다는 사실을 인정하면 쉽게 해명된다고 한다.[41] 즉, "본질적으로 환자 자신이 흉내낼 수 있는 행위를 나타내는 동사는 단적으로 신체의 노력이 그 환자로 하여금 언어의 기능이 막 그 환자에게서 빠져 나가려 할 때 다시금 포착케 하는 말이다. 반대로 모든 말 중에서 신체가 그 윤곽을 그릴 수 있는 행위 중에서 가장 멀리 떨어져 있는 고유명사는 언어기능의 약화가 처음에 손상시키는 말이 된다."[42]

---

41) 이 사실은 우리가 언어학습에서 고유명사나 보통명사를 먼저 배우고 제일 나중에 동사를 배우는 데서 해명할 수 있다. 즉, 고유명사나 보통명사 그리고 형용사는 인위적으로, 즉 두뇌에 의해 기억한다. 그러나 동사는 신체적 운동지각의 도움 없이는 배울 수 없다. 즉, 신체적 행위에 가장 가깝게 배우는 것이 동사이다.

42) H. Bergson, *M.M.*, 134면.

　이와 같이 베르그송은 그가 지각과 신체의 관계를 밝힌 이미지의 논리에 충실하게 신체나 두뇌가 순수기억의 저장소가 아님을 심리학, 혹은 임상 데이터를 해명하면서 밝힌다. 신체는 단지 지각에 따르는 두뇌의 시초적 운동반응을 행위로 연장시키는 운동감각기관이며, 이 차원에서 기억을 말할 수 있다면 그것은 지각의 반복에 의해 유기화되는 신체의 운동 메커니즘에 불과하다. 한편, 자발성의 반사적 소산인 순수기억 작용은 현재에서 끊임없이 이루어지고 있으면서도 행위에 관심을 갖는, 우리의 지각과 신체의 운동반응 사이에 이루어진 유기적 평형에 의해 무의식 속으로 사라진다. 순수기억이 떠오를 수 있는 것은 유기적 평형이 파괴되거나, 혹은 현재 지각의 유사성에 끌렸거나, 아니면 우리가 지각에 따르는 운동을 억제하고 과거의 이미지가 떠오르는 데 적합한 태도를 취할 때이다. 그리고 이 후자에서 우리는 단번에 관념이나 정신적 태도 속에 자리잡고 점차 관념(idée)들을 추억의 현실적인 이미지[43]로 피어오르게 한다고 한다. 이 때 두뇌는 무의식 속의 순수기억으로 하여금 현실화할 수 있게 하는 수단을 제공함으로써 순수기억이 현실화하는 최후국면으로 드러난다. 말하자면 순수기억은 관념으로만 존재한다.[44]

---

43) 앞의 책, 129면. 추억의 현실적인 이미지는 관념과 습관적인 신체적 기억인 감관-지각작용의 협동을 지칭한다. 우리는 꿈이나 상상작용 속에서도 끊임없이 생리적 본능이나 관념과 함께 습관적으로 메커니즘화된 감관-지각작용을 다양하게 수행한다.

44) 이렇게 말할 수 있는 것은 베르그송이 순수기억의 존재를 확증하기 위해 인간의 언어능력과 관계되는 것만을 말하고 있는 데서도 잘 나타나고 있다. 순수기억이 현실화되는 것은 관념이 이미지와 결부되는 것으로서 언어적 기억-메커니즘의 현실적인 지각화를 나타낸다. 그리고 이 지각화는 베르그송이 말하듯 두뇌에서 끝나는 것이 아니라, 두뇌와 감관-지각과의 내면적 연결을 의미하는 것이다. 물론 이미지들은 우리의 지각에서 서로 분리되어 상호작용하는 것처럼 현상하나, 베르그송의 동적 존재론의 관점에서 감관-지각작용은 외적 사물과 연결되어 기능하고 있다. 그리고 감관-지각이 신체적인 기억작용을 통하여 내면화된 것이 습관기억이다.

그런데 우리가 어떤 관념을 가질 수 있다는 것은 언어능력 때문이다. 우연치 않게 베르그송은 순수기억의 존재나 현실화에 대한 설명에서 모두 어린아이나 기억상실자의 언어능력과 관계시키고 있다. 그리고 관념의 형태로 존재하는 순수기억이 현실화되는 것을 지각-이미지를 형성하는 외적 감관-지각과 신체적 기억을 통하여 내면적으로 연결되는 것으로 묘사하고 있다.⁴⁵⁾ 여기에서 우리는 베르그송이 말하는 순수기억이란 사유와 감관-지각의 합동의 산물이라는 것을, 그리고 순수기억의 현실화에 대한 설명에서 의식현상의 변증법적 설명⁴⁶⁾을 수행하고 있음을 알 수 있다. 우리는 이제 베르그송에 따라 지각과 신체, 신체와 기억의 관계를 그가 정신의 특성으로 파악하고 있는 시간, 즉 지속의 관점에서 총괄적으로 살펴볼 수 있다.

현재란 관념적으로 생각하면 과거와 미래 사이의 한계점에 불과하다. 그러나 우리는 구체적인 현실적 현재에 살고 있다. 그것은

---

그러한 한에서 감관-지각은 잠재적으로 우주적인 지각을 함축하고 있다.

45) 의식은 현행적인 것이고, 기억에는 신체적 기억과 언어적 기억이 있다. 신체적 기억을 매개로 하지 않는 듯한 관념과 감관의 연결은 상상이라 말할 수 있다. 한편, 순수기억과 신체적 기억의 차이는 이론상(en droit) 극단화된 개념적 차이에 불과하며 사실상(en fait)으로는 하나의 기억이 현실화되면서 갖게 되는 정도상의 차이를 나타낼 뿐이다. 이 사실은 미국의 심리학자들이 기억은 언어학적 관점에서 '자서전적 기억(1인칭화법)'과 '신화창조적 기억(1-3인칭화법)'을 분류하는 데에서도 알 수 있다. 이 두 가지 기억작용은 베르그송의 창조적 진화의 관점과 유사하게 하나로 합해진다. 그러나 이러한 언어학적 분류는 베르그송의 신체적 기억과 순수기억에 유사하나 분류의 범주가 다르다[존 코트레(John Kotre), "기억은 어떻게 말하는가?"《생명과 우주의 신비》, 윌리엄 H. 쇼어 엮음, 과학세대 옮김(서울: 예음, 1994) 참조]. 베르그송에 있어서 의식에 직접적인 것은 언제나 불가분적인 연속적 흐름(단절적인 것은 물질이라 부른다)이며, 철학적 직관의 일차적인 임무는 사회적 삶의 요구와 실천적 관심으로 인해 언어적으로 분절되고 이미지나 사물(chose)처럼 분리된 실재의 연속성을 회복하는 데 있다. 베르그송의 기억은 이 두 극단을 수축과 팽창의 상반된 이중운동을 통해 왕복하는, 그러면서도 전진하면서 고유한 질들을 주의하는, 의식의 긴장된 순간순간 창조하는 유연한 기억, 창조적으로 지속하는 기억이다. 들뢰즈, 앞의 책, 46면.

46) 의식현상의 변증법적 설명은 "감관-지각" 장, 주석 5 참조.

138

우리가 현재 지각에 대해서 말할 때의 것으로서 베르그송에 따르면 필연적으로 지속을 점유하는 것이다. 그런데 자발성의 기본적 특성을 인식이 아닌 행위의 관점에서 보는 그에게 지각이란 신체적 행위의 미래로 침투해 들어가는 가능적 작용이며, 지속이란 신체적 지각이 의식된 한에서 성립하는 심적 상태의 감각이다. 즉, 우리의 직접적인 미래란 지각에 의해 결정된 한에서 성립하는 운동이며, 또한 우리의 직접적인 과거란 지각이 의식화되어 지속으로 파악되는 신체적 감각으로, 말하자면 현재란 바로 운동이며 감각이다. 즉, "나의 현재는 내가 나의 신체(sensori-moteur)에 대해 갖는 의식 속에 성립함을 말한다."⁴⁷⁾ 그러기에 베르그송에 있어 현재는 나의 과거를 이끌고 미래를 잠식하는 역동적인 것으로 나타나며, 이러한 불가분의 현재를 고정하고 그것을 미분한다면 그 미분된 한 부분은 미래의 방향으로 기울어져 있다고 한다.⁴⁸⁾

신체적인 행위를 수행하는 존재에게서 의식은 무엇보다도 행위를 주관하고 그 선택을 밝히는 일을 하지 인식으로 향해져 있지는 않을 것이기 때문이다. 따라서 의식은 그의 빛을 행위결정의 바로

---

47) 베르그송에 따르면 현재란 의식된 현실적인 감관-지각(sense-perception)을 의미한다. 그리고 신체가 지니는 이러한 현재적 의식이란 발현한(evenire) 것으로서 여러 감관-지각작용으로 분화하고 이에서 (인간의 경우는 언어에 의해) 진화한 것으로서 일정한 한계를 지녔다. 우리가 이러한 의식의 역사성이나 한계를 인식하지 못하는 것은 이 의식이 바로 자의식, 즉 '나 자신'이기 때문이다. 따라서 감관-지각 속에 우리의 동적이면서도 인지적인 심적 기능의 모든 것이 들어 있다. 문제는 이러한 직관적인 현재의식에 우리의 습관적 기억, 베르그송의 강독의 기억(언어적 기억)이 들어오지 않는 것 같다는 것이다. 언어적 기억은 이 직관적 의식을 행위와의 관계에서 분절화하는 사유의 발생을 의미하며, 언어가 사회적 산물인 한 데카르트의 코기토-자아가 형성되는 중요한 계기이다. 베르그송의 주장과 달리 진정한 기억이나 자아의식은 언어와 더불어 진화적으로 발생한다. 우리가 이미지에 의한 수면 메커니즘에서 우리의 사유가 수동적으로 되는 것의 증거를 보면 이는 분명하다. 데넷, 앞의 책 참조.
48) 여기서 우리는 베르그송의 생명운동에 관한 진화론적 관점(창조적이면서도 진화하는 생명체의 신비)을 이해할 수 있다.

이전의 선행자와 이와 함께 유용하게 유기화될 수 있는 추억에 빛을 던지고 그 외의 것은 어둠 속에 잠기게 하는 것이다. 그래서 베르그송은 의식을 "현재, 혹은 현실적으로 체험하는 것, 즉 작용의 독특한 표징"으로 본다. 여기에서 베르그송이 의식을 생각하는 것과 의식에 대한 상식적이고 일반적 관념이 크게 다름을 알 수 있다.

우리는 아리스토텔레스나 데카르트가 말한 것처럼 현실적 의식을 심적인 상태의 본질로 생각하는데, 그 까닭은 심적인 상태가 존재하기를 그만둠이 없이는 의식적임을 그만둘 수 없다고 생각하는 데 있는 것 같다. 그러나 베르그송에 따르면 심리학적인 영역에서 "의식이란 존재의 동의어가 아니라 현재행위, 혹은 직접적인 유용성의 동의어이어야 한다." 즉, 인간은 사유의 존재가 아니라 감관-지각적 의식의 존재이다. 이것은 달리 말하자면 순수한 정신적 무의식이 존재한다는 것으로 이 무의식과 현실적인 의식 사이에 신체운동이 끼어 있음을 의미한다.[49] 여기에서 우리는 베르그송이 우리의 존재가 갖는 자발성의 특징에 대해 뛰어난 통찰을 보여 주고 있

---

49) 사실 베르그송의 순수한 무(비)의식은 정신을 의미하고 동적인 신체는 물질이라고 하는 한, 이 정신을 망각하게 하는 것이라고 말하는 점에서 플라톤의 이원론을 연상시킨다. 그러나 무(비)의식에 관한 프로이트나 현대적 관점에서 보면 베르그송의 이러한 견해는 기억과 지각의 관계를 역전시키고 있다. 무(비)의식은 오히려 운동에 관계하고, 의식은 지각에 관계하며, 의식이란 역동적 주체의 언어와 더불어 발생하는 반성적인 인식적 기능이라고 말할 수 있다. 결국 무의식에는 생리 신체적 기억에서의 무의식과 관념적·언어적 기억에서의 무의식 두 가지가 있는 셈이다. 생명체에서 의식은 발생하는(각성되는, 일어나는) 것이지 데카르트처럼 정신적 존재가 있고 현실적인 반성적 의식이 이 정신의 본질적인 계기가 아니다. 베르그송에 있어서 의식은 한편에서는 운동으로, 그리고 이어서 지속의 의미로 사용되고, 다른 한편으로는 반성적 의식의 개념으로 사용되고 있기 때문에 전통적인 존재론의 입장에서 보면 그의 사상에 모순이 개재하고 이해에 혼란과 무의식이나 신비의 개념이 스며들어 온다. 사실, 아리스토텔레스나 데카르트의 철학에서 인간의 사유는 현실태이고 바로 자의식적 의식을 의미했다. 베르그송은 이러한 인식론적이고 자의식적 존재가 사실은 살아 있는 동적인 존재의 수단적 기능이라는 것을 일깨운 점에서는 큰 공헌을 했으나, 관념이나 정신을 프로이트처럼 무의식적인 것으로 확장하고 인식과 동적 기능을 통합하여 신비한 것으로 만들었다는 점에서는 서양의 철학적 전통에서 벗어난다.

음을 알 수 있다.

베르그송은 우리의 존재방식이 두 가지 면을 가짐을 인정한다.
즉, 하나는 운동하는 측면이요, 다른 하나는 의식과의 관계에서 말
해지는 인식하는 측면이다. 그런데 이 후자도 베르그송에 따르면
역동적인 기능의 반사적 소산에 불과하다. 그가 지각을 설명함에
있어 두뇌에서 외부사물의 이미지를 사진 찍듯이 설명하는 모든 이
론에 반대하고, 지각을 신체적 차원에서 정신과 물질의 두 대립된,
벤야민처럼 반립적인 방향의 역동성[50]의 상호작용에서 성립하는 것
으로 말하는 점이나, 우리의 기억이 지각-이미지를 보유하고 저장
하는 데서 성립하는 것이 아니라 우리의 신체적 행위와의 관계에서
기능적으로 말해지는 점에서 분명하다. 베르그송은 우리의 자발성
의 본질적 성격을 인식이 아닌 역동적인 것으로 파악하고 있는 것

---

50) 여기에서 벤야민(Walter J. Benjamin)의 반립적 변증법을 끌어들이는 것은 벤야민
이 베르그송과 같이 유대인이면서 그의 사고방식 속에는 유대인의 독특한 시간관
이 전제되어 있기 때문이다. 우리는 통상 모순율에 따른 존재론적 사고에서 과거는
현재가 변하여 나중에 과거로 되거나 현재가 다른 현재로 대체될 때 과거로 나아간
다고 생각한다. 그러나 베르그송의 기억 개념에 의하면 과거의 기억과 현재의 지각
은 단번에 동시에 성립하며 공존한다. 지속하는 의식인 기억은 들뢰즈가 말한 것처
럼(Le bergsonism, 제3장) 매순간 잠재성과 현실성의 양면으로 동시에 이중화된다.
따라서 현재란 주의의 매순간 자신의 거울 이미지인 잠재적 과거와 동시적으로 형
성되면서 과거로 분열됨과 동시에 과거 전체의 잠세태의 첨단으로서 미래를 향하
여 나아간다. 이 때문에 이러한 과거와 현재가 동시적으로 공존하고 반립적이라는
역설은 무엇보다도 전진하는 역동성 때문에 과거 전체의 선(先)존재성이라는 보다
더 근본적인 역동성에 의하여 뒷받침되고 있다. 즉, 방향성이 반대이면서도 전체적
으로는 한 방향으로 나아가는 막대자석과 같은 반립적 원리를 지닌다는 것이다. 순
수기억으로 표현된 과거 전체의 완전한 존속은 한 사건의 동일한 반복이란 불가능
하며 과거의 현실화 자체가 차이를 낳는 과정이라는 것을 보장한다. 이전 현재와
동일하지 않은 새로운 현재란 사실상 과거 전체의 현실화 과성을 통해서 생겨나는
것이며, 따라서 이 새로운 현재의 관점에서 보자면 과거 전체는 현재보다 먼저 존
재해야만 한다. 이러한 시간관은 유대인의 역사성에 대한 현재적 인식에 나타나 있
고 베르그송은 이를 창조적 진화라는 모순된 관념으로 표현하고 있다. 그리고 이러
한 인간의 한계를 지닌 정신적 능력의 역사적 현재-미래로 향한 화살과 같은 시간
성에 대한 인식에 기초하여 무한한 역동적인 능력자로서의 하나님에 대한 신앙이
형성된다. 보만(T. Boman), 허혁 역, 《그리스적 사유와 히브리적 사유의 비교》(대
구: 분도출판사, 1975), 제3부 제2장 참조.

이다. 이렇게 본다면 베르그송에 있어서 지각과 신체, 그리고 신체적 기억과 순수기억은 물질과의 관계에서 양면으로 작용하는 자발성의 두 측면임을 알 수 있다. 그리고 그가 고정된 이미지로서의 물질을 "흐름으로서 타성적인 성격을 갖는 것"으로 파악하고, 한편으로 지각에서는 의식의 현실화의 계기로 말하면서 다른 한편으로는 고전 철학자의 말을 빌려서 "물질이 정신에 대해 망각을 일으킨다."는 모순된 발언을 하는 점을 고려한다면,[51] 그의 지각이나 기억 이론은 궁극적으로 행위와 인식 양면으로 물질과 관계하는 자발성이라는 통일된 견지에서 살펴볼 수 있게 된다.

베르그송에 있어서 실재 자체는 생성의 연속으로 나타나므로 현재적 순간이란 우리의 지각(자발성의 미래적인 측면)이 생성의 흐름 중에서 수행하는 이를테면 순간적인 절단(선택과 고정)에서 성립하며, 이 절단면이 우리가 물질세계(images)라고 하는 것이다. 그러므로 생성하는 실재 중에 물질세계는 지속하지 않는 흐름인 한, 기억의 입장에서 보면 우리의 지각의 절단작용과 함께 "끊임없이(동일한 형태로) 다시 태어나는 현재(상호 외재적인 필연성으)로서 그 자신 지속(기억)하지 않는다."로 새로이 정의되며, 우리의 신체는 이 절단면의 중심을 점유하고서 다른 이미지들과 상호작용, 반작용하는 것이다. 한편, 지속(기억)의 관점에서 보면 우리의 신체란 우리의 표

---

51) 여기에서 우리는 순수기억의 무의식이 기억의 산물인지 망각의 산물인지도 의심하게 된다. 망각의 의미는 이중적이기 때문이다. 하나는 기억이 없어지는 것이요, 다른 하나는 은폐된다는 의미의 것이다. 플라톤의 은폐로서 망각이론은 고대 그리스인들의 진리(aletheia)라는 개념에 기초한다. 이와 같은 관점에서 보면, 헬레니즘은 창조론을 말하는 헤브라이즘과 동전의 양면임을 알 수 있고, 헤브라이즘이 헬레니즘을 완성한다는 것을 볼 수 있다. 사실, 플라톤 철학을 체계화하는 중심 개념으로서 이데아론 이외에 신 개념이 있다. 플라톤은 《국가》 10권에서 이데아의 실재존재를 제작하는 신을 언급하고, 목수는 이러한 실재를 모방하는 모방자이며, 예술가는 이러한 모방물을 또다시 모방하는 이중의 모방자라고 하면서 《티마이오스》편에 나타난 이데아에 종속하거나 병립하는 우주 제작신(Demiourgos)과 다른 기독교의 창조신에 근접하는 신 개념을 언급한다.

상 중의 반복에 의해 불변적으로 다시 태어나는 부분으로서 우리가 신체적 기억으로 말한 운동-감각의 본거지이다. 말하자면, 우연-필연적인 방식으로 흐르는 물질을 자발적 존재인 우리가 잠시 고정하여 가지고 있는 것이 신체인 것이다. 그래서 우리는 다음과 같은 그림을 그릴 수 있다.[52]

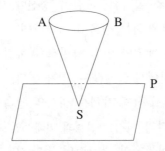

원추 SAB는 나의 기억 속에 있는 추억 전체이고 그것은 작용하지 않는 한 무의식 속에 잠겨 있다. 한편, 꼭지점 S는 나의 현재로서 신체라는 이미지를 나타낸다. 그것은 끊임없이 미래로 침투해 들어가는 나의 의식된 지각, 즉 나의 우주에 대한 현실적인 표상(평면 P)의 중심에 자리잡고 있다. 그래서 변화하는 실재에 대한 순간적인 지각에 의해 결정된 평면 P에 참여하여 다른 이미지들과 상호작용-반작용한다. 그리고 이 평면 P는 순간적으로 우리의 지각작용에 의해 고정되었으나 우리의 주의(의식)가 사라지면 우주적인 상호작용, 즉 흐름으로 해체된다. 한편, 신체적 기억은 습관이 유기화한 운동감각의 총체로서 꼭지점 S에 자리잡고서 순수기억이 현실화하는 기저로서 봉사하는 한 순간에서 성립하는 기억이다. 말하자면 베르그송에 있어서 신체란 흐르는 물질을 생명체의 자발성이 갖는 지속기능에 의해 기억이라는 형태로 고정시킨 습관기억의

---

52) 이 그림은 시간과 공간에 대한 현대적 해석에 따라 평면은 3차원으로, 입체인 원꼴은 4차원의 것으로 이해할 수도 있다.

총체인 것이다.

베르그송에 있어서 기억이란 지속하는 자발성의 기능적 측면의 반사적 소산이다. 그러나 우리들은 베르그송의 말대로 "우리 뒤에 지속을 닫고 우리 앞에 공간을 여는 의식행위에 대한 관심 때문에 생긴 고정 관념으로 인해 우리의 추억이 어디에 저장되는가를 묻지 않을 수 없다."고 한다. 과거가 두뇌에 저장되어 추억의 상태로 재생한다고 하자. 그러기 위해서는 두뇌 자체가 보존되어야 한다. 그런데 베르그송에 따르면 이 두뇌는 공간 안에 확장된 이미지인 한, 나머지 물질 우주와 함께 끊임없이 다시 태어나는, 따라서 지속하지 않는 단면(P)을 구성한다. 만일 그렇지 않으면 이 우주가 지속의 모든 순간에 소멸한다고 하거나 의식에는 거부한 존재의 연속성을 두뇌에 주어서 과거로 하여금 현재 속에서 재생되고 연장되는 실재로 만들어야 한다.

그러나 물질이란 우리의 현상세계가 알려 주듯 지속하지 않는, 따라서 끊임없이 흐르며, 플라톤이 《티마이오스》편에서 장소(chora: 공간적 질료)에 대해 묘사했듯이 상호적으로는 타자적으로 존재하며, 이 때문에 우리의 의식에 끊임없이 다시 태어나는 '순간적 정신'에 비유될 뿐인 것이다. 그런데 지속이란 기억으로 자발성 자체를 의미한다. 따라서 베르그송의 순수기억에 대한 이해는 이미지의 저장이라는 방식으로 이해되어서는 안 되고, 지각에서의 이미지가 외적 물질에 대한 신체의 가능적 작용방식이라는 기능적 개념으로 이해되었듯이, 오히려 물질에 대한 작용방식, 혹은 "자발성이 발휘되는 방식"이라는 형태로 이해되어야 한다. 이 때문에 순수기억은, 즉 "회상은 바로 자신 안에 보존된다."[53] 그리고 지속은 물질과의 관계에서 현실화하는 의식과 잠재적 상태로 존재하는 무(비)의식적인 측면이 양분되어 존재하게 된다. 여기에서 베르그송의 잠

53) G. Deleuze, 앞의 책, 48면.

144

세태와 현실태로 이중화되는 동적 존재의 기능 일변도의 철학이 성립하는 것이다.[54]

우리는 지각에서 이미지의 논의가 자발성을 설정하지 않으면 이해될 수 없었듯이, 기억에 관한 논의에서는 신체 이미지와 우리 정신의 자발성 자체에서 성립하는 관념(정신적 태도)이 없어서는 안 됨을 보았다. 이 때문에 우리는 베르그송의 다음과 같은 역설적인 말이 성립함을 알 수 있다. "이미지는 사실 항상 물질에 불과하며 사고(정신)는 운동이다."[55] 특히 베르그송은 일반 관념의 형성에 관한 설명에서 신체가 갖는 운동 메커니즘, 즉 운동 도식이 외적 이미지들에 대한 작용 도식임을 말하고, 이것과 추억이 갖는 이미지들의 개별성 사이의 상호작용을 말한다. 즉, "일반 관념은 근원적으로 환경의 다양성 속에서 작용하는 신체적 태도의 동일성에 대한 우리의 의식에 불과하며, 그것은 운동의 영역에서 사유의 영역으로 올라가는 습관 자체"라고 한다.[56] 그리고 이러한 습관은 동일한 운동의 노력과 개체를 구별하는 추억들 사이의 인접과 유사에 따른 상호 반대방향의 흐름의 만남(앞의 그림에서 꼭지점 S와 추억 A-B 사이의 상승과 하강운동의 만남)에서 성립하며, "이 둘 중의 어느 하나를 고정하려고 하면 일반 개념의 이해는 사라져 버린다."[57]고 한다는 데서 자발성과 이미지는 항상 뗄 수 없이 연관되어 있음이 분명하

---

54) 결국 기억과 관계하는 지속의 의미에도 양면이 있다. 하나는 감관-지각과 관계하는 신체적 기억의 측면이고, 다른 하나는 감정과 관계하는 두뇌-언어적 기억의 측면이다. 베르그송이 말하는 순수기억은 신체에서 독립해 있다는 그의 주장과 달리 두뇌에서 성립하는 언어적 기억이다.

55) H. Bergson, *M.M.*, 139면.

56) 베르그송의 직관이론은 이러한 습관을 역전시키는 데서 성립한다. 이 때문에 직관은 일반 관념에 의해 형성된 순수기억(parole이 되기 위해 단번에 의도되는 단어나 문장에 위치하게 되고, 이어서 의미화가 되는 language의 체계)이 현실화되는 방식을 정확히 역전시키는 데에서 성립한다.

57) H. Bergson, *M.M.*, 180면.

다. 말하자면 이미지란 물질에 대해 작용하는 인간적 자발성의 이
중적 성격, 즉 행위와 인식기능을 동시에 상징하는 양면적인 것이
다. 이렇게 보면 베르그송에 있어서 이미지란 물질과 자발성 사이
의 역동적인 상호작용 가운데에서 성립하는 것이며, 우리의 심적
기능이 '그림'을 받아들이고 기록한다는 식의 의미를 갖는 것은 아
니다. 그리고 이 이미지 또한 지각과 감각, 기억과 관념의 각각의
기능에서 서로 달리 포착되어야 함을 알 수 있다.

## 5.4. 정신의 위계적 기능에 따른 이미지의 양태들

베르그송에 있어서 물질로서의 이미지는 우리의 자발성이 발휘
되는 방식에 따라 신체적 행위와 관계해서 지각에서는 연장적 물
체-이미지와 감각에서는 질적인 이미지로 나타난다. 또한 시간적
으로 말해진 자발성의 특징인 기억의 관점에서는 그 1단계에서 운
동 도식을 저장하는 신체와 2단계에서는 순수기억으로 말해지는
회상-이미지로 포착된다. 더 나아가 일반 개념(플라톤의 이데아나
보편 개념)의 존재방식에 대한 설명에서 보여지듯이, 신체적인 운동
도식과 순수기억 사이의 상호작용에서 말해지는 자발성 자체에서
성립하는 관념-이미지로서 관념(idée)들을 들 수 있다.[58] 이러한 이
미지들의 이중적 양태들을 자발성과의 관계에서 잘 살펴보면, 지각
과 기억에서 포착된 각각의 한 쌍의 이미지들(외적 지각의 이미지와

---

58) 베르그송은 언어적 개념의 일반성과 개념의 가변성을 혼동하지 말라고 하면서 관
념과 이미지의 관계를 다음과 같이 말하고 있다. "언어는 지각된 것으로부터 다른
지각된 것으로 확대될 수 있을 뿐더러, 그것은 또 지각된 것으로부터 지각된 사물
에 대한 기억으로, 정확한 기억에서 덧없는 심상으로, 덧없으면서도 표상된 심상으
로부터 이 심상을 표상하는 행위의 표상, 즉 관념으로 확대될 수 있다(E.C., 160
면)."고 말하고, 개념이란 "이미 사물의 지각 자체가 아니다. 지성이 자신의 관심을
사물에 집중시키는 행위의 표상이다. 그러고 보면 그것은 이미 심상이 아니라 기호
인 것이다. 이 기호를 다룰 때 따라야 하는 법칙의 총체가 우리의 논리가 된다."고
말하고 있다.

감각-이미지, 신체적 기억으로서 운동 도식과 순수추억)은 신체를 통하여 발휘되는 하나의 자발성의 양면임이 드러난다. 말하자면 행위와 이를 밝혀 주기 위한 인식은 자발적 존재의 양면이다.

그런데 문제는 베르그송이 우리의 인식기능을 운동과 관계되는 역동적인 것으로 파악하면서도 지각과 감각 사이에, 신체적 기억과 순수추억 사이에 정도 차이가 아닌 본성의 차이를 말하고 있는 점이다. 이 점은 두뇌가 지각의 발생지가 아니고, 순수회상의 저장소가 아님을 말하는 점에서 분명하며, 따라서 물질-이미지와 순수한 자발성과는 거리와 단절이 있음을 의미한다. 그러나 시간의 관점, 즉 정신의 특성인 기억이나 지속의 입장에서 보면 신체적 기억도 물질과의 접점에서 이루어지는 자발성의 산물임이 분명하다. 여기에서 우리는 물질과 관계를 맺고 있으면서도 한편으로 물질과 관계하지 않는 듯한 이러한 이중성을 본질로 하는 자발성의 성격을 어떻게 이해하여야 할까 하는 물음이 일어난다. 그리고 여기에 심신 관계의 해답이 있다.

이 문제에 대한 대답은 베르그송이 의식된 지각을 설명하는 데에서 약간의 암시를 받을 것 같다. 즉, 의식된 지각은 감각과 기억, 그리고 무의식에서 성립하는 신체적 운동과의 연관성 아래서만 말해질 수 있으면서도 동시에 이들과는 관계가 끊어진 '외부성 자체'라고 하는 점이다. 특히 우리가 이미지를 그 현실성의 정도에 따라 살펴보면 지각에서의 물질-이미지, 감각에서는 신체의 운동과 질-이미지, 그리고 관념에서의 이데아와 감정-이미지가 위계를 이루는데, 이 점은 물질에 대해 양면으로 발휘되는 자발성의 정도와 정확히 일치함을 볼 수 있다. 이것은 바로 물질과의 관계를 맺고 있는 자발성 자신이 물질을 단계적으로 극복해 가는 모습이 아닐까? 이 점을 우리가 분명히 하기 위해 앞의 이미지의 위계를 신체를 중심으로 하고 보면 이 위계의 양 극단은 자발성이 물질의 필연

성(신체로 상징된다)을 벗어나는 두 가지 방식(행위적인 면과 인식적인
면)으로 서로 반립적으로 대응하고 있음이 드러난다. 그리고 이 때
에는 자발성의 행위적인 기능과 인식적인 기능 사이에 어떤 화해점
이 없어 보인다. 여기에 데카르트, 아니 플라톤 이래로 제기된 심
신관계의 문제가 나타남을 알 수 있다. 이 점은 베르그송이 순수추
억의 현실화를 신체를 통해서만 가능한 것으로 말하면서도 신체,
혹은 두뇌와 순수추억 사이에 놓인 단절을 상기하면 분명하다. 그
러나 베르그송은 이 단절을 물질-이미지는 물론 의식기능 또한 작
용적인 것임을 밝힘으로써, 혹은 우리의 인식적인 것도 플라톤처럼
동적 기능의 존재(dynamis)를 전제하지 않으면 성립될 수 없다는 것
을 밝힘으로써 연결시키려고 했다.[59] 특히 그는 감각이 물질의 흐름
을 그 자신의 지속으로 압축하는 데에서 성립한다고 하고, 이것의
실증으로 빛-감각질의 파장을 분석한 결과를 보여 준다. 말하자면
베르그송이 말하는 자발성은 신체의 외부와 내부로 작용하고 내재
와 초월, 상승과 하강을 시간적으로 수행하는 모순된, 그러나 삶에
주의하는 의식이나 직관적 의식에서는 단일한 성격의 기능임이 드
러난다.[60]

---

59) 플라톤의 대화록 《소피스테스》편에서 허무의 존재론적 의미가 타자성이며, 진정한
존재의 현실적 의미는 지상의 거인들과 천상의 신들의 싸움으로 묘사되는 논쟁의
관계가 해소되게 하는 "이데아에 기능(dynamis)을 부여하거나 인정함으로써"이다.
마찬가지로 베르그송은 '허무'—관념이나 '공간'—개념이 존재론적으로 거짓 개념
이나, 인식론적으로는 '존재'의 관념보다 더 많은 이미지들을 지니고 있다는 것을
밝히는 데서 그의 기능 존재의 이중적이고 변증법적인 성격을 드러낸다. 그런데 베
르그송은 《창조적 진화》에서 플로티누스의 신비적 일자 사상을 자신의 사상의 원
조로 보는 점에서 그리고 히브리적인 역동적인 신의 존재를 인정하는 점에서 물질
과 정신의 이원론을 진화론적으로 극복하는 것으로 생각할 수 있다.

60) 삶에 주의하는 의식의 운동이 창조적 노력임을 보여 주는 것은 '정신적 에너지'에
서 나타나는 역동적 도식(le schéma dynamique)이다. 여기에서 앞의 원뿔 그림은
역전되어 피라미드 형태로 표현되고 있다. 그리고 순수기억의 현실화는 이 피라미
드의 꼭대기로부터 바닥으로 내려오는 과정으로 나타난다. 즉, 모든 것이 직관적인
잠재적인 표상[이 저서에서 언어(language)라고 말해진 것; 언어를 무의식과 동일
시하여 언어와 심리적 의식의 관계를 잘 밝히고 있는 마루야마 게이자부로, 고동호

이 때문에 우리는 정신적 기능의 각 단계에 관계하는 이미지들의 이면에 역동적인 정신의 작용을 전제하지 않으면 안 되었다. 그리고 이 노력이나 주의에 의한 역동적 정신의 자기 존재에 대한 인식이 그의 지속이론에 근거한 직관이론이다. 이 때문에 직관론에서는 관념도 감정과 결부된 이미지로 나타난다. 마치 예술가의 머릿속에 있던 관념이 구체적인 예술작품으로 표현되듯이 잠재적인 과거의 기억이 이미지로 현실화되는 과정은 의식의 긴장된 주의집중이나 노력을 요구한다.[61]

베르그송에 있어서 정신이나 물질은 운동이나 기능적인 것에 불과하며 상호 대립된 방향의 것이다. 그래서 기능, 즉 운동의 관점에서 보면 동일한 것이나, 그 기능의 양상은 대립된 것으로 서로 다르다. 사실 그는 《창조적 진화》에서 우주에 두 가지 상반된 방향의 운동으로 상승운동과 하강운동을 말하고, 전자를 정신운동에, 후자를 물질운동에 해당하는 것으로 말한다. 그리고 이미지란 바로 이 대립된 방향의 두 운동이 맞부딪치는 데에서 성립하는 것을 말한다. 그러나 상승운동이 하강운동에 어떻게 하나로 통합되며 일치하는가 하는 문제는 여전히 문제로 남는다.[62] 베르그송은 "물질이란

---

옮김, 《존재와 언어》(서울: 민음사, 2002) 참조) 속에 모아져 있는 최고 수준으로부터 감관-지각에 가까운 수준으로 내려오면서 단일한 표상은 현실적인 다양한 이미지로 분산되고, 또 직관론에 나타난 이미지들은 사유 속에서는 문장들과 단어들로 전개된다(E.S., 160면). 이미지와 관념은 상보적이며 직관과 사유 속에서는 내용과 형식이 된다.

61) 베르그송의 직관론은 이런 관념의 현실화 작업인 기억의 역사를 정확히 거슬러 올라가는 데에서, 그리고 이를 넘어 창조석으로 정신이 자기자신의 존재를 자유로서 정립하는 데에서 성립한다.

62) 상승운동과 하강운동은 운동방향이 모순 대립된 것이다. 서로 다른 성격의 운동이 하나로 통합되는 문제는 심신관계나 인식과 행위의 차이의 문제로 나타난다. 이 문제에 대한 해명은 그의 정신의 능동적인 직관론을 통하여 주어진다. 즉, 공간적인 것의 시간성으로의 환원(3차원적인 것의 4차원으로의 흡수)을 통해서이다. 우리의 정신이란 근본적으로 과거의 기억작용에서 성립할 뿐만 아니라 시간의 창조에 있다. 기억이란 정신의 물화된 부분일 뿐이다. 생명체는 시간을 창조한다.

그 요소와 그것의 우리에 대한 작용 전체 이외의 다른 것이 아니다."라고 말하고, 이런 의미에서 칸트와 달리 물 자체는 우리 지성에게 알려진다고 한다. 그러나 한편 생각하면 이것은 어디까지나 자발성의 입장에서 보았을 때에나 타당한 말이다. 베르그송이 물질을 흐름으로 표현하는 점을 고려하면 물질의 성격은 베르그송에 있어서도 완전히 알려지는 것이 아님을 알 수 있기 때문이다. 사실 그는 고전 철학자(플라톤)의 말을 빌려서 물질의 정신에 대한 기능을 다음과 같이도 말한다. "물질은 우리 안에 망각을 일으킨다." 마찬가지로 베르그송은 정신에 대해서도 그것이 우리의 직관능력에 의해 알려진다고 한다. 그것이 지속하는 존재이다. 그러나 이 지속은 우리의 행위에의 관심에 의해 무의식적인 것이 되고 잠재적인 것이 된다. 이 잠재적인 것의 능력을 현실화시키는 것은 오직 우리의 생에 대한 주의나 관심을 역전시키는 긴장된 노력과 이 관심에서 벗어난 창조적 노력에 의해 가능하다고 한다. 그의 기능일변도의 철학의 기초는 플라톤의 이데아를 자발성으로 대치하고, 다른 한편으로는 물질을 무규정한 흐름으로 선험적으로 전제하는 데서 성립한다고 할 수 있다.[63] 이 자발성 쪽의 선험적인 것이 바로 우리가 말하는 정신이다. 그는 이 선험적인 것을 의식의 현상, 즉 경험적인 것

---

63) 이 흐름을 플라톤의 개념으로 유비하여 말한다면 물질이란 '우연성(타자성)'이요, 정신이란 이들을 강제로 '이데아'에 연결하는 데서 성립한 이데아적 존재(logos)가 된다. 그리고 우연성과 이데아 사이에 현대 물리학이 발견하는 '필연성'에서 성립하는 법칙이 존재한다. 다른 한편, 인식론적인 관점에서 정신과 물질의 관계를 시간과 공간의 관계에 유비할 수 있다. 즉, 물질이란 데카르트처럼 연장에, 정신은 지속하는 시간에 유비하는 것이다. 베르그송은 시간과 공간을 철저히 분리하고, 이를 상승운동과 하강운동에 유비했다(E.C., 201~214면 참조). 그런데 베르그송에 따르면, 지능이나 지성이 파악하는 물질이란 동적 현실인 실재를 모순율에 따르는 지능의 표상능력의 한계인 3차원적인 것(공간적)으로 표상한 것이다. 정신이란 시간적인 한 이러한 공간성을 기초로 하여 이를 넘어선 4차원적인 것이다. 달리 유비하면 정신이라는 것도 5차원에서 보면 물질에 불과한 것이며, 이 때문에 역설적으로 물리학적 관점에서 보면 공간성을 기초로 하지 않는 시간성은 의미가 없다.

으로 말한다. 이 정신에 대한 지각과 의식체험이 그의 말에 따르면 지속에 관한 직관이다. 우리는 이 점을 그의 지성에 관한 견해와 직관론을 통해 살펴보고자 한다.

# 6. 지능과 지성, 그리고 사유의 의미

　베르그송은 《창조적 진화》에서 후에 직관의 원초적 기능으로 말해지는 '본능'과 대비된 인간의 '지능'의 특징을 말한다. 베르그송에 따르면 근원적인 생명의 약동(élan vital)은 물질과의 관계에서 식물과 동물로 분화되어 각각 진화한다. 한편, 동물에서는 그 인식기능이 지능과 본능으로 분화되었는데, 본능은 유기적 도구를 사용하고 사물의 질적 측면에 관계하는 데 반해, 지능은 무기적 도구를 사용하고 사물들의 '관계'를 파악하는 데 있어 그 기능을 잘 발휘하는 것이라고 한다.[1] 즉, 본능은 사물을 인지할 때 그 기능에 적합한 사물의 성질에 감응(sympathie)함으로써 자신의 본능적 인식기능과는 상관 없는 것에 대해서는 아무런 표상 없이 직접 동화하는 데 반해, 우리 인간은 그러한 직접적인 공감(sympathie)의 관계에서 벗어나 사물들 간의 관계를 고려하며 그것도 동질적인 공간표상을 통해

---

1) 베르그송이 인식론적으로 동물의 본능과 인간의 지능을 진화의 큰 두 노선으로 간주하는 것은 현대 생물학의 관점에서 문제가 있다. 왜냐하면 동물들 중 곤충류와 척추동물은 같은 진화의 노선을 밟는 것이 아니기 때문이다[c.f. 린 마굴리스·도리언 세이건, 홍욱희 옮김, 《섹스란 무엇인가》(서울: 지호, 1999)]. 또한 인간의 지능은 척추동물의 본능적 수준을 거쳐 진화한 것으로 볼 수도 있다. 이 때문에 그의 지능 개념과 본능에 관한 이해에 혼선이 있을 수 있다. 왜냐하면 곤충은 분명 본능적인 데 반해, 척추동물은 본능적이면서도 상당히 지능적이기 때문이다. A.R. Lacey, *Bergson* (London: Routledge, 1989), 141~147면 참조.

서 사물에 관계한다는 것이다.[2] 베르그송은 예를 들어 동물이 갖는 본능적인 방위감각을 사물의 이질성에 대한 자동적인 반응으로 파악하고서, 어떤 종류의 동물이 방향에 대해서 특수한 감각을 갖는데 반해, 우리 인간들은 질이 없는 공간을 지각(perception)하는, 혹은 표상하거나 생각하는 특수한 능력을 갖는다고 말한다.

　이 능력은 추상의 능력은 아니다. 더욱이 추상이 뚜렷한 구분과 개념들, 혹은 그들의 기호 상호간에 일종의 외재성을 전제하고 있음을 주의한다면, 추상능력이 이미 동질적인 어떤 장(milieu)에 대한 직관을 내포하고 있음을 발견할 것이다. 말하지 않으면 안 될 것은 우리는 서로 차원을 달리하는 두 현실을, 하나는 이질적이고 감각적인 질적 현실을, 다른 하나는 동질적인 현실, 즉 공간을 안다는 것이다. 이 후자는 인간의 지능에 의해서 분명히 생각되는 것으로서, 우리로 히어금 분석하고 셈하고 추상하게 되며 아마도 말까지도 하게 하는 것이다.[3]

　감각이 갖는 질적 분별의 기능은 자신과 동일한 성질과 동화하는 것(sympathie)이다. 이에 반해 지능이 갖는 공간표상은 그 자체 무규정한 것으로서 여러 이질성에서 공통성을 추상한 것이거나 이질성을 동시에 받아들이는 것이다. 그래서 베르그송에 따르면, "공간 표상이란 몇 개의 동일한, 또한 동시적인 질적 감각을 상호간에 구별케 하는 것이며, 그러므로 질적 구별과는 다른 하나의 구별원리로서 질을 갖지 않는 현실이다."[4] 따라서 감각과 지능은 동일한 방향의 의식기능이 아니다. 즉, 감각은 공감적 의식이고, 지능은 분별과 반성적 의식에서 성립하는 것이다.

2) H. Bergson, *E.C.*, 137~151면, 특히 141면과 149면 참조.
3) H. Bergson, *D.I.*, 72~73면.
4) 위의 책, 71면.

그러면 지능의 성격 혹은 본성을 특징짓는 공간의 관념은 어떻게 형성되며, 그것이 산출된 원인은 어디에 있는가? 앞의 인용문에서 나타나듯이 베르그송은 지능이 발생하게 된 원인을 진화론적인 관점에서 보고 있으며, 공간의 특성을 인식론적인 관점에서 해명하고 있다. 그런데 그의 진화론은 다윈식의 진화론이 아니라 창조적인 진화의 관점이다. 이 때문에 지능과 본능은 생물적 기능(élan vital)의 전혀 다른 창조물이다. 베르그송에 따르면, 인식론적 관점에서 지능과 공간표상은 서로 만들고 만들어지는 상호작용 속에서 동일시되며,[5] 본능은 공감적 작용으로서 이질성과의 상호작용에서 성립하는 시간성을 이루는 기능이다. 그럼에도 불구하고 지능은 본능과 자발성의 지향성을 매개로 하여 서로 동일과 차이의 반립적인 변증법적인 연관성 속에 있다.[6] 그리고 이 사실을 베르그송은 간단하게 "지능이 어떤 장(場)에 대한 직관을 전제하고 있다."는 말 속에 함축하고 있다.

공간표상은 칸트가 감성의 형식이라 말한 것처럼 그 자체 직관내용은 아니며, 그렇다고 우리의 외적 현실에서 추상된 개념적 표상

---

5) H. Bergson, *E.C.*, 207면.
6) 본능과 지능은 주석 1)에서 보았듯이 진화의 서로 다른 노선에 있다. 인간에게 나타난 지능이란 인간의 사유능력(cogito)에서 기원하며, 이 능력이 본능과 질적으로 다르다 하더라도 본능적인 능력을 전제하지 않으면 설명할 수 없게 된다. 앞으로 볼 것이나, 사실 베르그송에 있어서 직관은 본능에서 기원하는 것으로 설명되고, 지능은 본능과는 다른 진화의 노선을 밟는 것으로 설명되나(*E.C.* 141~149면), 인식론적으로 사유는 직관을 전제하지 않으면 설명되지 않는다. 즉, 지능은 본능과 달리 신체에서 해방된 자유의 의식으로서 그 분리력이 스스로에 무한히 회귀하는 성격을 지니는 것으로 드러난다. 베르그송의 공간이론은 이러한 지성의 분별력을 상징하는 것으로서 이를 베르그송은 자신의 동적 존재론에 기초하여 설명한다. 즉, 베르그송은 물질과 지성의 동시적 탄생이 생명의 지속에 대한 공감적 의식의 역전(*E.C.*, 207면)이나 방해(*E.C.*, 238면), 노력의 이완이나 중단, 혹은 차단(*E.C.*, 246면)에서 성립하는 것으로 설명한다. 베르그송은 플라톤의 인식론인 감관–지각과 사유 사이의 단절이나 대립된 관계를, 차이성을 보여 주는 관계나 상호 전제와 창조적 진화의 원인성에 의해 통일하려 하며 심리적으로 의식과 기능적 무의식의 반립적인 변증법적 관계로(*M.M.*, 198면의 주석) 설명하려 하는 것이다.

도 아니다.[7] 그것은 베르그송의 말대로 우리가 지능적 작업을 할 때 미리(a priori) 전제되는 것으로서 초월론적(존재론적)인 반성에 의해서만 파악되는 현실이다. 베르그송은 《의식의 직접 소여론》에서 공간적인 것이 전혀 침투하지 않은 상태의 지속을 말하면서 공간적인 것이 지능적 의식에 고유한 직관임을 말하고 있다.[8] 이 때문에 우리는 지능의 작용의 본성을 알기 위해서는 지능이 지니는 공간표상의 성격이나 본질을 통하여 알아볼 수 있으며, 역으로 공간표상의 본질이나 성격의 존재 이유는 지능이 발휘되는 방식과 지능이 생물적 존재인 인간에게서 발생하게 된 이유나 원인을 진화론적 사실에서 발견해야 한다.

　베르그송에 따르면 지능이 지니는 공간표상의 이와 같은 인식론적 성격과 존재론적 성격은 두 가지 측면에서 주어진다. 하나는 행위와 관계하는 감관-지각의 자연스런 경향의 영향 때문이며, 또 하나는 지능의 '제작행위에의 몰두' 때문이다.[9] 이 두 사실에 대한 해명을 여기에서는 서구의 철학사적 관점에서 밝히고자 한다. 왜냐하면 베르그송이 말하는 지능이 근본적으로는 그리스에서 기원하는 엘레아 학파의 존재론적 사유에서 기원하며, 이 존재론적 사유는 근대 과학에서 드러난 인간의 제작행위에 관계되는 서구적 지성, 혹은 도구적 이성의 특성이기 때문이다. 더 나아가 이 서구적 지성의 특성이 현대의 언어철학이나 생명과학에도 그대로 드러나 있음을 보고자 한다. 베르그송에 따르면 서구적 지성 역시 언어와 서로 만들고 만들어지는 상호작용의 관계에 있기 때문이다.

　그런데 언어에 의한 지능의 작용을 우리는 사유라고 부른다. 결

---

7) Kant, *Kritik der reinen Vernunft*, "선험적 감성론" 참조.
8) 이러한 공간표상의 선험성을 반성적 의식으로서의 "지성도 자신의 본능을 지닌다 (*D.I.*, 100면)."라고도 표현하고 있다.
9) H. Bergson, *E.C.*, 273면; *P.M.*, 34~35면.

국 베르그송이 지능이라고 한 것은 지성과 이성적 사유에 밀접한
관계에 있으며, 서구 철학에서 지능, 이성, 지성, 사유, 통각, 영혼,
정신 등의 이 모든 것은 의식이라는 말에 수렴되거나 이에서 분화
될 수 있음을 베르그송의 직관 개념과의 관계를 통하여 밝혀 보고
자 한다. 이는 서구 지성사에서 철학적 사고와 이의 아들인 과학적
사고의 중심에 있는 이성중심주의적 코기토나 이를 토대로 한 학적
방법의 한계를 드러내려고 하는 베르그송의 철학적 방법인 직관 개
념을 밝히기 위한 예비작업이기 때문이다.

## 6.1. 감관-지각적 경험과 지능, 그리고 공간

우리의 자아는 신체의 표면에서 외부와 접촉하고 이 접촉의 최초
의 모습은 우리의 생의 세계에서는 감관-지각(sense-perception)에
주어진다. 지각에 의해 비유기적인 주위 사물들은 유기체인 신체를
중심으로 하여 통일된 현상계를 이루며, 여기에서는 일부분이 변하
여도 전체가 만화경(萬華鏡)처럼 변하여 순간순간 그 내용이 다른
하나의 상황(situation)을 이룬다. 그런데 베르그송에 따르면 감관-
지각이란 생물체에서 인식이 아니라 행위를 위한 것이다. 따라서
우리가 지각에 나타난 물체(corps)에, 그 독자적인 개성(質)을 부여
하고, 그 물체에 개체성과 고체성을 부여하게 하는 윤곽(contour)이
란 우리 내적 지속의, 외부세계인 물질에 대한 침투에 의한 압축,
고정작용의 결과이고, 그것에 대한 우리 신체의 가능적인 행위의
반영이다. 즉, 우리의 신체를 매개로 하는 감관-지각의 내용은 대
상의 고정 압축된 질적 내용과 그 형식인 윤곽으로 구성되어 있
다.[10] 그래서 베르그송은 "그러한 우리의 외부에 대한(감관-지각적

10) 《의식의 직접 소여론》에서는 시간의식인 지속과 공간의식(지능)을 극단적으로 분
리하였으면서도 《물질과 기억》에서는 물질과 정신 양자의 통일적인 모습을 보이는

수준에서의) 작용(acte)을 말소시키고, 그럼으로써 결국 우리의 행위(acte)가 실재의 혼돈 속에 지각에 의하여 미리 닦아 놓은 대로(大路)를 제거해 버리면 물체(corps)의 개별성(individualité)이란 그것도 하나의 실재임에 틀림없는 우주적인 상호작용으로 해체된다."[11]고 말한다. 따라서 감관-지각적 수준에서 연장성을 말한다면, 그것은 지속이 침투된 한 질적인 것이요, 질의 결여로서의 질의 한계를 나타내는 공간을 말할 수 없다.[12]

그런데 베르그송은 "지능 또한 감관-지각과 마찬가지로 행위의 필요성에 몰두되어 있기 때문에 물질의 생성(devenir)에 대해서 점차 멀어져 가면서 이들의 순간순간의 모습들을, 따라서 부동의 모습들을 포착한다."고 말한다. 그러면 이제 우리의 의식도 지능에 발맞추어 "자신의 고유한 삶에서 벗어나 우리가 관심을 둔 순간만

---

기초적 소여인 감관-지각에서 심신관계의 문제를 다루고 있다. 감관-지각은 원래 플라톤에서 'aisthesis'라는 하나의 용어에 의해 명명되었다. 그런데 이 감관-지각의 내용을 감각(sensation)과 지각(perception)으로 구분하여 부르게 된 것은 근대 데카르트와 영국 경험론의 전통을 이룬 로크나 흄 때문이다. 영국 경험론이나 대륙의 관념론에서 '순수감각'이라고 말해진 것은 사실 존재하지 않는다. 순수감각이란 감관-지각에 주어진 전체적 지각-직관의 내용에서 양과 질을 분석적 사유에 의해 극단적으로 분리함에 따라 나타난 성질-의식이다[메를로퐁티, 류의근 옮김, 《지각의 현상학》(서울: 문학과지성사, 2002), 제1장과 제2장 참조]. 베르그송도 그의 《물질과 기억》 제1부에서 지각에 대해 메를로퐁티가 말하는 현상학적 입장을 취하고 있다. 그러나 그는 감각을 이중적인 신체적 지각이라고 함으로써 신체와의 관계에서 감각과 지각을 구별한다. 지각에는 비록 확장적인 질(質)이기는 하나 공간적 내용, 즉 지적 내용이 들어 있기 때문이다(M.M., 31면과 제1부).

11) H. Bergson, M.M., 12면; E.C., 11면. 이 말에서 베르그송이 플라톤의 《티마이오스》에 나오는 타자성으로서의 물질관이나 양자역학에서 말하는 파동이나 확률적인 표상으로서의 물질관을 암시하고 있는지는 의문이다.

12) 사실 추상적인 시간이나 공간표상은 히브리적 사고나 원시인에게는 없다[T. 보만, 허혁 역, 《그리스적 사유와 히브리적 사유의 비교》(대구: 분도출판사, 1975), 제3부 참조]. 공간표상은 시각에 기초하여 존재론을 형성한 그리스에서 기원하는 인간의 인지능력을 발달시킨 서구적 지능의 수준에서 가능하다. 이 때문에 여기에서는 베르그송의 지능 개념을 분화하여 진화상 인간성을 결정하는 사유로서의 지능과 이 지능의 본성을 모순율에 따르는 존재론적 사고로 규정하고 발달시킨 서구적 지성의 의미 양자로 사용하고자 한다.

을 기억하게 된다."[13] 결국 행위에 몰두되어 있는 지능이란 감관-
지각의 경향을 따르면서 이를 강화하는 것으로 말하고 있다. 그러
나 문제는 감관-지각적 수준에서의 현상에 대한 작용과 지능적 수
준에서의 행위의 의미가 같은 성질인지는 의심스럽다.[14]

사실, 감관-지각의 자연스러운 태도는 인식이 아닌 신체적 행위
와 관련된 것이라고 통찰한 것은 베르그송의 탁견이다. 감관-지각
이 직관한 어떤 감각적 내용과 촉각이나 시청각에서 드러나는 연장
성인 공간, 아니 확장(extension)은 베르그송이 말하듯 지속이 침투
된 것인 한 질적이고 연속적이며 모두가 충만(plein)되어 있다. 따라
서 여기에서 포착되는 연장성(extension)은 아직 지능으로 하여금 분
석을 가능케 하는 공간이나 원자론자들이 말하는 공허(vide)가 아니
다. 특히 감각과 같은 감관-지각은 사물의 질적 측면과 동화하는
성격의 것이다. 그런데 베르그송은 인간의 지능 또한 행위에 몰두
되어 있기 때문에 '지능이 감관의 연장'이라고 설명하고 있다.[15] 과
연 그러할까? 왜냐하면 지능 또한 행위에 몰두하고 있기는 하나 감
관-지각의 동화적 성격이 아닌 반성적이고 분석적 기능이기 때문
이다.[16] 물론 베르그송이 행위에 몰두된 관심 때문에 지능이 동적인
것을 부동의 것으로 표상하려고 한다는 점과 허무에서 충만으로 간
다고 한 점은 옳으나 이것은 단순한 행위에의 몰두 때문만은 아

---

13) H. Bergson, *E.C.*, 272~273면.
14) 여기에서의 지능은 제작적 행위의 수준에까지 나아가는 선택과 분별력인 지능
(intelligence)을 의미하지는 않음을 알 수 있다.
15) H. Bergson, *P.M.*, 34~35면.
16) H. Bergson, *E.C.*, 146~147면. 베르그송은 지성의 성립요건을 감관-지각적 경험
에다 기억력, 그리고 과거를 파고들어가는 욕망에 더하여 분리와 구별의 능력을 부
여하고 있다. 그러면 이 정신은 이루어지고 있는 사상(事象)의 현상태만을 유의하
지 않고 과정을 현재와 과거의 대비로서의 변화로서 표상하게 되고 더 나아가 운동
의 가능성 일반을 표상하게 된다고 말하고 있다(*E.C.*, 294면). 공간표상은 운동의
가능성 일반을 상징하는 것이다.

158

니다.

분석하는 지능이란 우리의 심리적 기능의 연속적인 흐름에서 벗어나 반성적 기능을 발휘할 때만 가능한 것이다. 이 때문에 분석하는 지능은 감관-지각의 동화적 성격과는 역방향의 작용에서 성립하다. 따라서 엄밀히 본다면, 감관-지각적 수준의 행위에의 관심과 지능이 갖는 행위에의 관심은 동일한 측면도 있지만, 다른 한편서로 성격을 달리하기도 한다. 즉, 전자는 동화적 작용, 그것도 타자에 대한 동화적 작용의 표현이나 후자는 동화적 작용이 아닌, 이 행위 자체에서 스스로를 분리하고 자유로워져서 이 행위에 대해 반성하고 분석하는 행위이다. 그리고 이 반성적 의식, 혹은 타자에서의 분리력은 의식의 주체성이 확립된 것을 전제하는 한에서 성립하는 것이다. 감관-지각이 본능의 연장선상에서 외적 물질에 스스로를 몰입시키고 동화하는 기능이라면, 그리고 우리의 지능이 이 감관-지각적 작용의 연장이라면 지능은 당연히 외부물질에 동화하는 것이어야 한다.[17]

그러나 베르그송은 지능의 발생이나 탄생을 이 지능의 분석적 기능에 합당한 물질의 탄생과 동일시하면서도, 지능은 자연스런 지속의 '반전이나 역전(inversion)'에 의해서라고 밝히고 있다.[18] 왜 물질이나 지능이 지속의 역전에서 성립한다고 말하는가? 그것은 지속이 우리의 심리적인 직접적 의식이고, 그러면서도 지능의 행위에의 관심이 한편에서는 감관-지각을 전제하나 감관-지각과 다른 방식의 행위에의 관심 때문이다. 그리고 이 다른 방식의 행위에의 관심은 우리의 감정이나 감관-지각의 운동방향에서 벗어나는 자유로

---

17) 베르그송은 순수지각이 물질 자체의 운동에 공감하는 것으로 말하면서 칸트가 말하는 물 자체에 대한 인식을 거부하지 않고 가능하다고 말한다(*M.M.*, 31면). 물론 순수지각을 권리적인 것(en droit)으로 말하면서 지능의 물 자체에 대한 인식이 감관-지각적 직관을 전제하고 성립한다는 것을 말하는 것이다.

18) H. Bergson, *E.C.*, 207면.

움을 갖는 것으로서 지속이라는 시간성에서 벗어나야 한다. 따라서 감관-지각의 행위에 대한 자연스러운 경향과 지능이 갖는 행위에의 관심은 동일한 의미의 행위적인 것으로 일컬어지나, 그 방향이나 성격은 전혀 다른 것이다. 지능이 갖는 의식은 그 자신 지속의 시간성 속에 있으면서도 초월적인 태도를 지닐 수 있다는 의미에서 반(反)시간적인 것이요, 반시간적인 것은 주체성을 망각하고 초월론적으로 자신이나 대상을 분석하는 반성작용을 가능케 하므로, 지능의 자아나 외적 사물에 대한 작용이란 자유로운 주체성의 반영에서 성립하는 것이다. 즉, 지능은 지속에서 자유스러운, 따라서 지속으로서의 주체적 시간성을 망각하거나 기억이 주는 것을 현재에서 동시적인 것으로 지체시키고 지각하는 대상적 의식이며, 동시적인 것을 의식하는 기능으로서 '동시성에서 성립하는 공간' 표상을 그 이면에 지니고 있는 의식이다.[19] 지능은 감각처럼 분별을 수행하나 그 분별의 성격은 이질적인 것을 연속시키는 감관-지각의 것과 전혀 다른 것이다.[20] 이 때문에 지능은 감관-지각이 질적 다양성에 동화하는 것과 다르게 작용하는 자유로운 주체성을 전제하는 것이자 역설적으로 주체성의 현실은 망각하게 하는 것이며, 실천적으로도 관심을 지체시키거나 욕망이나 사회성을 전제하는 것으로서 우회적으로만 욕망에 관계한다. 베르그송은 지능의 본성을 단순한 행위에 몰두하는 관심이라기보다는 물질에 대한 도구 제작적 기능으로 보고 있다.[21]

---

19) 직관적인 심리적 의식이 주체적 의식이라면 지능적 의식은 대상적 의식으로서, 우리 인간의 의식은 이처럼 의식과 무(비)의식으로 분열되었으면서도 반립적인 변증법적 관계에서 타인에 의한 최면이나 자아의식의 거울이론이 성립한다.

20) 칸트는 공간이 직관이 아닌 직관형식이라고 말하는 점에서 보면 베르그송과 의견이 일치한다. 공간이란 사실 감관-지각적 현상에 대한 분석적이고 반성적인 지능의 산물이다. 사실 질적인 연장성은 청각현상에서 확인되듯이, 공간성 속에도 시간성이 들어 있으나 우리의 지능은 이를 망각하게 한다.

21) H. Bergson, E.C., 140~147면. 베르그송은 인간을 호모 사피엔스(Homo sapiens)

160

우리의 지적 행동은 서구 철학적 전통에서는 인식을 목표로 하고 있다고 알려져 왔다. 그리고 이 인식은 칸트에 의하면 우리의 선험적(a priori) 형식들에 의한 현상의 '구성적' 작업임이 드러났다. 이 때문에 인식이라는 개념에는 자연적이거나 본능적인 것에 대비되는 자발성이나 인위성(당위성)을 함축한다.[22] 사실 생물학적 관점에서 우리의 지능은 근원적으로는 감관-지각에 기초하고 있고, 이 감관-지각은 행위와 관계하는 한 생리적인 욕망에 기초를 두고 있기 때문에, 지능의 행위에의 관심은 지금 우리가 필요로 하거나 지니지 않은 사물을 자신의 방식으로 창출하거나 제작하려고 하는 것으로 말할 수 있다. 그래서 결국 행위에의 관심에 몰두한 지능은 정지를 기초로 운동을 표상하고, 이에서 한 발 더 나아가 존재를 생각함에 있어서도 '공허를 통하여 충만을' 생각하게 된다.[23] 즉, 지성은 현존(présence)을 표상함에 있어서 부재(absence)를 전제한다. 이런 습관에서 지능은 우리의 감관-지각에 나타나는 질적인 현상계를 물체(corps)와, 이 물체 상호간에 작용하고 관계를 맺게 하는 배경으로서의 공간으로 분석하고 분별하려고 한다는 것이다. 그리고 인간적 지능이 갖는 공간표상은 베르그송에 따르면 자의적 분석을 가능케 하는 것이다.[24]

───────────────

로 부를 것이 아니라 호모 파베르(Homo faber)라고 불러야 한다고 하면서 인간 지능의 특징을 무기물을 도구로 제작하고 사용하는 능력이라고 보았다. 그런데 다른 한편 지성을 행위를 위한 것이라고 하면서 감관-지각과 같은 경향의 것이라고 함으로써 약간의 애매성을 불러일으킨다. 지성은 지능보다 포괄적인 개념으로 직관과 대비되어 사용되어야 한다.

22) 칸트에 있어서 사유가 현상을 자의적으로 구성하는 것은 아니다. 왜냐하면 사유에 주어진 선천적 형식이 있기 때문이다. 물론 이 형식을 칸트처럼 사유에 고유하게 주어진 당위적인 것으로 보느냐 베르그송처럼 현상이나 직관에 주어진 것으로 보느냐에 따라 서로 다른 인간관이나 자연관이 성립한다. 여기에서 구성의 의미는 분석론에서 칸트가 말한 사유의 주체성(논리적인 당위성)과 사유의 자발성(능동성)을 나타낸다.

23) H. Bergson, *E.C.*, 274면.

24) 제논의 운동 역설을 말하는 모든 곳에서 베르그송은 항상 이 점을 강조한다.

감관-지각과 지능에는 행위적(작용적)인 것이 공존하고 있으나 이 양자에 공존하는 행위적인 것을 형성하는 인식적인 것은 서로 성격이 다르다. 베르그송에 따르면, 감관-지각은 신체적 수준의 행위를 위한 것으로서 이 가운데 인식적인 감각적인 것은 사물의 질적 측면에 동화하는 수동적 기능을 지니고 있다. 그러면서도 다른 한편 물질의 흐름을 고정 압축하는 측면에서 보면, 능동적인 작용을 수행하고 있다. 그런데 우리의 지능은 "자신의 고유한 삶에서 벗어난 의식" 즉 자유로운 주체성의 의식을 수반하고 있다. 그리고 이 의식은 공감하는 의식이 아닌 반성적인 의식의 기능이다. 이 때문에 반성적 의식은 주체성과 타자의 차이성에 기초하면서도 이들의 관계를 지향하고 있다. 즉, 반성적 의식의 기능은 다양한 성질들에 대한 공감에서 벗어나는 자유로운 주체성이 전제된 분리력이자 분간하는 분석력이다. 그리고 이 의식은 신체적 수준에서 이루어지는 단순한 인식적인 것뿐만이 아니라 주체성이 발휘하는 다양한 지속[25]과 관련된 본능적인 것이거나 정서적인 것에 결부된 행위적 관심이 깔려 있다. 그러면서도 그것은 무한한 분석과 함께 모든 질적인 것에서 자유로운 것으로서 자유로운(능동적인) 분석과 종합(구성)에 의한 제작적 행위를 나타나게 하는 선택과 분별력을 전제하는 사유의 의식이다.[26]

앞에서 살펴본 대로, 감관-지각의 자연스런 경향을 따르는 의식과 분석적 지능의 의식은 인식적인 방식에서는 서로 대립된 방향에도 불구하고 동기에서는 일치하는 행위를 전제하는 반립적이고 변증법적인 것이다. 이 때문에 이 양자의 기원이나 통일적인 작용을

25) 베르그송은 지속의 강도의 다양성이 생물체에 반영되어 있고, 주체 안에도 인격을 구성하는 것이 되고 있음을 여러 곳에서 밝힌다(*M.M.*, 248~250면; *E.C.*, 96~98, 127~130, 246~248면 등).
26) 물론 선택과 분별력의 전제가 되는 능력은 고정과 압축의 능력인 지각과 이의 연장인 기억, 그리고 반성력에 전제되는 재인(recognition)의 능력이다.

수행하는 것으로 판단되는 '통각'이나 '의식'은 신체적 행위를 매개로 하여 그 작용의 차원이나 수준은 서로 다른 것으로 판단될 수도 있다. 즉, 인간에게 나타나는 지성과 감성은 감관-지각을 매개로 하여 위계를 이루거나 상호적으로 전제함으로써 인식론적으로 반립적이거나 변증법적인 상호작용에 의해 서로 분화되면서 서로를 강화하거나 약화하는 것이다. 우리는 여기에서 베르그송의 행위에의 관심이라는 개념을 분화하여 감관-지각의 공감적 의식에 의한 지속의 투사나 확장기능과 지능의 무한한 분석을 가능케 하는 반성적 의식, 혹은 도구 제작적 기능을 구분해야 할 것이다. 그리고 반성적 의식과 도구 제작적 의식, 이 양자가 사실은 모순율에 따르는 존재론을 창출한 서구적 지성의 특성임을 알아야 한다. 여하튼 지능의 특징을 텅 빈 공간을 토대로 하여 성립하는 분석능력이라고 본 베르그송의 견해는 정말 훌륭하다. 지능의 분석적 기능에 대한 언급은 《형이상학 입문》에 잘 나타나 있다. 여기에서는 서구의 전통적인 존재론적 사고의 주춧돌이 된 엘레아 학파와의 관련에서 일반화해 보자.

## 6.2. 지성과 분석

일찍이 그리스의 자연철학자들은 생성소멸하는 자연현상에서 불변하는 영원한 실재를 찾았고 이 실재를 여러 가지로 말하였다. 그런데 중요한 것은 이 실재를 찾는 방법이 파르메니데스 이후 우리의 인식능력, 그 가운데에서도 사유(nous)능력에 대한 성찰과 반성을 통하여 이루어졌다는 점이다. 즉, 그들은 실재의 인식능력이 사유에, 그것도 모순율에 따르는 사유(정신)에 직관된다는 것을 원리로 내세웠다. 감관-지각이 자연사물의 생성소멸을 인지하는 능력이라면, 사유나 정신은 이러한 생성소멸하는 자연현상의 불변하는 법칙이나 요소를 분별하고 알아채는 능력이다. 파르메니데스는 이 불변하는 법칙이나 요소를 '존재(to on)'라고 하였다.

서구 존재론적 전통을 최초로 형성한 파르메니데스에게서 보이듯, 존재론적 사유는 배중률에 따라 이루어진다. 배중률은 "있거나 없거나(to be or not to be)이다." 이것은 존재론에서 일종의 분별원리로서 사물이나 사태의 동일성을 판단하는 직관적인 의식작용의 분별력과 궤를 같이한다. 존재와 무 사이의 분별을 전제하는 모순율에 따르는 지성의 분석하는 기능이 발휘될 때, 이 기능에 포착되는 것은 성질상 단순한 것이요, 그것의 성질이 단순한 것인 한, 그것은 타자와의 관계맺음에서 동일한 방식을 드러내는 것으로 상정된다. 그런데 타자와의 관계맺음이 동일하다는 것은 그 단순한 것이 불변성과 동시에 동일률에 따르는 필연성의 성격을 띤다는 것이므로 그것의 관계맺음 일반은 법칙(logos)이라고 한다.[27]

이 때문에 파르메니데스의 존재론에서 이성에 나타나는 모순율은 "허무로부터는 아무것도 생겨나지 않는다(ex nihilo nihil fit)."로 나타난다. 이 원리는 우리의 이성이 존재에 관해 가져오는 최고의 원리이자 헬레니즘의 기초를 이루는 명제이다. 즉, 그리스적 전통의 서구적 지성은 우리의 감관-지각에 주어지는 직접적인 경험의 내용을 단순한 것, 즉 일자(一者)와 이 일자의 타자와의 관계맺음의 방식인 법칙으로 정리하려는 데서 철학을 시작한다. 이 때문에 파르메니데스의 존재론이 원자론이나 플라톤에서 일자의 타자의 개념을 매개로 한 다자(多者)와 일자나 동일과 차이 그리고 전체와 부분의 변증법으로 전개됨은 우연이 아니다.[28] 그런데 사유는 칸트에 따르면 판단하는 기능이다. 그러나 경험의 내용을 판단한다는 것은

---

27) 이 법칙(logos)은 그 자체 단순하고 동일한 것과 마찬가지로 시간성에서 벗어난 동시적인 것이자 공간적 표상에 속하는 것이다. 고대 그리스 철학자들은 이것을 영원하고 불변하는 실재(ousia)라고 하였다.

28) 송영진, 《플라톤의 변증법》(서울: 철학과현실사, 2000) 참조.

164

주어와 술어에 포착된 관념을 술어적 개념으로 그 내용을 통일한다
는 것이요, 따라서 판단이 가능하기 위해서는 미리 경험의 내용이
같은 것은 같은 것끼리 다른 것은 다른 것끼리 관념이나 일반명사
로 분별되어 있어야 한다는 것을 전제하고서 가능하다. 즉, 사유의
원초적 기능은 판단기능이라기보다는 베르그송이 말하듯 분석기능
이다.[29] 따라서 우리 마음의 기능, 즉 의식기능에는 칸트도 말하였
듯 두 가지가 있는데, 하나는 직관이라고 하는 감관-지각적인 것
이요, 다른 하나는 분석-판단하는 의식기능으로서 사유이다. 전자
는 직관과 관련되어 논해지는 동화적 의식의 '작용적인 측면'이요,
후자는 지성과 관련되어 논해지는 분별하는 의식의 '반성적 측면'
이다. 그리고 반성은 직관에 주어지는 다양한 내용을 전제해야만
가능하다. 그런데 문제는 반성 이전에 주어진 직관의 내용과 반성
이후에 포착된 직관의 내용이 동일한 것인가 하는 문제이다.

　베르그송에 따르면, 직관과 관련하여 논해지는 전자는 이미 우리
의 기능하는 의식작용으로서의 지속이 침투되어 있으며, 따라서 칸
트에서처럼 그저 잡다하기만 한 것이 아니다. 즉, 감관-지각도 우
리 신체적 행위와 관계하는 한 이미 지속이 침투되어 있고, 신체적
수준에서 자아의 자발성이 발휘된 정도에 따른 인식내용을 지니고
있다. 그것이 메를로퐁티나 지각심리학에서 말하는 사물의 윤곽과
그 동일성이 함축한 지향성이다. 그런데 우리의 사유는 감관-지각
이 준 내용을 기초로 반성하는 한, 감관-지각이 가졌던 행위적 관
심에서 벗어날 수 없다. 즉, 감관-지각이 준 사물의 윤곽과 그 (지
향성이 함축된 의미의) 동일성을 전제로 해서 모순율에 따라 반성을
한다. 따라서 분석하는 기능에 포착된 단순한 것으로서의 감각적

29) 지성의 본질적 기능은 "통일보다 우선 분석하는 데 있으며(E.C. 146면)", "모든 분석
　은 대상을 이미 알고 있는 요소로, 즉 한 대상과 다른 대상과의 공통적인 요소로 환
　원시키는 작용이며", "그 사물을 그 사물 아닌 것을 통해 표현하는 것이다(P.M., 181
　면)." 즉, 지성의 특징은 우선 '분석'이고, 이어 '관계와 비교'하는 기능이다.

일자(一者), 즉 물체(corps)는 원래는 질적인 것이므로 직관적이라
불리며 우리의 자발성이 침투된 것이다.

그런데 문제는 우리 지성이 이 일자의 직관적 성격의 한계를 욕
망이나 행위적인 것에 관련시키지 않고, 모순율에 따른 무한 분석
을 가능케 하는 인식적인 것으로 취급하려고 한다는 점이다. 이렇
게 되면 이 일자는 고립된 것으로 간주되고, 따라서 그 직관적 성격
의 인식론적 가치는 불분명해진다.[30] 왜냐하면 고립된 일자는 타자
와의 관계가 전혀 없는 상태에서는 칸트도 말하듯 맹목이며 결국
직관적인 것의 성격이나 내용이 분명하게 드러나는 것은 타자와의
관계맺음을 통해서이기 때문이다. 즉, 직관적인 것의 성격이나 내
용이 분명하게 드러나는 것은 타자와 상호 비교 대조하면서 판단하
는 지성을 통해서이며, 결국 지성의 입장에서 보면 일자의 감각적
성격이나 내용은 타자와의 관계맺음의 전체를 통일하고 수렴하는
한계점의 것이 된다. 말하자면 존재자 전체와의 관계에서 일자의
본질은 관계법칙 일반으로 환원시켜 볼 소지가 있다.

그런데 존재의 동일성을 전제하고 존재자들의 상호관계를 살피
는 사고란 바로 파르메니데스적인 모순율에 따른 진리관의 입장에
서는 것이다. 그리고 관계법칙은 서로 비교되고 측정될 수 있는 것
으로 양적 규정을 받는다. 즉, 관계법칙은 공간적인 것으로서 상대
적이고 정량화할 수 있는 것이다. 베르그송이 "지성은 질을 양화하
고 시간을 공간화한다."고 한 것은 바로 이 점이다.[31] 따라서 행위

30) H. Bergson, E.C., 297면.
31) 베르그송은 근대 과학이 "고대 사유와는 서로 반대방향으로 행진해 가는 경향을 지
녔다(P.M., 221면)."고 하고, 이 고대의 형이상학과 근대 과학이 모두 지능적 지성
의 활동 아래 형성된 것임을 밝힌다. 즉 "오성은 고정화, 분할 및 재구성이라는 자
기 작업을 수행하였다. …오성은 그 역할이 안정적 요소 위에 작용하는 것으로서,
그 안정성을 관계 안에서가 아니면 물체(corps) 안에서 찾아 낼 수 있다고 말하는데
그치자. 관계의 개념 위에서 작용할 때 오성의 귀착점은 과학적 부호주의이다. 사
물의 개념 위에서 작용할 때 오성의 귀착점은 형이상학적인 부호주의이다(P.M.,

를 전제로 한 감관-지각의 직관적 내용을 인식적인 것으로 보려고
한 모든 전통적인 철학들은 베르그송에 따르면 원자론자나 플라톤
의 이데아론에 나타나듯이 '행위(제작)하기 위해서 보는' 것일 뿐이
다. 그리고 이러한 지성이 데카르트의 'cogito' 의식이며 근대 역학
의 창시자인 뉴턴의 기본적 태도이다. 이 지성의 태도가 물질을 다
루는 근대 자연과학자의 기계론적 세계상을 형성하고, 정신과 의식
을 심리학이나 언어학적 관점에서 해명하며, 인공지능를 만들어 보
려는 현대의 과학자들의 태도를 결정한다.

　직접적인 현실로서 주어지는 현상적 경험의 다양한 내용을 일자
와 법칙으로 정리한다는 것은 변화의 요인을 간과하거나 보지 못하
는 결과를 낳는다. 왜냐하면 일자라는 말의 의미가 내포하듯, 그것
이 비록 내용적으로는 베르그송이 말하듯 동적인 것인지는 모르나
형식적 규칙의 측면에서는 불변적 통일성을 나타내는 것으로 간주
되기 때문이다. 더욱이 사유가 경험의 내용을 고려하지 않고 파르
메니데스에서처럼 독자적으로 존재를 규정한다면 사유는 모순율에
따르지 않을 수 없으므로, 존재는 모순율의 규정을 받아 창조되지
도 않고 생성소멸이나 가분성이 없는 불변성과 동일성을 확보하기
에 이른다. 따라서 앞서 언급했듯이 우리는 모순율이 내포하고 있

---

221면)."라고 하여 고대 철학은 지성이 분별한 일자에, 근대 과학은 이 일자의 타자
와의 관계맺음 일반인 법칙에 기초하여 우리의 경험을 정리하였음을 말한다. 또 말
하기를 "과학이 미리 준비된 그물 속에 실재적인 것 전체를 가두어 두는 유일한 관
계 체계임을 자처한다고 해 보자. …칸트에 있어서 이런 종류의 보편수학이 과학이
며 거의 수정되지 않은 플라톤주익가 형이상학임을 알게 될 것이다. 참으로 말하건
대, 보편수학의 꿈은 그 자체 플라톤주의의 유물에 불과하다. 보편수학, 이것은 이
데아가 사물이 아닌 관계 혹은 법칙이라고 가정할 때 이데아의 세계로 되는 것이다
(*P.M.*, 224~225면)." 간단히 말하자면, 《순수이성비판》 전체는 만일 이데아가 사
물들(choses)이라면 플라톤주의는 불법적이지만, 만일 이데아가 관계라면 합법적이
된다는 것, 또 이미 만들어져 있는 이데아는 일단 이렇게 해서 천상에서 지상으로
내려오면 플라톤이 바랐던 대로 사유와 자연의 공통적 지반이 된다는 것을 확립해
주기에 이른다. 그러나 《순수이성비판》 전체는 우리의 사유가 플라톤적 사유 이외
의 다른 일을 할 수 없다는 요청에 근거하고 있다(*P.M.*, 223면)."고 말하고 있다.

는 동일률이 사유의 요청인지 아니면 존재의 법칙인지를 분명히 해
야 한다. 베르그송은 동일률이란 행위의 필요성에 몰두되어 있는
지성의 요청으로 본다.[32]

일자의 성격이나 본질을 타자와의 관계에서 파악하며 일자의 직
관적 성격을 맹목이라 보고, 존재자 전체와의 관계에서 성립하는
관계법칙(logos)으로 환원해 버리는 지성은 만유(萬有)가 관계를 맺
고 상호작용하므로 존재 일반을 생각하게 되며, 이에 따라 '존재 일
반'에 대한 '관계 일반'의 표상으로서 공간을 표상하기에 이른다.
결국 존재자 전체, 혹은 존재를 그 전체성에서 인식함의 완성을 찾
는 철학적 지성에서 어떤 한 존재란 관계법칙들의 교차점이 되며,
또 '존재'를 생각함에 있어 지성은 항상 공간표상을 배후에 먼저 설
정하고 이를 매개로 존재를 표상하기에 이른다. 그리고 이 때 지성
은 모든 것이 다 주어져 있고 다 완성되었다는 태도를 취한다.[33] 특
히 이 점은 파르메니데스의 존재론에서 잘 드러난다. 즉 "존재는
있고 허무는 없다."고 할 때, 이 말이 동일률에서 이해된다면 우리
는 존재의 적극적 성격을 규정할 수 있는 아무런 내용을 가지지 못
한다. 그러나 앞의 말이 존재론적인 논리적 사유, 즉 모순율에서
이루어지면 이제 존재와 허무는 상호 의미연관을 가지고서 서로를
규정하게 된다.

---

32) "동일률은 우리 의식의 절대적인 법칙이다. 그것은 사유된 것은 그것이 사유된 순
간에 사유된 것임을 확인한다. 이 원리의 필연성을 절대적으로 만드는 것은 그것이
미래를 현재에 결부시키는 것이 아니라 단지 현재에 현재를 연결하는 것일 뿐이다.
그것은 의식이 자신에 대해서 느끼는 흔들릴 수 없는 확신을 표현하다(*D.I.*, 159
면)." 더 나아가 허무를 통하여 존재를 사유하는 지성의 사고는 "행위하기 위해 보
는 태도"를 가졌는데, 지성이 형이상학적 사유를 함에 있어 "존재에게 심리적 내지
물질적 존재가 아니고 유독 논리적 존재를 제공하려는 것은 바로 이런 이유 때문이
다. 왜냐하면 순수하게 논리적인 존재는 스스로 자족하고 진리에 내재하는 힘의 효
과만으로도 자립할 수 있음직한 것이 그 본질이기 때문이다(*E.C.*, 276면)."라고 말
한다.

33) H. Bergson, *E.C.*, 344면.

  그래서 존재는 존재인 한 허무에 대해 단적으로 자신을 정립하고
자기 동일성을 실현하는 것으로 나타난다. 또한 우리의 지성이 갖
는 논리적 사유에서 "A는 A이다"라는 동일률이 파괴될 수 없는 한,
우리에게 존재는 결코 허무로 화할 수 없고, 허무에서는 결코 존재
가 산출될 수 없는 것(ex nihilo nihil fit: 創造否定)으로 표상된다. 따
라서 존재는 현재에서 전부 주어지고 시간성이 아무런 의미를 지니
지 못하는 논리적 사유에서 존재는 무시간적이면서 운동이나 생성
소멸 등은 이 존재에서 사라진다.[34]

  더 나아가 존재 일반에 대한 관계법칙 일반으로 표상되는 '공간'
은 불변하는 관계법칙의 장(場)인 한 존재의 동일성을 보존하며, 존
재의 동일성을 보존하는 관계법칙의 장인 한 소극적인 관계맺음의
장으로 된다. 베르그송이 공간을, 존재론적으로 이해되는 한 단절
의 표상이라고 한 이유가 여기에 있다.[35] 즉, 지성이 갖는 공간표상
은 존재로서의 충만한 일자에 대비된 '결여' 혹은 소극적 존재를 의
미하며, 이 때문에 원자론자에게서 드러난 것처럼 한계가 없는 것
으로서 자기 모순적인 것이며, 따라서 있을 수 없는 것이다. 베르
그송은 이 점을 간파하고서 그의 무-관념(無-觀念) 비판에서 허무
(néant)와 공간(vide)을 동일시한다.[36] 특히 그는 지성의 존재표상에
결부되어 있는 허무나 공허의 관념이 존재론적으로 모순된 허위관
념임을 밝힌다. 허무(néant)에 관한 그의 비판은 장켈레비치의 말대
로 그의 철학적 사유의 중심을 차지하고 있으므로 여기서는 이 문
제를 다루어 보자.

---

34) 송영진, "파르메니데스의 존재론에 관하여", 앞의 책, 33~56면.
35) H. Bergson, *E.C.*, 164면.
36) 위의 책, 283면.

## 6.3. 존재 물음과 허무의 문제

허무는 그 자체로서는 탐구될 수 없다. 우리가 허무에 관해 생각해 볼 수 있고 그 의미를 따져 볼 수 있는 것은 존재와 관련하여서이며, 그것도 존재자 전체에 대해 물을 때이다. 즉, 우리가 이렇게 사색하거나 물을 때 허무가 나타난다. "나란 존재는 무엇인가?", "나와 관계 맺고 있는 이 우주 전체의 존재는 어떠한가?", "도대체 왜 아무것도 없지 않고 무엇인가 존재하는가?" 그래서 무엇인가 존재한다는 것이 놀랍다고 여겨질 때 이 존재 물음의 이면에 슬며시 허무가 나타나는 것이다. 그런데 이러한 물음들의 배후에는 다음과 같은 지성의 일반적인 태도가 전제되어 있다. 즉, 우리는 존재를 생각함에 있어 텅 빈 것(le vide), 혹은 허무(le néant)가 선재(先在)해 있고, 존재가 그 위에 덧붙여져 나중에 오는 것으로 표상한다는 점이다. 그리고 무엇인가가 존재한다면 허무가 항상 그것의 기저(基底: substrat)로서 혹은 용기(容器)로서 존재한다고 생각된다. 이 때문에 허무의 표상은 상상의 대상인 이미지로서나 사유의 대상인 관념(concept)으로서 성립되고 있다. 우선 허무의 이미지를 살펴보자.

이미지는 감관-지각과의 관계에서 논해져야 한다. 따라서 허무-이미지는 나의 외감(外感)에 주어진 내용이나 내감(內感)에 의해 주어진 내용을 나의 상상에 의해 지워버리는 데서 성립한다. 즉, 내가 외적 감각 내용의 무를 상상하려면 내감-이미지 속으로 피하면 되고, 내감의 감각내용의 허무를 상상하려면 외적 이미지들로 주의를 기울임으로써이다. 이렇게 해서 외적 이미지의 무를 상상했다고 해 보자. 이 때 나의 상상 속에는 내적 감각내용과 함께 외적-이미지를 지웠다는 상을 갖게 된다. 그런데 문제는 이 외적-이미지의 무가 진정 허무로서 있는 것인가? 만약 허무라면 내적 이미지라는 내용이 과연 내적이라고 구별되어 불릴 수 있는 것인가? 오히려 상상작용 속에서는 내적 이미지는 물론 외적 이미지와 함께 그것을 지웠다는 작용까지 내 상상적 자아의 대상이 된다. 그래서 이 지워진 이미지가 나의 외부에 무로서 있는 것처럼 표상된다. 말하자면 외적 이미지의 무이든 내적 이미지의 무이든 내 상상력이 지웠다고 표상하는 어떤 것이 존재한다. 그리고 그것은 허무가 아닌 어떤 존재이다. 왜냐하면 어떤 것의 부재(不在)는 항상 다른 것의 현존에 기인해서만 생각될 수 있기 때문이다. 따라서 만약 우리가 전체로서의 무를 상상한다면 그것은 베르그송이 말하듯 이 두 이미지 중에 어느 하나에도 정착하거나 고정되지 않으려는 정신의 부동 상태(浮動狀態)에서 성립한다.[37] 도대체 허무를 상상할 수 있을까? 따라서 모든 것이 지워져 버린 이미지는 상상에 의해 결코 형성될 수 없다.

허무가 상상의 대상이 아니라 관념의 대상이라고 해 보자. 즉, 앞에서 언급했던 두 이미지를 동시에 지우는 것을 상상할 수 없어도 생각할 수 있다고 해 보자. 이 말은 경험 대상을 하나씩 지울 수 있고 이 행위를 관념에 의해 극단적으로 수행하면 허무가 생각된다는 것이다.

일반적으로 우리가 지우는 것은 내적인 것이나 외적인 것으로 사물이거나 의식의 상태이다. 우선 사유에 의해 어떤 하나의 외적 대

---

37) H. Bergson, *E.C.*, 279면. 우리의 사유는 noesis-noema, 즉 사유작용과 사유내용으로 이루어진다. 베르그송이 여기에서 사유내용(noema)을 우리의 내적 지향성과 관계하는 외적 대상으로 보지 않고, 사유작용(noesis)을 고려하여 허무 관념을 비판하는 것은 분명 자신의 동적 존재론에 의한 존재론적인 반성을 수행하는 것이다. 그리고 베르그송의 존재론적 반성은 만물이 변한다(운동한다)는 헤라클레이토스의 세계관을 전제하고 있다. 이처럼 사유작용과 사유내용을 존재론적 반성에 의해 연관시키는 것은 변증법적인 것이다. 이러한 변증법은 의미의 내포와 외연의 관계나 지시와 함축의 관계에 대한 관련성에 대한 해석의 한 경우에 불과하다. 현대 언어학에서 의미담지체와 의미체(signifiant-signifié) 사이에는 아리스토텔레스의 형상과 질료처럼 존재론적으로 관련성이 있다기보다는 임의성과 자의성이 개입된다고 보는 것이 존재론적으로 더 정확하다.

상을 지운다고 해 보자. 그러면 그 장소에 그 대상은 없다. 그러나 그 대상 말고 다른 대상이 있다. 왜냐하면 자연에는 공허가 없기 때문이다. 특히 어떤 대상이 있다가 사라진 빈 곳을 이야기할 때 이 빈 곳은 절대적인 공허가 아닌 어떤 장소(milieu)이며 이 장소는 어떤 것으로 존재한다. 우리가 그 장소를 빈 곳이라고 생각하는 것은 그 장소에 우리가 원하는 것이나 욕망하는 것이 없기에, 혹은 그 장소 대신에 어떤 것을 과거의 기억이나 관심을 가지고 생각하기 때문이다. 관심이나 주의(注意)작용 혹은 기억을 갖지 않는 존재는 결코 공허(vide)나 무(néant)를 생각하지 못하고, 공허나 허무라는 말을 사용치 못한다. 결국 존재에 관한 부정적인 말로 언급된 모든 표상은 사유가 아닌 감정(affection)의 것이다. 즉, 베르그송에 따르면 삭제(abolition)나 부분적인 무(néant)에 대한 관념은 주체의 측면에서는 관심이나 감정의 선호(選好)에, 객관적인 측면에서는 변화나 대치(substitution)에 대한 것에 불과할 뿐이다.[38]

내적 대상으로서 심적 현상을 살펴보아도 마찬가지이다. 감각(sensation), 정서(émotion), 관념(idée), 의지(volition), 자아의식 등은 항상 현존하는 것들로 나에게 지각되며, 나에게 현전(présent)해 있지 않은 순간은 없다. 그래서 가령 꿈이 없는 잠이나 존재의 단절(죽음)을 상정한다 하더라도 이런 상정을 하는 순간, 나는 잠을 감시하고 있으며 나의 무화(無化)를 극복하고 관념이 존재하고 있다. 즉, 여기에서도 항상 충만이 충만에 연속될 뿐이다. 더 나아가 우리가 충만한 것이 바뀌는 사이를 생각해도 마찬가지이다. 이 사이는 충만과 충만을 비교하는 데서 성립할 뿐이기 때문이다. 빈 것

---

38) H. Bergson, *E.C.*, 281~282면. 결국 이 말은 지성이 표상하는 허무의 이미지란 감관-지각에서 성립하는 선택이나 이미지를 고정하고 보존하는 기억을 전제하는 표상이며, 허무의 이미지 이면은 역동적인 창조적 존재가 작용하고 있다는 것이 된다. 즉 "성질의 배후에 있는 강력한 힘은 양이 드러나 보이는 데서 기원하는 것이다 (*E.C.*, 212면)."

(vide)의 의식은 현재에 나타난 것에 주의하지 않고 지나간 것에, 혹은 올 것에 주의하는 의식으로서, 있는 것과 있을 수 있는 것, 있어야 할 것, 즉 충만과 충만의 비교에 지나지 않는다. 공허의 표상은 결국 항상 충만의 표상이되 이 충만은 두 개의 요소로 나누어진다. 즉, 대치와 욕망이나 후회의 감정이다.[39)

따라서 우리가 만약 부분적인 허무나 삭제의 관념을 존재자 전체에까지 적용한다면, 즉 절대적인 공허를 생각한다면, 이 허무는 '둥근 사각형'과 같이 자신의 근거를 자신이 부수는 자기 모순된 관념이다. 왜냐하면 부분적인 허무는 존재에 의존해서만 있을 수 있었는데, 전체적인 무는 자신이 부정할 근거마저 삭제해서 더 이상 무화(無化)할 수 없기 때문이다.

이상의 설명을 관념에서 이루어진 것이 아니라고 주장할 수 있다. 즉, 이미지나 관념의 사라짐이나 대치를 생각하지 말고 상상을 뛰어넘어 순수오성만이 문제되는 측면에서, 어떤 대상이 사라졌다고 하지 말고, 없다고 해 보자는 것이다. 그래서 우리가 추상작용에 의해서 대상 A의 표상만을 일깨우고 그것이 존재한다고 하고, 이어 이 표상을 지성에 의해 지워 버리면 비존재가 존재한다고 해 보자. 그런데 베르그송에 따르면 한 대상을 생각하는 것과 그것을 존재하는 것이라 생각하는 것은 전적으로 어떤 차이도 없다.[40) 그러면 어떤 대상이 존재하지 않는다고 생각하는 것은 무엇을 의미하는가? 처음에 대상 A를 생각하면 그것은 존재하는 것으로 생각된다. 그리고 이어 그 대상 A가 존재하지 않는다고 생각하는 것은 이 대상과는 병립할 수 없는 실재가 그것을 대신하고 있는 것이 아닌가? 물론 이 실재는 우리의 관심 밖이고 관심이 향하는 것은 대상 A이다. 그렇기 때문에 우리는 그 실재에 대해서, 즉 배제된 대상에 대

39) H. Bergson, *E.C.*, 283면.
40) 위의 책, 285면.

해서 생각하지 않고 있을 뿐이다. 그렇지만 지웠다고 하는 작용이
나 배제의 관념은 우리 정신에 현전(現前)해 있다. 따라서 베르그송
에 따르면 비존재의 표상은 존재의 표상보다 더 많은 것을 가지고
있다.[41] 이 점을 좀더 분명히 보기 위해 한 대상의 표상을 떠올리고,
이어 단적으로 존재의 부정인 '비(non)'를 덧붙이는 판단작용을 살
펴보자.

## 6.4. 부정과 허무

우리는 긍정과 부정(négation)이 똑같은 힘을 갖는 것으로 생각한
다. 그래서 존재자 개개에 대해 긍정을 수행하여 존재자 전체의 관
념을 형성할 수 있듯이 개개의 존재자를 부정하여 존재자의 전체의
부정으로서 허무(rien)에 이를 수 있다고 생각한다.

우선 부정한다는 것은 무엇인가? 그것은 있을 수 있는 긍정을 거
부하는 것이다. 가령 "지금 내가 쓰고 있는 원고지가 하얗지 않다"
고 판단한다면, 그것은 내가 쓰고 있는 원고지가 더럽고, 따라서 원
고지가 하얗기를 바라고 있는 것이다. 즉, 이 부정판단은 엄밀히 말
하면 "원고지는 검다"라는 눈앞의 표상에 대한 판단에 대해 판단을
하고 있는 셈이며, 원고지가 하얗다고 판단할 수 있으나 그렇지 않
음을 나타낸다. 긍정판단은 단적으로 대상으로 향하나 부정은 긍정
판단을 통하여 자신에 도달하되, 이 부정판단 안의 긍정판단의 내
용은 자신의 관심을 표명할 뿐 대상과 직접 관계가 없다. 따라서 이
부정판단은 긍정판단처럼 어떤 확정된 대상에 머무르지는 못하고
있다. 그리고 부정판단은 자신이나 타인에게 무엇인가를 경고하거
나 가르쳐 주는 역할을 할 뿐이다. 부정판단은 하나의 지시적인 판
단이되 그것은 하나의 긍정판단에 다른 판단을 대치시킬 수 있는

---

41) 앞의 책, 258면.

174

여지가 있음을, 나아가 절반은 불확정적이고 무규정한 채로 남아 있는 판단이다. 따라서 부정은 베르그송의 의미론에서는 긍정과 대비되어 서로 반대방향으로 똑같은 능력을 가지고 있는 것이 아니다.[42]

이제 서술판단이 아닌 존재론적 판단을 살펴보자. 베르그송은 대상 A를 존재한다고 생각하지 않고서는 대상 A에 대해 말할 수 없다고 한다. 즉, 존재하는 대상의 관념과 대상 A에 대한 순수한 관념 사이에 차이는 없다고 한다. 따라서 "대상 A가 존재하지 않는다."는 말은 "대상 A"와 "존재하지 않는다."는 말이 덧붙여진 것이며, 이때 대상 A는 있었거나 있을 수 있는 것, 혹은 일반적으로 대상 A는 적어도 가능적으로 존재한다는 의미이며 "존재하지 않는다."는 말은 바로 가능한 대상을 현실적인 대상으로 요구하면 잘못이라는 것이다. 즉, 어떤 사물의 비존재를 설정하는 판단들은 가능적인 것과 현실적인 것의 두 존재의 대비(l'une pensée et l'autre constaté)를 형성하는 판단이다.[43] 부정한다는 것은 베르그송에 따르면 항상 불완전한 형태로 두 긍정의 한 체계를 제시하는 것이다. 그 긍정의 하나는 어떤 가능적인 것에 기반을 둔 일정한 것이요, 다른 하나는 무규정한 것으로 이 가능적인 것을 대신하여야 하는, 알려지지 않고 이와 무관계한, 어떤 실재에 관계하는 것이다. 따라서 존재에 대한 부정판단은 충만과 충만의 관계지음에서 성립하는 것으로 결코 자기 모순적인 공허나 허무를 통해서 이루어지는 것이 아니다.

그러면 긍정과 부정을 동일한 차원에서 똑같은 객관성을 부여하려는 이유는 어디에 있을까? 베르그송에 따르면 긍정과 부정이 명제에 의해 말해지고, 모든 명제가 개념을 상징하는 낱말(môt)로 되

---

42) 앞의 책, 288면.
43) 위의 책, 290면.

며, 그것이 사회적 삶과 인간의 지능에 관계하기 때문이다.[44) 즉, 한번 부정이 형성되면 그것은 긍정과 대칭으로서의 면을 나타낸다. 이 일은 사실 부정 그 자체로서는 안 되고 그것이 올라타고 있는 긍정을 통해서, 즉 긍정의 환상이 객관화됨으로써이다. 그렇게 해서 공허와 부분적인 무의 관념이 형성된다. 이제 사태는 한 사물에 사물이 대치되는 것이 아니라 한 사물에 무규정한 존재, 즉 공허 자체가 대치된다. 이런 작용이 어떠한 대상에서도 행해지면 그래서 우리는 자신도 모르게 모든 사물 전체에 대해서까지 수행하는 것이다.

결국 베르그송에 따르면 허무(rien)의 관념은 존재자 전체의 관념 (idee dé tout)과 함께 어느 것에도 집착하지 않으려는 정신의 부동 상태(浮動狀態)에서 성립하는 것으로, 존재자 전체의 관념만큼이나 충만되어 있고 포괄적이다. 따라서 "어떤 것이 존재하고 왜 무가 아닌가?", "어떤 것이 왜 존재하나?" 하는 물음은 무의미하고 잘못된 물음이라는 것이다. 사실 베르그송의 기능적인 존재론에 따른 변증법적 반성에 따르면, 우리가 상상하고 사색하고 따라서 어떤 것이 항상 심적 작용으로서 지속하고 있는 한, 이러한 심적 작용의 지향 대상은 심적 작용이 존재하는 것으로 밝혀지는 한 항상 존재하게 되는 것이다.[45)

---

44) 앞의 책, 292면.

45) 존재론적으로 공허의 존재는 모순이며 불가능하다. 이것은 마치 파르메니데스의 존재론적 사고에서 비진리의 길인 허무가 존재할 수 없는 것과 같은 이유이다. 이 때문에 허무에 대한 생각은 파르메니데스 이래 존재론적 사유에서는 배제되어 왔다. 허무란 플라톤의 대화록 《소피스테스》편에 나타나듯이 타자성에 불과하다. 이러한 타자성은 이성의 대상이 아니라는 의미에서 존재와 사유의 일치에서 기원하는 파르메니데스의 존재론적 이념에 부정성의 계기가 된다. 즉, 부정성에는 논리적으로 반대나 모순 이외에 무한이나 타자성의 의미가 있고, 무한이나 타자성은 이성적 사유에 포착이 안 된다는 의미를 지니고 있다. 우리의 모든 사유를 지향적 의식에 관련시켜 반성하는 후설처럼 베르그송은 우리의 사유를 지속에 관련시켜 반성하고 있다. 그런데 지속은 심리적 직관의 것이다. 이 때문에 우리의 모든 인식은 의식의 지향성이나 심리적 지속이 기초하는 가치인식으로 변모한다. 역설적으로 허무는 마치 수학에서 제로(0)의 기능이 그러하듯이 '한계' 개념이거나 우리의 사유

그러면 왜 이 환상이 지성에서 떠나지 않는가? 충만한 것을 생각하기 위해 왜 공허를 미리 생각하고 그것을 통해서 존재로 나아가나? 베르그송에 따르면 이 이유를 허무의 관념으로서 실재의 삭제(aboliton de tout)의 관념에서 찾아보았자 헛일이다. 이 일은 정의적(情意的)인, 혹은 사회적·실천적인 영역에서 찾아져야 한다고 한다. 즉, 우리의 모든 행위는 우리에게 부족하거나 없다고 생각된 대상을 얻는 것을 목적으로 한다. 혹은 존재하지 않는 것을 만들거나 창조하는 데 있다고 한다. 이런 특수한 의미에서 행위는 허무를 채우고, 혹은 공허에서 충만으로 간다. 즉, 부재(absence)에서 현존(présence)으로, 비실재에서 실재로 간다. 그러나 이런 의미에서 문제되는 것은 베르그송에 따르면 순전히 우리의 주의(attention)가 기

───

를 한 차원 승화하게 하거나 반성하게 하고, 물음을 가능케 하는 기능을 하게 하는 관념적 존재로 변모한다. 베르그송은 플라톤이나 아리스토텔레스처럼 허무나 공허를 부정한다. 그것은 제작적 지성이 형성한 도식으로서 공간과 마찬가지로 추상적 존재이거나 허구물이다. 또한 베르그송은 후설처럼 이러한 공간표상이나 관념을 지향적 의식의 작용이 구성한 것이라고 하면서 심리적 의식에 직접 주어진 지속에 의한 소위 '현상학적 환원'을 수행하고 있는 것이다. 즉, 베르그송은 무-관념 비판에서 데카르트적인 존재론적 반성을 지속체험에 기초하여 수행하고 있는 것이다. 데카르트에 따르면, 우리의 의식은 자신의 존재를 의식하고 있으며 그것도 직관한다고 한다. 그러나 이 직관은 영국 경험론자들의 감관-지각적 직관도 아니요, 관념론자가 설정하는 인식론적 전제로서 주체에 대한 선험적 직관도 아니다. 데카르트는 자아의식이 자아존재의 본질이라고 하면서 모순율에 따르는 이성의 반성적 추리에 의해 자신의 존재를 존재론적으로 증명하고 있다. 그러나 이러한 무-관념에 대한 존재론적 반성에 의한 증명은 마치 사유가 관념적으로 자신의 존재를 증거하는 것이며, 역설적으로 인공지능학(cybernetics)에서처럼 사유가 사유를 만들고 창안한다고 하는 것과 같은 것으로서 그 타당성은 의문시된다. 존재가 관념적인 증명에 의해 확인되거나 창조되는 것은 불가능하다. 수면에서처럼 의식의 단절이나 공허는 현실적으로 존재하면 존재하는 것이다. 그리고 여기에서의 단절이나 공허의 존재의 의미는 '사라진다', '없어진다'는 의미에서 기독교의 창조론적인 의미이다. 결국 의식에서 부정과 허무의 관계는 "감관-지각"의 장, 주석 5에서 말한 의식의 현상적 작용에 관계하며, 무의식을 최초로 철학에 도입하는 베르그송에 있어서도 프로이트와 똑같이, 무의식을 의식이 없는 것이라는 의미의 무의식이라고도 하고, 기능하는 비의식이라고도 하는 이중적 의미에 관계하는 변증법이 작용하고 있다. 그의 직관론은 이러한 의식의 현상에 관한 변증법에 기초하며, 직관이 자발성을 지닌 운동존재에 관한 형이상학에 의해 뒷받침되고 있다고 하겠다.

울여지는 방향에 관계된 일일 뿐이다. 왜냐하면 우리는 실재들에 둘러싸여 있고 이런 실재에서 결코 빠져 나올 수 없기 때문이다. 단지 현존하는 실재가 우리가 찾는 실재가 아닐 경우 우리는 우리가 찾는 것의 부재를 현존하는 실재 앞에서 말하는 것이다. 우리는 이런 태도를 우리가 사물에 대한 관심(interêt)이 떠난 곳에서도 말하고 생각한다. 무나 공허의 관념은 자기 모순적이고 사물 사이의 관계맺음의 단절이나 '한계'를 지칭하거나 단순한 말(môt)에 불과하다. 따라서 실재를 탐구할 때 지성처럼 그 자신이 갖는 허위적 개념인 공허나 허무를 통해서 보지 말고 실재 자체를 "체험적으로 보라"고 베르그송은 말한다.

흔히 부정의 두 가지 형식이 구별된다. 즉, 형식논리학에서 반대와 모순을 나타내는 단순제한부정(부분들 사이의 관계)과 대립부정(부분과 전체, 혹은 전체와 전체)이 그것이다. 그리고 칸트와 칸트 이후의 철학자들이 두 번째 형식을 첫 번째 형식으로 대체한 것은 철학상의 획기적인 혁명이었다는 점을 우리는 잘 알고 있다. 그러나 더욱 주목할 만한 것은, 베르그송이 부정에 대한 비판에서 이 두 형식 모두를 똑같이 부인한다는 점이다. 베르그송이 보기에 그 둘 모두는 동일한 불충분함을 내포하는 것이다. 왜냐하면 만일 우리가 부정적 개념을 존재론적으로 무질서나 비존재의 개념처럼 생각한다면, 우리는 부정적 개념을 그 간격 사이에 모든 사물이 분석적으로 포함되어 있는 존재와 질서에서 출발해서 하나의 '소멸'의 극한이라고 여기게 되거나, 또는 존재나 질서에 대립해서 자기의 잠재력을 발휘하고, 모든 사물들을 종합적으로 산출하기 위해 그 대립물에 결합되는 '힘(생성)'이라고 여기게 될 것이기 때문이다. 따라서 베르그송의 비판은 이중적인데, 왜냐하면 그는 부정의 두 형식에 대해, 우리가 때로는 '소멸'로, 또 때로는 대립으로 치환하는 본성상의 차이에 대한 동일한 무지(무시)를 비판하기 때문이다. 베르그

178

송적인 비판의 본질적인 면은 부정의 모든 형식과 독립해서 '본성 상의 차이'를 생각한다는 점이다. 존재 안에는 차이들이 있지만, 그럼에도 불구하고 어떠한 부정도 없다.[46]

지성이 지니는 부정은 언제나 대단히 일반적인 추상 개념을 내포하고 있다. 실제로 무엇이 모든 부정에 공통되는 뿌리인가? 우리는 이미 그것을 보았다. 두 질서들 사이에 있는 본성상의 차이에서 출발하는 대신에, 우리는 질서나 존재의 일반 관념을 만드는데, 그것은 우리가 비존재 일반, 무질서 일반에 대립시키지 않고는 더 이상 생각할 수 없으며, 또는 우리가 무질서 일반, 비존재 일반으로 데려가는 소멸의 출발점으로서가 아니고는 제기할 수 없는 것들이다. 들뢰즈에 따르면, 서구 철학사에서 인간적 지성은 모든 방식으로 본성상의 차이라는 문제를 소홀히 해 왔다고 한다. 이 때문에 존재를 지속으로 대치하는 베르그송적 사유의 충만성은 스스로에 대한 직관에 근거하여 모든 사태를 물을 때, 항상 구체적으로 '어떤' 질서이며, '어떤' 존재인가라고 물어야 한다. 따라서 우리는 베르그송 철학의 모든 비판적인 측면이, 제한부정에 대한 비판, 대립부정(모순)에 대한 비판, 그리고 일반 관념에 대한 비판에 관계하며, 어떻게 구체적인 지속의 다양성에 관한 동일한 테마에 속하는지를 보게 된다. 그리고 지속의 관점에서 보면 모든 것은 차이를 내포한 충만한 것이다.[47] 반면에 우리가 말하는 관념이나 "정신이란 부정의 길

---

46) G. Deleuze, 앞의 책, 40~42면. 사실 동일률과 모순율에 따르는 존재론을 전제하는 아리스토텔레스의 형식논리학에서는 부정이 반대와 모순의 이중적 의미만 있다. 이 것은 존재에 '한계'를 부여하고 존재 전체를 의미하는 전체집합을 전제하는 전체와 부분의 변증법적 관계만을 다루기 때문이다. 그러나 인간 사유의 한계나 무지를 전제하거나 이를 유발하는 무한성이나 무규정자(apeiron)를 현실적으로 인정하는 곳(현대의 칸토르의 집합논리나 시간성의 본질인 차이를 인정하는 역동론)에서 모순율로 표현되는 이중부정은 동일성으로 회귀하지 않고 타자나 무한으로 나아간다.

47) 공간이란 동시성이라는 시간성의 한계나 극한이다. 그러한 한에서 공간이란 동적 우주에서 존재의 관계를 동일성에서 표상하는 관념에 불과하거나 정태적인 것으로

로 향하는 것이다." "무나 공백과 같은 낱말에 의해 부정적으로 표현되는 것은 모두 순수관념이나 생각이라기보다는 감정이다."[48] 우리의 사유는 현실의 한계를 사유하고 자연에서 허무나 죽음과 같은 불가능한 것을 사유하면서 소위 정신세계나 종교의 창조자, 문화 창조자로서 살아가고 있다. 감관-지각이 겨우 착각이나 환상을 주는 것인 데 반해 사유는 인식론적으로 불가능한 것을 현실적인 것으로 사유하게 하는 거대한 오류를 범한다. 이 때문에 역설적으로 우리들은 이러한 부정에 의해 표현된 인간의 지성적 사태에서 문화적으로 다양하면서도 그러나 인간에 보편적인 감정이나 정서적인 태도를 볼 수 있다.

## 6.5. 운동과 사유

베르그송에 따르면, 인식을 그 완전성에서 사고하려는 성숙한 지성은 항상 공간표상을 매개로 존재를 사유하고 파악하는 것이다. 그러나 이 공간표상은 존재에 대한 전체적이고도 완전한 인식을 노리는 지성이 형성한 도식(圖式)으로서, 사실은 도구를 제작하기 위한 행위의 도식이며 존재론적으로 보면 허구이다. 즉, 직접적인 현실이 주는 것은 모두 충만한 것으로 있을 뿐이나, 지성은 순수히 지적인 동기에서가 아니라 심리적 및 사회적 동기에 의해서 '결여'나

---

서 동적 존재론의 입장에서는 존재론적으로 불가능한 존재이다. 이 때문에 창조적으로 진화하는 자연 속에서 공간성에 기초하여 지능이 발견하거나 만든 모든 법칙이나 창조물은 자연을 모방한 유사성(그럴 듯함)만을 지니고 있으며 이 때문에 니체의 영원회귀나 프리고지네의 카오스적인 자연 속에 수렴되거나 해체된다. 자연은 정지하는 법이 없다. 현대 열역학에서 파악하는 열-사멸 우주관은 지성이 표상하는 하나의 극한으로서 베르그송이 보기에 불가능하다.

48) H. Bergson, *E.C.*, 294, 281면 등. 후설이 현상학적으로 우리 모든 사유(noema)를 지향적 의식(noesis)으로 환원하듯이 베르그송도 우리의 사유나 관념을 모두 지속으로 환원하고 있다. 이러한 일은 마치 논리적으로 보면 발생적 정의나 조작적 (operational) 정의를 하는 것과도 같다.

'무'를 생각하게 된다. 즉, 지성의 배후에는 우리의 욕구나 이를 달성하려는 행위가 영향을 미치고 있다. 또, 무의 관념을 분석해 보면 이 관념에 내포되어 있는 세 계기, 즉 존재, 전체성, 무규정성(무한성)으로서의 부정성은 단순한 존재 관념보다 더 많은 심적 계기가 있는 것으로 드러난다. 그래서 무-관념 자체는 허위적이다. 지성은 존재하지도 않는 공간을 매개로 하여 존재를 포착하려 하기 때문에 현실적 소여들을 단순화하며 고정시키고 결정론으로 이끌어 간다. 지성의 이러한 의식적 태도는 물질적 존재, 즉 죽어 있는 존재에게나 아주 적합한 것이며 운동 자체가 살아 있는 유기체의 영역, 특히 정신의 자발성에서 성립하는 운동에 대해서는 맹목이 된다.

설령 지성이 동적인 것을 생각한다 하더라도 그것을 원인성으로 소급시켜 일자화함으로써 운동을 타성화하고 일반화해 버린다. 말하자면 분별하는 기능으로서 지성은 운동을 타자와의 관계맺음의 원인성으로 보기 때문에 운동을 존재하는 사물 가운데 하나의 요소로 보며, '존재자의 운동', '물체(corps, chose)의 운동'으로 이해한다. 즉, 내부에 운동의 원인이 전혀 없는 완결된 존재자와 이의 성격을 따르는 전혀 자신의 적극적인 성격을 결여한 타성적인 운동을 가지고 지성은 공간운동을 생각하는 것이다. 따라서 이러한 지성의 인식태도에는 운동하며 변화하는 현실적 존재(realité)가 존재자, 운동원인, 허무의 순서로 위계적 계열을 이루며, "계기(succession)는 성취되지 못한 공존(共存)으로, 운동으로서의 지속은 영원성의 상실"로 표상된다. 특히 우리의 모순율에 따른 오성적 사고에서는 "허무에서는 아무것도 나올 수 없다(ex nihilo nihil fit)"는 원리가 형성되어 창조나 생성의 적극적인 표상이나 의미를 사라지게 하다. 따라서 지성이 창조를 생각한다면 지성은 절대적인 순간에서의 전체적인 존재의 창조를 생각하도록 강요하는데, 사실 베르그송에 따르면 절대적인 허무는 지성이 만든 허구(fiction)요, 이 허구를 통해

말해지는 창조도 거짓 창조이며 죽은 창조이다. 진정한 창조는 과정에 있고 살아 있는 동적인 것이다.[49]

베르그송에 따르면 실재는 동적인 것으로 존재의 내부에 이미 운동원인이나 운동이 들어 있다. 그런데 전통적인 존재론에서처럼 지성이 존재를 파악하는 인식기능으로 이해된다면, 지성은 이 동적 실재를 '물체의 운동' 혹은 '운동하는 물체'로 표상하는 기능이겠으나, 이제 지성은 베르그송에 따르면 실재의 인식기능이 아니라 단순히 행위를 위한 관점을 마련하는 기능을 가졌을 뿐이다. 즉, 지성은 동적 현실을 영화적(cinématographique)으로밖에 볼 수 없는 기능인 것이다.[50] 즉, 지성이 운동을 물체의 운동으로 표상하는 태도는 베르그송의 관점에서 보면 운동을, 이 운동에 대해 순간마다 취한 정지된 모습들을 연결하여 활동사진(영화)처럼 만드는 것으로 드러난다. 지성은 제논이 그의 역설을 구성할 때 보였듯이 정지를 통해 운동을 구성하고, 불연속을 통해 연속을 구성하려고 하는 것이다.[51] 이런 점에서 지능을 통해 형성된 근대 과학적 지식은 실재에 대한 간접적이면서도 가설적 지식이요, 순수이성이 아닌 도구적 이성이 산출한 것이다.

베르그송에 따르면 이러한 지성의 영화적 태도를 고무하는 것이 있다. 그것은 지성의 산물인 언어이다. 언어는 베르그송에 따르면

---

49) H. Bergson, *P.M.*, 208면. 창조적으로 진화하는 생명의 실재나 우주적 현실을 지성적으로 파악할 때 이러한 실재의 모습은 고전적 존재론에서 배중률(to be or not to be)과 모순율(ex nihilo nihil fit)의 두 원리로 분화되어 나타난다. 테일러(R. Taylor, *Metaphysics*, 3e, 제11장)는 배중률의 문제를 형이상학적 사고에서 양극성(polarization)의 문제로 환원하여 말하고 있다.

50) H. Bergson, *E.C.*, 304~306면.

51) 지성은 실재를 인식하는 기능이 아니라 실재를 이용하려는 태도를 지니고 있는 것이다. 지성은 사실 생명체의 삶의 도구이다. 이러한 삶의 도구인 지성이 지니는 분석적 태도는 도구적 태도로 나타나고, 지성이 관계하는 모든 것을 도구화한다. 이러한 지성의 전형적인 태도가 엘레아 학파처럼 모순율에 따를 경우 원자론적 사고로 나타나며, 서구의 근대 과학적 사고의 기초가 된다.

지성으로 하여금 운동과 동적인 현실의 연관성에 더욱 맹목적이게
만든다. 왜냐하면 한 개념 혹은 한 낱말은 이미 분별하는 사고의 산
물임이 드러나기 때문이다.[52] 베르그송은 말하기를, "개념들 각각은
대상으로부터 오직 다른 대상들과 공통적으로 갖는 것만을 추출하
여 보존하고 있음이 밝혀진다. 개개의 개념은 한 대상과 그와 유사
한 다른 대상들 사이의 비교를 표현하고 있으며, 이것은 이미지의
경우보다 더 심하다. 그런데 비교는 유사점을 보여 주고, 이 유사
점은 대상의 속성이며, 속성이란 마치 그 속성을 지니는 대상의 일
부처럼 보인다. 그래서 우리는 개념들을 병치함으로써 대상 전체를
그 부분들로써 재구성할 수 있으며 거기로부터 대상의 지적 등가물
을 획득할 것으로 쉽게 믿어 버린다."[53] 지성의 분별하는 기능에 따
라 형성된 언어는 이미 논리적 공간의 규정을 받는다. 나아가 우리
의 사유가 언어를 매개로 해서 수행되는 한 우리는 이런 지성의 특
성을 벗어나 사고할 수 없다.

　물론 우리의 사고가 언어를 통해서만 이루어지는 것이 아니라 앞
의 인용문에서 잠깐 보았듯이 이미지들을 통하여 사고할 수도 있
다. 이 때 이미지는 우리의 감각과 지각이나 정서가 주는 사물의 모
습들이다. 그래서 이미지는 한편으로 사물에 우리 지속이 침투한
결과인 질적 규정을 갖고, 따라서 완전히 고정적인 것이 아니라 그
이면에 운동성을 지니고 있다. 다른 한편으로는 이 이미지들은 우

---

52) 즉, 낱말의 의미는 내포적 의미와 외연적 의미의 이중성으로 형성되어 있고, 이 양
　　자는 이미 실재에 대한 지성의 분별기능에서 성립하는 일자와 법칙의 반립적이고
　　도 반비례적 관계를 드러내기 때문이다. 존재론적으로 한 개념의 내포와 외연이 경
　　험과의 관계에서 상호 전제하며 반비례 관계에 있음을 의미한다. 이 때문에 경험과
　　의 관계에서 관념의 수준에서 특수성(particularité)과 일반성(généralité)이 짝을 이
　　루고, 그리고 이념의 수준에서 개별성(singularité : individualité)과 보편성
　　(universalité)이 짝을 이루며, 이 양자 사이에서 시간성의 본질인 차이의 역량이 작
　　동하며, 공간성의 본질인 반복은 불가능한 것으로 드러난다. 들뢰즈, 김상환 역,
　　《차이와 반복》(민음사, 2004), 서론, 주석 1 참조.
53) H. Bergson, *P.M.*, 186면.

리의 감관-지각이 사물에 대한 우리의 행위를 위해서 형성한 것이
기 때문에 사물의 고정화된 부분들을 지니고 있다. 따라서 이미지
들에 의한 상상은 개념들을 통해 사물을 바라보는 것보다는 동적인
현실에서 성립하는 사물들의 진상을 좀 더 잘 드러내 보이기는 하
나, 행위의 관심을 통해 포착된 것이므로 사물에 완전히 합치해 들
어가는 것이 아니다.[54] 그런데도 사물과의 일치에서 이미지보다 못
한 언어를 통하여 사고하는 지성은 언어를 실재물과 동일시하기까
지 하는 것이다.[55]

사실 내면의 감정이나 표면적 노력에 일어나는 복합성의 증가는
단지 모호한 채로 지각될 뿐이다. 그럼에도 의식은 이것을 공간적
표상을 배경으로 사고하고 이를 언어로 전환해 버리는 일에 익숙해
있어서 단 한마디 말로 감정을 표시해 버리고, 사회적으로 유용한
결과를 낳는 곳에서만 긴장된 노력을 확인한다. 그래서 내면의 깊
은 감정조차도 이 과정에서 복합성의 증가가 아닌 강도의 증가로

---

54) 앞의 책, 186면.
55) 마치 의식은 존재가 아니고 의식하는 주체의 기능에 불과하며 이 기능에 포착된 존
재는 인식일 뿐 존재가 아니듯이, 언어는 의미를 상징하는 것일 뿐 실재가 아니다.
또한 언어를 토대로 하는 사고는 이미 지성의 산물인 언어를 통해 사고하기 때문에
동적 현실을 원자적으로 분석하고 종합한다(분석과 종합의 고전적인 방법은 플라
톤의 《폴리티코스》편 참조). 이 때문에 베르그송이 비판하고 있는 지성적 사고의
특징을 그대로 지니고 있다. 즉, 지성은 모순율에 따른 사고를 존재론적으로 수행
할 경우에 창조도 생각하지 못하고 동적 실재를 파악하지도 못하며, 이 때문에 스
스로는 시간성을 초월하여 영원성을 포착하는 기능이라고 착각하는 것이다. 살아
있는 현재성만이 진정 '존재하는' 것이다. 언어적 사유는 이러한 현재성(presence)
이라는 시간성을 망각하고 시간성에서 벗어나 있는 것으로 생각된다. 이 때문에 현
재성(시간성)인 동적 실재를 인식하는 직관기능과 비시간적인 듯 착각하는 언어적
사고는 우리의 지향적 의식의 현상인 심리기능에서 서로의 차원을 달리한다. 그래
서 동적 실재를 지각하는 인식능력이 베르그송에서 직관이론으로 발전하고, 생명
에 대한 이해를 가능케 하는 인식능력이 된다. 즉, 전자는 감관-지각에서 감정으로
나아가고, 후자는 생명에 대한 도구적 태도로 나타나며, 물질에나 적합한 인식방식
이다. 지성, 즉 언어적 사유는 사실 생명체의 삶의 도구이다. 이러한 삶의 도구인
지성이 지니는 분석적 태도는 물질에 대한 도구적 태도로 나타나고, 지성이 관계하는
모든 것을 도구화한다. 그리고 이 지성의 도구성은 시간성(현재성)을 망각하게 한다.

지각되는 것이다. 그러나 분석하여 말로 표현되는 순간 변화 중에 지속해 오던 우리의 감정은 활기와 본연의 색채를 잃고 다만 그림 자만 보여 줄 뿐이다. 언어로 지각하는 한, 우리는 우리의 인상 속에 축적되는 몰개성적이고 안정적이며 공통적인 것들로 인해 동적 실재의 모습을 잃게 된다. 언어에 의해 우리의 직접적 의식은 그렇게 파멸된다는 것이다. 그리하여 베르그송은 "언어라는 틀을 깨고 공간이라는 강박 관념에서 벗어나 관념 그 자체를 자연상태에서의 변화하는 것으로 포착할 때, 우리 자신을 놀라움으로 체험케 될 것"⁵⁶⁾이라고 말한다.

그러면 지성에 의해 포착되고, 그것을 통해 자신의 기능을 잘 발휘하는 공간표상은 단순한 허구인가? 지성은 적어도 생명체의 요구에 부응하여 공간표상을 형성한 것이고, 베르그송에 따르면 행위 (제작)의 도식이다. 그러나 이 도식을 기초로 우리의 (제작)행위가 잘 이루어지려면 이 지능의 기능 또한 어떤 진상에 맞아 들어가는 측면을 가져야만 할 것이다. 그렇지 않다면 지성은 행위를 위한 인식기능으로서 그 가치가 없어 생명체에게는 필요가 없을 것이기 때문이다.

베르그송에 따르면 지성이 갖는 공간의 개념은 사물의 이질성에 동화하는 심적 기능으로서의 감각이나 지각의 자연스런 방향에 역기능하는, 반성능력을 가진 인간 지성의 소산물로, 말하자면 "인간적 자발성의, 외부물질에 대한 반사적 소산"으로 보고 있다.⁵⁷⁾ 베르그송에 따르면 물질은 그 본성상 지속하지 않고, 따라서 그 자체 내부의 상호간에서까지도 상호 외재적이다. 그것은 우리의 끊임없이 지속하는 의식과의 관계에서 보면 지속하지 않으므로 라이프니츠의 정의대로 항상 동일한 모습으로 다시 태어나는 '순간적 정신'에

---

56) H. Bergson, *D.I.*, 100면.
57) H. Bergson, *E.C.*, 202면.

비유될 수 있는 것이다. 즉, 베르그송은 우리가 물질이라 부르는 외부의 실재를 지속하지 않는 계기(繼起), 오히려 하나의 자신에마저 외재적인 무규정한 흐름(flut)으로 파악한다.[58] 달리 말하면 지성이 만일 실재에 대해 인식적 기능을 갖는다면 그것의 대상은 물질이나, 지성이 이해하는 물질은 감관지각이 주는 것이 아니다. 그것은 지성이 제작행위의 도식인 공간을 통해 포착한 것이다. 그리고 공간 관념이란 구체적 상황으로서의 감관지각적 세계로부터 자발성이 반사적으로 탈출해 나가는 그 한계에서 성립하는 것으로 우리의 자발성이 구체성을 갖는 방향(감관지각)에 역기능(逆機能)함으로써 성립하는 것이다. 이 때문에 베르그송은 지성과 물질 관념의 상호 동시적 탄생이 지속의 방해(interuption)나 역행(inversion)에서 성립함을 말한다.[59]

베르그송은 그의 철학적 성찰의 획기적인 계기가 되는 제논의 역설들을 통하여 전통적인 존재론의 방법으로서 역할을 수행하는 지성의 본성을 본다. 지성의 본성은 단적으로 말하면 이념적으로 분별하는 것이며, 분별을 통해 주어진 것들을 상호 관계 맺어 보려고 하는 데서 성립한다. 그런데 이러한 태도에서 형성한 것을 마치 존재하는 것인 양 표상하는 것이다. 그러나 운동 자체는 인간의 지성에 의해서는 포착될 수 없으며, 더욱이 우리 자신의 자발성 자체인

---

58) H. Bergson, *M.M.*, 19면. 물질에 관한 이러한 상호 외재성으로서의 흐름의 이미지는 질적 이질성인 지속의 이미지에 모순되는(역기능에 의해 포착된 차원이 다른) 것으로서 플라톤의 《티마이오스》편에 나오는 양적 기하학적 규정을 받아들일 수 있는 타자 존재의 이미지이다. 즉, 이러한 양적 규정을 받을 수 있는 타자 존재의 이미지에 대한 관념은 플라톤의 대화록 《티마이오스》편에 나오는 우연성과 필연성의 혼합인 장소(chora) 개념에 해당한다. 하이젠베르크의 불확정성 이론이나 양자역학에서 확률적으로 파악되는 것이다.

59) H. Bergson, *E.C.*, 207~211면. 지속의 존재론에서 말해지는 지능과 공간 관념의 형성을 발생적으로 혹은 기능적으로 설명하고 있는 것이다. 지능의 분석과 종합기능은 직관에 역기능하는 고정작용을 전제하는 지향적 의식의 차이의 의식, 즉 분별(선택)에서 성립하는 것이다.

186

지속에 대해서 지성이 맹목임을 베르그송은 간파한다.[60] 《창조적
진화》에서 운동에 대한 제논의 논의에 관계하는 그의 모든 성찰의
본질적인 것이 모두 언급된다. 1908년 그의 논문 "기하학적 지성의
진화(L'evolution de l'intelligence géometrique)"에서는 이 문제가 아주
간단하게 언급되고 만다. "양분, 아킬레스, 화살, 경기장 역설은 현
실적인 운동의 불가능성을 증명하는 데에 쓰이는 것으로 주장한다
면 그것들은 궤변들이 된다. 그러나 이 역설들로부터 우리가 경험
의 단순한 사실인 운동을 우리의 지성(오성)이 선천적으로(a priori)
구성할 수 없음을 발견한다면 그것은 높은 가치를 갖는다."[61] 《사유
와 운동(La pensée et le mouvant)》에서도 새로운 것은 보이지 않으나
베르그송은 제논의 운동 역설이 철학적 사유에 대해 미친 영향을
다음과 같이 자주 말하고 있다. "엘레아의 제논이, 우리의 지성이
표상하는 한에서 운동과 변화에 내재하는 모순들을 뚜렷하게 표명
한 날로부터 형이상학은 기원한다."[62] 그의 마지막 저서인 《도덕과
종교의 두 원천》에서도 베르그송은 제논의 역설을 언급하고 있다.
그러나 여기에서는 다른 어떤 새로운 것을 말하지는 않으나 그리
스-로마적인 사고가 부동하고 영원한 최상의 존재(Etre)를 사고하
는 것이 바로 엘레아주의적 사고에서 기원함을 말하고, 헤브류-기
독교적(judeo-chrétienne) 사고가 개념들의 마술에서 탈피하여 강림
하는 신을 찬양할 수 있음을 말한다.[63]

---

60) 지성이 운동에 대해서 맹목이라기보다는 동일성의 논리에 따르는 공간적 관계(공
간)를 통한 매개적이고 간접적인 방식으로 운동을 파악한다고 보는 것이 온당하다.
마찬가지로 지능은 생명체에 대해서도 맹목적이라기보다는 간접적인 방식으로 이
해한다고 할 수 있다. 현대의 분자생물학이나 생명과학은 이 점에서 획기적인 발전
을 해 왔다.

61) H. Bergson, R.M.M.(1908), 33면.

62) H. Bergson, P.M., 8면.

63) H. Bergson, D.S., 51~71면; T. 보만, 앞의 책 참조. 유대인의 여호와 신앙은 고대
인간의 양원적 정신이나 인간의 본래적인 심리적 현실에서 기원함을 밝힌 것이 제

현실적 소여 전체는 직접적인 경험이 주는 한 헤라클레이토스가
말하듯 변화와 운동하는 것이며, 우리의 생명, 나아가서 우리 자신
의 존재는 시간적 사고, 그것도 지속 안에서의 사고에서만 이해할
수 있다. 베르그송은 서구 존재론적 전통에 서 있는 사고는 결코 이
운동을 이해할 수 없고 설명할 수 없음을 제논의 운동 역설들을 통
해 밝힌다. 그는 말하자면 칸트처럼 우리 지성(이성)의 한계를 밝히
고 있는 것이다. 물론 시간에 대한 베르그송의 이해는 칸트와는 전
혀 다르며, 사유의 한계를 밝히는 방법도 서로 다르다. 베르그송은
운동과의 관계에서 사유의 한계를 밝히지만, 칸트는 지성의 경험
안에서의 사용을 말하며, 이성의 초경험적인 것에 대한 인식을 주
장하는 월권을 막고자 했다. 특히 칸트는 베르그송의 눈으로 보면
서구의 존재론적 전통에서 벗어나지 않는 이성 우위의 입장에 서서
근대 과학을 옹호하며, 이성적 인식의 허구성을 말하는 인식론적
반성을 하고 있다. 그런 점에서 베르그송은 칸트의 인식론적 반성
을 타당하다고 인정하지만, 물 자체를 모른다고 하는 한에서 칸트
가 직관의 내용, 특히 지속에서 성립하는 시간을 오해했다고 본
다.[64]

그런데 베르그송이 지성의 능력과 한계를 그것도 서구 존재론적
전통에 서지 않고서 비판한다면, 이것은 우리에게 다른 인식능력이
있음을 전제하지 않고서는 불가능하다. 베르그송에 있어서 지성적
인식방식과 다른 이러한 인식방식은 직관(l'intuition)이다. 그것은
동적 현실을 '행위(제작)하기 위해서 보는 것' 이 아닌, '보기 위해서
보는 것' 이다. 지성이 행위와 제작을 위한 공간에 관한 인식능력이

---

인스(Julian Jaynes)의 *The origin of consciousness in the breakdown of the bicameral
mind*(《양원적 심성의 파괴에서 기원하는 의식》)(New York: Houghton Mifflin Co.,
1976)이다.

64) H. Bergson, *D.I.*, 174~180면.

라면, 직관은 이러한 공간표상의 이면에 있는 심리적 기능이며, 무
(無)-관념 비판에서 보았듯이 무-관념의 배후에 있는 존재론적으
로는 동적인 의식-존재로서 직관은 동적 실재를 인식하는 우리의
정신적 능력이자 지속이라는 시간성에 따른 질적 다양성을 인식하
는 기능존재이다.

# 7. 직관의 의미

　베르그송이 '직관(l'intuition)'이라는 용어를 분명하게 사용하며 조금은 방법적으로 사용하고 있는 곳은 《창조적 진화》에서이다. 그는 인간의 지능과 동물적 본능의 특징을 대비하여, 인간의 지능이 무기물과 같은 사물을 도구로 사용하는 능력으로서 사물 사이의 비교나 관계에 관여하는 데 반해, 동물적 본능은 자신의 신체를 도구로 사용하는 능력으로서 사물의 운동이나 질적 측면에 동화하는 공감(sympathie)이라고 본다. 그런데 이 양자는 보다 근원적인 생명의 충력(élan vital)에서 분화되어 발달하였기 때문에 각각 자신의 고유한 특성을 발달시키는 방향으로 진화하기는 했으나, 서로 상대방의 내용을 망각하거나 무의식의 형태로 얼마간은 보존하고 있다는 것이다. 그래서 인간의 지능을 살펴보면 사물에 대한 분명하고 명확한 의식의 주위에 어둠 속으로 흘러가는 듯이 이 지능의 명확한 부분을 드러나게 하는 배경으로서 흐릿한 달무리처럼 본능적 직관이 지능을 둘러싸고 있다고 한다.[1] 그래서 그는 이 직관을 무의식이라고도 하며, 의식인 지능에 의해 이 무의식의 주변을 압박하여 무의식을 의식화하는 데서 직관적 인식이 성립함을 말한다. 즉, 그는

---

1) H. Bergson, *E.C.*, 183면; *P.M.*, 27면.

직관을 '본능'이나 '무의식'의 차원의 것으로, 지능을 의식적 차원의 것으로 말함으로써 직관적 인식은 편의상 본능을 지능화하는 데에서 성립한다고 한다.[2]

베르그송은 직관을 동물의 본능적 감지력과 비슷한 것으로서, 인간에게는 경험의 기초를 이루고 있는, 사물의 이질성에 대한 지각이나 운동에 대한 느낌에서 찾은 것처럼 말한다. 특히 "감정의 현상이나 무반성적인 공감 혹은 반감 등을 느낄 때, 우리들은 곤충이 본능에 의하여 행동할 때 곤충의 의식 속에서 일어난다고 생각되는 것과 비슷한 것을, 막연하게나마 비록 지능이 매우 침투된 형태이기는 해도 우리 자신 안에서 경험한다."[3]고 한다. 그래서 그의 직관을 마치 인식론적으로 지능보다는 저차적인 본능이나 무의식, 감정이나 칸트적인 의미에서 사유에 전제가 되는, 영국 경험론이 말하

---

2) 곤충의 본능과 척추동물의 본능을 동일한 것으로 말할 수 있는지 의문이다. 더 나아가 척추동물과 인간에게서 본능과 지능이 상호 침투되어 여러 정도의 차이가 나타나는 것을 모두 똑같은 본능이나 지능이라고 말할 수 있는가도 의문이다. 특히 인간적 지능은 언어를 만들고 이를 통하여 이루어지기 때문에 창조력이나 반성력이 뛰어나다. 이 때문에 인간의 본능은 어렸을 때 망각된 것처럼 작용하여 인지력이 아닌 추동(drive)이 되며, 인간이 성숙하면서 지능의 발달과 함께 수반되는 본능의 발현은 인지력의 수준에서는 인간적 감성, 즉 감관-지각은 물론 감정 혹은 영적인 것이라 부르는 것에도 나타난다. 또한 인간적 지능도 언어적 반성력의 발달로 인해 자아의식에 따른 자아인식의 탄생과 더불어 단순한 동물의 지능이 아닌 인간적 지성이라 부를 수 있는 것이 된다. 즉, 베르그송의 직관이론에서는 본능과 지능 사이에 상호적으로 이중의 변증법이 작용한다. 그리고 서구 전통에서 사유가 선천적 개념과 경험적 개념으로 이중화되듯이 베르그송에 있어서 직관 또한 물적 현상에 관한 직관인 감관-지각과 마음의 심리적 작용에 관한 직관인 지속이 이중화된다. 베르그송이 이러한 점을 구분하지 않고 같은 용어로 동물적 본능과 인간적 지능(intelligence)을 지칭하였기 때문에 직관이론에 혼란이 생긴 것이다. 이 때문에 앞으로 지능이라는 용어를 경우에 따라 지성으로 바꾸어 사용하겠다. 마찬가지로 그의 직관에 관한 언급이 단순하면서도 다양한 것은 지능의 발달과 더불어 분화된 본능을 다양하게 말할 수 있기 때문이다. 사실 그의 직관이론은 인식론적으로 프로이트의 작용하는 무의식(비의식)을 최초로 끌어들였기에 많은 논란거리와 함께 프로이트 심리학에서처럼 여러 분화된 직관들을 어느 정도 체계적으로 말하여 인격의 구조를 드러내기 위한 것이다.

3) H. Bergson, *E.C.*, 176면.

는 감관–지각적 수준의 것으로 보게 하는데, 이러한 해석은 오해임이 분명하다. 왜냐하면 본능이나 감정 혹은 감관–지각적인 것이 무의식적이고 저급한 사유이며, 의식이 곧바로 사유나 '지능'이라고 말할 수 없기 때문이다. 물론 지능에 수반되는 의식이 분명하고 가장 뚜렷하나, 그렇다고 본능에 의식이 없는 것은 아니며, 더욱이 인간적 본능이나 우리의 정서 혹은 심적 의식에서는 그것이 분명 지능이라 불릴 수 없는데도 분명한 의식을 동반해 가지고 있다. 베르그송 역시 이미 《창조적 진화》에서 생명이 직관과 지능을 포괄하는 보다 큰 의식(Conscience) 자체라고 말하고 있고, 지능에 수반되는 의식은 물질이라는 장애를 극복하고 그 한계를 돌파하여, 그 결과 우리 인간에게는 자유로운 의식이 존재함을 말하고 있다. 의식의 반성적 기능, 특히 모순율에서 성립하는 인간적 지능[4]은 이 자유로운 의식의 핵이긴 하나 베르그송이 말하는 생명이나 자유로 말해지는 큰 의식과 동연(同延)의 것일 수는 없다. 베르그송에 있어서 의식은 생명에 수반된 기본적 기능으로서 이중적으로 인식과 작용으로 분화되고, 이 때문에 직관이나 사유에도 이중적으로 수반된다.

우리는 베르그송의 직관을 지능에 대비하여 감성적인 것이나 감정의 것으로 해석할 수도 있다. 아니 베르그송 스스로도 우리의 감성이나 감정에 직관적인 내용이 있음을 언급하고 있다.[5] 이 때문에 방다(R. G. Bandas)[6]는 베르그송의 직관을 열정으로, 모스바스티드

---

4) 인간의 지능 또한 인식적인 것만 있는 것이 아닌 언어적 행위(작용) 의식의 산물이다.

5) 칸트는 《순수이성비판》 변증론에서 우리의 의식이 의식의 존재를 직관하지 못한다고 하고 데카르트적 전통의 사유의 존재인식을 거부하는 점에서, 의식의 지향성을 심리적인 것이 아닌 논리적인 것으로 보는 후설의 선구를 이루나 베르그송은 동적인 지속 가운데에 몸(의식)을 둠으로써 마음이 자신의 존재를 직관한다고 한다. 베르그송의 의식은 논리적인 지향적 의식(noema적인 의식)이 아닌 심리적 지향적 의식(noesis적 의식)이다.

6) Rudolf, G. Banda, "The Bergsonian concept of Science and Philosophy," *New Scolaticism*, 2, No. 3, 1928.

192

(Mossé-Bastide)[7]는 미적 정서로 이해하기도 한다. 사실 베르그송의 직관은 앞에서 언급했듯이 본능이나 무의식, 감관-지각적 수준, 그리고 반성적 의식이 작용하는 정서나 감정의 수준은 물론 우리의 사유의 수준에서까지 말할 수 있는 것으로서 다양한 의미를 지닌다. 그러나 이 모든 것은 직관을 일반적으로 그리고 그 본질에서 언급하는 것이 아니다. 근본적으로는 우리의 의식, 즉 마음이란 베르그송에 있어서 작용(acte)과 인식 양면으로 이중적으로 분화되고 이러한 분화된 기능들 모두를 하나로 통합하는 종합적 기능을 지칭한다.[8] 그리고 이런 종합적 기능의 기초에 동물의 행위와 관계하는 감관-지각과 감각이나 느낌, 혹은 지향성이 있다. 이 때문에 베르그송의 직관을 감정이라고 말하는 것은 서구 철학자들에게 오해의 소지가 있다. 왜냐하면 사유를 인간의 본질이라고 보고, 사유를 생에 대한 행위의 수단으로 보는 것이 아니라 존재를 직관하는 인식 능력의 관점에서만 보는 플라톤이나 아리스토텔레스의 전통에 따라 서구 철학자들은 감정이나 정서를 지성보다는 못한 인식능력을 지니고 있다고 보기 때문이다. 그 결과 인간을 감정적 존재로, 혹은 정서적 존재로 보는 것은 인간의 존엄성을 해치는 것으로 본다.

그러나 인간은 베르그송이 말하듯 인식하는 존재가 아니라 삶을 사는 역동적 존재이며, 이 역동적 존재의 기초는 운동-감각(sensori-

---

7) Mossé-Bastide, Rose-Marie, *Bergson et Plotin*(Paris: P.U.F., 1959).

8) 의식과 무의식, 본능과 지성의 반립적인 변증법은 한 인격 안에서 생리와 무의식(본능), 감각과 지각, 정서와 지능, 그리고 통각이라고 하는 순수이성도 이론이성과 실천(현실적)이성으로 이중화되면서 인식론적으로 위계를 이룬다. 우리 동양권에서는 서구식의 지·정·의(知情意)가 통합된 심·정·성(心情性)을 통칭하여 마음이라 지칭한다. 이것은 인식능력을 본질로 보고 인간을 사유하는 존재라 보는 서양과 다르다. 서양에서는 인간의 본질을 사유로 보기 때문에 마음에 대해서는 분석적이다. 이 때문에 마음은 직관과 사유 양면으로 분화되고 이중적으로 통합된다. 따라서 우리 전통에서 이와 기(理氣)로 말해진 심(心)은 서구식으로 말하면 로고스와 파토스로 분화된 것을 통합하는 것이 된다. 우리의 심정성에 대한 정의는 최상진 외, 《동양 심리학》(서울: 지식산업사, 2001)을 참조.

moteur)이다. 이 때문에 우리는 베르그송의 직관에 관한 설명과 언급들을 분석하기 위해서는 생리나 본능에 관련된 무의식과 의식의 수준에서 이야기될 수 있는 감관-지각적 직관과 감정, 그리고 언어에 의해 형성된 지능이나 지성, 더 나아가 이 양자를 통합하는 정신(esprit)이나 영성(spiritualité)을 구분하고, 이들의 반립적이거나 변증법적 관계를 창조적으로 진화하는 동적 존재의 관점에서 교차하여 언급하고 있는 베르그송의 진의를 파악해야 하는 것이다.[9] 그러므로 그의 직관에 대한 언급 가운데 비교적 초기에 해당하는 발언에서는 그의 의도만을 보아야 한다. 그의 직관의 이론을 정당히 파악하기 위해서는 그가 직관을 사물에 대한 전통적인 인식방법으로 그가 규정한 '지성'과 분명히 대비하고 있는, 그의 직관에 관한 최종적 저서를 통해서 살펴보아야 한다.

## 7.1. 직관에 관한 방법적 규정

직관에 관한 그의 저서 《형이상학 입문》에 따르면, "직관이란 대상의 유일하고 따라서 표현할 수 없는 것과 일치하기 위해 대상의 내부로 옮아가는 공감(sympathie)이다."[10] 이 때 이 공감의 의미는 정서적인 느낌의 일치나 감정의 발생을 의미하는 것이 아니다. 공감의 문자적인 의미에서 직관이란 베르그송의 동적 존재의 형이상학에서는 인식 대상과 동일한 운동방식으로 의식이 촉발된 사태를 지칭한다. 그는 또 직관을 "지적으로 아니 오히려 정신적으로 공감하는 것"[11]으로 표현하기도 하며, 이 의미는 결코 반성적 사유나 주관적인 감정이 아닌 이 양자를 통합하는 정신의 구체적 대상에 일

9) H. Bergson, E.C., 183면, 주석 3)을 참조.
10) H. Bergson, P.M., 205면.
11) 위의 책, 36, 109, 182면; c.f., E.C., 178, 190면.

194

치한 것에 대한 지적인 인상, 혹은 대상과의 정신적 · 심리적 교감이나 의식적 공명(共鳴)에 따른 인식을 일컫는다.

직관에 관한 이 설명에서 베르그송은 우선 직관을 "대상과 거리를 두고 보지 않는" 직접적이고 무매개적인 것으로 드러내려고 한다. 이 때 '거리'의 의미는 두 가지 측면을 갖는다. 그 하나는 이 거리가 존재론적인 의미의 현실적인 것(공간)으로서 인식 주관과 인식 대상이 서로 접촉하지 못하게 하는 것이다. 따라서 베르그송의 직관, 즉 대상과의 일치의 지적 인상에는 직접적인 존재론적 접촉이 내포되어 있다. 그리고 이 직관(접촉)은 역동적인 것으로서 이질성에 대한 분별작용의 대상과의 감각의 연속성에 의한 것이다. 이 때문에 베르그송은 항상 그리고 반복해서 "적어도 우리 모두가 순전히 분석(분리)에 의하지 않고 직관에 의해 안으로부터[12] 포착하는 하나의 실재가 있다. 그것은 시간을 통하여 흐름 속에 있는 무의식적이나 심리적 작용을 수행하는 우리 자신의 인격이다. 우리는 분명 우리 자신과 공감하는 것이다." 따라서 "직관은 무엇보다도 내적 지속과 관련된 것이다."[13]라고 말한다.

'거리'의 두 번째 의미는 이 거리가 인식 주관과 인식 대상 사이의 직접적인 관계맺음을 방해하는 매개물을 지칭하고자 하는 것이다. 그리고 이러한 매개물로서 베르그송은 지성적 인식이 가지고 행하는 언어나 칸트가 말한 지성의 선천적인 관념(범주)이나 공간 혹은 공간화된 시간표상을 들고 있다. 사실 현대의 대부분의 언어철학자나 심리학자는 언어에 의한 인간의 자의식의 발생과 그 이후

12) 여기에서 '안으로'부터라는 말은 공간적 의미가 아니라 직접성과 친밀성을 의미하는 말이다. 마치 하이데거의 '세계-내-존재'나 메를로퐁티의 세계-내-존재(etre au monde)에서의 의미와 같다.

13) H. Bergson, P.M., 182면. 칸트는 감성을 외감과 내감으로 구분하는데, 이 내외의 구분은 전통적인 인식론의 관점에서 모두 감각-지각에 국한되고 있다. 그러나 베르그송은 내감을 감정이나 정신적인 것까지 확장하여 사용하고 있음이 그의 《의식의 직접 소여론》에 나타난 지속에 관한 묘사에 드러나 있다.

의 자의식적 정신의 창발을 주장한다.[14] 만일 인간 정신이 언어에
의해 처음 창발하였다면, 언어의 발전과 사용에 의한 인간 정신에
일종의 피드백이 일어난다 하더라도 언어 그 자체는 더 이상 정신
의 산물로 단순하게 기술될 수 없다. 그러나 여기서 언어가 부여받
은 신분은 무엇인가? 결국 정신의 창발은 그 자체로 정신에 기원을
두고 있는 어떤 요인에 의해서 설명될 것이다. 더 나아가 언어나 언
어에 의한 사유는 분명 감관-지각이나 경험을 전제한다. 따라서
언어나 이를 통해 작용하는 사유는 언어 이전의 감관-지각이나 직
관을 전제한다.

그러므로 베르그송이 분명하고 구체적으로 말하는 감관-지각적
직관이나 사유가 전제하는 의식의 공감적 측면은 무매개적으로 인
식대상과 만나는 것이며, 이런 인식은 지능이나 서구적 지성의 인
식방식과 다르다. 달리 말하면 베르그송이 말하는 이 '거리'의 의미
는 지성이 갖는 공간화된 시간표상과 이를 매개로 형성된 언어, 일
반적으로 말하면 모순율에 따라 사유하는 지능의 분석적 의식을 지
칭하려는 것이다.[15] 즉, 반성적 지성이 자신도 모르게 자신의 배후
에 의도나 목적 지향에 따라 미리 지니고 있는 관점이나 의도, 범주
와 같은 것을 통해, 혹은 베르그송의 말대로 공간표상이나 언어를
통해 존재에 대해 관념적으로 형성한 것을 통해 실재를 바라보고
규정하며 이해하려고 하는 데 반해, 직관은 대상과의 일치를 위해
인식 대상에 대한 무반성적인 의식이 주는 것 자체를 포착하는 데
서 성립하는 것이다. 따라서 직관이 의미하는 것은 대상에 대한
"의식, 그것도 직접적 의식이다."[16] 그것은 언어에 의한 관념적 사

14) 데넷(Daniel C. Dennet), 이희재 옮김, 《마음의 진화》(서울: 두산동아, 1996) 참조.
15) "직관이란 정신에 의한 정신의 투시이다. 아무것도 끼여들지 않으며 한편으로 공간
을 통해, 다른 한편으로 언어의 프리즘을 통한 굴절도 없다(*P.M.*, 27면)."
16) H. Bergson, *P.M.*, 27면.

유나 반성적인 사유의 차원에서 이루어지는 것이 아니라, 한 존재가 경험 안에서만 주어질 수 있으므로 "직관은 경험(expérience)이라고도 불린다."[17]

이와 같은 베르그송의 직관에 관한 언명에서 우리는 우선 직관을 인식론적으로 말하기 위해 정신의 대상으로의 초월성을 이야기할 수 있을 것이다. 즉, 우리들 자신의 인격에 대한 직관인 경우, 그것이 인식이려면 '직관하는 자아'와 '직관되는 자아'가 우선 분리되어야 한다. 나아가 직관하는 자아가 직관되는 자아를 무매개적으로 인식하려면 직관하는 자아가 어떠한 자신의 의도나 규정성도 지니지 않은 채 주의 깊은 분별력만을 지니고 직관되는 자아나 대상을 접촉해야 한다. 여기서 직관하는 자아가 어떠한 규정성도 갖지 않는다 함은, 베르그송에 따르면 반성적 사유의 습관적 경향에 의해 형성된 관념이나 언어가 주는 선입견이 없이 내 자신의 이질적인 심적 경험을 체험하고 그것을 사는 데서 성립함은 말할 필요도 없다. 즉, 존재론적인 비교 분석에 의해 이루어지는 지성의 자아에 대한 관념적 이해가 아닌 이질성에 대한 심리적 체험과 구체적인 삶, 그 자체의 의식화이다.

그런데 이러한 직관은 우선 지속과 관계하는 한, 지속에 관한 베르그송의 설명에서 볼 수 있는 것처럼 나의 내부에서 이루어지는 것 같다. 이 직관이 나와는 다른 외부의 존재들에 대해서도 이루어질 수 있는 것일까? 베르그송은 나와는 다른 나의 외부에 있는 실재에 대한 직관을 말할 때에도 자주 "그것들의 내부로 들어가 그것을 내부로부터 인식한다."[18]라고 말하고 있다. 즉, 나와는 외적으로 있는 여러 존재들(감관-지각에 나타난 현상적 사물들)은, 베르그송에 따르면 강도에 따라 서로 다른 지속의 다양한 종류들이다. 이 다양

---

17) 앞의 책, 61면.
18) 위의 책, 202~205면; *E.C.*, 390면.

한 존재들에 대한 감관–지각적 직관이란 우리 자신의 고유한 지속
으로부터 출발하여 이것이 외적 대상의 운동에 공감함에 의해 연결
을 가짐으로써 획득된다. 즉, "우리 자신의 지속에 대한 직관이…
우리가 하등의 것으로 향하든 상등의 것으로 향하든 우리가 따르려
해야 할 전 지속들과 우리를 접촉하게 한다. 이 두 경우 우리는 점
점 더 격렬한 노력에 의해 무한히 우리를 팽창(집중)시킬 수 있다.
그리고 또 이 두 경우에 우리는 우리 자신을 초월한다. 첫째의 경우
(감관–지각)에서 우리는 점점 확산되는 지속으로 향하는데, 이 지속
의 박동들은 우리 자신의 것보다 훨씬 빠른 것으로, 우리의 단순한
감각을 나누어 그것의 질을 양으로 희석한다. 그 극한에 순수한 동
질성이 있게 되는데, 이것은 우리가 물질(matérialité)이라고 하는 순
수한 반복적인 것(운동)이다. 다른 방향으로 가면, 우리는 점점 더
긴밀하고 압축되며 강화되는 지속으로 가게 되며 그 끝에는 영원성
이 있을 것이다. 이 영원성은 정지의 죽어 있는 영원인 개념적 영원
성이 아닌 생명의 영원성이다. … 이 양 극단 사이에 직관이 움직이
며 이 운동이 형이상학 자체이다."[19] 즉, 동적 실재를 인정하는 반
성적 지성이 존재론적 판단을 한다면 동적 존재들의 위계적 계층을
말할 수 있고, 이 계층의 최하위에는 물질이, 최첨단에는 동적 영
원성(神)이 있다는 것이다.

따라서 베르그송이 이해하고 있는 직관하는 자아의 정신성의 본
성은 그것이 역동적인 운동인 한, 사태 자체에 '거리를 두고 보는'
인식적이고 관념적 기능을 수행하는 것이 아닌, 타자에 연결되고
개방될 수 있는 자유로운 의식의 역동성에서 성립함을 의미함이 분
명하다. 또한 베르그송에 따르면 외적 사물들도 모두가 동적 존재
들이다. 따라서 그가 의미하는 자아의식에는 양면성이 있다는 의미
가 된다. 하나는 직관과 관련해서 논해지는 공감하는 심리적이고도

19) H. Bergson, *P.M.*, 210~211면.

의지적 정신의 타자와의 적극적인 '관계맺음을 수행하는' 기능적인 것으로서 이질성을 분별하는 것이요, 다른 하나는 언어나 관념을 통해 반성하고 사유하는 지성과 관련되어 논해지는 (동질)공간적으로 '분별하는' 의식의 반성적 측면이다. 그리고 이 두 기능의 성격을 보면 전자는 개방적인 데 반해 후자는 자기 귀환적이고 폐쇄적이다. 그런데 본능 혹은 직관이라 일컬을 수 있는 의식기능은 외부사물에 동화되는 데 반해, 우리의 자유로운 반성적 의식은 이 동화에서 분리를 요구하기 때문에 그 진행방향이 반대인데도 어떻게 합치될 수 있는가? 더 나아가 문제는 직관과 관련하여 논해지는 의지적 정신은 타자에 개방적이긴 하나 무의식적이며, 분별하는 의식인 반성적 의식은 폐쇄적이나 의식적이고 인식적이라는 점이다. 이 때문에 베르그송은 비록 물질성에 전념하기는 하나 지능에 수반된 자유로운 의식인 반성적 의식을 무의식적으로 기능하는 작용적 정신에 되돌릴 필요가 있다고 말한다.[20] 따라서 베르그송이 말하는 직관하는 자아의 정신성의 본성은 그것이 운동인 한, 관념적 기능을 수행하는 것이 아닌 외부사물에 개방될 수 있는 작용적인 것이며, 다른 한편으로는 반성적인 의식처럼 분별력이면서도 폐쇄적으로 작용하지 않는 자유로운 의식의 정신임이 분명하다.[21] 즉, 그의 직관

---

20) H. Bergson, *E.C.*, 184면. "생명, 즉 물질 속을 흐르는 의식은 자신의 운동이나 혹은 자신이 통과하는 물질에 주의를 고정시켰다. 의식은 이렇게 하여 직관의 방향이나 지성의 방향을 취했다. …직관은 의식이 자기자신 속에 남아 있어… 의식은 생명현상에서 자기자신과 관계가 있는 일부분밖에 포착할 수 없는 본능으로 축소되었으나, 의식이 자기를 한정하여 지성으로 되는 경우, 즉 물질에게 자기자신을 집중하는 경우에는 의식은 자기자신과의 관계에서 자신이 외부화되는 것처럼 보인다. 그러나 외부물질에 적응함으로써 의식은 그 외부물질 가운데를 왕래할 수 있게 되고 자기를 가로막는 외부물질의 울타리를 넘어 자기자신의 영역을 끝없이 넓히게 되는 것이다. 일단 해방이 되어 버리면 의식은 자신의 외부로 되돌아가 아직 자신 속에 잠들고 있는 각각의 직관의 잠재력을 일깨울 수 있다."

21) 여기에서 베르그송의 직관이 단순히 본능적인 것도 관념을 수행하는 지성적인 것도 아님이 드러나며, 이 양자의 단순한 협동으로만 말해질 수 없고, 한계를 가진 능

은 지속의 체험에 대한 수많은 묘사에서 보았듯이 반성적이면서도 관념적이지 않고, 작용적이면서도 인식적인 것으로서 서구인들의 사고에서는 어려운 작업이다. 따라서 베르그송이 말하는 직관하는 자아는 관념적 자아가 아닌 이질성을 살고 체험하는 심적 기능을 수행하는 의지적 자아이며, 그것의 심적 기능은 직관되는 자아에서 분리되어 따로 존립하는 것이 아님을 알 수 있다.[22] 말하자면, 베르그송의 직관은 서구의 이성 중심의 지성적 사유 혹은 언어적 사유의 이면에서 작용하고 있는, 지성에게는 망각된, 우리 자신의 인격 혹은 정신의 역동성으로서의 실재하는 심리적인 지속 체험에 관한 의지적 주의를 집중하고 이를 일깨우는 데 있다. 그리고 외적 사물에 대한 직관으로서의 감관-지각도 근원적으로는 우리의 지속과 연결을 통하여 가능함을 밝히고 있는 것이다.[23]

그러나 베르그송이 말하는 개방과 폐쇄, 의식과 무(비)의식, 감정과 사유, 본능과 지능이 서로 반립적이면서도 창조적으로 진화하는 생명에 의해 통합되거나 변증법적으로 관련을 맺고 실재를 체험하

---

력이 개입되는, 그러나 이러한 한계를 초월하는 초지성이나 의식 일반과 같은 것으로서 양자의 반립적인, 그러면서도 다양한 변증법적 관계로 말해질 수밖에 없는 특징이 있다. 베르그송은 심리적 의식을 존재의 바탕이라고 말하면서(E.C., 39면) 의식의 자유롭게 개방된 창조적 진화의 현상에 대한 설명은 E.C., 175~185면에 집중적으로 나타나 있다.

22) 베르그송은 직관을 말하면서 나의 의지의 신체적 긴장을 첨예한 바늘 끝(la pointe)에 비유하여 말하기도 하고, '의지의 용수철(E.C., 201면)'이라고 말하는 점에서 심리적이면서도 신체적인 의지의 통일성을 지칭하고 있다. 신체의 긴장과 이의 심리적 의식을 말하는 한, 직관하는 의식과 직관되는 의식이 하나가 된다.

23) 베르그송은 직관이 정신적 수준뿐만 아니라 감관-지각적 수준에서부터 가능함을 보이기 위해 《물질과 기억》에서 직관이 사물을 변형시키지 않고 사물과 접촉하는 것임을 드러내 보여 준다. 이것이 가능하기 위해서 모든 것이 운동한다는 그의 동적 존재론에 기초한 공감의 의미를 일깨워야 하며, 이 때문에 감관-지각적 직관 또한 정신의 운동에서 성립함을 밝히고 있는 것이다. 이러한 정신의 운동이 서구 지성에게는 어려운 일이 되는 것은 아리스토텔레스 이래 인간은 이성적 동물이라는 정의 아래 형성된 지성의 사유하는 습관을 벗어나야 하기 때문이다.

고 있는 자유의 의식, 혹은 정신의 자유는 자연이나 사회환경을 통
해 형성된 언어나 감정에서 자유로울 수 있을까? 역설적으로 베르
그송이 말하는 직관적 의식 속에는 서구의 전통적 존재론적 사유나
수학적 사유가 탑재되어 있고, 자유의 의식이란 이 서구적 사유가
가진 존재론적 관념들의 질적 다양성을 지니는 동적 실재에 대한
인식을 위한 자유로운 태도 변경에서나 성립하는 것이 아닐까? 이
때문에 들뢰즈는 베르그송의 직관을 플라톤이 그의 대화록에서 수
행한 내포적 사유의 질적 변증법을 수행하는 존재론적 사고로 보았
고,[24] 밀레는 운동하면서 무한을 사색하는 미적분법적인 사고의 분
석과 종합으로 보지 않았는가?[25] 사실 베르그송의 직관은 서구인들
이 망각한, 우리의 지성적 사유가 관념적으로 사색을 수행하는 데
전제가 되거나 가능한 조건처럼 된 자유로운 정신의 운동성인 지속
을 일깨우는 데 있고, 한편으로 베르그송의 지속에 대한 묘사에서
볼 수 있듯이 이런 정신적 · 의지적 노력이 관념적 사유에 앞서 가
면서 우리 인격의 구조를 이루고 있음을 보여 주면서, 다른 한편으
로 우리의 사유가 감관-지각을 통하여서는 무기물적 사물의 본성
을 발견하고 이를 통해 소위 기계적인 자연을 창조하는 측면이 있
음을 보여 주려고 하고 있다고 하겠다. 그래서 이들은 베르그송의
직관을 운동하면서 사유하는 관념적 사유의 심리적 체험을 반성적

---

24) G. Deleuze, 《베르그송주의》, 1~28면. 들뢰즈는 베르그송의 직관을 방법적으로 이
해하기 위해서, 베르그송의 직관을 지속을 전제한 플라톤의 분석-종합의 변증법으
로 해석하고 있다. 즉, 베르그송의 직관은 첫째, 지성이 일으킨 거짓문제를 발견하
고 사실에 따른 진정한 문제를 발견하거나 만드는 방법(méthode problèmatisante),
둘째, 현실의 분절이나 본성의 차이를 발견하고 나누며 이어 현실이 이들의 종합으
로 되어 있으므로 이들은 다시 기우는 방법(méthode différenciente), 셋째, 지속의
말들로써 생각하는 시간화하는 방법(méthode temporalisante)을 함축한다고 하고,
두 번째 방법이 분별의 방법(méthode de division)이라고도 하며 이 방법이 경험의
본성에 따르는 한 방법적으로 이해된 직관의 기능이라고 한다. 이 논문에 대한 비
판적 논평은 Barthélemy-Madaule, "Lire Bergson," *Les Etudes Bergsoniènne*, VIII.
25) Jean Milet, 앞의 책 참조.

으로 인식하는 것으로 오해한 것이다. 언어적 사유나 반성에는 관념적인 것이 있다. 이 때문에 베르그송은 직관을 묘사하면서 반성이란 말을 사용하지 않고 '격렬한 노력'이라는 말을 사용하고 있다.

그래서 가령, "형이상학이 직관을 통해 진행되어야 하며, 직관이 지속의 운동성을 그 '대상'으로 삼고 있고 지속은 본질상 심리적인 것이라 가정해 보면, …철학이란 '오수(午睡)에 조는 목동이 흐르는 물을 바라보듯' 자신의 삶을 단순하게 응시하는 것이 되어 버리지 않을까?"[26] 그러나 베르그송에 따르면, 이것이 "지속의 특유한 본질 및 형이상학적 직관이 갖는 본질적으로 능동적인 특성을 동시에 오해하는 것이다." 왜냐하면 베르그송에 있어서 직관은 의식의 수준에서 타자와의 적극적인 관계맺음을 예상케 하는 작용이나 행위(acte)이며, 그것도 "단일한 행위가 아니라 무한한 일련의 행위들이며, 물론 모두 같은 종류의 행위이긴 하나, …각각은 매우 독특한 것으로서… 존재의 여러 정도에 '상응(공감)'하는 것이다."[27] 즉, 베르그송이 말하고자 하는 직관은 대상과의 일치를 위해 "대상의 내부로 일치해 들어가는 표현할 수 없는 운동"이며, 그것도 의식적

26) H. Bergson, *P.M.*, 206면. 베르그송이 자신의 직관이론에서 강조하는 것은 역동적 실재와 공감하는 운동이다. 따라서 베르그송이 보기에 고대적 지성에도 직관적인 것이 있으나 그것의 역동성은 관념에 의한 인식적인 것으로 순화된 소위 '미적인 것'이다. 베르그송의 직관에는 정서적인 측면(émotion)이 있다. 정서적 수준에서 일어나는 역동성이 제거된 관념에 의한 인식적인 것을 미학적 관조(disinterested interest)라고 할 수 있고, 이를 조화와 균형의 고대적 지성의 인식과 동일시하여 결합된 것을 베르그송은 "마치 오수에 조는 목동이 물을 바라보는 듯" 조용하게 이루어지는 것으로 말한다. 베르그송은 자신의 직관이 인식을 목표로 하는 고대의 지적 관조나 근대의 정서적인 미학적 관조로 오해될까 우려하여 이 말을 하는 것이다. 더 나아가 베르그송의 직관이 내관법(introspection)이 아님은 말할 필요도 없다. 내관법은 이미 지성적 방법에 의해 우리의 심리현상을 분석하여 고찰하는 것이다. 라트르(A. de Lattre)는 "지성은 동일성(identité)의 인식이요 직관은 이에 반해 분명 차이성(différence)의 지식으로 정의된다."고 하고, 내관법의 대상은 물체(chose)에 불과하다고 말한다. c.f., A. de Lattre, "I'intuition," *Les Etudes bergsonniènnes*, 3 (Paris: P.U. F., 1966), 198~202면.

27) H. Bergson, *P.M.*, 207면.

202

공감작용이므로 정신의 긴장된 집중과 주의 및 노력이 없이는 이루
어질 수 없는 아주 고된 작업이다. 특히 "의식이 물질과의 접촉에
의해 빠져들었던 습관의 비탈길을 거슬러 올라가야 하는"[28] 서구적
전통의 사유적(cogito) 인간의 관념적 지성으로서는 힘든 작업이다.
. 직관이란 고대 그리스적 전통에서는 우리의 정신, 즉 사유(nous)
에 직접적으로 주어진 것에 대한 것이다. 즉, 인식 대상에 어떠한
작용도 하지 않고 사유에 직접적으로 주어진 것에 대한 것이다. 이
때문에 고대의 직관은 플라톤 이래, 감관-지각이 아닌 이데아와
같은 것으로서 사유의 관념에 대한 정신적인 수준에서만 가능했다.
아리스토텔레스는 이런 정신의 자신에 관한 반성에서 성립하는 직
관을 지적 관조(theoria)로 보았다. 그런데 사유하는 지성은 정신만
이 아니라 존재나 물 자체, 즉 대상의 인식을 목표로 한다. 아리스
토텔레스는 경험 사물에도 이성적인 것이 들어 있고, 이런 사물의
본질에 일치하는 이성에 직관적 능력을 부여했기 때문에 사물에 관
한 직관도 정신적으로 가능한 것으로 보았다. 그러나 이런 지적 관
조는 경험의 대상에 관해서는 불가능한 것이다. 근대 이후, 데카르
트에서는 사유가 플라톤의 이데아와 같은 본유 관념을 전제한 이성
의 논리적 추론이나 유추를 통하여 사물을 인식할 수 있는 존재론
적 반성을 수행하는 것으로 되었으며, 칸트에 의해서 직관은 감
관-지각적인 것으로 말해지고 그 내용은 잡다한 것으로서 통일성
이 없는 것으로 간주되었다. 이 때문에 고대의 지적 관조는 칸트에
의해 진리 구성적 의식으로 드러났으며, 이것이 베르그송이 말하는
지성의 도구 제작적 의식이다.
　서구의 전통적인 존재론적 지성은 역설적으로 그 특징이 제논의
역설에서 나타났듯이, 그리고 사상적으로는 고대 원자론이나 근대

---

28) 앞의 책, 207면.

의 뉴턴 역학에서 이미 나타나 있듯이 생성이나 운동이 이미 완
결되어 버린 것, 이미 산출되어 버린 것들에 머물러 있으면서 모든
것이 주어졌다고 하는 반성적 사유로서 그것들에게 무엇인가를 찾
으려고 한다.²⁹⁾ 이러한 "회고적(回顧的) 시선(vision rétrospective)
은 …지성의, 따라서 분명한 의식의 자연스런 기능이다. 이 때문에
우리의 의식이 그 자신의 원리(principe)의 어떤 것과 합치하기 위해
서 우리 의식은 그러한 이미 완성된 것(tout fait)에서 떠나 형성되고
있는 것(se faisant)에 전념해야 할 필요가 있다. 자신에게로 되돌아,
보는 기능(faculté de voir)이 단지 의욕의 행위(acte de vouloir)와 하나
가 될 필요가 있다."³⁰⁾ 이처럼 직관이 의지의 내면적 사실로서 말해
지므로, 이러한 베르그송의 직관에 대해 바르텔레미마돌(M.
Barthélemy-Madaule)은 "인식함이 진실로 하나의 존재함이 된다."고
말하고 있다.³¹⁾

　베르그송이 많은 곳에서 지속을 묘사할 때 음악을 듣는 체험을
비유하고 있듯이 지속은 관념적인 것이 아니라 정신의 시간성에 대
한 이질적인 체험인 것이다. 반성에는 체험을 전제한 언어적 사유,
즉 베르그송이 비판하는 변증법의 작용인 관념적인 것이 있다. 이
때문에 베르그송은 직관을 묘사할 때 반성이란 말을 사용하지 않고
'순수의지'라는 말을 사용하고 있는 것이다.³²⁾

<hr>

29) 물론 뉴턴 역학은 운동을 다루기는 하나 운동의 주체(질량)나 운동의 원인이 된다
고 생각되는 에너지가 무엇인지는 탐구하지 않고, 운동이 어떻게 이루어지는가
(how)만을 탐구한다. 그러나 이 어떻게를 구성하는 뉴턴의 3운동법칙은 에너지나
질량의 동일성에 기초한 논리적인 것이다. 뉴턴 역학은 원자론적 사고와 조금도 다
르지 않다. 이 때문에 그의 '관성' 개념에는 신학적 논의가 개입될 수 있다. 판넨베
르크(Wolfhart Pannenberg), 앞의 책 참조.
30) H. Bergson, E.C., 238면.
31) M. Barthélemy-Madaule, "Lire Bergson," Etudes bergsoniennes, Ⅷ(Paris: P.U.F.,
1968), 92면.
32) H. Bergson, E.C., 239면.

204

　그러면 이 지속의 운동은 어떠한 심적 계기들을 내포하고 있는가? 나아가 지성과는 어떠한 관계에 있는가? 베르그송이 비판한 지성적 인식 태도에도 그 원초적 단계에서 보면 직관적 내용이 없는 것이 아니다. 즉, 분별하는 기능으로서의 의식의 작용하는 기능적 측면이 '지성적 인식'에도 수반되어 있다. 그것은 칸트가 말하듯 감관-지각을 통해 경험적으로 직관된 현상의 다양한 질적 사상(事象)이다. 그러나 문제는 관념이나 언어적 사유인 지성에 수반된 의식은 이 질적 사상에 그대로 붙들려 있지 않고 질적 차별성에서 눈을 돌려 그것을 비교 대조하고 공통치를 발견하려고 하거나 차이성을 일반화, 즉 시간인 지속을 공간화하는데, 이에 따라 다양한 질들은 각기 고정되고 분리되어 잡다한 것으로 일반화된다. 베르그송에 따르면, 지성의 이러한 태도는 우리의 지속으로서의 자발성이 침투해 있는 감관-지각의 일차적 기능이 행위를 위해 있는데, 이 경향을 지성이 따라가면서 강화하기 때문이라고 말한다. 이렇게 되면 일자화된 질적 사상들은 맹목적인 것으로 그 자체 아무런 규정성도 갖지 못한 것으로 인식된다. 더욱이 전통적 존재론에서 주관적이라고 낙인찍힌 감관-지각적 내용들은 객관적 인식의 기초가 되지 못하고 폐기되기에 이른다. 이들이 객관적 인식에 기여하기 위해서는 모순율을 통해 존재론적 사유가 감관-지각의 경험적인 것에 공통적인 것을 일반화하는 데에서 형성한 도식으로서의 절대시간이나 절대공간을 통해서만 가능하다. 그러나 이러한 시간과 공간 관념을 형성하고 규정하는 것이 사유의 일차적이자 당위적 규정인 존재론의 모순율(ex nihilo nihil fit)인데, 이 모순율이 존재에 대해 파르메니데스처럼 자신의 적극적인 규정을 부여할 수 있느냐 하는 점이다. 베르그송이 이해한 모순율은 논리적 제약일 뿐이다. 그런데 서구 존재론적 전통에서는 모순율에 따르는 반성적 사유에서 모순율이 존재의 법칙으로 자연스럽게 여겨지지 않을 수 없기 때문에

실재에 대해 탐구해 들어감에 따라 많은 문제를 일으켰다고 본다.[33]

베르그송의 직관의 이론은 바로 이 그리스적 전통의 지성적 인식 태도에 의해 양적 관계의 교차점으로 대치되어 버렸고, 따라서 망각되었던, 그러면서도 지성적 인식의 근저에 있는 의식의 직접적인 소여로서의 인격적 체험의 질적 사상을 일깨우는 데서 성립한다. 이러한 작업은 미학에서 말하는 감관-지각적 수준이나 감성의 수준에서 이루어지는 일종의 인식인 무관심적 관심(disinterested interest)의 수준을 넘어서 행위나 생리 양면과 관계하는 무의식의 기능을 일깨워야 하며,[34] 이 일은 지성에 수반된 자유로운 의식이 할 수밖에 없다. 그러나 서구적 지성은 물질에 관심을 기울이는 습성에 젖어 있어서, "물질과의 접촉에 의해 빠져들었던 습관의 비탈길을 거슬러 올라가야 하는" 지성으로서는 힘든 작업이다. 이 때문에 철학적 직관은 "오직 사유의 작업에 자연적으로 나 있는 비탈길을 거슬러 올라가서 직접 연구되고 있는 사물 안으로 정신의 팽창(수축)을 통하여 들어가려는 노력"[35]에 의한 것이다. 즉, 베르그송의 직관에는 사물의 동적인 이질적 양상이나 심리적 자아의 생에의 주의와 이에 대한 체험을 의식하려는 긴장된 노력이 수반되는 것이

---

33) 아리스토텔레스는 그의 《형이상학》 4권에서 존재와 사유 그리고 말 사이의 존재론적 긴밀성을 모순율로서 정리하고 있다. "그러므로 첫째로 낱말(onoma) '존재'와 '비존재'가 일정한 의미를 지니고 있어서 어느 것이든 그것이 있으면서(그러하면서)도 없을 수 없다(그러하지 않을 수 없다)는 것은 진리임이 명백하다." 즉, 모순율은 존재에 뿌리를 둔 존재의 법칙이라 말한다.

34) 물론 무의식적인 것을 의식화한다고 하면서 베르그송이 여기에서 프로이트가 사용한 최면술을 암시한다고 볼 수도 있다. 그러나 프로이트 학파에서는 언어에 의한 최면을 유도한다. 이러한 최면상태에서 우리의 긴장된 주의는 자신의 과거를 향하게 되기도 하고(전생체험) 암시에 의한 지각의 신비한 초능력상태가 되기도 한다. 베르그송의 직관의 관점에서 보면, 이러한 최면은 언어가 주는 선입견에 의한 관념적인 것이지 정신적 존재로서의 인격적인 체험적인 것이 아니다. 다른 한편, 미학적인 무관심적 관심은 미의 인식과 향수만을 목표로 하는 것으로서 어느 의미에서는 관념적이고 수동적인 정신의 상태임을 알 수 있다.

35) H. Bergson, *P.M.*, 206면.

며, 관념적으로 수행되는 것이 아닌, 의지적인 수준에서의 역동적 삶에 대한 인격적이고 체험적인 것이다.

베르그송에 따르면, 감관-지각이 주는 질적 사상은 단순한 맹목이 아니다. 왜냐하면 질적 사상의 이면은 작용(acte)이요 이것은 우리의 의식의 작용적 측면과 관련된다. 그리고 이 의식의 작용적인 면은 공감을 본질로 하는 심리적인 것으로서 지속과 관련되며, 이미 우리의 행위를 예상하기 때문이다. 즉, 질적 사상은 우리에게 이 질적 사상에 적합한 작용을 의식의 측면에서뿐만 아니라 신체적 차원에서까지 요구한다. 더 나아가 의식에 포착되는 질적 사상을 맹목이라고 말하게 된 것은, 베르그송에 따르면 이 질적 사상을 포착하는 우리의 감관-지각, 그 밖에 의식의 직접 소여 등을 순수한 인식적인 것으로 보려고 한 데서 기인한다고 한다. 그러나 감관-지각, 더 나아가 우리의 정서 등은 근원적으로 인식보다 행위나 삶에 관계한다.[36] 말하자면 과거 철학적 전통에서 인식적인 것으로 간주했던 것은 사실 물질에 대한 지성이나 사유의 도구 제작적 관심이나 이에 대한 신체적 행위(제작작용)에서 기원하는 것이다.

그런데 베르그송에 따르면, 직관은 "지속 안에서(의 관점에서) 사물을 보는 것"이며, 지성처럼 "제작이나 행위하기 위해서 보는 것"이 아니라 사태와 공감하면서 "보기 위해서 보는 것"이 된다. 즉, 우리의 의식의 방향은 행위를 위해 존재하는 감관-지각이나 (서구적) 사유의 자연스러운 길을 따라가는 것이 아니라, 이 양자의 습관화되고 그래서 자연스럽다고 여겨지게 되는 방향을 거슬러 올라가는, 달리 말하면 (행위나 제작을 위해 사물 사이의 관계를 알게 하는) 사태의 외부로 나아가는 것이 아니라 사태 내부로 들어가는 관심의 전향에 의해 구체적 경험의 다양성과 이 다양성을 가능케 하는 이질

---

36) H. Bergson, *M.M.*, 제1장; *P.M.*, 24면 등.

성의 원리인 지속하는 자아의 인격적인 심리체험으로 되돌아오는
것이다. 이것은 대상의 체험에서 주어지는 질적 사상을 통하여 그
사태와 친밀해지는 것이며, 이것은 궁극적으로는 사유의 이면에 들
어 있거나 전제되어 있는 감관-지각적 경험을 통하여 우리의 전 심
리적 인격과 맞부딪침을 의미한다. 따라서 "직관이란 정신, 지속,
순수변화를 획득하는 그 무엇이다. 그 참된 영역은 정신(영적 삶)이
다."[37]

　더 나아가 "직관은 사물들 속에서, 심지어는 물질적 사물들 속에
서 그것들의 정신성에의 참여, 아니 아주 순수화되고 영화(靈化)된
우리 의식의 인간적인 모든 것까지도 동화하고 있는 것인지도 모를
(정)신성(divinité)에의 참여를 파악하려고 한다."[38] 달리 말하면, 베
르그송에 있어 직관의 의미는 정신성의 근원으로 되돌아가는 긴장
된 노력에 의한 '정신에 의한 정신을 봄'이 일차적이나, 이차적으로
는 정신성에 참여한 한에서의 물질적 사물에 대해서도 직관은 성립
하는 것이다. 이 후자가 우리가 보통 '체험'이라고 하는 감관-지각
적 직관이다. 그래서 "실제로 한 존재는 체험에 의해서만 주어질
수 있다. 이 체험은 투시 혹은 접촉이라 불리며, 물적 작용과 관련
되어 있을 경우에는 외적 지각이라 불리고, 정신과 관계되었을 경
우에는 직관이라 불린다."[39]고 말한다.

　이상과 같은 베르그송의 직관에 대한 방법적 규정과 설명을 통하
여 우리는 그의 직관의 의미에 내포된 두 계기를 구분해야 할 필요
가 있음을 본다. 그 하나는 직관이 우리의 감관-지각에 의하여 그
자연스러운 경향(행위에의 관심)을 따라 외부로 나아가지 않고 내적
감성에 의하여 나 자신의 정신성으로 되돌아오는 길이며, 그것은

---

37) H. Bergson, *P.M.*, 27면.
38) 위의 책, 29면.
39) 위의 책, 50면.

바로 나 자신에 망각되어 있고, 또 무의식 속에 잠겨 있는 체험의
내적 지속을 의식화하는 것이다.[40] 이런 일은 지성에 의해서가 아
닌, 이 지성에 수반된 자유로운 의식(분별하는 능동성으로서의 주의)
을 통해서, 나 자신의 인격 전체와 만나는 일이다. 더 나아가 베르
그송의 직관이 단순히 "목동이 흘러가는 물을 바라보는 것이 아닌"
'운동' 자체이므로, 나 자신의 자유로워진 의식과 내 인격의 전체
가 만났다 함은 나 자신이 근원적인 자유를 획득하는 것이 된다. 이
때문에 베르그송은 "자유에 관한 계시적 체험은(나의) 존재를 형성
한다."[41]고 말하고 있다. 즉, 베르그송의 근원적 직관은 개방성과
초월성을 지녔으며, 나 자신의 자발성의 본질인 영성(spiritualité)과
이를 넘어선 신성(divinité)에 대한 진정한 접촉과 자각을 통해 자유
인이 되는 것이다.[42] 다른 하나는 이 자각된 지속, 되찾은 자유를 통
해 외적 사물의 이 정신성에의 참여를 보는 것, 아니 참여가 이루어

---

40) H. Bergson, *E.C.*, 268~271면.

41) Gisele Bretonneau, *Création et valeurs éthiques chez Bergson*(Paris: Sedes, 1975),
78면.

42) 이 사실은 《도덕과 종교의 두 원천》에서는 기독교의 신비주의적 체험과 연결되고
있다. 이 때문에 베르그송의 직관은 불교의 선(禪)과 유사하다고 말할 수 있다. 특
히 불교에서는 언어나 사유에서 벗어나 심적 정신의 실상을 자각하는 선(禪)을 수
행하고 있다[현각 편, 허문명 옮김, 《선의 나침반》(열림원, 2001) 참조]. 한편, 도가
(道家)에서는 무위자연(無爲自然)을 주장하면서 본능적인(물론 인간적 수준에서의
본능이다) 삶을 살도록 권장하고 있다. 베르그송의 관점에서 보면, 후자는 감관-지
각적인 수준에서 직관을 수행하는 셈이요, 전자는 자아나 정신적 수준에서 직관을
수행하는 셈이 된다. 서구에서는 도가적 삶이 어렵게 느껴지며, 불교의 선이 어려
운 것은 모순율에 따른 사유를 통해 과도하게 분석하면서 삶의 진상을 이론적으로
파악하려고 하기 때문이다. 베르그송의 말마따나 우리는 먼저 인간의 운명적 삶을
극복하는 인격적 삶을 살아야 하고, 철학적 사유는 이 생활 가운데 녹아들어가야
가는 것으로서 소위 철학적으로 사유하는 것은 나중의 일이다. 아니 베르그송이 말
하듯이 서구인들처럼 사유가 물질로 향하는 철학적 사유를 하는 대신 물질과 정신
양면으로 향하는 철학적 직관을 수행해야 하는 것이다. 그러나 베르그송의 철학적
직관은 그가 《도덕과 종교의 두 원천》에서 말하듯이 불교에서처럼 인식(정서적 상
태에서 기원하는 자발성의 깨달음)에만 머물지 않고 기독교에서처럼 창조적 행위
(문화적이든 사회적 실천이든 역동적 행위)로 나아가야 한다.

지는 것을 보는 일(sub specie durationis)이다. 이러한 실재에 관한 앎
의 능력으로서 베르그송의 직관은 감성적인 것이며, 지속은 지성에
의한 개념적 표상의 대상이 아니라 감성적 체험의 대상이기 때문에
우리들 속에 있는 예시적 공감(sympathie divinatrice)에 의해 파악되
는 것이다.[43] 이러한 직관은 감관–지각을 통한 지성적이거나 관념
적인 과학적 인식의 한계를 돌파하여 외적 실재 자체를 '만나고 체
험하는' 것이다. 베르그송의 지속은 대상과의 적극적인 관계맺음을
예상하기 때문에 대상과 접촉되는 인식 주관의 수준이나 한계에 따
라 부차적인 여러 직관을 이야기할 수 있다.

　베르그송은 외프딩(Hoeffding)에 대한 답장에서 직관은 "여러 계
기적인 차원(plan)을 허용한다."고 하면서, "최후의 차원에 원리적
인 것으로서의 지속의 직관이 있다."고 한다. 베르그송은 이 서한
에서 다른 차원의 부차적 의미의 직관에 관해서는 언급하지 않는
다. 《창조적 진화》에서는 직관이 "우리들의 인격, 우리의 자율성,
자연 안에서의 우리의 위치, 우리의 근원과 아마도 우리의 운명까
지도"[44] 긍(亘)할 수 있음을 이야기한다. 물론 이 직관이 주는 것은
지성적으로 보면 여러 일련의 사실들(lignes de taits)이 보이는 경향
성이요 따라서 개연성을 지니고 있다.[45] 그러나 베르그송의 직관은
단순한 인식이 아니라 행위 자체가 수반되는 것이므로, "사유(정신)
가 형식적 행위와 결부되면 자유는 실재 속에서 충분히 그 존재의
양상들을 형성하는 정도에 따라 참여(engagé)된 것으로 나타난다.
이 사실로부터 참여는 그 참여가 자신에 자유의 존재를 드러내는

43) H. Bergson, 《웃음(Le lire)》 서문. 인간의 시간의식이 과거, 현재, 미래의 3계기로
　　나누어진다고 한다면 예시적 공감인 직관은 미래적 정신으로서 말해질 수 있다.
44) H. Bergson, P.M., 141면. 베르그송은 직관에 이르기 위해서는 우리 자신을 감관
　　과 의식의 영역 밖으로 옮길 필요가 없다고 한다. 바로 그럴 이유가 있다고 믿었던
　　데에 칸트의 오류가 있다고 한다.
45) H. Bergson, E.S., 4면.

210

정도로 창조적이다."⁴⁶⁾ 이 참여는 내적으로는 우리 존재의 질적 구
조를 (정)신성에 참여의 정도에 따라 개략적으로 드러내 보이고, 외
적으로는 근원적 직관으로서의 영적 존재인 신과 자아의 자유에 대
한 자각 체험에 지반을 둔 과학적 인식의 한계에 대한 이해뿐만 아
니라, 삶의 '창조'와 '사랑'으로 나타나거나 표현되는 '행위'와 관계
하는 것이다.⁴⁷⁾

## 7.2. 자아의 지속에 관한 직관

베르그송이 방법론적으로 이해하고 있는 직관은 미리 지속을 상
정하고 있다. 이 때문에 직관의 방법을 보다 구체적으로 이해하기
위해 우리의 심리적 삶을 특징짓는 순수지속을 살펴보아야 한다.
《의식의 직접 소여론》에서 베르그송이 말하는 지속은 공간과 다르
며, 따라서 모든 병치(juxtaposition)와 상호 외재성을 배제한다. 의
식상태들은 정지되거나 고정된 윤곽 없이 상호 침투하고 풍부해지
며, 과거와 현재를 그리고 미래를 연결하는 연속적 운동 속에서 전
체적으로 유기화된다. 내가 심적 현상을 체험할 때 그것들은 아주
굳건히 유기화되고, 상호적 생명에 의해 깊이 영화(靈化)되어 있어
서 그들 가운데 어느 하나가 어디에서 끝나고, 다른 것이 어디에서
시작하는지를 모른다. 모든 것이 서로서로를 연장하고 있다. 그럼
에도 불구하고 그들은 서로 질적으로 구분된다. 왜냐하면 의식의
끊임없는 생성 속에서는 동일한 두 계기(moment)는 없기 때문이다.
따라서 좀 이상한 역설에 의해 구체적인 지속은 계기(繼起)하는 상
태들의 구분(exclusion)과 상호 연결(inclusion)을 통합하며, 서로를

---

46) 앞의 책, 79면.
47) 베르그송은 《도덕과 종교의 두 원천》에서 이러한 자유가 실현된 사람으로서 기독
교 신비가를 들고 있다.

혼합하면서 이질화하여 서로 상호 침투하는 요소들의 질적 다양성
을 산출하는데, 그러면서도 우리는 그것들을 "하나의 움직이고 변
화하며 채색되는 살아 있는 통일성"으로[48] 간주할 수 있다.

이 지속을 개념들로 분석할 수 있을까? 이 때 우리는 "개념 및 분
석의 본질 자체에 따라 반드시 지속 일반에 대하여 상반된 두 관점
을 취해야만 한다. 그리고는 나는 이 관점들을 가지고 지속 일반을
재구성한다고 주장한다." 그래서 "한편에서는 계기적인 의식상태의
다양성이 있으며 다른 한편으로는 그 상태들을 연결하는 단일성이
있다고 말할 것이다. 지속은 이 단일성과 다양성의 종합이 될 것이
다." 그러나 "이러한 조합을 통해서는 지속의 정도의 다양성이나
형태의 다양성은 나타날 수 없다. 그런 것은 존재하든가 아니면 존
재하지 않든가이다."[49] 그러나 지속에는 여러 종류가 있고 그 각각
의 고유한 특성을 가지고 있다.

베르그송은 지속을 설명하기 위해 여러 가지 비유와 상(象)을 들
어 이야기한다. 그러나 어떠한 상도 내가 나의 의식의 움직이는 흐
름(flux)에 대해 체험하는 근원적인 감정을 완전히 표현하지 않는다
고 한다. 동성의 체험은 또한 표현될 수 없다. 왜냐하면 낱말들은
운동에 대해 부동성만을 부여하기 때문이다. 따라서 우리는 지속을
사색하고 분석하며 더욱이 추상적이거나 보편적인 낱말로 그것을
고정하려고 하는 데 머물러서는 안 된다. 지속은 직관에 의해 그 역
동성 자체 속으로 뛰어들어가 살아야 한다. 그러면 "우리는 뚜렷이
확정된 어떤 긴장(tension)을 느끼게 될 것인데, 이 긴장의 확정성
자체는 무수히 많은 가능한 지속들 가운데서 하나를 선택하는 것이
다. 따라서 우리가 원하는 개수만큼의 지속을 지각하게 된다. 그리
고 이 긴장의 극한에 살아 있는 운동성으로서 영원성이 있다. 우리

---

48) H. Bergson, *D.I.*, 103면; *P.M.*, 214면.
49) H. Bergson, *P.M.*, 207면.

는 긴장된 노력에 의해 심적인 생을 직관하고, 나아가 긴장된 삶을 영위함을 통하여 나 자신의 전 인격의 차원에서 이루어지는 체험의 동성 자체를 직관한다."[50]

이러한 지속의 세계에는 본질적으로 기계적 인과율이 적용될 수 없다. 왜냐하면 인과율은 상호 외재성이고 분간할 수 있는 두 요소나 계기를 가정할 때만 가능하기 때문이다. 우리의 심적인 내적 생은 연속적으로 생기(生起)하는 영혼의 상태들 사이에 단절 없는 연속적인 생성이며 어떠한 고정된 지지물(支持物)도 없는 동성 자체로서 과거를 현재 속에 지니며, 미래까지도 과거에서 나오는 일반적 경향의 형태로 현재 속에 가지는, 그러나 그 방향은 전혀 예견 불가능한 것이다. 베르그송에 의하면, 우리의 존재는 지속하는 한 본질적으로 자유이다.

물론 지속에 많은 등급의 정도가 있듯이 자유에도 많은 등급이 있다. 가령 《의식의 직접 소여론》이나 《창조적 진화》 첫 부분에 나타나는 심리적 체험으로서의 지속의 묘사는 그 기본적 특성을 연속성과 이질성으로 보는 데 큰 어려움을 느끼지 않는다. 지속을 이렇게 규정할 때 지속은 이미 살아 있고 확장된 지속이며, 근원적인 지속의 모습은 공간이 침투한 모든 경험의 조건처럼 됨을 알 수 있다. 왜냐하면 일상적인 경험이 주는 것은 항상 공간과 지속의 혼합물이기 때문이다. 공간은 연속(succession) 없는 상호 외재성만을 주며, 순수지속은 상호 외재성 없는 순수한 내적 계기(繼起)만을 주어, 이 양자 사이에 혼합물이 형성되는데, 공간은 동질적이고 불연속적인 내용을, 지속은 이질성과 연속성을 주게 된다. 그래서 베르그송이 경고했듯이 지속을 피상적으로 보면 일련의 병치된 심리적 상태들로 구성된 것처럼 보인다. 사회적인 삶과 실제적인 요구에 응하기

---

50) 앞의 책, 207~208면. 이러한 인격성은 개개 인간의 우주적으로 유일무이한 것으로 파악되는 측면이다.

위해 지성은 이 시간의 개념을 마치 동질적인 장으로서 서로 동일
한 순간들로 쪼개지는 것처럼 형성하며, 과학은 시간을 수(數)가 되
고 측정될 수 있는 부분으로 나뉘는 선(線)의 모습으로 간주한다.

　더 나아가 지속을 이렇게 보도록 하는 우리 자신의 지속의 존재
방식이 있다. 그것은 자유행위의 반대로서 베르그송이 말하고 있는
자동현상(automatisme)이다. 자동현상은 문자 그대로 기계적인 운동
처럼 주의나 우리의 긴장된 노력 없이 타성에 젖어 반복적으로 하
는 행위이며, 그것은 습관적인 행위이자 삶의 태도이다. 습관은 물
론 외적 사물에 대한 반응이나 사회생활의 필요성에 부응한 나의
자발성의 소산으로, 반복에 의해 이제는 근원적인 나의 자발성의
발휘를 방해하는 것으로 나타날 때가 있다. 이런 습관적 행위 속에
서 우리는 우리 자신의 밖에서 살며 따라서 자아의 단일성(독특성)
은 파괴된다. 이런 자아를 베르그송은 표층적 자아라고 하고 심층
적 자아와 구분한다. 그러나 인간에 있어서 자유의 행위와 삶은 이
양자의 통일에서 성립함은 말할 필요도 없다.[51] 그리고 이러한 통일
성은 심층적 자아를 통한 전체적 자아에서 우러나오는 것이다. 그
러나 이 근원적 자아에 도달하기까지는 많은 어려움과 그 실현의
희귀함이 있다. 왜냐하면 사유하는 존재로서 우리는 자유를 제작이
나 창조의 능력으로 보고(제논 역설에서 보았듯이), 이에서 기원하는
무한한 분석의 자의성과 그 한계인 허무에 도달하는 것을 자유로
인식하기 때문이다. 베르그송에 따르면 생리적이고 심리적인 수준
에서의 자유도 지속의 존재에 뿌리를 두고 있으나(서구적) 지성은
이러한 자유마저도 자연에 제약되고 한계가 지어진 것으로 간주함

---

51) H. Bergson, D.I., 95~104면; D.S. 9~10면. 표층적 자아는 일종의 사회적 자아요
　　관념들에 의해 사유하는 사유인이다. 그러나 심층적 자아는 인격적인 삶이요 신과
　　의 합일의 상태(아리스토텔레스가 eu-daimonia로 의미한 행복)에서의 의미로 풍요
　　로운 삶이다. 베르그송에 있어서 표층적 자아의 삶과 심층적 자아의 삶은 사유와
　　직관처럼 각각 계층적이면서도 상호 독립성과 반립성의 변증법적 관계에 있다.

으로써 인간의 존재를 운명적 존재(mortal being)로 간주하는 것이다. 이러한 인간의 삶에 대한 두 극단적인 사유의 형태는 《도덕과 종교의 두 원천》에서는 폐쇄와 개방이라는 수식어로 묘사되며, 종국적으로는 기계적인 것과 신비적인 것이라는 두 존재나 두 인식 형식의 반립적인 변증법으로 표현되기 때문이다.

우리 자신의 지속에 대한 직관은 베르그송에 따르면 자주 우리의 의지에 대한 내면적인 의식의 사실로서 말해진다. 왜냐하면 지속은 외적 지각이 주는 물적 동시성의 선택과 압축에서 성립하기 때문이다. 그리고 이 압축은 기억으로 나타나며, 기억은 물적 구조인 과거를 의지의 지향적 미래로 가져오는 현행적 의식의 분화와 수렴의 이중적이고도 반립적이거나 변증법적인 운동에서 성립하기에 긴장과 강도의 차이가 있으므로, 이에 공감하기 위한 의식은 스스로 긴장하지 않으면 안 되기 때문이다. 이 때문에 이 직관은 나 자신의 현행의 인격과 이 인격의 과거적 구조에 대한 직접적 인식인 것이다. 달리 말하면 우리 인격의 정신적 구조에 대한 직관이다. 이 직관 또한 "보여진 대상과 거의 분간할 수 없는 봄"이요 접촉이자 일치 자체인 인식으로, 이 직관의 형태로는 그의 심신관계에 대한 견해를 설명하는 데서 밝혀지듯, 정신의 물질 속으로의 침투에 관한 지각 직관과 우리의 인격을 반영하는 심리학적인 의미의 감정이나 정서 혹은 무의식의 직관이 함께 있다. 이러한 직관들은 정신의 심층적 지속에 기초해서 물질에 고유한 이완된 지속으로 향하는 것으로서 이 양자 사이에는 상호 반대방향의 것이면서도 단순히 살기 위해 지각하고, 행위를 위한 연속적인 과정에 대한 직관이며, 인격을 반영하는 후자는 '확장된 의식'에 대한 직관으로서, 이 의식은 자신을 양보하나 저항하며, 스스로를 맡기나 다시 찾아가는 것으로, 의식에 의해 심리적인 감정이나 무의식의 접경을 압박하는 데서 우리에게 정신적인 지속 실재가 있다고 알게 해 주는 정신적인 공감운동의 것이다.

그러면 이러한 우리 지속의 일반적 방향은 무엇일까? 베르그송은 《의식의 직접 소여론》과 《창조적 진화》에서는 단지 개개인의 과거로부터 나오는 개인적인 성향만을 말하며 인간의 일반적 경향을 이야기한다. 그러나 지속은 미래로 기울어진 것이고 생의 원리와 만나는 것이다. 그리고 《도덕과 종교의 두 원천》에서 베르그송이 말하는 신비체험은 전자와 후자의 삶을 변증법적으로 종합하는 의미를 지니고 있다.[52] 《도덕과 종교의 두 원천》의 것을 종합해 보면, 우리 자신의 생성은 그 깊은 심층에서 보면 일상에서 벗어난 새로운 감정과 결단으로의 열망(aspiration)이며, 그것은 "생명체로서 살아야 하는" 우리 자신을 도덕적으로 승화하여 도덕적 인격을 만들고, 결국 이 모든 것에 의해 우리는 자연이나 우주와 공감하는 환희의 창조자(créateur de joie)가 된다. 특출한 개인과 선덕(善德)을 가진 위대한 인물들에게서는 그 창조성과 새로움이 일상적인 인간들에게는 알려지지 않은 어떤 존재와 그 덕에 기초하고 있는 듯 보이며, 이런 덕들의 자각 위에 사랑(générocité)이 있다. 《도덕과 종교의 두 원천》에서 나타난 도덕적 생은 신에 대한 사랑에 뿌리를 둔, 모든 인간에 대한 사랑의 형태로 나타난다. 선의를 가진 위대한 인물들과 종교적 신비가들, 특히 그리스도교의 신비가들은 그들의 신비체

---

52) 사실 반립적 변증법에서 반립되는 것의 형식은 유사한 데가 있다. 기계는 전체와 부분의 관계가 상호 외재적이다. 전체가 무기적인 것처럼 부분도 무기적이다. 그럼에도 기계에는 이러한 상호 외재적인 관계에는 동일성의 반복이 존재한다. 반면 유기체는 부분들 안에 전체의 작용이 들어와 전체가 부분 안에서 반복되고 있는 듯이 보인다. 그러면서도 전체와 부분은 내적으로 구별된다. 마찬가지로 세계에 관한 과학적 인식을 통해 사는 삶과 인격적인 인식을 통해 사는 삶은 그 의미가 서로 다르다. 전자는 우주나 타인에 대한 이해가 완전해진다고 생각함에 따라 사실은 니체가 말한 대로 타성과 기계적 반복이 교차되는 고독과 허무주의에 사로잡히는 삶이다. 그러나 후자는 성 프란체스코나 성자의 삶에서 보이듯 단순한 것 같으면서도 다양하고 풍요한 정신적 삶을 사는 것이다. 베르그송은 전자의 삶이 후자에 종속되어야 함을 《도덕과 종교의 두 원천》에서 말한다.

216

험에 의해 그들의 주위에 신과 인간에 대한 이중의 사랑을 발견하고 발현한 사람들이다.[53] 우리의 지속으로서의 심층의 삶은 그의 자유의 실현을 통해(자발성의 직관을 통한 발현에 의해) 여러 형태의 창조와, 신과 타인들에 대한 이중적 사랑으로 향해져 있는데, 이것을 베르그송은 '약동(élan)', 혹은 '노력(éffort)', 우리의 '자유로운 의지(volonté)'라고 말한다.

## 7.3. 외적 사물에 대한 직관(감관-지각)

베르그송에 있어서 감관-지각에 관한 논의는 외적 대상과 관계 맺는 최초의 직관으로서 외적이든 내적이든 대상에 대한 인식론적으로 이해되는 한 가장 중요한 의미를 갖는다. 왜냐하면 그의 외적 사물에 대한 지각은 자아존재(지속)의 물질과의 관계맺음과 이를 통하여 분화되고 극복되는 모습을 보여 주며, 여러 다른 지각에 대한 이론들과 비교 검토될 수 있기 때문이다.

베르그송에 따르면, 우리는 감관-지각에서 우리 자신에 외적인 물질적 존재에 대한 직접적이고 비논의적인 명증을 갖는다. 따라서 베르그송은 실재론자이자 직관주의자이다. 그러면 이 직관의 존재론적 구조는 어떤 것일까? 접촉(contact)의 경우뿐만 아니라 시각이나 청각의 경우에서도 우리는 우리가 지각하는 것 속에 실제로 있으며 의식은 순간적인 방식으로 대상과 부분적으로 일치한다고 한다.[54]

베르그송은 우선 과거 실재론자와 관념론자의 지각이론을 비판한다. 실재론자는 인과율에 의해 지배되는 객관적인 자연사물의 우주를 설정하고서 이 가운데 두뇌라는 특정한 물체를 설정하여 이

---

53) 이러한 사랑은 현대에는 모든 생명체나 환경보호로까지 나타나야 하는 것이다.
54) H. Bergson, *M.M.*, 69면.

두뇌 속에서 외적 대상의 이미지가 복사되거나 부수현상으로 발생한다고 한다. 관념론자는 직접 주어지는 감관-지각의 현상에서 출발하여 점차 객관적인 자연사물의 우주에 도달하는데, 칸트에서처럼 이성의 신비한 능력에 의해 감관-지각이 "권리적으로 구성된다." 말하자면, 이들은 모두 감관-지각에 관한 한 표상론(representative theory)에 의거하고 있다.

감관-지각에 대한 과학적 사고는 감관-지각의 발생을 논하는 표상론으로 통하며, 이 표상론에 전제된 것은 과학적 유물론으로서 근대의 과학과 철학적 사상에 전제되어 있는 것이다. 그리고 이러한 감관-지각에 대한 이론은 현대의 크릭과 같은 분자생물학자의 지각의 발생론에서도 나타난다.[55] 그러나 이러한 유물론적 사고에 대한 인식론적 반성은 우리를 관념론으로 이끈다. 다른 한편, 과학에서 지성적 사고의 중요성을 강조하는 근대 관념론의 전통은 칸트에 의해 비록 자발성을 지녔다고는 하나 사유를 형식적인 능력으로 인정하게 되고, 존재론적으로 감성적 경험의 실질을 인정함으로써 과학적 유물론의 존재론적 전제를 받아들인다. 즉, 칸트에 의해 우리의 인식은 감성적 직관에 대한 사유의 구성적 종합에서 성립함이 인정된 것이다. 사실 칸트의 인식론은 과학의 관찰과 실험을 중시하는 실험적 방법[56]에 대한 인식론적 반성에서 성립한다. 즉, 자연

---

55) 크릭(Francis Crick), 과학세대 옮김, 《놀라운 가설》(서울: 한뜻, 1996) 참조.

56) 실험이란, 칸트가 《순수이성비판》 서문에서 토리첼리 진공실험을 설명하고 있듯이, 인간의 경험에 직접적으로 주어진 사태나 자연현상에 대한 인과관계나 존재론적인 의문에 대답하기 위해 현상에 대한 설명으로서 존재론적으로 구성한 관찰도구나 실험기구를 '자연 속에 넣어 봄으로써' 자연이 이에 응답하는 것으로 되어 있다. 사실 과학철학이란 이러한 실험적 방법이나 도구의 자연과의 대화적 관계에 대한 해명이나 설명에서 성립한다(프리고지네, 앞의 책, 86~103면 참조). 특히 양자역학에서의 관찰이란 미시적 세계에서 플라톤의 전체적인 변증법적 상황 속에 있는 관념적 사유(이데아)의 특정 경우로의 현실화이다. 즉, 관찰이란 인간이라는 진화적 산물인 인지체계로서의 감관-지각을 실험도구로써 사용하는 일종의 실험이다. 이 때문에 실험이나 실증적 사실 속에 자연에 관한 사유와 직관의 차이성과 동일성의 변증법적 관계가 내재해 있다. 데이비드 H. 프리드먼, 앞의 논문, 참조.

218

과학자들은 물질에 대해서 실재론의 입장을 취하는데, 이러한 실재
론은 근대에는 과학적 유물론의 입장이다.

그러나 아인슈타인의 상대성 이론이나 양자역학 이후 과학적 유
물론도 물질적 존재에 대한 관찰−지각적 측면을 인정하지 않을 수
없으며, 존재의 시간적 측면이나 존재의 역사성에 대한 인간 주체
의 인식론적 작용이나 문화사적 영향, 더 나아가 인간의 심리적 계
기를 존재의 본질로서 인정하지 않을 수 없게 되었고, 생물학에서
는 진화론을 받아들임으로써 과학적 탐구에서 시간성을 망각한 것
에 대한 반성을 수행한다. 즉, 물질과학도 시간성이나 관념적인 것
을 물질적 존재의 한 측면으로 받아들이게 된다. 물질과 정신이라
고 불렀던 존재의 양 측면은 각각 철학과 과학이 탐구한다고 하였
고, 그 동안 벤야민의 말대로 반립적(反立的)으로 발전하여 왔으나,
현대에 들어와 이 양자는 존재의 역사성, 즉 시간성에 의해 통합되
고 해명된다. 진화론과 같은 역사적 시각을 받아들임으로써 철학은
이제 과학이 되고자 하고, 과학 또한 시간성에 대한 탐색과 연구를
통해 철학이 되고 있다. 베르그송에 따르면 직관과 지성, 그 각각
의 길은 다르게 보였으나 지성이 인식론적 반성에 의해 직관에 종
속되고 수렴됨으로써, 혹은 이 양자가 상호 보조적인 방식으로 존
재를 탐구하여야 할 것이다. 이 때문에 마음의 탐구도 지향성을 전
제하기만 하면 이제는 소위 과학적 방식으로 탐구될 수 있다.[57] 현

57) 과학의 방법이 전통적인 존재론에서 기원하는 분석적 방법에 의해 인과율을 중심
으로 자연의 모든 것을 탐구하는 방법이라 한다면, 이 방법의 본성이나 한계는 칸
트에 의해 밝혀졌듯이 실험적 방법의 존재론적 규정(구성)의 방법인 것이다. 그런
데 이러한 존재론적 구성의 방법은 인간의 마음이나 심리현상에 대한 탐구에는 한
계가 있다. 물론 심리현상도 인과관계에 기초하는 측면이 있기는 하나 그 본질은
자발성에 기초한 지향성에 있기 때문이다. 이 점을 밝힌 것이 후설(E. Husserl)이
다. 그는 과거 존재론에 기초한 과학적 방법의 한계를 극복하기 위하여 우리의 심
리적 현상이나 사고가 의식의 지향성에 기초하고 있음을 철저하게 밝히고 있다[이
남인, 《현상학과 해석학》(서울: 서울대학교출판부, 2004), 제2부 참조]. 즉, 우리의
모든 경험은 의식의 현상에 기초하고 있고, 의식은 우리의 자발성에 기초한 지향적

재 학제적인 연구를 수행하는 데넷과 같은 철학자는 사유와 언어의
상호 영향관계에 대한 언어학의 발달의 성과에 힘입어 사유를 중심
으로 하는 서구 철학의 전통에 따라 우리의 마음이 언어에 의해 발
생되고 진화되어 왔다는 마음의 진화론을 말하기에 이른다.[58]

감관-지각에 관한 표상론은 베르그송에 따르면 근원적으로는
인간의 모순율에 따르는 분석과 종합을 수행하는 사고방식에 의해
나타난 환원론인 원자론적 사고에 기초하고 있기 때문에 많은 난점
과 이론적 모순을 내포하고 있다. 이 사실의 증거는, 표상론자들이
두뇌에 지각 발생의 특별한 능력을 부여하는 것이다. 즉, 외적 사
물과 독립된 존재로서 두뇌는 외적 대상의 이미지를 복사하는 특별
한 능력으로서의 의식의 존재를 자신 안에 가지고 있는 것으로 말
해진다. 달리 말하면 '지성적' 인식방식이 외적 대상과 두뇌 사이에
단절의 원인인 공간을 설정함으로써 지각을 설명하기 위해 두뇌에

---

본성에 기초하고 있으므로, 우리의 모든 진리탐구의 방법이나 결과는 이 지향적 본
성과의 관계에 의해 해명되어야 한다. 그런데 이 지향적 본성도 사실 과학적 사고
의 반성의 결과로 밝혀진 한에서 과거 존재론과 일정한 관계가 있다. 이 사태를 지
각에 관련하여 말한다면, 지각에 관한 표상론이 있음으로써 직관론도 그 주관성에
서 벗어나 객관성과 보편타당성을 지니는 논의들을 수행할 수 있는 터전이 마련된
다는 의미를 지닌다.

58) 현대에 들어와 마음에 대한 탐구는 자연과학은 물론 심리학이나 사회학, 그리고 언
어학이나 컴퓨터 과학 등의 성과를 통하여 학제적으로 그리고 종합적으로 탐구되
고 있다. 데넷(Daniel C. Dennett)은 《마음의 진화(Kind's of Minds)》(1996)에서 우
리의 사유가 언어 사용에 의해 발생한 것이라고 말하면서 진화론적으로 '의식의 발
생'을 주장한다. 이 말의 의미는 복잡하다. 그러나 이 말은 단적으로 언어 없이는
사유가 발생할 수 없다는 말이고, 사유 없는 마음은 없다는 것이다. 언어가 무엇이
길래 언어가 없으면 마음이 발현하지 않는다는 것일까? 그에 따르면, 인간의 마음
은 미생물의 단순한 경향성에서 진화하여 왔는데, 인간과 같은 마음이 발현하는 결
정적 계기가 언어 때문이라는 것이다. 정신, 의식, 마음, 영혼, 사유, 이성과 감정
등으로 말하여진 마음은 존재하지 않았지만, 우주의 역사가 보여 주듯이 무기물이
진화하여 유기물로, 유기물에서 생명체가 진화하여 생명체 중에서 인간에게서만
사유하는 마음이 발생한 것이라는 것이다. 그리고 이러한 사유는 인간의 기억방식
이 다른 동물과 같이 두뇌 안에 정보를 저장하는 것이 아니라 외부환경에 저장하는
방식에서 기원한다고 한다.

특별한 능력(두뇌에 있다고 생각되는 의식)을 부여하여 외적 대상의 이미지를 두뇌 안에서 복사하는 것으로 설명하지 않을 수 없게 한다는 것이다.[59] 그래서 가령 러셀은 별을 보는 것은 사실 그 관찰자의 두뇌 속의 사건을 보는 것이라고 말하기에 이른다. 그렇다면 우리는 어떻게 외적 대상의 이미지를 나의 두뇌 안에서 의식하지 않고 나의 몸 밖에서 의식하는가? 근대 경험론자들이 말하듯이 비연장적인 내적 의식(감각)의 공간으로의 투사인가? 그러면 어떻게 비연장적인 것이 연장성을 획득할 것인가? 더 나아가 왜 하필이면 두뇌인가? 두뇌의 연장인 신체 전체로 왜 확대하지 못하는가? 더 나아가 두뇌나 신체에 국한시킬 것이 아니라 주위환경에까지 왜 도달하지 못하는가? 또한 이들에게 있어서 감각과 지각의 차이는 흄(D. Hume)의 생각에서 보이듯 표상내용의 강도나 생생함에 따를 뿐 본질적 차이가 없다.[60]

---

59) H. Bergson, *M.M.*, 23~24면. 원자론적 사고의 잘못은 두뇌에, 더 나아가서 두뇌 세포에 사건들이나 표상의 이미지가 기록된다고 믿는 데 있다. 그러나 베르그송의 관점에서 지각작용이란 외계와 신체, 그리고 우리의 신경과 두뇌가 전체적으로 하나의 시스템이나 계를 형성하는 일이다. 두뇌는 독립적으로 작용하는 것처럼 보이는데, 이것은 두뇌의 기억능력 때문이다. 즉, 두뇌는 현실적인 대상이 없어도 신체 전체나 감각기관과 하나의 계를 형성하는 능력이 있는 것이다. 베르그송은 이런 기억을 신체적 기억이라 하고 순수기억과 구분하는데, 순수기억의 존재 문제는 현대의 분자생물학적 관점에서는 설명이 곤란한 것이다.

60) 파르메니데스의 존재론 이후 서구에서는 사유 혹은 마음이란 존재론적으로 '한계를 가진 존재'로 생각한다. 다른 한편 근대의 인식론은 심적 주관과 인식 대상의 완성되고 독립된 '존재'를 가정하고 감관-지각에서 이들 사이의 관계를 논한다. 이때 인간과 같은 의식 존재는, 마치 뉴턴 역학에서 운동을 물체의 공간적 이동으로 파악하듯이, 물적 인식 대상에 마음의 기능이 첨가되어 있는 존재가 된다. 여기에서 데카르트 이후에 나타나는 온갖 심신관계의 문제가 발생한다. 그러나 베르그송에 따르면 사유 혹은 마음이란 심리적 기능으로서의 의식을 의미하며, 의식은 관념론자들이 말하듯이 미리 존재하거나 실재론자들이 주장하듯이 산출되는 것이 아니라 일어나는 것(evenire: event)이다. 그리고 인간의 의식은 자의식을 의미하며, 의식은 깨자마자(evenire) 주관(자아)과 객관(인식 대상)을 분리(분별)하면서 주관이나 객체 어느 쪽으로도 지향과 초월을 수행하는 기능을 수행하며, 동시에 주관과 객체 모두를 포괄하는 기능을 수행한다. 이 때문에 이러한 생기하는 의식에는 인식론적으로는 의식과 무의식(to be or not to be)이 있으며, 기능론적으로는 의식과 비의식

그러나 베르그송에 따르면, 우리의 "두뇌가 유기체 없이, 이 유기체가 숨쉬는 대기 없이, 대기가 목욕시키는 지구 없이, 이 지구를 돌고 있는 태양계 없이 존립할 수 없다."[61] 두뇌 역시 지각에 나타나는 한 외적 대상과 다를 바 없으며, 외적 대상과 상호작용을 주고받고 하는 물질적인 것일 뿐이다. 두뇌가 특별하다면 그것은 운동-감각(sensori-moteur)기관의 중추일 뿐이며 그것의 역할은 중앙전신전화국처럼 운동감각기관인 신체의 중심에서 이 신체에 들어오는 외적인 운동자극(감관지각)에 적합한 운동반응을 선택하여 연결시키는 일을 할 뿐이다.[62] 달리 말하면 외적 사물의 지각은 우리의 운동감각과 밀접한 관계가 있고 따라서 신체에 관계한다. "외적 지각은 나의 신체의 가능한 행위의 반영이다."[63] 그리고 신체와 지각 대상과의 거리는 기대나 위협의 직접성의 다소를 나타낸다. 그래서 이 거리가 감소하면 우리의 가능적(잠재적) 행위는 현실적으로 되며, 지각 대상이 신체 자신으로 되면 그 때는 가능적 행위가 아닌 아주 독특한 지각을 나타내는 현실적 행위로서의 감각이 된다고 한다.[64] 표상론자들이 간과한 점은 바로 이 점이며, 그들은 지각에서 순수인식적인 것만을 보려고 했기 때문에 감성을 수용성이라고 부르게 된 것이다. 우리의 감관지각은 신체에 관계하며, 신체는 이미 외적 세계와 직접 관계를 맺고 상호작용하고 있다. 따라서 외적 사

---

(의식되지는 않으나 기능하는 무의식)이 있게 된다. 즉, 인간의 의식은 사르트르의 《존재와 무》에 잘 그려져 있듯이, 존재론과 인식론을 통합하는 변증법적 상황에 있는 것이다.

61) H. Bergson, *E.C.*, 180면.

62) 두뇌는 이 때문에 선택하는 기관이고, 물적 현실과 접촉하는(지속을 물적 흐름에 전이하고 고정하면서) 분별하는 기관이며, 의식이 발현하는 기관이다. 따라서 물적 현실에 근거를 두지 않는 의식의 발현을 생각할 수 없다. 그럼에도 불구하고 베르그송이 순수기억을 이야기하는 것은 원자론적 사고를 공격하다 나온 전통적인 기독교적 사고에서 기원하는 과도한 정신주의적 경향이다.

63) H. Bergson, *M.M.*, 18면.

64) 위의 책, 18면.

222

물을 지각한다는 것은 나의 신체를 통해서 바로 외적 대상이 있는 곳에서 지각한다. 이러한 지각에 대한 설명은 메를로퐁티(Merleau-Ponty)의 나의 '세계-내-존재(être-au-monde)'를 예상케 한다. 더 나아가서 지각에 대한 베르그송의 동적 존재론에 의한 설명에서 우리의 지각이란 신체적 행위를 위한 기능적 선택에서 성립하는 것으로 말하는 점에서 바렐라(Francisco J. Varela)의 신경작용의 오토포에시스(autofoesis) 개념에 기초한 깁슨(James Gibson)의 어포던스(affordance) 지각론을 예상할 수 있다.[65] 깁슨에 따르면 우리의 지각이란 현재 존재하는 환경 속에서 자신에게 가능한 신체행위에 대한 정보를 시각적 풍경의 변화로부터 끄집어 내는(추출하는, 선택하는) 것으로 해석된다.[66] 이러한 정보의 해석에는 지각에 나타난 대상

65) 바렐라의 오토포에시스 시스템에서 구성요소가 먼저 존재하는 것이 아니라 시스템의 작동에 의해 구성요소가 산출되고, 다시 산출된 구성요소 사이의 관계에 의해서 시스템이 재산출된다고 하는 순환관계가 무엇보다 중요하다. 여기서 시스템이란 요소 산출과 시스템 재산출의 반복적인 작동 그 자체이며, 항상적으로 유지되는 '자기'는 계속 발생하는 자동반복과정에 다름 아니다. 즉, 시스템은 자기를 산출하는 중단 없는 과정이며, 여기서 산출된 시스템 안/밖을 나누는 경계는 산출과정의 결과에 의해 나타난 것이다. 따라서 시스템 작동 자체에는 애초부터 "내부도 외부도 없다." 오토포에시스 시스템의 작동은 순수하게 기능적인 것이며, 구성요소는 현실공간 내에서 나타난다기보다는 시간적 경과를 고려한 위상공간 내에서 나타나는 것이다. 현실에서 관찰된 대상은 시스템 작동의 결과에 불과하며, 흔히 생각하는 것처럼 신경 시스템의 작동이 환경으로부터의 자극에 반응해서 생긴 것이라는 견해는 '관찰자의 시점'이기 때문에 거부된다. 시스템 작동의 개시 조건이 외부의 자극(영향)에 기인하는 것인지 시스템 자체의 조건 변화로부터 유래하는지는 오토포에시스 시스템은 애초부터 구별하지 않는다〔움베르토 마르투나(Humberto R. Martuna)·프란시스코 바렐라(Francisco J. Varela), 최호영 역, 《인식의 나무》(서울: 자자아카데미, 1995) 참조〕. 이런 오토포에시스가 모델로 삼은 것은 신경 시스템이지만 생기론에 기초한 생명의 발생현상을 설명하는 것으로도 적합하다. 그러나 생명과학적으로는 유기체로서의 생명체의 발생은 진화론적으로 생명체의 환경이나 외부적 조직으로부터 형성되어 온 것으로 설명 가능하다. 세포의 경우 배양액 조성과 세포막을 먼저 형성하고 이어서 내부조직들이 형성되는 것처럼 설명하고 만들어 볼 수 있다. 최근 '인공세포'를 만들 수 있었던 것도 이러한 과학적 설명 아래서이다. 해롤드 모르비츠(Harold Morowitz), "태초에", 쇼어(W.H. Show) 엮음, 《생명과 우주의 신비》, 80~114면 참조.
66) 발리스 듀스(Valis Duex), 남도현 역, 《현대사상》(서울: 개마고원, 2003), 301면.

과의 의식의 실제적 접촉과 그 성질의 공감, 즉 이해가 전제되어야
한다.

그러나 우리가 여기서 의문시할 것이 있다. 그것은 가령 우리의
감관-지각이 외적 대상과 접촉한다 하더라도, 이 때 외적 대상 자
체는 이미 우리의 자발성의 영향으로 인해 우리가 알게 되는 것은
물 자체가 아닌 칸트적인 의미에서의 현상이지 않은가? 그래서 지
각에 대한 공간적 설명에서는 우리는 감관-지각을 통해 물 자체와
접촉한다 하더라도 베르그송의 시간적인 지각론에서도 물 자체의
인식이라는 어려운 문제가 발생한다. 왜냐하면 지각에는 공간에 대
한 지적 인식이 들어오고, 이 때문에 자연과학이 발견하는 물적 구
조나 소립자와 같은 미시세계의 인식에는 원리적으로 지성을 매개
로 하지 않으면 인식이 불가능하기 때문이다. 그러므로 베르그송의
이와 같은 물 자체의 인식에 대한 언급은 물적 현상에 대한 직관이
인식론적으로는 자신의 동적 존재론에 의한 선험적인 것(a priori)에
불과한 것이며, 현실적인 인식인 것이 아닌 기능하는 비의식적인
것임을 보인다. 사실 베르그송은 지각의, 지각된 대상과의 일치가
사실적이라기보다는 칸트적인 의미에서 권리적(en droit)으로 존재
한다고 한다.[67] 왜냐하면 이 ‘순간적 정신’에 기억, 감정, 정서, 관습
적 사유나 관념 등이 덧붙여져 현실적으로는 물질적 표상도 주관적
이기 때문이라는 것이다. 그러나 이 지각은 실재의 극히 적은 부분
이기는 하나 일부를 가지고 있고 그 일부는 우리가 마음대로 할 수
없는 것이기에 물질의 객관성의 존재 근거가 있다는 것이다.[68]

또한 베르그송은 물질을 ‘흐름’으로 이야기하기도 하며, "순수히
물적인 세계는 지속하는 우리와 동시적이므로 지속한다."[69]라고도

---

67) H. Bergson, M.M., 68면.
68) 위의 책, 59면.
69) 위의 책, 230면.

224

한다. 문제는 그렇다면 어떤 지속인가? 이에 적합한 인식을 얻기 위해서는 가능한 한 '안으로부터'의 특별한 직관에 조회해야 하지 않을까? 그러나 이 직관은 우리와는 가장 멀리 있는 것의 직관이며 베르그송은 이 지속에 대한 분명한 직관의 현실적 존재에 대해서는 쉽게 긍정하지는 않는다. 왜냐하면 직관의 본래적 의미는 우리 자신의 지속인 주체성 자체이기 때문이다. 베르그송에 있어서 물질은 내적 직관에 조회되는 한에서 '흐름'이며 그러한 한에서… 우리의 자발성과 다른 운동 성격을 가진 한에서… 우리 내부에 망각을 일으킨다고도 한다.[70] 결국 베르그송의 지각에 관한 직관이론은 생리적·무의식적·심리적, 그리고 자발적 의식의 차원과의 관계에서 논해지는 한, 물질에 지반을 둔 우리 자아(인격)의 물적 구조를 드러내 주는 통로가 된다. 그러나 이 물적 존재의 작용방식에 대한 인식은 직관에 의해서는 한계가 있으며,[71] 이 통로의 한계 밖에 반성적으로(이론적으로) 포착된 물적 존재에 대한 기능하는 비의식이 주는, 베르그송의 철학적 직관이 주는 신념이 자리잡고 있다.

## 7.4. 타인에 대한 직관

우리는 앞에서 자아의 지속에 관한 직관, 그리고 감관-지각에

---

70) 앞의 책, 198면.
71) 베르그송은 시간적 관점에서 물질을 '연속적 흐름', '순간적 정신', 혹은 지속의 '동시성' 등으로 말하며, 그러면서도 정신에 타자적인 것을 말하는 점에서 플라톤의 장소(chora) 개념인 '우연-필연성'을 상징적으로 언급하고 있다. 그런데 현대 우주론에서 대폭발(Big Bang)이론에 따르면, 물질은 빅뱅 후 초기 열 우주상태 안에서 탄생하고 진화되어 온 것으로 설명된다. 그리고 생명이란 이러한 물질의 진화에 기초하여 발생한 것이다. 인간이 자신의 인식기능을 지칭하는 정신이란 이러한 생명체에서 끊임없이 일어나는 사건(event)이다. 베르그송은 이러한 정신에 대한 진화론적 설명을 시간의 공간화로 파악하겠지만, 프리고지네의 말대로 현대 과학은 시간성이 주체성에 관계하고 이를 고려하게 된 것이 공간의 시간화라고 말하고 있다. 전자가 시간성 우위의 사고라면 후자는 공간성 우위의 사고이다. 어느 쪽이든 3중적인 변증법이 작용하고 있다.

의한 사물에 관한 직관을 이야기했다. 이 때문에 우리는 현상학이
나 현대 철학에서 이야기되는 타자의 존재, 특히 타인의 직관에 관
하여 베르그송의 직관의 관점에서 논의해 볼 수 있다. 우리는 보통
어떤 사람의 태도나 행동을 통해서 순간적으로 그 사람의 생각이나
감정을 꿰뚫어 보는 수가 있다. 그래서 이런 능력을 육감 혹은 직감
이라고 하며, 이러한 직감은 많은 오류와 착각을 지님에도 불구하
고, 또 이 능력의 존재론적 구조나 인식론적 과정이 알려지지 않았
음에도 불구하고 타인에 대한 비논의적인 인식을 얻는 것 같다. 그
런데 베르그송은 심리학적 관점에서 인간의 타인의 감정에 대한 포
착을 동물에서의 본능과 관계시켜 그 존재론적 구조를 설명한다.
즉, 말벌의 거미에 대한 마취 본능의 경우처럼 본능은 그 대상을
'안으로부터' 포착한다.[72] 본능적 인식은 베르그송에 따르면 전체적
인 생명, '근원적으로 하나인 생명' 자체에 대한 공감이며, 비록 다
양한 종으로 분리되기는 했으나, 이 종들의 연대성이나 연속성에
의해 각각의 생명체는 그 자신의 나머지와의 접촉을 보존해 온 경
우들을 나타내 보이기 때문이다. "마찬가지로 공동의 생명에 기초
를 둔 우리의 의식과 타인의 의식 사이에는 신체들의 경우처럼 뚜
렷이 분리되어 있지 않다. 분명하게 분할을 이루는 것은 신체이기
때문이다."[73] 공감(sympathie)이나 적대감(antipathie)은 가끔 예시적
이며 그것은 인간의 심리적 의식들의 상호 침투의 가능성을 보여
준다. 우리가 시각을 통하여 외적 대상과 존재론적인 접촉을 할 수
있다고 베르그송은 말하는데, 마찬가지로 타인의 기분을 마치 우리
가 그 안에 있는 것처럼 느끼지 못할 이유는 없을 것 같다.
　그러나 베르그송은 이 점에서 매우 신중하다. 그는 《웃음(Le
rire)》에서 "영혼들은 상호 침투될 수 없다. 우리는 외적으로 어떤

72) H. Bergson, *E.C.*, 176면.
73) H. Bergson, *P.M.*, 36면.

226

정열의 몇 가지 징후만을 발견할 뿐이다. 우리는 그것을 우리 자신이 체험한 것과의 유추를 통해서만—그렇지 않으면 틀리게 된다—해석한다."[74] 즉, 타인의 깊은 감정이나 개인적인 정서들의 내용을 우리는 짐작으로 대충 알뿐이지 그 자체로서 타인의 내적인 생활을 알 수는 없는 것이다. 그래서 이 직관은 "동물의 본능보다는 훨씬 애매모호하며," 예술가의 예술활동(작품)에 감동을 받을 때와 같이 이러한 직관은 감정이입과 같은 과정이 있고, 또 지성에 의해 상당히 침투된 것으로 표현하기도 한다. 더 나아가 우리는 이러한 직관이 문화적 전통이나 사회적 관습에 의해 형성된 행동 패턴의 영향에 의해 형성되어 있어서 인간의 일반적인 인지기능으로 드러날지는 의문시할 수 있다.[75] 베르그송은 자신의 동적 존재론에 기초하여 개인들의 독특성과 우주적 유일성을 말하면서도 정신과 정신의 직접적이면서도 예시적 공감(sympathie divinatrice)을 전제한다. 베르그송은 예시적인 것으로서의 텔레파시(télépathie)를 다음과 같이 설명한다. "우리의 의식들이 신체에 그 자신의 일부만 접착되어 있다면, 나머지 것은 서로 상호 침투함을 예상할 수 있다. 서로 다른 의식들 사이에 각 순간에 상호 침투현상과 비교할 교환이 이루어질 수 있다." 그러나 정신이 지금까지의 논의에서 신체에 기초하고, 감관-지각도 신체에 기초하여 현실화되는 만큼, 타인과의 언어에 의하지 않는 감관-지각에 의한 정신의 직관은 현실적으로는 어려

74) H. Bergson, 《웃음(Le rire)》, 69면. 타인의 마음의 문제를 후설은 해석학적 상황에서 재구성(reconstruction)의 방법으로 말한다. 이남인, 《현상학과 해석학》, 384~385면.
75) 이 때문에 제인스(Julian Jaynes)는 《의식의 기원(The origin of consciousness (1969)》, 제2권 제3장에서 "개인은 어떤 내부적 자아를 가지기 전에 먼저 무의식적으로 타인들 속에, 특히 갈등을 빚고 있는 낯선 사람들 속에, 그것을 타인들로 하여금 상이하고 당혹케 하는 행동을 유발하는 어떤 것으로 상정한다. 다시 말해서 이 문제를 자신의 마음으로부터 타인의 마음을 추론하는 논리라고 진술해 온 철학적 전통은 문제를 전혀 그릇된 방식으로 보고 있는 것이다. 우리는 먼저 다른 의식을 무의식적으로 가정하고 그 다음 일반화를 통하여 우리 자신의 것을 추론하고 있을 것이다."라고 말하고 있다.

움이 있다.[76] 어쨌든 이 직관은 그 순수하고 완전한 경우는 극히 드물다는 것을 인정해야 할 것이다.

## 7.5. 생의 약동에 대한 직관

베르그송은 더 나아가 모든 생물체들에 고유한 근원으로서 '생의 흐름', 혹은 이 흐름의 노력이나 상승의 표현으로서 '생의 약동(élan vital)'의 직관을 이야기한다. 그는 생명의 종들의 진화가 아리스토텔레스에서처럼 하나의 직선적인 것이 아니라 그 생의 근원적 본성에 의해 다양한 방향으로 향하고 있다고 말하고, 이 다양하게 분지된 것들의 역사와 그 전체를 볼 때 나 자신의 지속의 모델을 통해 '생의 약동'을 느끼지 않을 수 없다고 한다. "이 내적인 충력이 실재라는 느낌이 없이 생의 진화를 일별하기는 어렵다."[77] 그러나 이 인식은 사실상 과학에 의해 형성되었다고 생각되는 생물학적 진화의 사실에서 나 자신의 지속 존재와 유사한 실재의 표시(signe)를 보는 데 성립하는 것이 아닐까?

베르그송은 이 현실적인 '생의 약동'에 의해 하나의 지속인 한에서 우주적인 생명의 분지(分枝)들 전체와 생명체들에 내재하는 하나의 생성을, 특히 인간에 있어서 지속체험의 상승하는 생성을 의미하고 있다. 더 나아가 베르그송에 있어서 '생의 약동'은 하나의 원초적인 흐름에서 나온 것으로서 현실적으로 서로 분리된 전체가 아니고 여러 생명의 분지들이 그들 사이에 연속성을 보유하게 하고 있다고까지 한다.[78] 생명의 동일성은 원초적인 충동인 원인에 있을 뿐이지 결과에 있지 않다. 이 때문에 우리는 다음과 같은 현대 생물

---

76) H. Bergson, *E.S.*, 70면.

77) 위의 책, 19면.

78) H. Bergson, *E.C.*, 271면.

228

학자들이 가질 수 있는 착각을 가질 수 있다. 즉, 진화에서 여러 생명체들이란 하나의 생명 기능의 상호 분화와 전문화, 그리고 상호 협조의 관점이며, 그것은 사회적으로 분업의 원리를 닮았다. 이 때문에 모든 생명체들이란 공통의 지반에 서 있으면서도 서로 다르다. 그래서 "극단적인 목적론은 생물계 전체를 하나의 구조물로서, 그것도 우리가 만드는 것과 흡사한 제작물로서 표상한다. 이 제작물의 모든 부분은 기관 전체가 가능한 한 가장 좋은 기능을 발휘하도록 되어 있을 것이다. 각각의 종은 자기 나름대로의 존재 이유와 기능과 사명을 갖는다는 것이다. 전체적으로 그것들은 하나의 대협주곡을 연주하고 있다."[79] 그러나 베르그송에 따르면 "유기적 세계를 통하여 진화하는 힘은 한정된 힘이고, 그 힘은 항상 자신을 초월하려고 하며, 자신이 생산해 내려고 하는 작품에 항상 합치하는 것이 아니라는 점을 잊어서는 안 된다. … 생명의 진화에서 조금도 그런 일은 없다. 생명의 진화에서 작업과 그 결과와의 불균형은 놀랄 만하다. 유기적 세계에서는 아래에서 위까지 단 하나의 커다란 노력이 있을 뿐이다. 그러나 대개의 경우 이 노력은 중도에서 멈추게 되고, 때로는 반대의 힘으로 마비되기도 하며, 때로는 자기가 하고 있는 일 때문에 해야 할 일을 잊어버리기도 하고, 자기가 전념하고 있는 모습에 빠져 거울을 들여다보듯이 그것을 보다가 최면술에 걸린다. 가장 완전한 것이 이루어져서 외부로부터의 저항이나 자기자신의 저항에 이겨낸 것처럼 보이는 경우에도 실상은 자신이 자기에게 부여해야 했던 물질성에 의하여 좌우되는 형편이다."[80]

79) 앞의 책, 127면. 플라톤의 견해가 그러하다. 플라톤의 대화록은 사유 수준에서 의식의 현상을 초월과 내재, 분석과 종합의 변증법으로 설명한다고 할 수 있다. 그러나 베르그송에 따르면 생명의 현실은 영원한 존재로 정향되어 있어서 어떤 지향성을 내포하고 있으나 변증법적으로 작용하는 것이 아니며, 여기에 신비한 생명의 목적이 있다.
80) 앞의 책, 128면.

그러나 그것이 생명의 약동력이라는 현실적인 대상에 대한 직접적인 직관이며, 혹은 적어도 부분적인 존재론적 접촉을 내포하는 직관일까? 베르그송은 말하기를 "세계를 충만케 하고 있는 물질과 생명은 똑같이 우리의 내부에도 있다. 모든 사물들 속에서 작용하는 힘들을 우리는 우리 내부에서 느끼고 있다. 존재하고 있는 것과 생성하고 있는 것의 내적 본질이 무엇이든 우리도 또한 그러한 본질을 지닌다."[81] 이 말은, 베르그송이 우리에게 외적인 대상에 대한 직관을 말할 때, 우리의 지속에 대한 다양한 정도의 직관을 통하여 이루어진다고 이야기하는 것과 동일한 의미를 지닌다. 더 나아가 그는 지속에 많은 등급을 허용하고 있고, 이 등급의 어느 하나가 진화상의 한 생명체에 해당한다고 볼 수 있다. 그런데 어떤 한 등급의 지속은 존재론적으로 보면 항상 공간과 지속의 혼합물로 보인다. 따라서 다양한 존재들이 각각 지속의 정도들에 상응한다면, 한쪽 방향, 즉 지성적 사유에 적합한 양의 관점에서 보면 현실적 존재들은 일련의 복잡성의 정도에 따른 위계를 이루는 것으로 보이고, 이에 맞부딪히는 반대방향의 지속에 대한 직관이 주는 질(質)의 관점에서 보면 현실적 존재들은 지속의 강도에 따른 위계를 이룬다. 그런데 베르그송에 따르면 전자는 관념적이고 후자는 구체적이다. 더 나아가 후자는 구체적인 통일성 아래 있다. 따라서 생명체들 사이에 연속성을 보유한다고 말하지 못할 이유가 없다.

어떤 사실을 이해함에서 우리는 우리 자신의 구체적이고 직접적인 경험을 근거로 유추해서 짐작하는 일이 많이 있다. 그래서 가령 현실적인 관찰에 의해 많은 생명체들과 직접 맞부딪친다 해도 우리가 그 생명체들의 내적인 생의 약동을 직관하며 더욱이 그 생명체들의 과거, 즉 진화한 사실을 포착할 수 있는 것인지는 의심스럽

---

81) H. Bergson, *P.M.*, 137면.

230

다. 그러나 이러한 생명 진화에 대한 이해에서도 베르그송이 말하듯이 지성의 유추의 근거가 우리 자신의 직관을 통하여 자각되는 것에 기초하고 있음을 말하고 있다고 보아야 할 것이다. 예를 들면, 베르그송이 식물과 동물의 기능의 분화를 말하면서 이 양자가 공동 조상에서 기원하면서도 식물에서 동물의 감각성에 해당하는 것이 엽록소가 빛을 느끼는 특수한 감수성이라고 말하고, 이것이 화학작용이라고까지 말하는 점이다. 즉, 동물에게서 신경계통은 감각과 의지 사이의 중개역할을 하는 기구라고 말하면서 식물의 참다운 신경계통은 엽록소의 빛에 대한 감수성과 전분 생산에서 중매역할을 하는, 말 그대로 전자기적 '화학작용'이라는 것이다.[82] 베르그송은 《창조적 진화》에서 우주적인 영적 흐름을 이야기한다. 그에 따르면 우주의 근원에서 생명의 흐름은 물질에 선재(先在)해 있었다. 물질은 이 생명의 흐름의 역행 혹은 퇴화의 산물이다. 이 생명의 흐름은 아직 개별화되지도 분화되지도 않았으며, 의식화되지는 않았으나 영적인 것으로, 본능과 지성, 직관 등 수많은 내용을 잠재적으로 가지고 있는 것이다. 이것이 현실화되기 위해서는 자신에서 나온 물질 속으로 침투해 들어가야 하고, 그의 잠재력은 물질 속에서 분화되며, 폭발하여 각종의 생명체들을 형성한다. 물질은 생명의 굳어진 파편들이며 지체된 흐름으로 생명의 근원적인 약동을 방해한다.[83] 그러나 우주의 생성에 관한 베르그송의 이해는 그가 그

---

82) H. Bergson, *E.C.*, 115~116면. 더 나아가서 베르그송은 생명의 근저에 물리력이 갖는 필연성에 가능한 한 많은 불확정성을 접목시키려는 노력이 있다고 가정하고, 이 노력은 에너지를 창조하려는 데까지는 이르지 못하지만, 혹은 창조하더라도 창조된 양이 우리의 감각기관이나 측정기구, 우리의 실험이나 과학으로 얻을 수 있는 정도의 크기에는 이르지 못한다고 말하고 있다. 이러한 생의 약동력(elan vital)에 대한 말은 마치 고대 원자론자들이 원자들의 크기를 말할 때, 그것이 우리의 "눈에 보이지 않을 정도의 것"이라고 논리적으로 추론하고 가설적으로 짐작하여 말하는 것과 같다.

83) 위의 책, 264~271면.

의 정신적 원조로 발견한 플로티누스의 일자설(一者說)을 닮아 있다.[84] 그리고 존재에 관한 이 일자설에 따른 신비주의는 지금까지 그의 철학적 문제해결을 위해 긴장된 형태로 끌어오던 물질과 정신의 이원론(二元論)을 버리는 것으로 생각된다.

베르그송이 물질과 정신의 이원론에 서 있으면서 갑자기 일원론을 이야기하게 된 것은 많은 철학자들에게 의아심을 가지게 했다. 그러나 이것이 단순한 우연이 아니라 그의 지속에 대한 이론에, 나아가 그의 직관의 의미 가운데 이미 내포되어 있었다고 생각된다. 그가 지속을 이질적 다양성의 통일로 보고 그것을 서로 모순된 개념인 진화와 창조의 통일로 묘사한 것, 또한 우리가 지각의 직관을 해명하면서 본 물질의 근원적 성격에 대한 이중적 묘사(상호 외재성과 흐름인 한의 연속성)를 통해서 짐작할 수 있는 것이었다. 즉, 그의 저작 속에는 존재론적으로 대비되는 운동의 두 경향 내지 방향이 있는데, 하나는 유일하게 존재하는 순수한 지속과 다른 하나는 이지속을 변질시키는 것으로 나타나는 물질성이다. 그래서 다음과 같은 다양성에 관한 두 항의 대립들로 그의 사색의 결과를 정리할 수 있을 것 같다. 즉, 물질과 의식, 공간과 시간, 양과 질의 이원론은 양적 다양성과 질적 다양성의 대립으로 수렴된다. 양적 다양성은 물질이 취하는 방식으로 동질성, 병립성(동시성), 가분성, 상호 외재성의 법칙에 지배된다. 다른 한편, 의식이 취하는 질적 다양성은 공간의 규정성에 정확히 역행에서 성립하는 내용, 즉 상호 침투성, 불가분성, 계기성, 이질성의 통일성이다. 그런데 베르그송에 있어서 양적 다양성의 원인인 물질의 공간성은 지성의 제작적이고 행위적 관점에서 형성된 도식으로, 그 실재성은 관념적으로만 이해될 뿐 그 존재에 대해서는 의문의 여지가 있다. 아니 공허(vide: kenon)

---

84) 앞의 책, 제3장 "생명의 의의: 기하학적 질서", 주석 1 참조.

232

는 존재하지 않는다. 따라서 동적 실재에 대한 체험의 구체성과 직
접성을, 분별하는 지성이 존재론으로 형성한다면 베르그송에 있어
서는 오직 유일하게 강도에 따른 지속의 일련의 위계적 계층만이
남는다. 이 계층의 제일 밑에 흐름으로 이해된 물질이 있고, 이어
이 물질을 극복하여 오면서 이 물질을 통해 자신의 창조성을 되찾
는 단계에 이르기까지 신체(corps), 무의식, 심리적 이미지, 개념에
의한 지성, 그리고 자발성 자체로서의 자유로운 의식이 존재한다.

그런데 근원적인 의미의 '지속'은 자유로운 의식으로서 우리의
주체성 자체이며, 따라서 직관의 의미는 이 주체성을 떠나서 이야
기될 수 없다. 물론 이 근원적 주체성(인격성)은 실증되거나 도구 제
작적 지성에게는 객관적으로 인식될 수 없는 것이다. 또한 물질은
우리 생명의 근원적 흐름에 저항하는 것이나, 다른 한편 현실적인
생명체로서의 우리의 존재는 물질의 도움 없이는 존립할 수 없다.
따라서 그가 물질을 생명의 죽어 버린 파편으로 말하는 것은 하등
이상할 것이 없다. 그러면 이 운동의 두 방향은 서로 대립된 것으로
남아 있어야 하는 것일까? 자연이 통일적인 것으로 이해되어야 하
는 한, 어느 하나는 실재의 모습이 아닐 것이다.

베르그송의 직접성과 구체성의 철학은 공간성의 방향이 허구임
을 말한다. 그의 이원론적 태도에서 일원론적 태도로의 전향은 그
의 직관(지속)이론에 내포된 것이며, 물질이나 신의 존재와 그 인식
은 지성의 입장에서 보면 근원적 지속에 대한 실증성의 한계를 드
러낸다. 따라서 자유와 창조에 관한 그의 사상은 지속에 기초한 그
의 직관철학의 실증성의 한계, 혹은 거꾸로 그의 직관에 관한 합리
적인 측면과 비합리적이고 신비적인 측면의 연결고리로서 마지막
단계로 나타나는 기독교 사상으로 향한 비약의 다리로 보아진다.
이는 마치 칸트가 경험을 초월하려는 이성의 월권을 막고 그러면서
도 모든 경험의 근원적 통일성, 나아가 전 자연의 통일성, 전 우주

의 통일성의 근거로서 하나님에 대한 인간의 신앙에 여지를 준 것과도 같다. 베르그송은 《창조적 진화》에서 생의 약동이 절대자이고 모든 사물의 원리이며 혹은 그것이 보다 높은 근원에서 파생된 것인지는 문제삼고 있지 않다. 그러나 통크덱(J. de Tonquedec)에 보낸 유명한 서한에서 그의 철학이 '생의 약동'을 보낸 창조자로서 신을 향하고 있음을 밝히고 있다.[85] 베르그송에 있어서 이 신은 '생의 약동'을 항구적으로 존재케 하는 존재였다.

사실 앞에서 살핀 직관의 존재에서 자아를 제외한 물 자체에 관한 직관, 타인에 관한 직관, 생의 약동에 관한 직관은 지성의 입장에서 보면 경험적으로 자아의 직관과의 관계에서 주어지는 부분적 직관을 근거로 하여 이 직관의 연장선 위에서 직관 대상을 그 전체성에서 유추하는 것으로 보이며, 따라서 그의 직관에 따른 질적 세계상은 그것이 객관성과 실증성을 갖는 한에서 양적 다양성의 세계상으로 환원될 수 있는 것같이 보인다. 베르그송에 따르면, 현실적 존재는 서로 반대되는 두 운동, 즉 계기들이 점점 긴장되고 집중되는 순수지속의 방향과, 계기들이 이완되고 동시성으로 해체되는 물질성의 방향과의 만남으로 말해지듯 우리의 지성적 인식도 두 상반된 운동의 만남으로 이야기될 수 있고, 밀레처럼 지성이 운동 존재의 인식을 허용하는 것으로 이해한다면 베르그송의 철학은 새로운 이성주의에 불과할 것이다.

태양 아래 새로운 것이 없다면, 또 우리의 모든 경험의 내용이 그 실증성에서 실험과학적으로 모두 설명될 수 있는 것이라면, 또 이 지상의 인간적인 삶 이외의 초월이 없다면 이 현실에 대해 서구적 '지성'이 밝힌 내용과 베르그송의 직관에 의한 인식이 밝힌 내용은 서로 방법상의 차이만 있을 뿐 그 내용은 결국에는 다를 바 없을 것

---

85) H. Bergson, *Mélanges*, 964면.

234

이다.[86] 그러나 베르그송은 자신이 규명한 지속과 동적 존재론의 최후의 요석이 되는 직관을 밝힌다. 그것은 '신의 직관'이다.

## 7.6. 신의 직관

베르그송은 《도덕과 종교의 두 원천》에서 '생의 약동'의 자유로운 창조자로서 그리고 사랑으로 정의되는 초월적인 신의 직관을 말한다. 그러나 베르그송이 말하는 이 직관은 위대한 성자 혹은 크리스천 신비가들이 체험했다고 한 신비한 직관에 근거한 것이다. "베르그송의 철학은 지각된 것의 철학이다. 그런데 신은 증명되는 것이 아니다. 신이 존재한다면 신은 지각되어야 한다."[87] 이 지각이 신비체험이다. 신비체험은 신비체험자가 신을 지각하는 정도에 따라 철학적 방법이 된다. "신비주의는 신의 존재 문제를 실험적으로 도달할 수 있는 방도이다. 우리는 철학이 어떤 다른 방법에 의해 신에 도달할지는 알 수 없다."[88]

직관은 근원적 자발성을 획득하는 것, 혹은 베르그송의 말대로 생의 충력이 주는 지속체험 안에서 사는 것이다. "우리 자신의 내면적 자아로 가 보자. 우리가 도달하는 지점이 깊으면 깊을수록 우리를 표면으로 되돌려 보내려고 밀어내는 힘은 더욱 강해질 것이다. 철학적 직관이란 바로 이러한 접촉(contact)이며 철학은 이 약동이다."[89] 그런데 생의 약동 자체는 그 유한성 때문에 인간성을 종(種)

---

86) 고전적 존재론에서 플라톤석인 존재론의 성괴는 그대로 베르그송의 존재론 속으로 들어온다. 달라진 것이 있다면 이데아 대신 지속이, 공허와 공간 대신 연장과 지속의 상호 연관성이 대치되었을 뿐이다. 베르그송에 따르면 원자는 과학적 '지성'의 산물이다. 이 때문에 베르그송은 직관에 지성을 배제하지 않는다는 점에서 합리성이 성립하나 본질적으로는 그것을 넘어서는 데 있다. E.C., 제4장 참조.

87) Barthélemy-Madaule, *Bergson* (Paris: P.U.F, 1983), 161면.

88) H. Bergson, *D.S.*, 255면.

89) H. Bergson, *P.M.*, 137면.

의 법칙에서 자유롭게 할 것을 발견하지 못했을 것이다. 여기에서 그 자신 생명체들의 분할의 원인들로 되는 것이 아닌, 통일 속에서 분화되는 힘들의 원리로서의 힘이 있을 필요가 있다. 그것이 신비적 약동이다.

생의 약동과 신비적 약동과의 관계는 물질과 생명과의 관계와 같다. "신비한 약동은 생의 약동을 다시 포착해서 더 멀리 나아간다. 우리는 우리의 심층적 자아가 다른 영혼과 공감하며, 전 자연과 공감함을 발견한다. 그러나 이제 인류를 탄생시킨 창조적 행위도 하나의 정지(arrêt)였음을 알게 된다. 전진을 함으로써 우리는 한계를 부수는 결단마저도 부순다."90) 이제 신비한 영혼이 자신으로의 순환을 멈추고, 종족과 개인의 닫히고 순환적인 법칙을 부수며 나아가 신과 합일한다. 신은 빛과 사랑과 인격으로 말해진다. "신은 현존한다. 그리고 기쁨은 끝이 없다(Dieu est present et la joie est sans bornes)."91)

그러나 문제는 생의 약동이 오직 이 세계에 내재하는 원리라는 점이다. 이것이 어떻게 신에 대한 초월적 내용과 관계될 수 있는가? 이 문제는 오직 신비체험자에 의한 자신의 신비체험의 분석에 달려 있다. 베르그송 자신도 이 직관을 지적 · 예술적 · 도덕적 발명 원리에 속하는 영혼의 깊은 창조적 정서, 순수지속, 생의 약동과 관계시켜 설명하고 기술할 뿐이다. 신비가들의 직관에 대해 우리 범용한 영혼들은 우리 자신 안에 그 반향만을 감지할 수 있을 뿐이며, 그들의 말과 모습과 행위가 우리의 마음 깊은 곳에 이르면 우리는 무엇인지 모를 힘에 끌리며 감화될 뿐이다. 신의 직관에 의해 그들의 영혼은 끝없는 기쁨을 느끼게 된다. 이 감화와 이 기쁨이 신의

---

90) H. Bergson, *D.S.*, 50면.
91) 위의 책, 244면.

존재에 대한 보장이 아닐까? 베르그송은 신의 직관에서 아마도 신 아니면 신의 지상사자(地上使者)와의 접촉 내지 부분적 일치를 말하고 있다. 그것은 "생(生)을 지상에 나타나게 한 창조적 노력"이라 불러야 한다. 베르그송은 분명 가장 깊은 심층에서 직면한 생의 약동의 경향을, 인간에게서 실현된 신에 대한 사랑과 전 인류에 대한 사랑인 생의 약동의 방향을 생각하고 있다. 베르그송에 따르면 어떤 영혼은 우주적인 생의 약동과 만나고 있을 것이다.

베르그송은 정당하게도 신의 직관을 그것이 직관인 한에서 지성적 추리에 의존하지 않고 직접 특별한 개인에게서 실현된 구체적인 신비체험에서 찾고 있다. 또한 이 신비체험에 대한 분석에서도 그의 지속에 대한 근원적 직관에 기초하고 있어 결코 비약이 아니다. 물론 순수한 지속의 직관이 우리 지성에게는 침묵으로 남아 있듯이 신비체험도 또한 우리의 앞에 신비하게 남아 있을 것이다. 그러나 이러한 신비체험을 한번 하고 난 사람들은 베르그송이 지속체험을 묘사할 때 보여 주었듯이 그 체험이 강렬하면 할수록 그 반작용이나 반사작용은 크다. 그래서 이 체험은 그들의 모든 생활과 관념을 지배하게 되고, 그의 모든 생각은 이 체험을 칸트의 말대로 모든 경험의 가능성의 조건, 즉 초월론적인 것으로 전제한다. 그러나 다른 한편, 베르그송의 합리적 정신(知性)은 생명 일반의 근거로 말해지는 '생의 약동'의 직관을 토대로 신을 유추해 볼 수 있도록 허용한다. 음악가의 아들인 베르그송은 자신의 지속체험은 말하면서도 "기독교적 신비체험"[92]을 자신이 한 것으로 말하고 있지는 않다.

---

92) 기독교 신비체험은 신약성서에서는 계시적인 삼위일체 신의 부정적 변증법으로 정리되고 있다. 성부, 성자, 성령의 신비적 연합인 삼위일체의 신 개념은 존재론적으로나 자유 민주주의의 사회조직의 원리로서 인류 최고의 정신과 지혜를 나타내고 있다.

# 8. 직관과 다른 정신적 기능과의 관계

## 8.1. 직관과 본능

우리가 베르그송의 직관의 의미를 보다 분명하게 하기 위해서는 여타의 정신적 기능과의 관계에서 살펴보아야 한다. 우선 문제되는 것이 직관과 본능이다. 이 두 정신적 기능의 발생을 베르그송에 따라 살펴보자. 베르그송은 생명체의 발생에서 최초에는 분화되지 않은 영적인 흐름(courant psychique)을 설정한다. 이 흐름은 후에 진화함에 따라 자기의식, 지성, 본능, 직관의 형태로 다양하게 분화된다. 이 최초의 흐름이 물질 속에 침투하면서 다양하게 세분화되며 물질을 유기화한다. 그리고 다양하게 세분된 각각은 유기체들의 진화의 노선들을 결정짓는 내적 원리가 된다.

원리적으로 생각한다면 지적 직관, 즉 그 자체로 분명하고 완전한 인식인 직관을 부여받은 존재가 탄생할 수도 있겠다. 그러나 실제로는 그렇지 않다. 물질을 통해 형성한 유기체를 돌보아야 하고 동시에 자신을 보존해야 하기 때문이다. 특히 동물은 외적으로 행동을 해야 한다. 그래서 동물이나 인간에게 있어서 원초적인 생명의 충동은 정신적 기능의 잠재력을 외적 행위에 유익한 수단에다 쏟지 않을 수 없었다. 그래서 행위에 유용한 감각과 지각을 개발하

238

고 각각 진화의 두 결과인 본능과 지능의 서로 다른 두 정신적 기능으로 분화되었다. 동물의 심적 현상은 존재를 내부로부터 포착하며 직접적이고 구체적인, 그러나 생의 유지에 유용한 대상들에 국한되어 버린 인식의 형태를 띠었다. 그러나 이 인식형태는 자신에 대한 반성이 있을 수 없고, 반성적 의식이 없어서 본능, 혹은 본능적 인식이라고 한다.

다른 한편, 인간의 심적 현상은 개념적 지성의 형태를 취했고, 이 기능은 추상하고 일반화하며 추론한다. 바로 이 때문에 물질에 적합하고, 물질에 대한 제작적 행위에 적합하다. 이 인식방법에는 자기반성적 의식이 수반되어 있다. 이 때문에 이 의식은 자유롭다. 그러나 이 의식은 자신의 근원을 망각하고 관심이 행위의 대상에 몰입되어 있기 때문에 감관-지각의 경향을 따르면서 공간 지향적이고 외향적이다.

그런데 베르그송에 따르면 인간이 갖는 지성에는 존재에 대한 직접적이고 '안으로부터'의 인식의 경향을 가진 것이 희미하게나마 덧붙여져 있다. 이 의식은 동물에게서처럼 생의 보존에 관계되는 것에 국한되어 있지 않으며, 또 외적 행위에 종속되어 있지도 않다.[1] 그것은 사물 전체의 깊은 본성에까지 확장되고 그것의 근원에까지 확장될 수 있다. 그리고 이 기능에 지성이 갖는 반성적 의식이 수반될 수 있는 것이다. 따라서 베르그송이 직관일반(直觀一般)에 의해서 그 자체적으로 존재하는 사물에 대한 직접적인 인식을 생각한다면, 감관-지각 안에 사물에 대한 객관적인 인식이 있다는 것은 제쳐두고라도, 직관은 인간과 동물에 서로 다른 형태를 취한다. 즉, 이들 각각은 서로 불완전한 면을 가지나 이 가운데 인간의 것은 본질적으로 동물의 것보다 우월하다. 본능의 형태로서 직관적 인식은 생생하나 관심에 몰입되어 있다. 또 자신에 대한 반성이 있을 수

1) H. Bergson, *E.C.*, 189면.

없어 무의식적이고 몽유병적(somnanblique)이다.[2] 이에 반해 인간에 있어서는 아주 일시적이고 드물지만 관심의 몰입 속에 있지 않고 (désintéressé), 자기반성적이며 원리적인 직관적 인식이 당연히 그래 야 할 것처럼 분명하고 보편적인 것에도 관계한다.[3] 베르그송은 본 능과 지성의 상호 침투에 의해, 혹은 확장과 수렴의 변증법적인 이 중적 과정에 의해 고등한 직관이 될 수 있는 것은 본능적 인식의 핵 자체라고 말한다.[4]

## 8.2. 직관과 사유

직관은 그 자체 언어적으로 '표현할 수 없는(inéxprimable)' 것으로 어느 정도 맹목이다. 그것은 베르그송이 동물의 본능과 관련시켰듯 이 행위적 의식이며 행위(acte) 자체이다. 따라서 그것이 인식되고 일깨워지기 위해서는 인간의 정신에 다른 능력이 있어야 한다. 그 것이 바로 개념적 지성이다. 지성이 직관을 생각하게 되는 것은 그 것이 그 자신의 문제를 해결할 수 없다는 능력의 한계를 자각할 때 이다. 특히 지성이 세운 철학적 체계 간의 대립이나 그 문제를 해결 할 능력이 없음을 자각할 때이다. 철학적 지성은 모순율에 따르는 존재론적 사색을 수행하는 이성이다. 이 이성이 현실을 분석하는 과정에서 부딪치는 것이 이율배반이거나 딜레마들이다. 그런데 이 러한 이율배반이나 딜레마는 직관적 현실에 비추어 해결되거나 해 소되어야 한다. 이러한 현실적 존재 인식의 자각의 근원은 무엇인 가. 소크라테스의 다이몬(daimonia)이 "그것은 불가능하다."고 속삭 이기 위해서는 이미 지성의 인식방식이 접근할 수 없는, 지성의 무

---

2) H. Bergson, *D.S.*, 267면.
3) 위의 책, 179면.
4) H. Bergson, *E.C.*, 192면과 다른 곳.

지를 유발하거나 이성이 스스로의 한계를 고백케 하는 현실적 대상
이 주어져야 하고, 또 이미 그 현실이 모순율에 따르는 지성의 무지
를 유발하는 성격임을 알고 있어야 한다. 이러한 지성의 현실 인식
의 무지를 고백케 하는 소크라테스의 다이몬이나 칸트의 오성의 한
계를 인식하는 이성의 근저에 말로는 표현할 수 없는 현실적인 것
이 있는데, 그것이 역동적 실재로서 지속을 인식하는 직관적 인식
이다.

　베르그송에 따르면, 직접적으로 주어지는 직관적 경험의 사태를
분석하고 종합하는 언어적 지성은 고정되고 죽어 버린 물질에 대해
서나 그 기능이 적합하지 생명의 사태에 대해서는 무능하다. 인간
의 지능을 전통적인 존재론적 관점과 진화론적 관점에서 종합적으
로 해석하는 베르그송은, 인간의 지능이 지닌 본질적 기능을 제작
기능에서 포착하지만 그래도 이러한 제작 기능이 정서적인 직관의
개입 없이는 이질적 차이성에 기초한 창조를 할 수 없음을 성숙한
지성이 반성적으로 인식함을 발견한다. 즉, 서구적 지성은 생명에
대한 존재론적 분석의 무능의 자각과 함께 직관의 존재를 자각한
다. 그러나 역으로 이런 지성의 개입 없이는 직관은 관련된 대상과
의식되지 않은 차원에서 본능적인 예감의 상태로 머무를 뿐이다.
그러면 지성은 이 직관의 존재를 예감하는 차원에서 일깨우기만 하
고 말 것인가? 어떻게 직관을 의식의 차원으로 가져오지는 못하
는가?

　베르그송에 따르면 철학을 위해서는 철학의 아들인 모든 분과 과
학적 인식이 절대적으로 필요하다고 말한다. "개념들은 철학에 없
어서는 안 된다. 왜냐하면 다른 모든 과학들은 일상적으로 개념들
에 근거하여 작업을 하고, 형이상학은 다른 과학들이 없이는 이루
어질 수 없기 때문이다." 특히 그의 직관론을 신비주의로 해석하려
는 어느 시도도 "그 신비주의가 과학을 경멸하는 것이라면" 전적으

로 반대하고 있다.[5]

　그러면 과학은 그의 직관론에서 어떤 역할을 하는가? 우리는 첫째로, 과학적 지성이 존재론적인 철학적인 문제를 일으키고 일깨운다는 점과 둘째로, 이 철학적 문제들을 해결하는 데 직관에 조회케 한다는 점에서 과학의 역할을 찾아볼 수 있다. 왜냐하면 근대 과학, 더 나아가 현대 과학은 관찰 지각적 경험에 기초하고 있고, 이 관찰 지각적 경험의 객관적이고 보편타당한 설명은 실험적 관찰에 의해 보증되기 때문이다. 그러나 이러한 과학은 정신이나 생명현상에서 한계에 부딪힌다. 물론 과학으로서는 관찰과 실험이 가능한 한 생명과 정신에 대해서도 그 자신의 방식에 따른 탐구의 역사를 계속할 것이고 해야 한다. 그러나 베르그송이 말하는 역동적인 운동의 존재, 창조적으로 진화하는 시간성에 기초하고 있는 지속의 존재 앞에서 지능에 의한 과학적 탐구는 입을 다물 수밖에 없게 된다.

　그러면 이러한 앞의 단계들 다음에 우리는 과학과 개념적 인식을 버리고 순수직관에 몰입하면 되는가? 아니다. 순수직관이 자아의 식의 주관성과 상대성, 그리고 자의성 때문에 문화적이고 사회적인 산물로 환원되어 버리기 전에 "과학적 소여들을 앞에 두고서 이 소여와 친숙하게 됨으로써 이것을 통하여 이 소여들이 나온 깊은 지속을 일깨우고 지각해야 한다."[6] 여기에서 이 직관을 일깨우고 지각하는 방식은, 마치 한 사실에 대해 잡다한 여러 이론들을 가지는 과학적 지식의 소여들을 통일적 관점에서 볼 수 있게 하는, 회화에서의 소실점을 찾는 것과 비슷하며, 그 소실점을 자아의 지속 가운데서 찾게 하는 방식으로 나타난다. 이의 예로서 베르그송이 드는 것으로, 한 작가에 의해 묘사되는 인물을 그의 성격, 행동, 말의 잡다한 다양성에서가 아니라 이 잡다한 것을 통일적으로 바라보게 하

---

5) H. Bergson, *Paraléllisme Psychophysique*(1910), 64면.

6) H. Bergson, *P.M.*, 254~255면.

는, 그 인물의 지속에 공감하는 자신의 지속 가운데 몸을 둠으로써 파악하는 것이 있다. 우리의 많은 심리분석에 예비되어야 할 이러한 자아직관은 단순한 관념적 반성이 아닌 다양한 생 체험의 통일성을 자각하게 하는 체험의 깊이에서 이루어져야 한다. 이러한 체험은 단순한 주관의 산물이 아니라 신체 내외로 관계하는 객관화된 지각과 지능의 반성적 산물일 뿐만 아니라, 근원적인 생명의 원리인 약동에 대한 직관적인 인식에로 수렴되는 것이다. 이렇게 보면 직관적 인식은 인간의 어떠한 체험현상도 소홀히 여겨서는 안 되며 이 때문에 종교적 심리나 신비적 체험까지도 고려해야 한다. 더 나아가 종교적 저술가, 신비체험자들의 직관에 도달하기 위해서, 종교적 수행이나 실천은 물론 선각자들의 행위나 말에 귀를 기울여야 하는 것이다. 역으로 직관적 인식은 이러한 그들의 직관의 방향을 우리 안에서 느끼기 위해서도 지성에 의해 이해될 수 있는 표현수단이 필요한 것이 아닐까?

사실 베르그송의 많은 언급들은 개념을 통해서 어느 정도 직관을 개연적으로 표현할 수 있음을 알린다. 그것이 플라톤의 존재론적 사유가 논리적으로 표명된 《파르메니데스》편에 나타나는 변증법[7]이거나 헤겔의 정반합의 도식에 따르는 변증법적 사유가 지향하는 것이다. 그러나 이러한 변증법적 사유에서 우리는 우리의 의식이나 마음 혹은 생명현실에 대한 객관적으로 검토하고 실험할 수 있는, '실재와 맞부딪친' 어떤 정확한 인식을 지니는 것은 아니다. 이 때문에 직관 그 자체는 우리의 입을 다물게 한다. 개념들은 직관의 부분이자 편린들이다. 따라서 직관에서 개념으로 갈 수는 있어도 개념에서 직관으로 갈 수는 없다.[8] 결국 직관과 사유는 서로 전제되

---

7) 송영진, 《플라톤의 변증법》 참조. 플라톤의 대화록 《파르메니데스》는 아리스토텔레스의 형식논리학을 가능케 한 존재론의 형식논리학 책이다.

8) H. Bergson, *P.M.*, 185~193면.

고 전제하는 관계에 있으며, 이렇게 보면 우리 인간의 실재에 대한 인식에 있어 직관과 개념적 인식으로서 변증법적 지성은 한편으로는 반립적이면서도 다른 한편으로는 뗄 수 없는 상보성의 관계에 있는 것처럼 보인다. 물론 직관이 중심에 있고 지성은 그 주변에서 직관의 순간적인, 혹은 정지된 부분들만을 포착할 따름이다.[9] 더 나아가 베르그송의 지적 직관은 앞에서도 언급하였듯이 사실 단순한 인식이 아니라 자유의 실현이자 신적인 것의 인식이며, 이 신적인 것의 근저에 있는 생명의 약동에 참여하는 운동이므로 서구적 지성으로서는 어려운, 지성의 습관의 역전에서 성립하며, 만일 베르그송이 언급하고 있듯이 서구 철학사에 이 직관의 방법이 없었다면 이 직관의 방법은 다른 곳에서 찾아야 한다. 그것이 바로 동양의 불교적 요가 수행이나 기독교적 전통의 신비가의 체험이다.[10] 결국, 베르그송의 지성과 본능이 하나로 통합되는 직관이론은 인간의 내외 양면으로 발휘되는 것으로서, 하나는 물질에 관한 감관-지각과 질서를 인식하고 이를 기초로 자유로운 도구 제작에서, 다른 하나는 종교적 수행까지도 요구하고 이에서 기원하는 사회적이고 도덕적인 실천적 행위를 통해 신적인 인격을 창조하는 자유에서 성립함을 알 수 있다. 베르그송은 철학이 지능의 변증법적 기능에만 기

---

9) 전통적인 존재론에서는 지성의 중심에 밝은 빛으로 있고, 직관은 그 주위에서 흐릿한 무리(暈)로 남아 있다.

10) 여기에서 우리의 정신을 베르그송이 의식과 관련하여 논의한 것이 후설에게 영향을 미쳐, 후설이 지향적 의식의 분석을 통해 본질직관에 의한 현상학의 이념을 말한 것을 상기할 필요가 있다. 더 나아가 현상학 연구의 성과를 통하여 불교의 선(禪)을 직관의 철학과 관련하여 생각해 볼 필요가 있다. 현실적으로 교리가 서로 다르기 때문에 기독교의 신비적 체험과 불교의 선적 체험을 비교할 수는 없으나 이 양자의 시간체험과 이들이 서술한 체험의 실질을 비교해 보면 유사한 점이 많다. 이 때문에 불교와 기독교의 차이는 생명의 자발성에 대한 직관이 지니는 동일한 것이 사회나 문화가 주는 관념상의 차이로 다르게 묘사된 것이라 생각해 볼 수도 있다. 아니 과연 이들이 근본적으로 서로 다른 관념을 나타내고 있는 것일까? 근본적으로 다르다면 동일한 것의 한 측면만을 말하거나 부분만을 과장한 것은 아닐까?

초한 현대 생명공학이나 진화론을 주장하는 생명과학[11]과 달리 직관에 기초하여 생물학 혹은 생명철학으로 발전할 수 있음을 웅변하는 것을 《창조적 진화》에서 직접 인용하여 보자.

철학은 먼발치에서밖에 비추지 못하는 이 소멸되어 가는 직관들을 사로잡아 우선은 뒷받침하여 주고, 다음에 그것을 확대시키며, 그렇게 해서 그것들을 서로 연결시켜야 하는 것이다. 철학이 이 과업을 계속 밀고 나감에 따라 직관이 정신 그 자체이며, 어떤 의미에서는 생명 그 자체라는 것을 더욱 절실하게 깨닫게 된다. 지성은 물질을 생성하게 한 과정의 모방으로서 그 윤곽이 드러난다. 이렇게 해서 정신생활의 통일은 분명해진다. 그 통일을 있는 그대로 알기 위해서는 직관 안에 자리잡고서, 그로부터 지성으로 향해 가는 수밖에 없다. 왜냐하면 결코 지성으로부터 직관에 이를 수 없기 때문이다.

이리하여 철학은 우리를 정신적 생명으로 인도한다. 그와 동시에 정신생활과 육체적 생활의 관계를 우리에게 보여 준다. 정신주의 이론의 커다란 잘못은 정신적 생활을 다른 것들과 분리하여 지상으로부터 되도록 높은 공중에 이를 매달아 놓음으로써, 그것을 아무런 공격도 미치지 못하는 안전한 곳에 높이 둘 수 있다고 믿었다는 점이다. 그럼으로써 정신주의 이론은, 그 생활을 단지 신기루의 산물로 간주되게 하는 위험에 처하지 않는다고 생각했던 것이다. 의식이 인간의 자유를 주장하는 경우, 정신주의가 의식에 귀를 기울이는 것은 옳은 일이다. 그러나 거기에는 지성이 있어 원인이 결과를 결정하며, 동일한 것은 동일한 것을 조건짓고, 모든 것은 반복되며, 모든 것은 주어진 것이라고 말하고 있다. 정신주의가 인

11) 에른스트 마이어(Ernst Mayer)는 《이것이 생물학이다》(최재천 외 옮김, 서울: 몸과마음, 2002)에서 베르그송처럼 생의 약동력을 전제하지도 않고, 또 아리스토텔레스처럼 생명계의 조화나 통일을 말하지 않으나 그가 설명하는 진화 개념들(변성, 변형, 변이진화) 사이의 관계와 발전적 과정을 보면 헤겔인 변증법의 형식을 지니고 있다. 20세기 생명공학이나 진화론에 기초한 대표적인 저서들은 참고문헌에 나타나 있다.

격은 절대적 사상이며 물질에 대해서 독립적이라는 것을 믿는 것
은 당연하다. 그러나 거기에는 과학이 있어서 의식적인 생활과 두
뇌의 활동이 가지는 연대성을 보여 주고 있다. 정신주의가 인간에
게 자연계에서 특권적인 위치를 점유하고 있고, 동물로부터 인간
에 이르는 거리를 무한한 것으로 본 것도 옳은 일이 아니다. 그러
나 또한 여기에는 생명의 역사가 있어 각양각색의 종이 조금씩 변
형해 가면서 변모과정을 통한 종의 발생을 목격하게 해 준다. 그리
고 이와 같은 방법으로 그것은 인간을 다시금 동물계에 되돌아가
게 한다. 강력한 본능이 인간의 사후 존속을 선언할 때 정신주의가
귀를 막지 않고 있다 하더라도 잘못이 아니다. 그러나 '영혼들'이
존재하고 있고, 독립적인 삶을 영위해 가는 것이라고 하면, 영혼들
은 어디서 오는 것일까? 신체는 양친의 몸에서 빌려 온 하나의 혼
합세포로부터 극히 자연스럽게 우리들의 눈에 띄게 되는데, 영혼
은 언제, 어떻게 하여, 왜 몸에 들어오는 것일까? 이러한 모든 질문
은 언제까지나 대답할 수 없을 것이고, 직관의 철학은 과학의 부정
이 될 것이나 과학에 의해 조만간 일소될 것이다. 그렇게 되고 싶
지 않다면, 직관철학은 마음을 정하고 신체의 생명을, 그것이 있는
바로 그곳에, 정신생활로 인도하는 도상에 놓고 살피지 않으면 안
된다. 직관철학의 눈에는 생명이 세계에 던져 놓은 최초의 충동 이
후부터 생명 전체란 모두가 줄곧 상승적이기만 한 물결처럼 보일
것이고, 물질의 하강적인 운동이 그 진행을 방해하는 물결처럼 보
일 것이다. 그러나 대부분의 표면에서 또 각각 상이한 고도에서는,
그 흐름은 물질에 의해 즉석에서 생기는 회오리바람으로 변모한
다. 단 하나의 지점에서 그것은 장애물을 밀어가며 자유롭게 통과
한다. 그런데 장애물은 그 흐름의 진행을 더디게 할 뿐 이를 정지
시키지는 못할 것이다. 이 지점에 위치한 것이 인류이며, 또 우리
의 위치가 이 점에 있어서 특전을 받은 것이다. 한편, 상승하고 있
는 이 물결이 곧 의식인 것이다. 의식은 어느 것이나 그렇지만 그
수를 헤아릴 수 없는 상호 침투되는 잠재성을 내포하고 있으며, 결

과적으로 이 잠재성은 무기물을 위해 만들어진 단일의 카테고리에
속하지도 않고, 다수의 카테고리에도 속하지 않는다. 이 물결을 뚜
렷한 개체로 분리시킬 수 있는 것은 오직 이 물결이 실어 가고 있는
물질, 그리고 그 조직의 틈 사이에 이 물결이 끼어 있는 물질뿐이
다. 그러므로 이 흐름은 인간의 여러 세대를 가로질러 통과하면서
줄곧 개체로 세분된다. 여기서 흐름 자체 내의 이 세분화도 그 속
에 희미하나마 그려져 있던 것이다. 이것도 물질이 없이는 뚜렷하
게 되지 않았을 것이다. 이리하여 영혼들은 끊임없이 창조되고 있
으며, 이 영혼들은 어떤 의미에서는 선재하고 있었던 것이다. 그들
은 결국 다른 것이 아니라 인류의 신체를 가로질러 흐르고 있는 생
명의 대하가 분할되어 이루는 작은 시냇물들이다. 한 흐름의 움직
임은 필연적으로 통과하고 있는 대상의 굴곡을 따라 흐르고 있지
만, 자신이 통과하는 그 대상과는 판이하게 구별된다. 마찬가지로
의식도 자신이 생명을 주고 있는 유기체의 우여곡절을 겪고 있지
만, 이 유기체와는 엄격히 구별된다. 한 의식상태가 품고 있는 잠
재행동이 신경중추 내에서 매순간마다 그 시행신호를 접수하듯,
두뇌는 매순간 그 의식상태의 운동 분절을 기록하고 있다. 의식과
두뇌의 상호 의존성은 거기서 끝난다. 그렇다고 해서 의식의 운명
이 뇌물질의 운명에 얽매여 있는 것은 아니다. 결국 의식은 본질적
으로 자유롭다. 그것은 자유 그 자체다. 그러나 의식은 물질을 가
로질러 가려면 어쩔 수 없이 물질에 올라앉지 않으면 안 되며, 그
에 적응하지 않을 수 없다. 이 적응을 우리가 지능이라고 부르는
것이다. 그리고 이 지능은 활동적인, 즉 자유스런 의식을 향해 몸
을 되돌린다. 그리고 지능은 자연스럽게 의식을 개념적인 형식 속
으로 들어가게 하는데, 개념적인 형식이라는 것은 물질이 거기에
잘 부응하는 것을 의식이 자주 목격한 바의 형식이다. 그러므로 지
능은 항상 필연적인 형태하에서 자유를 엿보게 될 것이며, 항상 자
유 동작에 고유한 독창성 내지는 신기로움을 등한시할 것이고, 이
자발성 그 자체를 낡은 것과 낡은 것을 결합하고, 동일한 것은 동

일한 것끼리 결합하여 획득한 인위적이고 근사한 모방으로 대치시
킬 것이다.

따라서 지성을 직관에 다시 흡수시키기 위해 노력하고 있는 철학
이 보기에는 많은 (철학적) 난점들은 제거되거나 경감되고 있다.
그러나 이러한 학설은 사변을 용이하게 만들뿐만 아니라, 그것은
우리가 활동하고 살아가는 데 더욱 큰 힘을 주고 있다. 그 이유는
그러한 철학을 가지고 있으면 우리는 더 이상 인류 속에서 고립되
었음을 느끼지 않게 되며, 인류도 또한 그가 지배하고 있는 자연에
서 고립되어 있지 않는 것처럼 여겨지기 때문이다. 아무리 작은 먼
지라도 그것은 우리의 태양계 전체와 불가분의 관계를 가지고 있
고, 태양계와 함께 물질성 그 자체인 불가분의 하강운동 속에 끌려
들어간다. 그와 꼭 마찬가지로 모든 유기체들은 지극히 미미한 것
으로부터 지고의 것에 이르기까지, 그리고 생명의 기원으로부터
우리가 살고 있는 오늘날까지 언제 어디서나, 오직 물질의 움직임
과 반대되는, 그리고 그 자체가 불가분인 하나의 독특한 충력을 눈
으로 볼 수 있게 만들어 줄 뿐이다. 모든 생물들은 동일의 엄청난
압력에 버티기도 하고, 또 굴복하기도 한다. 동물은 식물에 의존하
고 있고, 인간은 동물계에 올라타고 있다. 그리고 시공간적으로 전
체 인간계는 모든 저항을 물리치고 많은 장애물을 극복하며, 어쩌
면 죽음까지 물리칠 수 있는, 막을 수 없는 공격에 임하여 우리들
전후좌우로 질주하고 있는 하나의 거대한 기마대와 같은 것이라 하
겠다.[12]

---

12) H. Bergson, *E.C.*, 268~271면. 베르그송은 여기에서 물질과 관계하는 생명과 의
식, 그리고 정신의 현상을 역동적 존재인 생명력의 약동(elan vital)에 기초한 존재
론으로 종합하여 웅변하고 있다. 즉, 물질성을 현대 과학이 설명하는 열역학 제2법
칙인 엔트로피 현상에 해당하는 하강운동으로 말하고, 정신성은 이를 거슬러 올라
가는 생명과 정신적 존재의 상승운동으로 말함으로써 물질의 공간성을 정신의 시
간성에 의해 극복하는 것으로 설명하고 있다. 이러한 웅변 속에는 헬레니즘과 헤브
라이즘을 통합하는 변증법이 숨어 있다. 헬레니즘의 존재론이 "허무로부터는 아무
것도 나오지 않는다(ex nihilo nihil fit)."는 원리에 기초한 우주론이나 세계관을 전
제하고 신이란 이러한 세계에 내재적인 존재(힘)로 이해한 반면, 헤브라이즘은 초

## 8.3. 직관과 감정, 혹은 정서

인간에게는 감관-지각을 매개로 하여 감각-감정적인 경험의 세계와 지각-관념적인 사유의 세계라는 두 세계가 존재한다.[13] 감관-지각에 의한 인간의 실존적 존재가 메를로퐁티가 말하듯이 자연적인 세계와의 내재적 관계 속에 있음을 보여 준다고 한다면, 기분(stimmung)이나 감정 혹은 정서에는 후설이 말하듯이 의식의 지향성이 내재해 있고,[14] 이에 대한 지각에 기초한 자기자신이나 타인과의 관계 속에 있는 인간 실존이 세계 내 존재이자 사회적 존재임

---

월적인 하나님이 만물을 허무에서 창조했다는 원리에 기초한 세계관임을 생각할 때, 이 양자의 종합인 창조적 진화라는 말의 변증법은 형식논리학의 모순율을 범하고 있는 것으로 보인다. 그러나 형식논리학의 모순율이 성립할 수 있는 가능 근거가 모순적인 존재로 파악되는 자유나 능동성의 존재(역동적 지속이나 창조적 정신성)를 요청하는 데에서 이루어지고 이 요청 자체가 모순율에 따르고 있다는 것을 안다면 베르그송의 창조적 진화의 개념은 존재론적으로 정당하다고 하겠다. 문제는 인간에게 남은 일이 과학을 통하든 직관을 통하든 시간성의 근원을, 혹은 자유의 원인성을 인식하거나 신적 존재를 체험하는 것이다.

13) 경험과 관념의 두 세계는 또한 하나의 통일적 연관 속에 있다고 생각할 수 있다. 지금까지 말한 직관과 사유의 세계의 관계가 의미하듯이 이것은 베르그송이 말한 (반성적) 의식기능의 변증법 혹은 생명의 현상처럼 나타나 보이므로 비유적으로 이 양세계의 현실성의 정도와 관계를 개미 사회의 현상에 비유하여 이야기하겠다. 과학자들이 개미 사회를 잘 관찰해 보면, 개미의 30%만이 열심히 일을 하고 70%는 거의 놀고 있는 것처럼 보인다고 한다. 그런데 놀고 있는 듯이 보이는 70% 개미 가운데 일부를 따로 분리하여 한 마리의 여왕개미와 함께 하나의 사회를 이루게 하면 또 다시 같은 현상이 나타난다고 한다. 현대 분자생물학은 생명체를 양 돌리(Doly)의 복제에서 보인 것처럼 복제하는 수준에 이르렀다. 인간은 어떠한가? 시간의 화살이 분명히 나타나는 성인의 체세포를 복제하여 탄생한 아기와의 관계는 어떠한가? 생리학적으로는 같다고 볼 수 있지만 두 생명체의 의식은 현실적으로 "서로 다른 한계를 지닌 시간의 화살"을 지닌다. 인격적인 동일성을 상징하는 의식이 지니는 시간의 화살(역사의식과 한계의식)을 같은 것으로 생각하기 위해서는 일란성 쌍둥이를 생각하면 될 것이다. 일란성 쌍둥이는 동일한 인격인가?

14) 이남인, 《현상학과 해석학》, 308~386면. 역으로 후설의 현상학적 환원에 전제되는 의식의 지향성(intentionalitaet)은 어휘 자체가 의미하듯이 사유와 정서적인 내용을 함께 지니고 있다고 간주할 수 있다. 여기에서 베르그송의 직관에 따른 정신의 철학을, 모든 우리의 인식을 직관적인 지향적 의식의 현상으로 설명하는 후설의 초월론적이고도 발생적인 현상학으로 변모하여 발전시킬 수 있는 가능성이 있음을 알 수 있다.

을 알려 주는 자아의식의 직관이 존재한다. 그리고 이 두 세계는 진화론적으로 보면, 신체적 인지기능인 감각과 지각을 기초로 하여 각각 반립적으로 분화 발전한 것이다. 베르그송이 말하듯이 운동-감각기관(sensori-moteur)인 신체를 지닌 인간도 다른 동물과 같이 본능적이며, 행위와 관계하여 직접적인 감관-지각적 체험의 세계 속에서 살아왔다. 이러한 체험들은 신체적 기억이 되어 반성적 의식이 나타날 기반을 형성하게 된다. 그리고 이러한 신체적 체험에 수반된 직접적 의식은 자신이나 타인과의 관계에서 사회적 감정으로 나타난다.

인간의 감정이란 무엇인가? 과거 서양의 철학자들은 플라톤 이래 인간의 본질이 사유이고, 감정이란 인간의 신체성에 부수되는 것으로서 인간의 명징한 인식을 본질로 하는 사유를 방해하는 것으로 파악하기도 하고,[15] 역설적으로 '신희노애락애오구(信喜怒哀樂愛惡懼)'와 같은 감정은 자의식을 지닌 인간만이 지니고, 인간 이외의 자의식이 없다고 간주된 동물들은 인간이 지닌 감정이나 정서를 지니지 못한 것으로 간주하여 왔다.[16] 그러나 다윈의 진화론 이후 현대의 진화심리학의 발달로 감각이나 생의 기초적인 본능적 정서(émotion)는 다른 동물들도 지니며, 감각을 지니는 모든 생명체에는 기본적으로 이러한 인지적으로 감수적이면서도 행위적으로 표현적인 심적 지향성이 존재하는 것으로 밝혀지고 있다.[17] 즉, 우리가 감정이나 정서라고 하는 것이 근본적으로는 모든 생명체에 기본적인 감각작용에 내재해 있고, 이러한 감각작용은 신체와의 관계에서 분화 발전하여 생명체가 살아가는 데 필요한 세계에 대한 인식과 행

---

15) 플라톤, 박종현 역주, 《국가(정체)》, 제10권 참조.
16) 현대에는 이성이 가치중립적인 도구적 이성으로 변모한 뒤 가치감정이 이성보다 우월한 것으로 파악되면서부터이다.
17) 플루칙(R. Plutchik), 박권생 역, 《정서심리학》(서울: 학지사, 2004), 제2장 참조.

위에 관계하는 것으로서 생명체의 본질이라는 것이다. 물론 인간에게는 이러한 기본적인 감각작용이, 인간이 언어를 사용하면서 나타난 사유와 이에 수반된 의식의 발달로 인해 비약적으로 분화 발전되어 다른 동물과는 비교할 수 없는 감각의 섬세함이나 자율적인 감정과 정서적 세계가 존재하는 것처럼 보인다. 그러나 인간의 감정과 정서에도 '신희노애락애오구'와 같은 인류에 기본적인 것이 있고, 이 기본적인 것 중에는 모든 감정에 공통적인 본능에 가까운 공포나 분노가 있으며, 이와 같은 기본적 감정들은 여타 동물과도 공유하는 것이다.[18]

다른 한편, 인간은 언어를 사용하면서 사유하는 존재가 된다. 언어사용은 도구의 사용처럼 기억과 재인 그리고 상상력을 필요로 한다. 아니 언어사용에는 이러한 심적 능력보다도 이들이 기초하고 있고 전제하는 것으로서 베르그송이 누누이 말하고 있듯이 본능적이고 기본적인 의식체험, 즉 감각에 가까운 정서나 감정(émotion)[19]이 전제되지 않으면 안 된다. 사실 사유의 본질은 언어를 매개로 하나 언어가 이미 의식의 현상(evenire)이 나타내 보이는 분별력과 지향과 초월의 반립적 능력(자유)에 기초하고 있다. 그리고 이와 같은

---

18) 동양 문화권에서 감정을 나타내는 '희노애락애오구'와 같은 기본적인 어휘에는 서양에서 기본적으로 꼽는 신뢰감을 나타내는 어휘가 없다. 사실 믿음이나 신뢰는 이성과 의지에 동시에 관계하며 정서적 개념인지는 애매한 측면도 있다. 이 때문에 감정이 인류의 공통적인 언어일 수 있는가 하는 의문이 있을 수 있다. 더욱이 동물과 공유하는 감정이라니! 그러나 감정을 나타내는 어휘를 줄이면 동물과도 공유하는 것이 있음이 드러난다. 물론 감정에 대해 학자마다 다양한 정의가 있고, 이 정의에 따른 다양한 이론들이 존재할 수 있으나, 분명 감정에는 베르그송도 말하듯이 기본적으로 인지적인 측면과 행위와 관계하는 측면이 다양한 학자들의 모든 정의에 나타나 있다(플루칙, 앞의 책, 43~50면). 역으로 인간이 지니는 다양하고 복잡하며 섬세한 감정들이란 마치 인류의 색감이 기본적인 삼원색을 배합하여 여러 가지 다양하고 복잡한 색을 산출할 수 있듯이 기본적인 감정들을 결합하고 배합한 것이라는 것을 플루칙은 다양한 서구어의 감정 언어를 정리하여 《정서심리학》 제5장에서 밝히고 있다.

19) 프랑스어 'émotion'에는 우리말 '감정'에 해당하는 역동성이 들어 있다.

분석하고 종합하는 능력이란 원초적인 의식, 즉 감각과 같은 직관적인 의식의 인지와 작용능력에서도 나타난다. 그리고 이러한 기초적인 감각능력은 베르그송에 따르면 자발성 자체이다. 이 자발성의 능력이 분화 발전하여 나타난 여러 기능들, 혹은 원초적인 자발성의 한 측면들을 우리는 베르그송의 말처럼 고정하고 분절하여 기억이니 재인이니 상상력이니, 정서나 감정이니, 사유라고 부를 뿐이다.[20] 이 때문에 우리가 이러한 각각의 능력을 분석하여 보면, 앞 장에서 보았듯이 그 안에는 심적인 모든 기능들이 다 요구되는 특성을 보이기도 한다. 즉, 심적 능력의 부분들이라 부를 수 있는 각각의 기능에는 심적 능력 전체라고 부를 수도 있고 기초적이라 부를 수도 있는 능력이 전제되거나 기초되어 있음을 알 수 있다. 그리고 이러한 능력은 인간에게는 다른 동물보다 우월한 것으로 나타나기는 하나 역시 전능이 아니고 제한되어 있음을 알 수 있다.[21] 특히 인간의 사유는 다른 동물과 공유하지 않는 듯한 언어능력을 매개로 하여 나타난 이러한 자발성의 분화되고 전문화된 지능이라는 한 형식적 능력을 지칭할 수도 있다. 이러한 자발성의 형식적 능력 특히 논리적인 사유의 핵인 지능과 이를 기초로 하여 현실을 인식하는 인간의 본질이라 불려 온 이성은 의식 현상의 경향성과 지향성에 자신을 맞춰 초월과 내재를 수행하는 창조적 진화라는 변증법적인 운동을 하는 것으로 나타난다.

생각하는 능력을 지닌 이성적 존재, 그는 이 자유의 능력 때문에

---

20) H. Bergson, *E.C.*, 3면.

21) 베르그송은 이 때문에 인간의 자유의 능력이 제한되어 있다는 것을 곳곳에서 말하며, 그의 존재론을 가능성(잠세태) 개념에 기초하여 말하고 있다(*P.M.*, 109~112면). 그리고 이 가능성은 지성에게는 모순으로 나타나 보이는 장벽을 거슬러 올라가는 능력으로서 죽음까지도 극복될 수 있는 신적 존재에게서나 완성되는 것으로 베르그송은 신비주의적으로 말하고 있다[박홍규, "베르그송에 있어서 근원적 자유"(박홍규 전집1, 178~201면) 참조].

이 지상의 나그네처럼 보인다. 그는 역설적으로 이성 때문에 망각한 본능을 일깨우고 개발하기 위해 이 지상에서 끊임없이 '학습하는' 노력을 해야 하며, 자연이 풍부하지 않으면 그는 땀 흘려 노동하지 않으면 안 된다. 이 상황은 성서의 창세기에 신화적으로 잘 묘사되어 있다. 다른 한편, 그는 자신이 불완전한 것을 끊임없이 느낀다. 학습하는 일은 시행착오의 연속이며, 결국 반성하는 인간은 자신의 능력의 한계에 따른 잘못과 실수를 자각하지 않을 수 없다. 인간은 이런 잘못하는 의식과 실수의 의식이 다른 동물에 비해 비교할 수 없을 정도로 크다. 그러나 이러한 실수와 잘못을 자각하게 하는 것이 또한 이성이라는 현실인식의 능력이다. 이 현실인식의 근저에 생의 경험이라고 하는 직관이 있다. 베르그송은 직관의 철학을 통하여 이성 중심의 서구 철학적 전통이 표상하게 하는 지상과 우주를 나그네길이 아닌 인간의 고향집으로 화하게 한다.

사실 인간의 의식기능 중에는 분별하는 기능 이외에 공감하는 기능이 있다. 지능의 분별하는 기능에는 의식의 존재에 관한 인식과 이에 의한 지적 변증법이 성립하지만, 이러한 지적 변증법에는 창조적으로 변화하는 실재에 대한 새롭고 구체적인 내용이 없다. 다른 한편, 공감하는 의식에는 지적인 존재의 객관적(대상적) 의식에 따른 변증법에 동등한, 모두 공허가 없는 질적이며 구체적이고 주체적인 체험에서 성립하는 다양성과 독특한 개별성이 존재하나 여기에는 동일성은 물론 유사성마저도 결여되어 있다. 베르그송은 존재론직으로 이 양자를 하나의 역동적인 원리(élan vital)에 의한 구체적 직관으로 통합하려 한다. 이 때문에 공감하는 의식의 직관적인 질적 체험에는 존재론적인 상대성이나 존재와 허무 사이의 지적인 변증법에 대응하는 창조적 진화라는 말에 함축된 반립적인, 그러나 창조적 변증법이 존재한다. 이 예시적으로 공감하는 의식은 동물에게서는 본능과 쾌고로 나타나지만, 분별력을 지닌 사유하는 인간에게서는 쾌고에 기초한 감각이 정서적이고 지적인 가치(진선미)에 따르는 감정이나 정서의 다양한 형태로 나타난다. 쾌고의 감각과 관계하는 인간 정서의 가장 기본적인 감정으로서 '신희노애락애오구'와 같은 것이 있고, 이러한 기본적 감정이나 정서에는 각각 반대되는 가치가 분화되어 있으며, 이에서 이들이 복합되거나 진화하여 다양한 가치감과 감정 및 정서가 분화 발달하여 존재하는 것이다. 역으로 분별하는 기능으로서의 추상능력이나 사유기능은 사물들의 성질들을 분리하고, 이들 각각에 기초적인 반립적 관계에서부터 이들 사이의 관계를 살피며, 그 결과 인간만이 사유를 통하여 감각적인 쾌고를 타인이나 사물에 대한 가능적 행위의 표현인 의지와 관련하여 '신희노애락애오구'로 변형하고 섬세하게 표현한다. 특히 인간은 분별하는 사유능력 때문에 허무와 공허를 표상하고, 실존의 한계인 죽음을 의식하는 유일한 동물이 되는데, 이 죽음의 의식 이면에 정서적 감정으로서 불안의식이 나타난다. 앞에서 언급한 실수의 의식과 더불어 죽음과 불안의 의식은 일종의 수치의식이나 죄의식으로 나타나기도 하며, 진화론적으로 설명할 수 없는 듯한 종교적 의식이 나타나나, 이러한 종교적 감정 또한 진화론적으로 형성된 실존하는 인간의 감정의 한 핵을 이루는 부분이다. 더욱이 지성을 지닌 인간이 형성한 사회는 동물들의 떼거리 사회와 다른 것으로서 역으로 인간에게는 적응하고 반응할 환경으로 나타나 공진화(共進化)하며, 이 때문에 인간에게만 나타나는 듯한 실존적 감정도 이러한 인간의 사회성이나 문화를 반영하는 것이다. 다른 한편, 인간은 지성을 지님으로 인해서 진화론적으로 설명할 수 없는 듯한 놀이-학습과 미적 감각, 즉 무관심적 관심(disinterested interest)이라는 인지능력을 발휘하기도 하고, 베르그송에 따르면 지성이 지니는 자유의식의 한 표현으로서 웃음을 웃을 수 있는 유일한 사회적 동

22) H. Bergson, *Le rire*, 서문.

물이 된다.[22] 이 때문에 베르그송은 《도덕과 종교의 두 원천》에서는 신적 환희를, 《웃음(Le rire)》에서는 인간적 웃음을 그의 직관과 지성을 구분하는 인식론적 관점에서 해명하고 있다.[23]

## 1) 쾌고와 정서

서구 세계에서는 수천 년 동안 감각이나 감정은 이성을 방해하거나 이성과 양립할 수 없고 기껏해야 이성보다 하위의 정신능력으로서, 말하자면 하등동물의 속성이라고 간주되어 왔다. 즉, 플라톤에 따르면 사유는 영원성을 파악하며 영원한 존재에 이르고 이를 이룰 수 있으나, 감관-지각은 일시적이고 생성소멸하는 것을 파악하며 따라서 덧없는 것이라고 폄하되어 왔다. 그리고 이에서 기원하는 감각이나 감정이란 삶의 사건들에 대한 착각의 근원이며 오류를 유발하고 발생케 하는 것으로서 예측 불가능한 반응이며, 지적 판단과 양립할 수 없는 것이라고 간주되어 왔다. 특히 그리스 철학자들은 이성이 자발적인 정신의 자유의지를 실현하는 것이라 간주했다. 우리가 삶에 대해 나쁜 결정을 하는 것은 감각이나 감정 때문이며 좋은 결정은 이성에 기초한 것이라고 간주되었다.

그러나 현대에 들어오면서 무의식의 세계나 감각, 더 나아가 정서나 감정의 세계에도 그 나름의 질서와 법칙이 있고, 이러한 질서나 법칙은 생명의 환경과의 적응에 따른 진화의 역사성을 지니고 있음이 알려졌다. 더 나아가서는 감정이 없이는 이성도 성립할 수 없음을 알았다. 그리고 이러한 모든 이성과 감정의 기초에 쾌고가 감각의 상태로 있다. 이런 쾌고의 감각에는 인식적인 것이 있으면서도 동시에 이를 넘어선 지적으로는 해명할 수 없는 작용적인 주

---

23) 쾌감은 순간적이고 동물적이나, 즐거움은 지속적이고 그런 한에서 인간적이다. 그러나 행복감은 신적인 영원성에 관계한다.

체성의 신비한 체험이 있다.[24] 감정이나 정서란 이러한 주관적인 쾌고의 신비에 기초한 인간적인 다양하고 섬세하게 분화된 태도나 행위양식들이다.

철학에 최초로 무의식과 감각, 정서나 감정을 존재의 핵으로 도입한 베르그송은 진화하는 생명체들의 생존방식이 보여 주듯이 근원적인 충동이 인간에게서 자발적인 의식으로 나타나기까지 지체되고 정체되며 서로 대립하기까지 함을 보여 준다. 베르그송에 있어서 의식은 지속이며 창조적으로 진화하는 것으로서 자의식이자

---

24) 감각의 쾌고란 사실 주체성의 생리적 수준에서의 판단이다. 판단이 사유에서 옳고 그른 것을 나타낸다면, 쾌고란 생리적 수준에서 기능이 잘 이루어지고 이루어지지 않은 것에 대한 생리적 판단임을 나타낸다. 그것은 생명체의 환경과의 상호작용 결과로 나타나거나 수반되는 최종적 가치판단이다. 그러한 한에서 쾌고란 인식론적으로 사실적인 것을 넘어서는 가치에 따르는 최고의 존재론적 판단이다. 여기에 쾌고를 지적으로만 분석할 수 없는 신비가 있다. 프라딘느에 따르면 "쾌락은 전체적으로 필요감각에 속해 있다. 생물은 자연적으로 영양섭취나 성적 대상을 향한다. 그런데 쾌락은 '자기 것으로 만들려는 성향'에 필요한 대상을 정복하였을 때(결과로서), 또는 그것을 예상하였을 때(목적으로서) 생겨난다. 쾌락의 경우에는 정서가 활동을 완성하고 장식한다(앙드레 베르제 · 드 니 위스망, 《인간과 세계》, 132면)." 과거 쾌락은 인생의 목적이 될 수 없는 것같이 철학자들은 말하여 왔지만, 사실 이 쾌락에 지적 · 정신적인 것이 첨가되어 쾌락이 행복 개념으로 변화되면, 역설적으로 아리스토텔레스가 말한 신적인 것으로서 행복(eu-daimonia)이며 인생의 최고의 목적이 된다. 다른 한편, 고통이란 "해부학적 특수배열과 관계가 있기 때문에 유용한 생물적 기능이라 할 수 있다. 그러나 모든 생물이 피하고 싶어하는 고통의 상태에도 유능한 기능이 있다고 생각하는 것은 역설이 아닐까? …고통이 알려 주는 강도는 병의 강도와 다르다. 고통의 목적이 예고라면, 이 예고는 야만적 예고이다. 고통에는 무슨 가치가 있는가?" 프라딘느에 의하면 "생물의 감수성은 더 섬세해지는 예고 감각의 측면에서 발달해 왔다. … 진화된 종에게 나타나는 이러한 고통의 지속이나 악화는 이런 발전의 여파이다." 서양 철학은 고통을 나쁜 것이라고 생각해 왔다. 그러나 고통은 도스토예프스키가 말하듯이 '자아의식'의 근원이다. 고통은 자아의 무능력의 표현이기도 하지만 이러한 무능력에 대한 의식이기도 하다(앙드레 베르제 · 드 니 위스망, 위의 책). 베르그송은 "쾌락 속에도 지식이 있다면 그것은 본능이 지식이 된 형식"이라고 말한다. 반면 고통스런 의식은 주체를 주체 자신에게 나타낸다. '의식'이란 인간이 경험하는 어려움과 갈등에서 솟아나는 것이 아닐까? 데넷에 따르면 언어에 의한 사유는 이러한 의식을 가능케 한 것이다. 고통은 기독교에 따르면 육체로부터 초연하게 하고, 정신생활의 밀도를 더해 주며, 자기시련은 타자에 대한 사랑을 준비하는 것이다. 그러나 바로 이 때문에 이에 대한 반론이나 프로이트의 쾌락원리에 의한 인간 심리의 역설이 성립한다.

우리의 존재의 핵이며, 이 때문에 인간은 사유존재라기보다는 정서적 존재이다. 그리고 우리들의 정서나 감정은 사실상 우리들의 사회적 삶에서 일어나고 있는 일들을 주체적으로, 그리고 개인적으로 해석하는 가치판단의 방식이다. 이러한 감정은 두 단계를 지닌다.

첫째, 감정은 자신(ego)과 세상에 대해 어떤 목표와 믿음을 지닌 사람이 현실의 사태에 대해 해롭거나 유익하다고 평가하거나 판단할 때 일어나는 것이며, 행동을 유발하는 것으로써 일종의 주체적인 반응방식인 것이다. 사유가 객관적이고 당위적인 반응이라면, 감정의 반응은 인간의 구체적인 주관의 역사적 존재의 표현방식이다. 따라서 감정도 비록 주관적이라고 할 수 있지만 일종의 상황에 대한 판단을 내포하고 있는 것이다.

둘째, 이러한 감정에 대해 우리는 현실세계에서 가장 좋은 반응방식을 고려하는 이성의 도움을 받아 감정에 대한 대응이나 통제가 일어난다. 즉, 쾌고는 진위나 가치판단의 조정을 받는 것이다. 역으로 이성의 판단도 가치에 관련하여 일어나는 것이지 이런 가치에 기초하지 않고는 이성의 판단력이란 있을 수 없다. 이러한 가치판단에서 우리의 모든 심적 기능은 하나로 연결된다. 그리고 이 점을 통찰하고 심적 기능을 동적 존재론을 통하여 존재론적으로 해명하고 설명하려고 한 것이 베르그송의 천재성이다.

따라서 이성과 감정은 플라톤에게서처럼 단순히 서로 대립하는 것이 아니라 반립적이거나 혹은 차원이 다른 것으로서 상호 보완하는 것으로 나타나기도 하며, 인간에게는 차이나 거리가 큰 것으로 나타나나 서로 불가분리의 관계에 있다. 인간의 감정이나 심리적인 것(pathos)은 행위와 보다 밀접한 관련성을 보이며, 인식을 지향한다고 하는 언어를 사용하는 능력(logos)과 다르게, 혹은 반립적으로 나타나면서도 의지에 수반되는 의식의 관점에서 보면 언어능력과 감정능력은 상호 밀접하게 연결되어 있다. 왜냐하면 언어적 능력이란 인식적 측면으로 감관-지각에서 2차적으로 분화한 언어를 통한 가능적 행위에 다름 아니기 때문이다. 인간의 사고란 한마디로 말하면 의미를 추구하는 정서나 감정에 기초를 둔 언어적 행위이다. 물론 인식이나 행위라는 관점에 따라 이 양자의 관계에 우열이나 상하의 관계를 둘 수 있다. 사실 인식론적으로만 보면 감정은 우리로 하여금 사태에 대한 전체적인 시야를 가지지 못하게 하는 편협성이 있고 이 때문에 이성보다 사리판단에 오류를 빚을 가능성이 많다. 그러나 사태의 구체성과 직접성에서 가장 순발력 있게 반응하는 것은 감정이다. 베르그송의 직관이론은 이러한 감정이 인식적 내용을 지니고 있고, 역으로 모든 인식의 기초에 정서적인 것이 있음을 알려 준다. 그런데 《도덕과 종교의 두 원천》에서 베르그송은 정서를 지성과의 관계에서 두 가지로 분류하고, 하나는 지능 이하의 본능에 가까운 것으로, 다른 하나는 지능 이상의 것으로서 하나의 원리이며, 이 원리에서 지능과 지능 이하의 감정이 분화되어 나온 것으로 말하고 있다.[25] 이러한 지능 이상의 정서는 지능의 입장에서 보면 불완전한 지능의 보충물이거나 지능을 완성하는 것으로 보인다. 그러나 지능 이상이며 그 자체가 창조인 정서는 지능과 사회가 주는 문제와 모순을 극복하고 나타나는 창조적 행위이자 모든 사람에게 환희와 동경을 주는 신비체험자의 신비한 사랑의 정신 자체이다.[26]

베르그송이 직관과 정서의 관계에 대해 언급한 것은 크리스천이즘에 의해 이 세상에 들어온 만인에 대한 환희와 사랑과 은총의 감정에 관해서 말한 《도덕과 종교의 두 원천》에서이다. 문제되고 있

---

25) H. Bergson, *D.S.*, 40~41면. 지능 이상의 정서는 감정과 지능적인 것을 함축하고 있어서, 말하자면 이 정서에서 지능적인 것과 감정적인 것이 분화되어 나오는 것처럼 보인다.

26) "하나님은 사랑이시다."라고 말하는 기독교는 모든 존재가 이 사랑의 존재에 기초하고, 기초하지 않고는 존립하거나 존재할 수 없음을 상징한다.

258

는 이 정서는 일상적인 감정의 형태처럼 지성 이하의 차원의 것이
아니라 초지성적 차원의 신비한 것이다. "본능과 습관 이외에 우리
의 의지에 직접 작용을 하는 것은 감성(sensibilité)이다."[27] 그런데 일
상적인 의미에서 정서들은 감각과 표상에 의해서 나오는 것이다.
그것은 우리의 정신 안에 갑작스러운 충격을 줌으로써 혼란을 야기
한다. 그러나 베르그송이 말하는 정서는 이런 잡다한 표상의 원리
(pricipe)이다. 그것은 운동이며 정신의 내적인 약동에서 우러나오는
비약으로서, 행위를 위해 우리의 전 존재를 질서짓는 창조적 정서
이다. 그것은 음악과 문학적 창작의 근원에서 발견되는 것과 닮았
다. 그것은 상징이나 이미지로 약간 표현될 뿐이다. 베토벤이 교향
곡을 작곡할 때 그 정신의 불가분적인 충동은 그 모든 작품에 영감
을 주고, 소리의 교묘한 결합 속에서 꽃 핀다. 그러나 이 충동은 그
자체 음악 이상이며 지성 이상의 것이다. 그래서 전 인류에 대한 사
랑은 크리스천이즘에서 꽃피었는데, 그것은 한편으로 새로운 도덕
으로 꽃피었고 다른 한편으로는 기독교 형이상학(dogma)으로 꽃피
었다. 그러나 그 자체는 도덕적 원리나 지적인 표상보다도 더 고차
적인 것이다. 그리고 이 초지성적인 정서, 도덕과 형이상학적 발명
의 근원, 구체적인 실재에 대한 직접적인 포착, 신 자신인 실재의
포착에 정서적 의미의 직관이 있다. 자신들의 정신적인 고유한 정
서를 통해서 크리스천 신비가들, 최초로는 예수 그리스도 자신이
신을 이 정서의 원리로서 포착했다. 이 정서는 신과 닮았고, 어떤
의미에서는 신과 합치되어 있으면서도 구분되어 있다. 신은 동시에
이 정서의 대상이다.[28] 그것은 빛에 비유될 뿐만 아니라 인격성을
지니며, 사랑과 창조성 자체이자 기쁨과 환희로 표현된다.

---

27) H. Bergson, *D.S.*, 35면.
28) H. Bergson, *D.S.*, 270~273면.

19세기와 20세기는 과학의 급신장이 이루어졌고, 이러한 과학은 면밀한 관찰과 실험을 통한 추론을 통하여 인간 지식의 진보를 가능케 하였다. 그리고 20세기 말에는 컴퓨터를 발명하여 인간의 정신도 컴퓨터와 비슷하게 작동한다고 비유되었다. 특히 인공지능의 컴퓨터는 인간의 사고와 동일하다고 여겨지게 되었다. 그러면 컴퓨터와 인간의 차이는 존재하지 않는 것일까? 아니다. 그 차이는 쾌고의 감각에 기초한 다양한 행동방식인 감정의 존재 유무에 있다.[29] 사실 모든 동물 가운데 인간이 가장 감정적이고, 그 감정 또한 가장 다양하다. 말하자면 우리의 감정이나 정서는 무기물 세계에서는 존재하지 않는 하나의 세계를 창조하였으며, 인간은 이러한 감성적인 가치 세계 속에서 살고 있는 것이다. 즉, 인간은 자연 위에 물질문명 외에 정신문화를 창조하여 살아가고 있는 것이다. 역설적으로 사유는 인공지능이 보여 주듯이 이를 '모방'할 뿐이다.

라자러스에 따르면, 감정은 여섯 개의 심리적 요소로 구성되어 있다고 한다. ① 개인적인 목표나 운명, ② 자아나 에고, ③ 개인적인 의미(체험), ④ 평가, ⑤ 자극, ⑥ 행동경향 등이다.[30] 개인적인 목표나 운명은 개인의 세계나 환경, 그리고 사회와의 관계에서 발생하는 것이다. 자아나 에고는 신체적으로 살아가면서 자립과 독립성을 유지하는 데 전제되는 개인의식이다. 개인적인 의미는 체험을 통하여 형성된 습관이나 사고방식이다. 평가는 자신의 실존을 반영하면서 미래를 위한 가치의식이다. 자극은 이러한 평가를 일으키는 원인이 되는 것이다. 그것은 물질적인 것에서부터 정신적인 것에 이르기까지 다양하다. 이러한 모든 것을 우리는 감정이라는 것으로

---

29) 사이보그와 인간의 차이에 대해서는 에번스(Dylan Evans), 임건태 역, 《감정》(서울: 이소, 2002) 참조.

30) 리처드 레저러스·버니스 레저러스(R. S. Lazarus & B. N. Lazarus), 정영목 옮김, 《감정과 이성》(서울: 문예출판사, 1997), 199면.

통합하여 살아가는 것이다.

진화심리학자 롤스(Rolls)는 정서적 행동과 표현에는 적어도 다음과 같은 일곱 가지 기능이 있다고 주장한다.[31] ① 위기에 대비한 준비태세로서 자율신경계의 반응을 유발한다. ② 구체적 · 국지적 상황에 반응을 적응시킨다. ③ 목표를 성취하기 위해 행위를 동기화시킨다. ④ 다른 사람에게 의도를 전달한다. ⑤ 사회적 유대를 증가시킨다. ⑥ 사건에 대한 기억과 평가에 영향을 미친다. ⑦ 특정 기억의 저장을 향상시킨다.

베르그송에 따르면, 이러한 감정의 분석은 삶에의 의지와 생명의 약동에 근거하여 해명될 수 있다. 그런데 생명의 약동은 창조적으로 진화하는 것으로 그려져 있고, 이 창조적 진화의 원리는 기독교의 창조신의 관념에서 기원하는 것이 된다. 그리고 인간이나 동물에 내재하는 쾌고의 감각에서 고통은 서구 전통에서 소극적인 것으로 평가되어 왔기 때문에 그는 인간의 감정표현의 한 양상인 비극보다는 웃음을 분석하고 있다.[32] 비극에 대해서는 아리스토텔레스가 인간의 운명적인 것으로 이미 분석해 놓았기 때문인지도 모른

---

31) 플루치크, 앞의 책, 337면에서 재인용.

32) 주석 24) 참조. 베르그송의 직관의 형이상학은 파르메니데스 이래 형성된 서구적 전통의 지성의 형이상학과 다르다. 서구적 지성의 특징은 원자론적 사고에서 그 본성이 나타나듯이 명징함과 정확성을 목표로 하나, 이런 정신에 의해 파악되는 생성 소멸하는 인생은 니체도 말했듯이 허무주의로 귀착된다. 카뮈는 이러한 인생의 근원적인 비극성을 《시지푸스 신화》로 표현하고 있다. 1, 2차 세계대전을 겪었으면서도 인생을 비극이 아닌 살만한 것, 아니 인생의 환희를 우주적으로 노래하는 베르그송의 철학과 그 방법인 직관은 그리스적인 사고에 반해 여호와 창조신을 믿는 히브리적인 사고를 닮았다[토를라이프 보만, 허혁 역, 《히브리적 사유와 그리스적 사유의 비교》(분도출판사, 1968) 참조]. 이 때문에 베르그송은 감정 중에 울음이나 비극적인 것에 대한 분석을 하지 않고 환희와 웃음에 대해서만 하고 있다. 사실 인간의 삶은 비극보다 기쁨에 기초하고 있어야 한다. 비극은 하위감정인 것이다. 《웃음(Le rire)》에서 그는 인간의 웃음을, 인간이 지성을 가짐으로써 지니는 자유의식(잘 조화된 영혼)과 사회의식에 의한 "생명적인 것에 덧붙여진 기계적인 것"을 평가하는 행위로 묘사하고 있다. 한편, 《도덕과 종교의 두 원천》에서 환희는 생명의 원리에 대한 직관적인 신비체험의 결과이다.

다. 그러나 분명 베르그송은 인간의 운명적인 것을 초극하려 하고
있다.

## 2) 정서의 한 유형: 웃음

베르그송은 《웃음》에서 인간이 왜 웃는가에 대해서 자신의 생철
학에 따른 지성과 직관이라는 이원론적인 인식론에 기초하여 분석
하고 있다. 그런데 감정과 인식은 그 작용영역과 평가방식이 동일
하지 않고 일치가 없다. 이 때문에 모든 철학이나 인식론이 그러하
듯이 그것은 하나의 이론으로서 특히 감정을 살피고 분석한 것일
경우에는 그 타당성을 평가한다는 것은 불가능하다.[33]

사실, 감정의 인식이란 가능한가? 인식이란 인식대상과 인식능
력 사이의 대응성 문제, 인식과 대상 간의 일치에 대한 판단인 진위
판단이 가능해야 한다. 그런데 감정은 우리가 그것을 인식한다기보
다는 느끼는 것이며, 우리가 직접 그것을 느끼기 때문에 "슬픔에
관한 인식은 슬픈 것이 아니라 옳은 것이다."라는 말이 어색한 말
이 된다. 특히 감정은 베르그송이 말하는 지속으로서 변화와 생성
이며 고정 불변한 것이 아니다. 이 때문에 전통적인 인식론의 입장
에서는 감정이란 파악할 수 없는 것, 혹은 베르그송의 말로서 지속
과 같은 것이어서 개념을 사용하는 지성으로써는 파악될 수 없는
것이다.

베르그송의 직관론에 따르면, 사물의 실재성은 더 이상 지성에
의해 구성되거나 행위적 관심 때문에 도구와 같이 제작되거나 조작
되어서는 안 되고, 생겨나고 일어나 있는 그대로 경험되고 느껴져
야 한다.[34] 사실 실재에 관한 앎의 능력으로서 베르그송의 직관은

---

33) 앙드레 베르제 · 드 니 위스망, 앞의 책 참조.

34) 물론 실재는 다양한 면을 나타내므로 물질과 같이 지성에 의해 구성되기도 하고,
    정신과 같이 공감되어야 하는 측면이 있다.

감성적인 것이며, 지속은 지성에 의한 개념적 표상의 대상이 아니라 감성적 체험의 대상이기 때문에 우리들 속에 있는 예시적 공감(sympathie divinatrice)에 의해 파악되는 것이다.[35] 따라서 진위에 대한 인식이란 말은 베르그송의 직관론의 입장에서는 실제적인 효용성의 의미를 지니는 것이며, 엄밀한 객관성이 있는 것이 아닌 주관적인 가치판단이 작용한 것으로서 옳음이란 유용성과 좋음 사이의 주관성이 개입한 정도 차이를 지니는 것이다. 즉, 진위란 배중률에 따라 엄밀하게 구분되거나 나누어질 수 없으며, 소위 객관적인 과학의 진위판단은 모든 사람의 주관적인 가치판단의 한계에서 성립하는 것으로서 언어적 인간의 주체성의 보편성을 나타낸다. 따라서 인간의 모든 인식과 행위가 실천적 가치판단이나 기예와 관계해서 말해진다면, 과학적 판단이란 모든 윤리적·예술적 판단의 한계에서 성립한다. 달리 말하자면 과학적 행위 자체가 실재와의 접경에서 이루어지는 모든 윤리적·예술적 행위의 기초가 되는 것이다.

더 나아가서 베르그송에 따르면, 진정한 의미의 진리란 지속처럼 체험되고 공감되며 더 나아가 창조되는 측면이 있다. 왜 베르그송은 공감이 아닌 예시적 공감이라고 말하는가? 그것은 진리 개념에는 사실성과 가치창조의 양면이 있기 때문이 아닌가? 그런데 진리에 대한 이러한 정의는 윤리적 인식과 실천은 물론 미적 감상이나 예술행위에 대한 정의와 같아진다. 어떻게 진리 인식행위와 윤리적 실천이나 예술행위가 같아질 수 있는가? 사실과 가치, 이 양자의 동일성과 차이성은 어디에 있는가?

사실 베르그송이 물적 현상에 대한 직관이 감관-지각적 행위로 이루어진다고 한다면 우리들의 지각의 주관성은 우리들의 기억이 건네 주는 것에 있다.[36] 더 나아가 우리의 정신적 삶의 직관이 주는

---

35) H. Bergson, 《웃음(Le rire)》, 서문.
36) H. Bergson, M.M., 72면.

모습인 지속은 이미 기억작용을 통하여 창발적으로 자발성을 발휘하는 존재이다. 즉, 베르그송의 직관의 내부에는 항상 기억이라고 하는 주관적 경험이 자리하고 있다. 이는 그의 직관행위가 결코 객관적인 인식행위에서만 머무를 수 없게 되는 결정적 근거가 된다고 하겠다. 특히 베르그송이 직관을 '공감'이라고 하고 "공감에 의해 대상의 내부로 옮아가서 그의 유일한 것에, 그래서 결국 표현할 수 없는 것에 일치하는 것"이라고 말하는 점에서 드러나고 있다. 그렇다면 표현할 수 없는 것을 어떻게 알 수 있으며, 설령 그것이 지속에 관한 직관이고, 그러한 직관이 가능하다 하더라도 우리가 어떻게 이 진실을 입증할 수 있는가?

우리는 베르그송이 말하는 인간에게 고유한 순수기억이 사실상 언어적 작용의 도움을 받는 우리의 감성적 · 신체적 체험(sensori-moteur) 행위이며 나아가서 우리의 언어행위와 밀접한 관계에 있음을 보았다. 즉, 우리의 의식은 관찰-지각(감관-지각)을 토대로 인식의 방향과 체험의 방향으로 반립적으로 분화되어 발전하는 것으로 드러났다. 그러나 이 반립적인 양자는 일상적 체험에서는 상호보조의 관계나 변증법적인 관계에 있다는 것을 통찰할 수 있다. 이러한 상호 보조나 변증법의 관계에서 보면 결국 베르그송에 있어서 진리의 객관성은 인간 정서의 가치감정의 보편성에 기초를 하고 있으며, 이러한 가치감정의 보편성에 기초를 두고 우리의 창조적 자발성의 주관성이 작용한다고 보아야 한다. 그리고 이러한 창조적인 주관성은 그 질료를 언어의 상호 주관적인 관념적 의미에서뿐만 아니라 주관적인 감각과 감정의 이미지와 우리가 본능이라고까지 부를 수 있는 무의식의 차원에서까지 얻어 옴을 알 수 있다. 우리는 이 점을 앞의 이미지에 의한 지각현상과 기억에 관한 논의에서 이미 예비했으므로 이를 종합적으로 언급해 보자.

ㄱ. 언어와 이미지

언어에 관한 베르그송의 거부는 단호하다. 진정한 실재 앞에서 인간은 영원히 침묵해야 하는 형을 받았다. 그러나 베르그송은 언어활동의 능력인 지성과 체험으로서의 직관의 상호 관련성을 천착하면서, 특히 《창조적 진화》 이후 표현될 수 없는 지속을 어떻게 하면 알고 표현해 낼 수 있을까 하는 문제의식에 눈을 떴다. 왜냐하면 지속이라는 직관을 이해할 수 있는 수단과 방법으로서 직관과 지성의 상관관계가 충분조건은 아닐지라도 필요조건은 되기 때문이다. 특히 그의 직관이론은 언어의 도움이 없이는 불가능하다. 언어는 말할 수 없는 것을 말하는 상징의 의미를 지닌다. 그런데 언어는 직관의 입장에서 보면 일종의 관념(idée)이라는 형식의 이미지임이 밝혀졌다. 그렇다면 언어는 단순한 상징이 아니고 최소한 실재의 그림자 정도의 형식적 이미지이다. 그런 한에서 언어도 실재를 암시하거나 표현할 수 있다. 실재 자체는 이미지는 아니나 이미지는 이 실재의 정신적 그림자이다. 따라서 직관은 이미지는 아니라 할지라도 이미지 없이는 현실성이 없고 불가능하다. 이 때문에 언어는 의사전달의 도구일 뿐만 아니라 그것이 이미지로 나타날 경우에는 우리 정신이나 감정 혹은 감각의 무언가를 암시하거나 표현하는 것으로서, 언어를 사용하는 것은 인간에게서 이미 윤리적 행위이자 예술적 행위이다.

ㄴ. 언어와 리듬

베르그송은 《의식의 직접 소여론》에서 예술의 본성이 표현하는 것이 아니라 예술작품을 감상하는 당사자에게 무엇인가 암시하면서 머릿속에 무언가를 떠오르게 하는 작용(suggérer)이라고 정의하고 있다. "아름다움을 느끼는 감정은 어떤 특별한 감정이 아니고 우리들이 경험하는 모든 감정은 그것이 외부에 의해 야기되어진 것이 아니고 암시되어진 것이라고 한다면 미학적 특성을 띠게 될 것이다."[37] 사실 베르그송은 자주 가정법의 문장을 사용하면서 상징이나 은유, 직유는 물론 환유나 제유법의 비유를 즐겨 사용하고 있다. 특히 역동적이고 살아 움직이는 지속의 모습을 표현할 수 있는 음악적인 리듬을 지닌 아름다운 글로서 그의 사상을 표현하고 있다. 지속과 리듬, 그리고 이미지의 상관성은 실재를 다름 아닌 운동의 역동성에서 파악하는 데에서 나타나는 것이다. 왜냐하면 지속은 부동성과 관계하는 공간성과 개념의 논리적 작업이 아닌 운동성에 관계하는 시간성에 따라 끊임없이 창발적으로 변화하는 이미지에 관여하는 윤리적이고 정의적인 예술적인 작업에 의해 접근될 수 있기 때문이다. 여기에서 인식과 예술의 차이는 외부성과 내부성, 객관적인 것과 주관적인 것의 차이로 나타나고, 미술과 음악은 물론 언어에 의한 예술인 웅변과 시가 바로 우리의 정신상태나 감정을 지속의 관점에서 표현하는 한에서 예술로 나타나는 것임은 말할 필요도 없다. 베르그송은 자신의 형이상학이 언어나 부호 그리고 상징 없이도 가능하다고 한다. 그런데 언어로 표현할 수 없는 것은 감각적 이미지나 감정의 이미지이다. 지각과 언어가 이미지로 표현된 것이 인식에 관계한다면 감정과 정서를 불러일으키는 그런 이미지는 예술이 되며, 그런 이미지로서 음악에서의 리듬과 미술에서의 형상이나 색의 놀이가 있다.[38]

그러면 베르그송의 지속이 주관적인 것의 영역에 속하고 직관이 형이상학의 방법이라면 형이상학과 예술과의 차이는 어디에서 성립하는가? 직관이 우리의 심적·정신적 실재에 관한 인식이라면 예술 또한 그러하지 않은가? 전통적으로 문학자들이나 예술가들은

---

37) H. Bergson, *D.I.*, 12면.

38) 언어와 관계하는 구술문화와 문자문화의 동일성과 차이성에 관해서는 옹(Walter J. Ong), 이기우·임명진 옮김, 《구술문화와 문자문화》(서울: 문예출판사, 1995) 참조.

상상력에 의해 예술을 창조한다고 하였다. 이 때문에 상상력에 의해 만들어지는 가공의 이미지들은 직관과 관계하는 이미지들과는 달리 실재에 관한 하등에 직접적 비전을 암시할 수 없는 것이 된다. 예술이란 바로 노동과는 달리 놀이에 관계하는 현실이기 때문이다. 우리가 실재와 인식, 인식과 예술 사이의 정도 차이나 한계를 구분하지 않으면 베르그송에 있어서 예술과 과학, 과학과 형이상학, 그리고 형이상학과 실천적인 윤리나 종교와 구분이 불가능하게 된다. 마치 진선미와 효용성의 가치 개념들이 인간성에서 지니는 한계가 구분되지 않을 경우 직관행위와 같이 하나가 되듯이. 그러나 베르그송이 말하는 직관에 의해 드러나는 지속의 정도 차이와 운동의 상향과 하향의 방향은 본성적인 차이이며 진위나 진실의 차이가 있다. 현실적 이성은 이러한 본성의 차이와 진위의 차이를 구분하는 것에서 현실에 대한 중용과 절제 그리고 건강함의 미덕을 발휘한다. 의식, 그것의 본성이나 발생의 신비를 알 수 없듯이 인간의 현실적인 이성의 건강함, 그것은 엄밀히 정의할 수 없는 것이다.

베르그송은 《사유와 운동》에서 이 세계를 그 어떤 위대한 예술작품보다 뛰어난 것이며, 예술이야말로 실재에 대한 보다 직접적인 비전(une vision plus directe de la réalité)이라고 하였다.[39] 베르그송은 《의식의 직접 소여론》에서는 우아함과 미적 감정에 관한 세밀한 묘사와 분석을 수행하고 있고, 《웃음》에서는 희극이론을 통해 예술로서의 지속의 형이상학을 제시하고 있다고 할 것이다. 역으로 그의 예술론에, 아니 구체적으로는 그의 희극론에 그의 직관론에 기초한 전 철학이 녹아들어 있음을 발견할 것이다. 이 때문에 여기에서는 그의 저서 《웃음》의 서론을 직접 인용하면서 앞의 연구성과와 현대 미학의 성과를 토대로 인간의 웃음의 정서적 현상에 대해 베르그송이 서술한 것을 해설하는 정도에서 그치겠다.

---

39) H. Bergson, *P.M.*, 149면; 《웃음(*Le rire*)》, 120면.

### 3) 인간은 왜 웃는가?

베르그송은 우선 삶에서의 일반적인 현상으로 나타나는 웃음을 분석하지 않고, '희극적인 것'에 국한하여 분석한다. 왜냐하면 웃음이란 슬픔을 나타내는 울음과 같이 지성을 지닌 인간의 삶에서 일반적인 현상이기 때문에 그 다양성과 복잡성은 우리 정신을 산만하게만 만들뿐이기 때문이다. 그러나 웃음 중에서 희극으로 나타난 것을 분석하는 것은 그것이 복잡하다 하더라도 연극이란 모방과 놀이 의식(儀式)이 첨부된 것이어서 이성적 분석의 대상이 될 수 있다. 플라톤에 따르면 모방이란 노동의 변질된 형태이다.[40] 또한 호이징가에 따르면, 놀이란 이성적 인간에 본질적인 그 무엇이다.[41] 이러한 여러 가지 이유 때문에 베르그송은 웃음이라는 희극적인 환상을 미리 규정하거나 정의하지 않고 여러 희극적인 것들에서 공통치를 찾는다. 일종의 경험적인 귀납을 수행하는 것이다. 그리고 그 공통치가 '우리가 규정할 수 없을 만큼 '살아 있는 어떤 것'으로 본다. 즉, 그는 희극적인 것들 속에 살아 있는 어떤 것에 대한 접촉(그의 말로는 직관에 해당한다)을 유지하면서 마치 "친교에서 생기는 것과 같은 실제적이고 친밀한 인식을 얻으려고" 하는 것이다.

---

40) 플라톤은 화이트헤드의 말대로 철학뿐만 아니라 미학의 뿌리이자 예술론의 거의 모든 것을 제공하고 있다[먼로 C. 비어슬리, 이성훈·안원현 역, 《미학사》(서울: 이론과실천, 1987), 제2장 참조]. 그 이유는 플라톤(소크라테스)이 그 당시 아테네의 교육방법으로서 수사학이나 시학이 아닌 철학을 주장함으로써 효용성의 관점에서, 즉 노동과 놀이를 구분하는 관점에서 철학과 예술을 주장하고 있기 때문이다 [Whitney J. Oates, *Plato's view of art*(New York: Chares Scrbner's Son, 1972) 참조]. 예술이나 미가 모방과 놀이에서 성립한다는 것을 최초로 언급한 것은 플라톤의 대화록 《이온》이다. 《국가(정체)》에서 말하는 시인(제작자) 추방론도 철학적 관점에서, 즉 실재의 인식과 실용적 관점에서 예술의 모방적 성격과 수사적 성격을 비판하고 있을 뿐이다. 이 때문에 플라톤은 《파이드로스》편에서 진정한 시인은 철학자이어야 함을, 더 나아가 종교−철학자임을 선포한다. 《심포지움》편에서는 플라톤 철학의 인식론적 중심원리(leitmotiv)가 되는 이데아론의 기초인 미의 이데아가 말해진다.

41) 호이징가(Johan Huizinga), 김윤수 역, 《호모 루덴스》(서울: 까치, 1981), 제1장 참조.

이러한 베르그송의 학적 정신은 희극적인 것에 대한 구체적인 경험적 직관을 보존하면서 희극적인 것에 대한 정의나 질서(logos)를 추출하려는 것으로서 그것은 형상적 환원을 하려고 판단중지를 수행하는 현상학적인 태도를 상기케 하는 것이다. 그러나 지속이라는 실재에 대한 접촉을 경험한 그로서는 생명의 원천(élan vital)에 의한 충격에 의해 그 반향과 감동을 선험적인 것으로 전제하지 않을 수 없다. 이 때문에 베르그송의 의식 속에는 생에 대한 연금술사와도 같이 아리스토텔레스의 비극에 대한 카타르시스론적 분석이 자신의 직관의 형이상학에 근거해서 볼 때 적절치 않다는 의식이 내재해 있다. 즉, 아리스토텔레스의 비극의 분석이 자신의 철학의 입장에서 보면 그리스 이래의 서구적 지성의 정신을 대표하는 것으로서 생명의 약동에는 합치하지 않는다는 것을 보여 주려는 것과도 같다. 이러한 분석의 결과, 베르그송은 희극적인 것의 모습(비전)은 그것의 가장 얄팍한 형태에서까지[42] "그 나름대로 (자신의 생철학의 입장에서) 조리가 맞는 것이며, 그 광기에 있어서도 조직적이고 꿈을 주는 듯하다."고 주장한다. 그리고 그 꿈은 사회 전체에 의해 받아들여지고 이해되어지는 모습을 환기하고 있다고 말한다.

베르그송에 따르면, 희극적인 것은 첫째, "엄밀한 의미에서 인간적인 것"의 테두리를 벗어나지 않는다. 이 때 베르그송이 말하는 인간적인 것이란 무엇인가? 그것은 동물이나 신적인 것에 대비된 것이며, 근원적으로는 생명의 원리적인 것 위에 형성된 '지능(intelligence)'을 지닌다는 점에서 독특한 것이다. 그리고 여기에서 지능이란 파르메니데스의 존재론적 사고에서 나타나듯이 한계를 존재

---

42) 우리의 삶에서 웃음의 다양성은 희극적인 것의 다양성으로 나타나며, 미학에서 아름다움의 다양성과도 똑같이 견줄 만하다. 이 때문에 웃음에는 장엄미에 해당하는 '환희'에서부터 추미에 해당하는, 조금은 비극적인 쓴 웃음도 있다. (자신-절대자에의) 의존 감정이라는 울음도 마찬가지이다. 웃음과 울음은 감각의 쾌고에 관계하기 때문이다.

의 본질로 선험적으로 간주하는 것이며, 인간 존재를 이원론적으로 분석하여 모순율에 따르는 분할의 모순을 인격의 선험적 조건으로 받아들이게 하는 데카르트의 사유(cogito) 의식에 나타나듯이, 구체적으로는 언어를 만들고 이를 통해 자신의 의식을 형성한 언어적 인간을 지칭한다.[43] 그리고 언어적 의식의 자아(cogito)란 베르그송의 눈에 보기에 생명나무에 부착된 나뭇잎과 같은 것에 불과한 것이다.[44] 그런데 이 수단적인 것을 인간은 자신과 생명의 본질로 착각한다.

코기토(cogito) 의식을 통해 삶을 형성하는 인간은 자신이 자연에서 길어와 변형하고 조작하며 모방하고 창조한 것을 문화라 부른다. 사실 인간이 만물의 영장이 될 수 있었던 것은 바로 이 이성적 사유, 즉 지능에 의해서였다. 서양의 철학자들은 사유의 핵인 지능을 반성적으로 개발하여 자연과학을 형성하였고, 이 지능을 통해 복지(well-being), 즉 물질적 삶의 풍요를 가져왔기에, 그는 자신이 자연으로부터 자유로운 존재임을 자각하게 되었다. "인간은 이성적 동물이다." 그러나 이 이성이 주는 자유는 현실적으로는 권력과 소유와 지배를 위한 자유였다. 이런 권력과 지배와 소유로부터 인간은 행복(eu-daimonia)을 느낄 수 있을까? 행복이라는 말에 해당하는 그리스어의 의미 그대로 '훌륭한 신적 상태'에 도달할 수 있는 것일까?

사유, 지능, 아니 서구적 지성은 물질문명에서 선진문화를 이룩하였다. 그러나 "인간은 이성적 동물이다."라는 말에 반대하는 베

---

43) 데넷의 《마음의 진화(Kind's of Mind)》에 따르면, 언어적 의식은 언어 없이는 불가능한 의식이며, 언어가 지니는 사회적(집단적) 의사소통의 다양한 공감대와 기억술은 인간으로 진화해 온 그레고리안 생명체의 가장 경제적이면서도 경이적인 지능을 가능케 한 것이다.

44) 언어적 의식(지능)이 지니는 의미는 생명의 근원에서 길어오면서도, 언어적 의식은 스스로를 재조직하고 번식(제작)하면서 소위 인공지능을 만든 창조자임을 자임하는 것과도 같다. 그러나 언어적 의식은 진정한 의미에서 창조자일 수 없다.

르그송은 사유가 가져온 것은 진정한 자유가 아닌 소외된 자유임을
드러낸다. 이 자유의식은 권력의식으로서 전쟁과 노동을 기초로 하
고 수단으로 하여 형성된 것일 뿐 진정한 평화와 사랑을 기초로 한
것이 아니다. 사실 고대 그리스 파르메니데스에서 기원하는 서구
철학적 사유는 운동을 비난하고 영원한 것을 추구한다. 이 때문에
사유는 역동적인 생명을 비난하고 역동적인 삶으로서는 도달할 수
없는 불변하고 무시간적인 영원성을 추구한다. 이성, 아니 그리스
적 사유는 인간 현실의 역동적인 삶에 그것이 도달할 할 수 없는 무
한의 영원성과 동시에 한계의식인 운명의식(motal)을 가져온다. 즉,
역동적인 삶에 비극적인 운명을 부여한다. 이성은 이 한계의식과
운명의식을 역동적인 삶으로서는 극복하거나 도달할 수 없는 것으
로 의식하고, 불변하고 무한한, 한마디로 말하면 정지된 영원성에
대한 이상, 아니 환상과 착각을 가져온다. 이성은 이제 한계를 자
각하고 운명적이면서도 비극적인 의식에 사로잡히며, 허무주의에
빠진다. 아리스토텔레스의 비극 분석이 운명을 개척하는 것이 되지
못하고 겨우 정화(카타르시스)의식에 멈추는 것은 바로 인간을 이성
적 동물이라고 정의한 데서 연유한다.

이성이 표상하는 신적인 행복(eu-daimnia)은 이성적 존재에게는
주어질 수 없는 것이다. 기독교의 실락원 신화는 이런 지능적 인
간, 사유하는 인간의 타락을 잘 설명해 준다. 인간은 선과 악을 알
게 됨으로써 스스로 극복할 수 없는 죄 가운데 있음을 알게 된다.[45]

---

45) 분별하는 이성은 양면적이다. 이성은 한편으로 자유의 무한성을 가져오지만 한계
　에 대한 의식은 동시에 절제와 구원을 내포하고 있다. 동물과 달리 감각적인 것에
　서 인간은 무한한 욕망을 발휘하려고 하는 것은 감각 수준에서 발휘되는 이성의 자
　율성 때문이다. 그러나 이런 감각적인 것에 한계와 보편성을 마련하는 것도 이성이
　다. 인간이 선악과를 먹은 것은 타락과 동시에 구원을 내포하는 것이다. 이성이 자
　신에 몰두하여 자신만을 위한 자유를 사용하는 것은 타락으로 가는 것이나 이 자유
　가 하나님과 관련되어 있으면 그것은 구원이자 하나님의 영광이다. 인간의 타락은
　선악의 인식을 인간 능력의 한계와 관련하여 절대적으로 설정하는 인간의 착각에
　서 기원한다. 송영진, 《철학과 논리》, 35~44면 참조.

신과 인간 사이에 극복할 수 없는 단절을 가져온 인간의 자아인식과 이에 따른 행위 때문에 선악과(善惡果)를 먹은 인간은 이제 운명의식에 빠진다. 자신의 능력으로는 도달할 수 없는 신적 상태에 대한 절망과 허무, 그리고 죄가 되는 행위와 이로 인한 "사망을 예견하는 지성은 이미 죽어 있는 것"과 마찬가지이며 이제 살아갈 수가 없게 된다. 삶에 끼여든 이 비극성은 과연 진상인가? 죄와 허무와 절망과 죽음이 삶과 생명의 기초이자 목적이자 한계인가? 생명의 근원이나 원리가 되는 신을 망각하고 만물의 주인임을 자부하는 인간의 권력의식에서 인간이 느끼는 것은 무엇인가? 베르그송은 《도덕과 종교의 두 원천》에서 그레코-로만적 정신이 비극적인 운명적 (mortal) 의식에서 벗어나지 못하고 한계에 부딪혔을 때 이 한계를 부수고 나오는 인류의 정신을 예수를 시발로 하는 기독교에서 발견했다고 말하고 있다.[46] 인간의 삶은 권력의식에서가 아니라 타자를 위한 헌신과 봉사의 삶에서 우러나오는 지극히 단순한 기쁨으로 표현되는 신적 환희가 되어야 한다고 웅변하는 것이다.[47]

　인간은 웃을 줄 아는 유일한 동물이다. 지성이 주는 인간의 자유의식은 자신이 생에 부여한 비극적인 것과 운명에 대해 웃을 수 있는 존재이다. 이 웃음의 진정한 근원은 무엇이고 어디에 있나? 베르그송이 보기에 이성적 존재가 추구한 영원성은 진정한 살아 있는 영원성이 아닌 거짓된 죽은 영원성이었다. 지적으로 인간은 보기에 좋은 만물을 창조하신 하나님을 전능자가 아닌, 아리스토텔레스가 말하는 '스스로를 사유하는 관상자'만으로 볼 뿐이다. 지성에 어떻게 웃을 수 있는 자유가 주어졌단 말인가? 지성이 웃을 수 있는 것은 진정한 자유를 만났기 때문이 아닌가? 아니 체험은 하지 못했다 하더라도 진정한 자유를 감지하고 모방하는 데에서 나오는 것은 아

---

46) H. Bergson, *D.S.*, 244~248면.

47) 피에르 신부, 백선희 옮김, 《단순한 기쁨》(서울: 마음산책, 2000) 참조.

272

닐까? 웃음과 놀이의식(儀式)의 이면에 있는 삶의 실체에 대한 직관
과 이의 모방의식은 우리가 예술이라 부르는 것이다. 지성은 이제
예술을 통하여 인위적인 제작과 창조를 통하여 삶의 실체를 표현하
려고 한다. 지성은 그것이 본성적으로는 모방에서 시작할지라도 자
신의 기원이 된 실체를 예감하고 감지한다. 이 실체가 베르그송이
말하는 지속(durée)이며 생의 약동(élan vital)이고, 진정한 의미의 자
유이자 신적인 것이다. 그리고 지성은 자신이 제작하고 창조한 모
든 것이 삶의 실체에서 빌려 왔음을 인식한다. 이러한 삶의 실체에
대한 인식이 그가 말하는 지적인 직관이다.

이제 인생의 직관(달관), 생의 근원적 약동에 접촉하고 이에 도달
한 사람만이 진정으로, 자신의 근원이 된 실체를 망각하고 자신만
의 법칙(모순율)에 따라 모든 것을 조작하고 권력의식 아래서 행한
모든 행위를 그것이 비록 현실이 아닌 가상현실(virtual reality)이요,
"착각과 아무것도 아닌 사소한 것에서 기원한다 할지라도 그것 때
문에 자신이 얼마나 고통을 받고 인생을 저주스럽게 만들었는가를
무의식적으로라도 자각하면서"⁴⁸⁾ 자신의 태도를 이제 웃을 수 있
다. 우리 인간은 웃으면서 순간적으로나마 생의 온갖 질곡에서 벗
어날 수 있다.

둘째로, 베르그송은 웃음이 무감동에서 기원한다고 말한다. "웃
을 수 있는 것은 아주 잘 조직되고 평온한 영혼의 표면" 위에 떨어
지는 작은 파동과 같은 것이다. 희극적인 것은 이제 '순수한 지성'
에 호소하는 것이라는 것이다. 지성이 진상을 나타내거나 표상하지
못하는 것처럼 비난하는 베르그송의 입에서 어떻게 지성 사회가 웃
음만을 가져온다고 말할 수 있는가? 허무와 운명의식을 가져오는
지성이 순수해졌다고 어떻게 웃음을 가져오는 것일까? 순수한 지

48) 앞의 책, "말씀이 육신이 되어"장 참조.

성은 존재의 질적 속성을 지니지 않는다. 이 때문에 감정에 호소하지 않고 이에서 자유스러워진 순수한 지성은 무감동적인 것인 한, 희극과 마찬가지로 비극도 가져올 수 없는 것이어야 한다. 그런데도 웃음을 가져온다는 것은 무엇 때문인가?

사실 웃음은 즐거움에 해당한다. 그리고 즐거움이란 호이징가가 말한 인간의 놀이하는 본성에서 기원한다고 볼 수 있다. 예술이나 미감이 '무관심적 관심'에서 이루어진다고 할 때, 무관심적인 것이 된 것은 무엇인가? 그것은 지성이 온전한 인격이 되면서 자신도 모르게 생의 근원에서 길러와 지니게 된 초월적인 자유의 의식이 아닌가? 그리고 이 자유의 의식은 놀이에서 가장 온전해지며 동시에 놀이에서 표현된다.[49] 놀이는 즐겁고 웃음은 여기에서 기원한다. 이 때문에 놀이와 웃음이 가장 예술적이고 미적인 것에 근접해 있다. 감각에 가까운 단순한 감정만이 아닌 이러한 미적이고 예술적인 심성에 인식적 능력을 부여하는 지성은 '무관심적'이라는 말로 그 보편성과 객관성을 획득한다. 베르그송이 순수한 지성이라고 말한 것은 사실 이 '무관심적인 관심(disinterested interest)'이라는 역설적인 말로 표현된 정서적 지성을 의미한다. 칸트가 취미판단을 수행하는 것이라고도 말한 이러한 미적이고 예술적인 지성의 의식은 이제 우리 인간을 한계에 의해 구속하는 것이 아니라 한계를 초월하는 자유나 자신을 밑받침하는 정서나 생명의 원리를 예상하고 있다.

우리 인간은 어떤 사태를 잘 앎으로써 그 사태의 문제를 해결할 수 있는 지혜, 즉 아리스토텔레스가 말한 전 우주적인 인식(sophia)으로 비상할 수 있다. 역으로 지성이 주는 이 자유의식은 공평함과 평화를 인식하는 감정이 된다. 지성은 이제 운명에서 자유스러워지

---

49) 바흐틴(M. Bakhtin)이 말하는 대화적 의식의 양가적 특성이 유감없이 발휘되는 카니발 축제에서 나타나는 놀이와 웃음이 그러하다.

면서 운명의식을 웃으며 운명을 초월한다.[50] 그리고 이러한 지성이 베르그송이 말하는 잘 조직되고 평온한 지성인 것이다. 이 지성의 표면 위에 떨어지는 것은 무엇인가? 그것은 지성 자신의 유치한 태도, 생에 공감하지 못하고 자신의 법칙에만 충실한 그러면서 그것을 완벽한 것으로 착각하는 것, 그것이 이 지성적 영혼에 파문을 일으키는 것이다. 이 파문이 감동을 일으키고 그 감동을 전하기 시작한다. 웃음은 이제 감동적인 것이 된다.

우리의 감정은 항상 같이 놀이하고 공유할 둘 이상의 존재를 요구하거나 전제하는 것이다. 혼자 놀 수는 없는 것이다. 인간의 지성이 요구하는 사회성은 종교적인 삶이 공동체의 삶에서 이루어지듯이 놀이에, 그리고 웃음에 필수적인 것이다. 베르그송이 말하는 인간의 웃음에 필수적인 요소인 사회성이 이렇게 마련된다.

셋째로, 이 때문에 베르그송은 이러한 지혜(sophia)가 된 순수한 지성은 "다른 사람들의 지성과 접촉을 유지해야 한다."고 말한다. 순수지성은 우주적으로 개방된 자유의 의식이다. 그러나 이 의식은 구체적인 사물과 접촉하기 위해서, 즉 감정이 되기 위해서 관심(interest)을 지녀야 한다. 여기에 이 자유의식의 하강이 시작된다. 그리고 이 자유의식은 관습과 습관이 된 가면과 같은 문화의 옷을 입지 않으면 안 된다. 사실 이 자유의식은 인간이 실질적으로는 분업화된 사회를 이루면서 획득한 것이다. 이 사회에서는 언어가 그리고 의사전달이 중요하다. 그리고 언어에 의해 인간의 자아의식, 즉 코기토(cogito) 의식이 형성된다.[51] 그런데 모순율에 따르는 코기

---

50) 인간은 웃음을 통하여 운명적인 것을 초월할 수 있다. 그런데 이 운명을 초월하는 웃음이 가장과 또 단순한 소망에서 나오는 것이 되지 않아야 한다. 운명을 초월하는 진정한 웃음은 환희이며, 베르그송은 《도덕과 종교의 두 원천》에서 환희가 신과의 만남에서밖에는 이루어질 수 없다는 것을 말한다.

51) 현대의 많은 언어철학자들이나 데넷과 같은 철학자가 이구동성으로 말하는 것이다. 언어적 인간의 비극성은 진정한 언어(줄리언 제인스의 신의 음성)나 언어적 의미의 근원(베르그송)을 잃은 데 있다.

토 의식의 본질은 이원론이나 원자론에서 잘 나타난다. 베르그송에 의해 원자들은 자신의 존재근거가 동적인 것이며 이제 자유의식임을 자각한다. 지성은 언어적 존재이며 사회적인 존재인 것이다. 이 때문에 자유를 의식하는 지성은 고독이 아닌 공감대를 지니는 의식이 되며 대자적(對自的)이기보다는 대타적(對他的) 존재가 된다.

우리의 운명을 넘어서는 통쾌한 웃음은 존재를 경쾌하게 하고 "점점 반향을 불러일으키면서 계속되기를 원하며 한없이 이어져 나가는" 그러나 "현실적으로는 한정된 것이다." 신적인 환희에서부터 존재를 가볍게 하고 경박케 하는 웃음은, 베르그송에 따르면, 언제나 사회적인 것, 즉 구체적인 "한 집단의 것"이라는 것이다. "웃음은 실제적으로 존재하든, 혹은 상징적으로든, 다른 사람과의 합의, 즉 일종의 공범의식과 같은 것을 숨기고 있는 것"이며, "한 사회의 관습이나 관념과 상관관계가 있는 것"이다. 이 이중의 사실을 다른 철학자들이 충분히 이해하지 못하고 희극적인 것을 "지적인 대조나 감각적 부조리"[52] 등으로 이야기한다고 베르그송은 주장한다. 이 때문에 베르그송은 희극적 상황을 다음과 같이 묘사한다. "희극적인 것은 집단적으로 모인 사람들이 그들의 감성은 침묵시키고 지성만을 행사하는 가운데 그들 중 한 사람에게만 그들의 모든 주의를 집중하는 것에서 나오는 듯하다." 그러면 사회성을 이루는 그들의 지성적 주의가 향하는 것은 그 한 사람의 무엇인가? 잘 조직된 평온한 영혼 위에 떨어지는 것은 무엇인가?

베르그송에 따르면, "삶이나 사회가 우리들 모두에게 요구하는

---

52) '지적인 대조'나 '감각적 부조리'라는 말로써 베르그송은 웃음에 관한 한 이론인 '대비이론'이 사회적 의미를 망각하고 있음을 지적한다. 대비이론은 감각적인 것에서 예상되는 것과 결과로 나타나는 것 사이의 전도나 부조리한 것을 간취하는(판단하는) 데서 웃음이 유발된다고 보는 칸트의 설명에서 기원한다. 대비이론에 따르면 비극과 희극은 심적 형식상 동일한 본질을 지닌다. 그러나 우리의 정서나 감정은 타자와의 관계를 함축하고 있고 이 때문에 하이데거나 메를로퐁티는 현존−의식의 세계 내 존재성을 말한다.

것은 현재 상황의 우여곡절을 분간해 내는 부단히 깨어 있는 주의, 더 나아가 우리가 그러한 우여곡절에 적응할 수 있도록 해 주는 심신의 유연성(자유의식)이다. 긴장과 유연성, 이것이 바로 삶이 요구하고 삶이 이용하는 상보적인 두 힘"이다.[53] 그것들이 우리들 몸에 심하게 부족하다면? 그렇게 되면 모든 종류의 사고나 불구, 혹은 부적응과 병이 초래된다. 또한 정신에 이러한 결핍이 생긴다면? 심리적으로 모든 종류의 결함, 광기의 다양한 변형들이 나타나게 되리라. 결국 성격에 이러한 결핍이 생긴다면 어떻게 될까? 그 때는 사회생활에 대한 심각한 부적응, 비참함의 근원, 때로는 범죄의 원인까지도 될 것이다. 살아가는 데 중요한 측면에 관계하는 이러한 결함이 제거되어야만 인간은 살 수 있으며, 특히 다른 사람들과 더불어 살아갈 수가 있다.

그러나 사회는 또 다른 것을 요구한다고 베르그송은 말하고 있다. 즉, "사회생활에서 그저 사는 것만으로는 충분치 않다. 사회는 잘 사는 것을 추구하기 때문이다. 사회가 이제 불안하게 여기는 것은, 우리들 각자가 실생활에서 중요하다고 여겨지는 것에 마음을 쓰는 데만 만족한 나머지, 그 외의 부분에서는 이미 몸에 밴 습관의 안이한 기계적 동작에 자신을 맡겨 버리는 것이다. 또 한 가지 사회가 염려하는 것은 사회 구성원들이 서로의 의사가 균형을 이루도록 보다 세심한 배려를 하여 더욱더 완전하게 서로에게 동화되려고 하지 않고, 이 균형의 기본적인 조건들만 지키는 데 만족해 버리지나 않나 하는 것이다. 사회생활을 하는 데는 사람들 사이에 기왕에 있는 조화만으로는 충분치 않고, 상호 적응의 부단한 노력이 요구된다. 따라서 성격이나 정신, 나아가 신체가 갖는 모든 경직성은 사

---

53) 사실 이 두 힘은 인식의 측면에서는 베르그송에 있어서 지성과 직관으로 표현되는 것이다. 긴장과 유연성의 조화가 서구에서는 예수의 신적 지혜로 표현된 것임은 두말할 필요가 없다.

회에서 의심을 받게 될 것이다. 왜냐하면 그것은 둔화되고 고립된 행동, 즉 사회가 중심으로 삼고 회전하는 공통적인 중심으로부터 멀어지는 행동, 말하자면 중심으로부터의 일탈을 나타내는 징표이기 때문이다. 그러나 이러한 행동으로 인해 사회가 실질적으로 그다지 타격을 받는 것은 아니기 때문에, 사회가 물리적인 강압으로 여기에 개입할 수는 없다. 사회는 자기를 불안하게 하는, 그러나 단지 징후로서만 나타날 뿐이어서 위협이라기보다는 오히려 제스처라고 할 수 있는 어떤 것에 직면해 있는 셈이다. 그렇기 때문에 사회 역시 거기에 단순한 제스처로만 대응할 수 있을 뿐이다. 웃음이란 이러한 종류의 어떤 것, 일종의 사회적 제스처임에 틀림없다."[54]

웃음은 그 징후가 일으키는 불안감이나 엉뚱한 행동들을 제어하고, 자칫 고립되고 둔화될 위험이 있는 하찮은 부분의 활동들을 부단히 깨어 있게 하며, 서로 관계를 유지하게 하여 결국 사회집단의 표층에 기계적인 경직성으로서 남아 있을 수 있는 모든 것을 유순하게 하는 것이다. 그러므로 베르그송에 따르면, "웃음은 순수하게 미학의 영역에 속한다고 볼 수 없는데, 그것은 웃음이 넓은 의미에서의 개선이라는 유익한 목표를 추구하기 때문이다. 그럼에도 불구하고 웃음은 미적인 측면을 지니고 있는바, 그 이유는 희극성이라는 것이 정확히 사회와 개인이 자기보존의 염려에서 벗어나 자기자신을 예술작품으로 대하는 순간 생겨나기 때문이다." 간단히 말해, "개인생활이나 사회생활을 침해하고 그것의 당연한 결과로 제재를

---

54) 개인적이고 고립되고 경직된 인간적인 제스처에 대한 사회적이고 한계를 부수며 유연한 인간적인 제스처가 웃음이다. 여기에서 웃음에 대한 우월론이 성립한다. 우월이론은 아리스토텔레스가 《시학》에서 희극을 "보통 이하의 악인(못난 사람)의 모방"이라고 말한 데서 연유한 것이다. 즉, 이 이론에 따르면 웃음이란 상대보다 자신이 우월하다는 인식을 통해, 즉 우리에게 고통이나 해악을 초래하지 않는 일종의 과오나 변형, 추악함을 자신도 모르게 저지르는 인물에 대해 심적인 우위를 점함으로써 나타나는 마음의 표현이다.

받게 되는 행동이나 성향 주위에 하나의 테두리를 우리가 그어 본다고 할 때, 이러한 동요와 투쟁의 영역 밖에 사람이 단순히 다른 사람의 구경거리가 되는 중간적인 영역이 있는데, 이 곳에 신체나 정신, 성격의 어떤 경직성이 있는 것이다. "그것이 바로 생명적인 것에 덧붙여진 기계적인 것이다." 사회는 이러한 경직성을 제거하여 그 구성원들로부터 가능한 한 최대한의 유연성과 사회성을 얻으려고 한다. 이 경직성이 웃음거리이며, 웃음은 이에 대한 징벌인 셈이다.

이상에서 본 베르그송의 웃음의 변증법은 "생명적인 것에 덧붙여진 기계적인 것"이라는 것을 중심원리(leitmotiv)로 하여 우리에게 웃음을 유발하는 모든 것을 설명하고 있다. 특히 그의 존재론이 이원론적으로 운동과 관계하기 때문에 형태나 동작 각각에서 드러나는 이중적인 차이와 반복의 역동성에 관계하고, 또 인간이 언어적 존재이기 때문에 언어와 상황의 차이에서 유발되는 웃음을 분석하며, 나아가서는 인간의 성격에 관해 논하고 있다. 그러나 베르그송은 이 단순한 공식이 희극적인 모든 효과를 직접적으로 설명해 주리라고는 기대하고 있지는 않다. 또한 그는 이 원리가 희극적인 것을 설명하고 기술하는 것이 아니라 제작하고 만들어 내는 원리라는 것을 강조하고 있다. 그러면서도 그가 밝히려고 하는 것은 희극적 형태의 연속성 자체이다. 이를 위해 우리는 어릿광대의 익살에서 희극의 가장 세련된 유희로 이어지는 실을 잡고, 종종 예기치 않은 우회로도 이 실을 따라가나 가끔은 주변을 둘러보기 위해 멈추기도 한다. 그리하여 결국, 가능하다면 이 실이 매어져 있는 지점까지 거슬러 올라가 거기에서 아마도 예술과 삶의 일반적 관계를 명백하게 밝히려고 한다. 왜냐하면 그가 말하고 있듯이 "희극성이란 삶과 예술 사이에서 균형을 유지하고 있는 것이므로." 반면 삶은 진정한 지혜에서 우러나오는 창조적 노력이자 환희여야 한다.

# 9. 결 론

　베르그송에 있어서 직관의 의미는 한편으로는 단순하나 다른 한편으로는 다양하다. 그의 직관이 단순하다는 것은 그 대상이 우리 자신의 자발성(activité)으로서 심리적 지속 체험 이외의 다른 것이 아니기 때문이다. 그리고 우리가 단순하다고 말하는 이러한 지속의 작용, 아니 마음의 작용은 단적으로 '인간의 행위'를 가능케 하는 근거에 다름 아니다. 그런데 이러한 마음의 작용 속에는 심리학이나 실증과학이 분석해 낸 여러 심리적 기능이나 작용이 종합적으로 함축되어 있다는 것을 의미한다. 역설적으로 실증과학이 분석해 낸 여러 심리적 작용들, 가령 감관-지각, 기억, 의식, 감정이나 상상력과 사고 등을 분석해 보면, 이 각각의 기능 속에 지속-직관과 같은 것이 전제되지 않으면 각각의 심적 능력의 상호 독립성과 연관성을 우리가 이해할 수 없거나 설명할 수 없다는 것이 드러난다. 다른 한편, 그의 직관의 의미가 다양하다는 것은, 한편으로 그것이 구체적이고 개별적인 나 자신의 지속에 대한 직접적인 포착에서부터 우리 인격의 가장 깊은 곳에까지 이르며, 다른 한편으로는 외적 사물이나 존재들에 대해 감관-지각을 통하여 나의 지속과의 관계에서 설명되는 물질, 생명체들, 타인에 대한 직관, 더 나아가 생명의 근원적 원인성과 이와 관련지어 설명되는, 크리스천의 신비체험을 통해 주어지는 신의 직관이 있기 때문이다.

베르그송의 직관은 나 자신의 행위하는 존재에 대한 직접적인 의식체험에서 성립한다. 이러한 직접적 의식체험이 기초가 되어 외적으로는 감관–지각에 나타나는 대상에 대한 현상적 지각체험이 성립하고, 내적으로는 우리의 심리적 체험이 있다. 직관이라는 말 자체가 드러내 보이듯 그의 직관은 구체적이고 직접적이다. 구체적이고 직접적이라는 것은 우리의 의식이 어떤 매개자 없이 실재와 직접 맞부딪침을 의미하며, 베르그송의 직관에는 단순히 인식론적 의미만이 있는 것이 아니라, 존재론적인 접촉이 내포되어 있다. 그런데 의식이 어떤 매개자 없이 직관을 수행한다는 것은 역설적으로 의식이 어떤 매개물을 통해서 작용할 수 있다는 것이고, 따라서 베르그송이 말하는 의식에는 직접적 의식과 매개자를 통한 의식이 있게 된다. 그리고 매개자를 통한 의식을 베르그송은 지능 혹은 사유라고 하였다.

인간이란 어떠한 존재인가? 우리가 잠에서 깨어나자마자 우리는 자신과 타자를 구분하면서 동시에 이러한 자의식 아래에서 타자를 지향하기도 하고, 이 동일한 의식으로 자신을 지향하기도 한다. 그러면서 이 모두를 초월적으로 종합하거나 통합적으로 기억하고 있다. 이렇게 현상하는 인간의 의식의 본질을 데카르트는 사유(cogito)라고 하였지만, 베르그송은 사유가 아닌 직접적 의식 혹은 가능적 행위(자발성)라고 하였다. 그리고 베르그송은 생명체에 나타나는 의식을 본능과 지능으로 구분한다. 본능은 자신의 신체인 유기체를 도구로, 지능은 외적 사물을 도구로 제작하여 사용하는 능력이라고 하면서, 지능은 인간에게서만 나타난다고 하였다. 그런데 인간이 동물과 다른 점은 언어를 통하여 사고하는 점이다. 달리 말하면, 베르그송이 말하는 지능이란 언어를 만들고 이를 통하여 사고하는 기능이다. 즉, 인간은 데카르트가 말하듯이 코기토적 존재의 측면이 있다. 이 때문에 인간에게는 두 세계가 존재한다. 하나는 신체적·심리적 체험의 세계요, 다른 하나는 언어를 통하여 이 체험에 관계하는 사유의 세계이다. 그리고 언어적 사유는 의식에 주어지는 직접적인 사태 자체를 언어를 매개로 하여 분석하고 종합하는 변증법적 의식이다.

베르그송에 따르면, 직접적인 의식이 주는 경험적 사태를 언어를 매개로 하여 사고하는 지성은 경험적 사태를 분석하여 이들의 연관성을 논리적으로 살피는 지능적 지성이다. 아니 언어가 이미 이러한 분석과 종합을 수행하는 지능의 산물이다. 즉, 사유적 의식은 그 자신의 관념적 의식을 직관적·심리적 체험의 의식에 뿌리내리고 있으면서도 이 직관적 체험을 자신의 관념이나 개념을 통하여 변형하고 다양하게 변증법적으로 구성한다.[1]

베르그송의 직관에는 존재론적 계기가 포함되어 있는데, 그것은 실재하는 동성(動性) 자체, 그것도 자발적인 정신의 동성이다. 그리

---

1) 서문, 주석 2) 참조. 베르그송의 직관론은 의식작용의 본질을 정신의 자발성이 지니는 기억이라는 심리적 작용에서 파악하며, 이 때문에 존재의 본질을 시간성으로 보고 시간의식이 어떻게 가능한가를 모순율에 따르는 파르메니데스적 존재론에 기초하여 창조적 진화라는 개념으로 설명하고 있다. 그리고 그의 직관에 관한 인식론은 직관과 사유를 종합한다는 칸트 인식론에 대한 비판이자 그것의 심화작용이다. 그런데 칸트의 인식론의 최고의 언명인 "경험 일반의 가능성의 제약(조건)은 경험 대상의 가능성의 조건이다."라는 말은 한편으로 직관과 사유의 관계를 반립적으로(상보적으로), 혹은 헤겔의 변증법적인 것으로 다양하게 해석할 수 있다. 예를 들어, 심리적 체험의식에 관한 프로이트의 심리학에 나타나는 자아의식(ego)은 무(비)의식(id)과 초의식(superego)에 의한 헤겔적인 변증법을 나타내고 있다. 무의식에 관한 프로이트의 사유를 언어학과 관련하여 해석하는 라캉(Lacan)은 꿈에 나타나는 이미지나 노이로제 증상이 무의식의 언어이며, "환자의 의식 속에 억압되어 있던 의미(기의: signifié)를 상징하는 기표(signifiant)라고 말한다. 즉, 무의식의 질료의 법칙은 언어학이 현존하는 언어들 속에서 발견하는 의미화 법칙과 동일하다."고 말한다. 노이로제 증상과 꿈의 이미지는 상징적인데, 무의식의 상징화 방법은 담론의 수사학이나 문체론적 방법과 그 구조가 동일하다는 것이다[아니카 르메르, 이미선 옮김, 《자크 라캉》(서울: 문예출판사, 1994), 참조]. 그런데 문체론적 방법이란 비유법이며, 이러한 비유법의 이면에는 베르그송의 창조적 진화의 변증법을 계승하는 들뢰즈처럼 개별과 보편, 특수와 일반 개념의 양상론적 대당관계의 배후에서 작용하는 차이와 반복의 변증법이 숨어 있는 것으로 설명할 수도 있다(들뢰즈, 김상환 역, 《차이와 반복》, 서문 참조).

282

고 이러한 동성은 우리의 존재의 근거이자 만유에 실재하는 것이
다. 그런데 베르그송에 있어서 직관은 이 동성 자체에 몸을 맡김이
며, 그와 같이 됨으로써 인식을 수행하는 일이다. 그것은 개념에
따른 이해나 인식이 아닌, 긴장된 주의집중이나 정신에 의한 정신
적 작용의 체험이나 경험에 따른 인식이다. 그런데 정신의 동성은
지능을 지닌 인간인 우리가 형성한 사유의식을 떠나서, 혹은 베르
그송의 표현대로 언어를 사용하여 관념적으로 사유하는 지능의 오
래된 습관을 거슬러 올라가 이 지능의 기초에 있는 심적 작용을 직
관하기 위해서 노력하는 그 긴장 정도에 따라 달라진다. 따라서 베
르그송의 직관은 기독교 신비주의자의 체험이나 불교의 선(禪)과
같은 종교적 수행처럼 정신의 집중을 통하여 수행되는, 형성되고
있는 정신 자신에 대한 존재론적 체험이자 깨달음이다.

우리는 제논의 운동 역설을 통하여 베르그송이 말하고자 한 지성
의 의미를 밝혔다. 지성은 파르메니데스에서처럼 존재에 대해 미리
모순율에서 성립하는 논리적 사유를 수행함으로써, 직접적인 경험
을 대하기 전에 이미 완성된 소위 이성의 '아 프리오리(a priori)'나
'상식적인' 체계와 세계관을 가지고 나아간다. 특히 서구적 지성이
운동을 설명하기 위해 전제하는 공간은 그 자체 모순적인 존재이므
로 존재하지 않는데도 불구하고, 지성은 존재를 생각함에 있어 항
상 이 공간을 그것도 가장 단순하고 기초적인 것으로 설정함으로써
실재에 대한 탐구를 노리는 철학과 과학에 많은 문제와 난점을 불
러일으켰다고 베르그송은 보고 있다.[2] 제논의 운동 역설에서도 드

---

2) 원자론자들의 공허(kenon)는 지성이 표상한 진정 모순적인 존재이다. 그러나 모순
율에 따르는 지성이 일정한 의미를 지닌 존재와 무를 결합하여 형성한 공간이나 장
소의 개념은 모든 존재론적 사유에 필수적인 것이자 지성의 논리적이거나 변증법
적인 기능에 전제되는 것으로서 시간성에 따르면서 사유하는 정신에 인식의 장으
로 나타난다. 그러나 이러한 인식의 지평으로 나타나는 공간 개념 안에 존재하는
무규정성이나 무한성이 역설적으로 인간의 지성이 탐구하는 타자적 존재에 대한
무지나 신비를 유발한다.

러나듯 지성의 이러한 태도는 실재하는 운동에 대한 무지를 드러냈고, 결국 운동 자체를 가장 추상적이거나 부차적인 존재로 격하시키기에 이르렀다.

그러나 베르그송에 따르면 운동, 즉 동적인 것만이 진정한 실재이며 지성이 갖는 공간표상은 이러한 실재에 대해 우리 인간의 행동이나 제작행위를 위한 도식(schéma)에 불과하다. 즉, 플라톤이 최초로 형성하고 칸트가 이성에 내재한다고 본 시간성을 초월하는 논리적이고 존재론적인 범주들이란 인간의 욕망에 기초를 둔 행위를 위한 도구 제작을 목표로 하는 지능의 초월론적 기능임을 제논의 운동 역설을 통해 밝히고 있는 것이다.

지성은 직접적 경험에 주어지는 것들을 분석하고, 이러한 분석된 것을 비교 대조함으로써 대상에 대한 객관적이고 엄밀한 인식을 노린다. 이러한 인식은 서구에서는 전통적으로 존재론적 사유에서 배중률과 모순율을 통해서 수행됨은 물론이다. 그리고 이러한 배중률과 모순율을 통하여 사유하는 지성은 운동을 항상 물체(corps)와 공간을 통해서 사유하거나 구성하고, 원자론적으로 사유하거나 표상(재현)할 수밖에 없게 된다. 특히 원자론자에게서 나타나는 무한한 공허(kenon) 개념이란 베르그송에 따르면 자기모순된 것으로서 무(無)나 마찬가지이며, 존재의 어느 것에도 머물지 않으려는 정신의 부동성(浮動性)에서 성립한다는 것을 우리는 그의 '무' 관념 비판에서 살펴보았다. 즉, 지성이 갖는 관계표상으로서 공간표상의 밑에 정신의 자발성이 작용하고 있다. 달리 말하면, 공간 개념은 지성의 자발성의 산물로서 지성은 언어를 통한 관념적 사유를 수행하면서 자신을 기초지은 이 자발성을 망각하고 초월적으로 생각함으로써 존재의 가장 하위에 공간을 놓고, 이 공간 속에서 모든 사물들을 분석하고 종합하고 있는 것이다. 그 이유는 지성에 수반된 의식이 자신이 직접 관계하고 있는 것에서 벗어날 수 있는 자유가 주어져 있

284

기 때문이다. 베르그송은 바로 이 지성적 의식의 자신에서의 초월로 인해 망각된 근원적 자아 자체로, 후설의 현상학적 환원처럼 자신의 초월적인 지향성을 되돌리려고 노력한다. 베르그송의 직관이란 바로 이러한 정신의 반성적 작용을 직접적인 심적 체험의식으로 되돌리려는 반성적 사유의 역전에서 성립한다.

그런데 반성적 사유의 역전이란 쉬운 작업이 아니다. 왜냐하면 베르그송이 말하고 있듯이 직접적 의식이 주는 체험과 반성적 사유의 방향은 서로 반대되기 때문이다. 더욱이 우리의 직접적인 의식 체험은 본능, 무의식, 감정이나 정서, 감관-지각, 기억, 상상력, 사유 등 여러 가지로 분화되어 있는 반면, 우리의 사유란 언어를 통해서 이루어지는 것이면서도 단순히 반성 작업만이 아닌, 칸트의 말대로 자발성이 발휘되는 작업이다. 이 때문에 우리는 직접적 의식과 사유의 관계를 후설이 하듯이 여러 가지의 환원방식으로 정립해야 할 필요가 있고, 더욱이 정신은 살아 있고 작용하는 영혼이므로 이의 움직임에 대한 주의 깊은 집중은 인도의 요기들이 하는 요가나 명상비법을 종합한 불교의 참선에 비유할 수밖에 없었다. 베르그송은 그의 철학적 저작들에서 자신의 철학적 방법인 직관을 본능적으로 수행한 성과들을 말하고 있을 뿐 앞에서 살펴본 것처럼 직관의 방법에 대해서는 구체적으로 상세하게 말하지 않고 있다. 즉, 그는 직관을 "정신에 의한 정신의 봄(vision de l'esprit par l'esprit)"이며, "직관은 일종의 정신적 청진(聽診, auscultation spirituelle)을 통해 영혼의 고동소리(움직임)를 들으려 하는 것" 등으로 종합적으로 언명하고 있을 뿐이다.[3]

베르그송에 있어서 직관의 의미는 실재에 대한 직접적인 포착이다. 그러한 한에서 그는 자신의 직관을 서구의 존재론적 전통에서

---

3) H. Bergson, *P.M.*, 196면.

말하고 있는 것이다. 그리고 그가 말하는 직관이 파악한 실재는 나 자신의 존재로서 지속과 같은 자발적인 것으로서 포착되며 역동적인 것이다. 즉, 이 운동 자체의 포착에서 가장 직접적인 영역은 정신의 자발성(activité)의 영역이다. 그리고 정신이 물질과의 관계에서 세분화되어 발휘되는 구체적인 양상은 순수지각을 포함하는 감관-지각, 작용하는 무의식, 정서, 심적 의식의 영역이며, 근원적으로는 나의 인격 전체이다. 따라서 여기에서 인식이 말해질 수 있다면 그것은 의식에 가장 직접적인 질적 다양성을 지닌 영혼과 계량적으로 비교하고 측정 가능한 강도를 지닌 물질세계에 관한 인식이다. 그런데 질과 강도는 베르그송에 있어서 존재론적으로 말해진다면 두 상반된 운동의 만남으로 이야기된다. 달리 말하면 질과 강도는 우리의 영혼이 물질과 관계맺음을 통하여 이를 극복하는 노력(élan vital)의 정도에 따라 다양하게 드러나는 것이다. 그래서 우리가 베르그송의 직관내용을 존재론적으로 (지성의 눈으로) 살피면, 밀레(Jean Milet)가 말하듯 "이성이 '존재'를 우대하는 대신에 '운동'을 우대함으로써" 전통적인 존재론과 존재의 위계에서 방향만 전도되었을 뿐 크게 다를 바 없는 것처럼 보인다.

베르그송의 직관은 지성의 눈으로 보면 간접적으로(소위 후설 현상학이나 현대 과학에서 반성적 사유에 의해 시간성을 고려하는 방식으로) 수행될 수 있는 것처럼 보인다. 가령, 직관이 우리의 외적인 대상에 대해서는 부분적인 일치에서 성립하는데, 직관적 인식의 이상이 그 인식의 완전성에서 볼 때 한 순간에 대상의 전체적인 포착을 의미하므로, 대상 인식의 전체성을 확보하기 위해서 부분적인 일치를 근거로 하여, 혹은 이 일치의 근거인 나 자신의 고유한 지속의 직관을 근거로 하여 지성의 입장에서 보면 일종의 유비추리(analogie)를 수행하는 데에서 직관이 성립할 것 같다. 달리 말하면 이것은 사물들의 질적 다양성에 따른 사물 인식에 근거하여 "그 사실들이 보여 주는 경향성(ligne des faits)"을 논리적으로 통찰하는 것이며, 그 존재론적인 근원인 지속을 통하여 사물의 연관성을 보는, 즉 "모든 것을 지속의 상(相) 아래서 본다."고 하는 것(sub specie durationis)이다. 이렇게 되면 베르그송은 새로운 이성주의, 혹은 아리스토텔레스의 관조적인 신을 히브리적인 창조적 운동이나 능력의 신으로 대치한 것에 불과하다. 베르그송 스스로도 이에 부합되는 듯한 말을 한다. "형이상학이 목적하는 바의 하나는 질적 미분법 및 적분법을 행하는 것이다."

그러나 이런 수학적인 사고는 동적 존재의 관념적인 한계나 형상, 혹은 방향이 미리 주어지고 이의 완성을 향해 정신의 운동을 수행하는 것이다. 미적분을 통해 이미 주어진 것이 아닌, 전진하는 운동을 취급할 수 있고, 하나의 질적 사실에서 다른 질적 사실로는 유비나 가능하지 이를 체험적으로 현실화할 수 있을까? 이것은 분명 불가능하다. 더욱이 베르그송의 지속은 창조성을 지녔다. 베르그송에 따르면, 지성적 인식은 자신이 미리 가정한 것이나 이미 주어진 것 안에서 움직이는 것으로 현실을 모방하는 제작 정도를 수행하는 것이지, 결코 직관이 주는 질적 규정의 한계를 넘어서 전진하거나 창조할 수 없다고 한다.[4]

베르그송의 직관은 자신의 말대로 '단순한 것'이다.[5] 그가 자주 강조했듯이 그의 직관의 이론은 그 중심에 자아의 지속에 대한 직관이 있고, 이 지속은 창조적 진화의 성격을 가진 것으로 통찰된다. 베르그송은 이 자아의 지속에 대한 통찰과 우리의 정신기능의 본성에 기초한 직관을 동적 존재론을 통해 설명하고, 이것을 전 생명체와 전 우주에 적용하여 그 역사를 본다. 그리고 존재론적으로 말해지는 직관의 양 끝에 물질과 신이 존재한다. 따라서 베르그송

---

4) H. Bergson, *P.M.*, 215면.

5) 위의 책, 117~120면; c.f., V. Jankélévitch, 앞의 책, 229~244면.

이 말하는 신과 물질의 개념도 어디까지나 자아의 지속의 직관을 통해 포착된 것으로 이야기되며, 그 이상도 그 이하도 아니다. 이 때문에 그가 말한 물질 개념이나 신의 개념이 자연과학이나 그리스 도교에서 말하는 개념들과 우연적인 관계에 있을 수도 있다.[6]

그러나 베르그송의 직관은 그 구체성과 직접성에서 실증성의 극한을 가는 것이므로 현실적으로 인류의 정신이 쌓아 온 실증과학적 성과와 인류의 구체적인 역사에서의 신비체험이나 정신적 사건(그리스도교의 정신성의 역사)을 자신의 직관이론에 근거해서 존재론적으로 설명하고, 또 현상학적으로 분석하여 이야기하지 않을 수 없다. 그런데 바로 이 때문에 베르그송의 직관의 이론은 한편에서는 물질이나 생명에 관한 실증과학적 성과에서 영향을 받고, 다른 한편으로는 고대 그리스의 정신사적 영향이나 실존의 창조적 정신에 대한 종교적 체험에서 성립한 그리스도교의 영향에 의해 지적으로 형성된 것으로 보일 수도 있다.[7] 달리 말하면 베르그송의 직관을 플라톤 이래 형성된 인간의 경험에 대한 '존재론적 해석'이 함축된 지성주의 내지 합리주의적인 것으로 해석하거나, 그렇지 않으면 베르그송이 말하는 기독교 신비주의 사상에 수렴될 수 있는 것으로 말할 수 있으며, 이 양자 속에는 물론 각각에 모순적인 것이 공존하는 것으로 해석할 수 있다는 것이다.[8]

---

6) c.f., Milič Čapek, "Bergson's theory of matter and modern physics," *Revue Philosophique*, Lxxvii (1953).

7) 베르그송의 직관이론은 불교의 선(禪)과 가장 가까울 수 있는 것인데도 불구하고 서구적 정신문화나 존재론적 사유가 형성한 성과나 전통의 영향을 벗어나지 못하고 있다고 해석하는 것이다. 이러한 문화 상대주의적 관점은 그의 직관이론이 인류에 "공통적인 순수한 것"이 아니라 일정한 문화적 전통이나 사고에 규정되고 있는 것임을 보여 준다.

8) 이 문제는 베르그송이 《물질과 기억》에서는 순수기억을 말하고, 《도덕과 종교의 두 원천》에서는 심령세계와 신의 탄생을 언급하는 점에서는 이원론을 주장하는 것처럼 보이는데, 《창조적 진화》에서는 일원론을 주장하는 플로티누스를 자신의 사상의 원조로 말하고 있는 점에서 기인한다.

우선 모스바스티드(Rose-Marie Mossé-Bastide)의 《베르그송과 플로티누스(*Bergson et Plotin*)》이다. 베르그송은 자신의 사상의 원천을 플로티누스에서 발견했고 또 그로부터 영향도 받았으며, 콜레주 드 프랑스(Collège de France)에서 플로티누스의 《엔네아드(*Ennéades*)》를 강의하기도 했다.[9] 모스바스티드는 이 책에서 베르그송과 플로티누스의 사상의 유사점과 차이점을 검토하는데, 다음과 같다. ① 이 두 사람에게서 형이상학의 기초가 되는 것은 자아로의 침투의 경험이다. 이 침투는 주관과 객관의 구분이 없는, 또 상(image)으로 표현할 수 없는 일종의 초의식(supraconscience)을 알려 준다. 이 초의식은 주관을 자신 안에 포섭한다기보다는 주관으로 하여금 자신을 넘어 상승하도록 하며, 초월적인 근원에 도달하게 하여 모든 다른 주체들 속으로 들어갈 수 있게 한다.[10] ② 이 사상가들은 기계적이고 목적론적인 인과율을 생명체의 탄생에 대한 설명에는 부적합한 것으로 생각한다. 플로티누스의 유출적(流出的, processionelle)인 과정과 베르그송의 창조적 진화의 인과성은 특별한 종류의 인과성으로서, 이 근원은 자신의 인과적 작용으로 소멸되지 않고 초월적인 것으로 남아 있다. 또한 이 궁극적인 인과성은 "그 결과를 미리 내포하고 있는 것이 아니라 그것이 전진하면서 결과들을 산출한다."[11] ③ 이 두 사상가에서 인간에게 개방된 구원으로의 길에 대한 묘사가 나타난다. 이 두 사상가는 구원으로의 가장 일상적인 길이 미적 경험과 특히 전회(conversion)로 이끄는 '사랑의 변증법

9) 베르그송은 1867~1897년과 1901~1902년에 콜레주 드 프랑스(Collège de France)에서 프로티누스의 강의를 했고, 앞의 강의에 출석했던 브르예(Brèhier)는 베르그송이 《엔네아드(*Ennéades*)》 4권에 쉽게 친숙하게 된 것을 "마치 베르그송이 플로티누스에게서 또 다른 자신을 확인한 것 같았다."고 평하고 있다. E. Brèhier, "Images plotiniènnes et image bergsoniènnes," in *Études bergsoniènnes*, Ⅱ (1949), 107~108면.

10) Mossé-Bastide, *Bergson et Plotin*, 397면.

11) 위의 책, 398면.

(dialectique de l'amour)'[12]이며, 이보다 더 높은 차원의 길은 자유로
특징지어지는 내적 경험에 있다고 본다. 특히 영혼의 신비체험이
다. 그러나 이 신비체험은 인간성에 기초한 일반적인 것이어서 성
서나 기독교에서 말하는 개인들의 계시적인 신(神)-체험과 어떤 연
관성이 있는지는 의심이 든다.

다른 한편, 모스바스티드가 제시하는 차이점은 다음과 같다. ①
신비적 체험(extasse)에서 플로티누스는 근원으로 되돌아감을 이야
기하며, 이것은 기독교인들이 영지주의라고 하는 것으로서 일종의
창조에 대한 역행(décréation)이다.[13] 그러나 베르그송에 따르면 이
영지주의적 신비주의는 크리스천의 신비주의와 비교해 보면 불완
전한 것이다. 크리스천은 근원으로 '되돌아가는데' 머물지 않고 자
신의 추종자들을 돕는 개별자에 대한 창조로 '나아감'을 강조한다.
"베르그송에 있어서 전회와 유출은 영혼의 상승운동과 하강운동의
두 운동처럼 서로 대립된 것이 아니라 결합된 것으로 유출 또한 상
승한다."[14] 플로티누스에 있어서는 유출은 물질과 공간으로 내려가
는 것이다. ② 베르그송의 지속은 창조적이고, 따라서 플로티누스
의 두 번째 가설에서 보이는 이념(idée)의 영원한 완성과는 공존할
수 없다. "베르그송 사상은 플로티누스의 가설로 환원될 수는 있으
나 거기에서는 불변하는 이데아(idée)는 없고 창조적인 지속, 구체
적인 공간과 시간 속으로 육화하려는 개별적인 영혼만이 있다."[15]
그러나 모스바스티드에 따르면 베르그송의 사고는 점차 플로티누
스의 입장으로 옮아가며 《도덕과 종교의 두 원천》에서는 이 사실을
부정할 수 없다고 한다. "생성을 창조하는 지속이 영원한 생성의 의

12) 플라톤의 대화록 《향연》편에 최초로 나타나는 eros 신화이다.
13) 앞의 책, 399면. décréation은 Plotinus에 있어서 행정(行程)의 종말(fin du voyage)이다.
14) 위의 책, 399면.
15) 위의 책, 400면.

미에 종속됨"을 보인다는 것이다.[16] 그래서 모스바스티드는 진화론
적인 사고와 플로티누스적 사고가 베르그송에서 어떤 모순을 일
으키지 않으며 "점점 포괄적인 마음의 심화가 있을 뿐이다."[17]라고
본다.

그런데 트레몽탕(Claude Trèsmontant)은 베르그송의 "두 가지 형이
상학"에서 베르그송의 사고 속에 모순적인 두 경향이 있다고 본다.
베르그송의 사고에서 플로티누스적인 경향은 창조의 형이상학과
대립된다.[18] 창조의 형이상학은 경험, 혹은 경험적 소여에 대한 존
재론적 반성의 방법을 사용하고 있다. 베르그송의 사고가 이런 방
식으로 수행될 때 그것은 성서(Bible)가 세계의 과정에 대해 말하는
것과 깊은 연관성이 있다. 단, "베르그송은 창조의 관념을 실험할
수 있는 실재에서 시작하여 이것을 발견하고 깊이를 더하지만, 성
서적 전통은 신학적 관점에서 연속적인 창조의 관념을 가르친다는
차이점이 있다."[19] 즉, 트레몽탕은 베르그송의 물질과 개체에 관한
사상이 물리학이나 생물학에서 주어진 사상이 아니라 정신의 반전
(inversion)에 의해 성립한다고 하는 한, 플로티누스의 일자의 유출
을 말하는 하강의 형이상학(métaphysique de la chute)에서 주어진 것
이며, 이것은 경험과학을 반성함으로써 얻어진 연속적인 생성이라
는 물질관으로서, 개체와 인격의 연속적인 창조를 말하는 성서의
창조론의 신앙과 서로 모순된다고 본다. 그래서 트레몽탕은 "창조
의 형이상학은 하강의 형이상학과 베르그송의 작품과 사유 속에서
서로 조화할 수 없이 혼합되어 있다. 창조의 형이상학은(계시적) 경
험에 대한 반성으로부터 나아가지만 하강의 형이상학은 플로티누

---

16) 앞의 책, 400~401면.
17) 위의 책, 400~401면.
18) Claude Trèsmontant, "Deux métaphysique bergsoniènne?" *Revue de Metaphysique et de Merale*, 64, No. 2, 1959.
19) 위의 책, 186면.

스에 의해 주어지는 것 같다."[20]고 말하고 있다.

달리 말하면, 모스바스티드는 베르그송에 있어서 플로티누스적 사상과 실증적인 사고방식이 이들이 반립적임에도 불구하고 기독교의 창조론적 사상으로 모순 없이 나아갈 수 있게 한다고 하는 데 반해, 트레몽탕은 플로티누스적 신비사상이 자연을 다루는 이성의 연장선상에 있는 형이상학인 데 반해, 기독교 사상은 계시적인 혹은 인격적인 신비체험 자체에 기반을 둔 것으로서 형이상학이 아니므로 베르그송에게는 이 두 경향이 서로 조화할 수 없다는 것이다. 사실 성서를 창조론적으로 해석하는 것은 존재론적 사고의 결과이다. 성서는 카톨릭에 의해 도그마화하기 이전의 유대인의 정신적 지도자들의 신-체험 내지 신비체험에 기초하고 있다. 이러한 신-체험 내지 신비체험은 존재론적으로 도그마화할 수 없는 내용이 있고, 줄리안 제인스의 말대로 양원정신이 파괴되어 신의 목소리를 들을 수 없는, 즉 신-체험을 할 수 없는 현대인의 자의식이 들어 있는 과학적 관점에서는 해석의 대상이 될 뿐이다.

모스바스티드와 트레몽탕에 각각 찬동하고 지지하는 저작들이 나타나는데, 하나는 구이에(Henri Gouhier)의 《베르그송과 복음서들의 크리스트(Bergson et le Christ des Evangiles)》와 비올레트(Rene Violette)의 《베르그송의 정신성(La Spiritualité de Bergson)》이다. 구이에는 베르그송의 사상을 자연철학일 뿐 일반적으로 인정되듯 정신의 철학이 아니라고 비난한다. 그는 말하기를 비록 《의식의 직접소여론》이 정신의 새로운 철학을 출범시킨 듯하지만, "… 사실상 이 철학은 이에 앞서고 이를 은밀히 포함한 자연철학에서 나왔다."[21]고 한다. 베르그송의 철학은 형이상학적인 존재로서 생의 약동력을

---

20) 앞의 책, 193면.

21) Gouhier, *Bergson et le Christ des Evangiles*(Paris: Librairie Arthème Fayard, 1961), 19면.

자연에 가정하고 있고, 의식을 자연에 부여하기 때문에 자연철학이다. "우리가 우리 자신에 대해서 가지는 의식은 연속적인 흐름으로서 우리를 실재의 내부로 인도하는데, 이것을 모델로 우리는 다른 모든 것들을 표상해야 한다." 또 "《창조적 진화》의 목적 중의 하나는 우주 전체가 우리와 똑같은 본성의 것이며, 우리는 이 전체를, 우리 자신을 더욱 완전하게 깊이를 더함으로써 포착함을 보여 주려고 한다."는 점에서 볼 때, 구이에는 베르그송이 정신을 우주 어느 곳에나 놓았고, 따라서 그것을 천박하게 했다[22]고 말하는 것에 공감할 수 있다. 질송(Etiènne Gilson)도 《철학과 신학》에서 "베르그송의 철학은 끝까지 기독교 신앙과 조화할 수 없는 자연주의에 머물렀다는 것을 거의 부정할 수 없다."[23] 고 말하고 있다. 구이에는 베르그송이 다양한 심리학적 도식들을 발견한 것에 전적인 공감을 표시한다. 그것은 일자(the One)와 셀 수 없는 다양성으로서 우리 자아의 지속에 대한 직관이 보여 주는 것이다. 구이에는 이 원초적인 도식을 인간의 자유를 실현하는 것으로 이끄는 것으로 보고, 나아가 베르그송이 지속을 진화이자 창조성으로 이해한 것인 한에서 우주에 적용시키는 것으로 본다. 이런 철학이 기독교와 만났다고 해서 기독교를 존재론적으로 이해하는 한 바뀐 것이 아니라고 한다. "《창조적 진화》에서 《두 원천(Deux Sources)》에 이르기까지 생의 약동의 역사는 정도의 차이로 환원될 수 없는 다양성을 더한다. 자연철학임에 그치지 않고, 베르그송의 사상은 자연 자체에서 철학적 원리와 같은 것을 발견하는데, 이것은 성서의 복음과 모순이 된다. 베르그송의 기독교적 사상은 상징으로 남는다."[24] 구이에는, 자신의

---

22) 앞의 책, 21면.

23) Etiènne Gilson, *The Philosophy and Theology* (New York: Random House, 1962), 167면.

24) Gouhier, 앞의 책, 195면.

신비체험을 말하고 있지 않은 베르그송 사상에서 지속체험이 주는 실증적인 것만을 베르그송의 철학으로 보려고 하는 것이다.

한편, 비올레트는 베르그송 사상의 처음부터 끝까지의 과정을 살피고, 베르그송의 사상이 결국 기독교적 인격주의라고 할 수 있는 입장을 취하는 것으로 본다. 그는 트레몽탕처럼 베르그송에서 두 가지 경향을 본다. 그는 우선 보다 높은 차원의 것이 보다 낮은 차원의 것과 결합될 수 있는 두 가지 방법을 나타내는 두 표상 (schèmes)을 구별한다. 표상에 의해서 그가 의미하는 것은 직관 혹은 영감으로서의 도식과 이 도식의 부분적인 표현, 혹은 이 도식의 이미지들이 결합되는 관계의 구조를 생각하는 방식이다. 이 표상들 중 하나는 유출표상이고 다른 하나는 창조표상이다.[25]

유출표상은 베르그송의 저작 가운데에서 하강, 이완, 확장, 흩어짐 등으로 표현되는 것이다. 비올레트에 따르면, 이러한 모든 것은 플로티누스의 로고스(logos)라는 개념과 같은 것으로 《물질과 기억 (Matière et Mémoire)》, 《정신력(Energie spirituelle)》에서 기억이 현실화되는 과정을 나타내기 위해 뒤집어 놓은 원추의 상을 이용한 것이다. 이 유출표상은 점차적인 전개, 원리(principe)의 점진적 현실화를 표현하는 관념이다. 이 때 이 원리 자체는 그의 유출에도 불구하고 불변하는 것으로 남아 있다. "단순한 유출표상은 연속적인 발출(procession)과 그 근원에 있는 불변적인 원리의 동시적인 긍정에 불과하다."[26] 그러나 이런 단순한 유출설은 특별한 유출표상으로 바뀌는데, 그것은 이 원리가 그것으로부터 나온 어느 것과도 같을 수 없어 초월성을 띠기 때문이다. 비올레트는 이 특별한 유출표상은 일자의 영원성을 강조하다가 나온 결과로 베르그송의 창조표상으로 발전해 가는 데 있어 중요한 역할을 한다고 한다. 또 하나의

---

25) René Violette, *La spiritualité de Bergson* (Toulouse : Privat, 1968), 264면.
26) 위의 책, 266면.

이 특별한 유출설의 특징은 일자가 자유롭게 선택할 수 있는 실재
로 결코 유출할 수 없다고 한다. 왜냐하면 유출된 것은 그 자신의
내용이기 때문이다.

한편, 창조표상은 "하나의 영감이, 하나의 정신이, 하나의 가치가
그것이 정신적인 원리들이기 때문에 무한한 방식으로 표현될 수 있
는 것이다."[27] 베르그송은 하나의 책을 여러 나라 말로 번역하는 예
를 들고 있다. 이 모든 번역물들은 모두 다르면서도 서로 관계를 가
지고 있다. 다음의 특징은 영감 혹은 직관과 그 표현 사이에 비교될
수 없는 차이점이다. 영감은 정신의 영역에 속하나 그것의 표현은
현상적 차원의 것이다. 유출표상에 내재하는 선형성(préformation)은
창조표상과 다르다. "유출표상에서 원리는 그 자신 불변하게 남아
있다 하더라도, 자신의 자료를 공급하면서 나아간다." 그러나 창조
표상은 "그 표현의 일차적인 자료가 그 원리에서 취해지지 않고 다
른 곳에서, 즉 그보다 낮은 곳에서 취해진다."[28] 요약하면, "창조표
상은 중요한 특징으로, 본성에서 완전히 다른 두 존재질서를 통일
하며, 이 양자 사이에는 연속적인 전이를 통해서는 결코 갈 수가 없
다. 이 연속성은 다른 표상, 즉 유출(émanation)이다."[29] 진정한 창조
는 비천한 것을 통해 사랑의 행위로까지 나오는 것이다

비올레트는 베르그송의 저서, 특히 《지적 노력》, 《형이상학 입문》,
《철학적 직관》에 대한 집중적인 연구를 통해서 유출표상이 1902년
과 1911년 사이에 창조표상으로 어떻게 성공적으로 바뀌는가를 보
여 준다. 그에 따르면 유출설은 《지적 노력》에서 강하게 나타나는
데 《형이상학 입문》에서는 감소되고, 1911년 《철학적 직관》에서는
창조표상이 우세하게 됨을 밝힌다. 비올레트에 따르면 베르그송은

---

27) 앞의 책, 270면.
28) 위의 책, 271면.
29) 위의 책, 277면.

《창조적 진화》와 들라크루아(James W. Delacroix)의 영향에 의해 신
비가를 생의 약동과 융합된 특별한 개인으로 생각하려고 했으나 신
비주의를 주의 깊게 오랫동안 연구한 끝에 이 해석이 잘못되었음을
1927년에 깨달았다고 한다. 비올레트는 말하기를 베르그송이 신비
주의와 정신철학을 새롭게 이해하는 근원에 있는 갑작스러운 영감
을 기독교 신비주의에서 얻었다고 한다. 그것은 "신비가나 성자는
구세주(Jésus Christ)의 추종자이기는 하지만 창조자가 될 수 있고,
그 자신에게 고유한, 모방할 수 없는 방식으로 재창조한다."[30]는 사
실이다.

　이상에서 살핀 바에 따르면, 베르그송의 직관철학에 대한 해석에
크게 두 가지 경향이 있음을 알 수 있다. 하나는 베르그송의 사상을
새로운 합리주의(nouveau rationalisme)로 보려는 것과, 이와 같은 성
질의 것으로 구이에처럼 베르그송의 철학에서 실증주의적인 자연
주의(naturalisme) 이상을 보지 않으려는 것이다. 모스바스티드도 원
칙적으로는 구이에와 같은 입장에 선다고 볼 수 있으나 구이에의
극단적인 태도에서 완화되어, 자연주의와 모순이 되지 않으면서 일
자설을 통해 기독교의 신비주의로 나아갈 수 있음을 밝힌다. 그러
나 이러한 해석에는 기독교 계시적 신비주의를 인류 모두에게 일반
화한다는 점에서 유대적 전통과 다르며, 동양의 불교적 신비주의와
공통적인 것이 있다는 해석이 가능하므로 이러한 해석에는 무리가
있다.

　다른 하나의 경향은 트레몽탕이 밝히듯이 베르그송의 사상에 두
가지 서로 다른 사고방식이 내재해 있음을 본다. 트레몽탕은 플로
티누스의 일자설이 합리주의임에 반해, 성서(Bible)의 창조설은 신
에 관한 계시적 체험과 같은 실존적이면서도 기독교적인 신앙적 경

---

30) 앞의 책, 543면.

험에만 근거한 것으로 이 양자가 서로 다른 것임을 통찰한다. 그래서 이 양자가 베르그송의 사상 속에서 서로 상반되는 것임을 지적한다. 그러나 과연 베르그송이 상반성을 자각하지 못하고 그의 사상을 전개할 수 있는 것일까? 비올레트는 유출표상과 창조표상 사이에는 커다란 차이가 있기는 하나 베르그송이 기독교 신비가에 대한 일종의 영감을 통해서 한쪽에서 다른 쪽으로 갈 수 있었음을 밝힌다.

사실 트레몽탕이 지적한대로 베르그송의 철학 속에는 서로 조화될 수 없는 두 경향이 있다. 그것은 정신의 상승운동과 하강운동, 혹은 정신의 긴장과 이완에 관계되어 이야기되는 내용들이다. 그리고 지성의 회고적인 관점(rétrospection)은[31] 정신의 하강운동이나 이완과 관계되어 설명되는 내용에 적합하다. 그래서 베르그송의 철학을 완결된 것으로 보고 그의 사상을 해석하는 한, 베르그송의 철학은 새로운 지성주의 혹은 새로운 합리주의에 불과하다. 그러나 베르그송의 철학 내용 중 정신의 상승운동이나 긴장과 관계되어 이야기되는 것은 우리가 베르그송이 말하는 직관 속에서 창조적인 인격적인 삶을 사는 성인이나 영웅에 의해 수행되어야 할 것이며, 이 때문에 베르그송의 철학은 결코 완결된 것으로 볼 수 없는 것으로 드러난다.

모스바스티드는 플로티누스의 신비주의에서 크리스천이즘으로 나아갈 수 있고, 종국에는 베르그송의 동적 존재론이 플로티누스의 일자설로 환원됨을 보인다고 말한다. 그러나 플로티누스의 사상은 비록 신비체험을 이야기하나 그리스 전통의 이성주의에 머문 한에서 우리가 앞에서 탐구한 직관의 의미에 완전히 합치하지 않는다. 베르그송 스스로도 관상(contemplation)에 머문 플로티누스나 불교

---

31) H. Bergson, *P.M.* 16~18면.

적인 신비주의는 완전한 신비주의가 아님을 《두 원천》에서 말하고
있지 않은가?

한편, 구이에는 베르그송의 직관을 자아의 심리적 사실에 근거하
고 있는 것으로 보고, 이를 토대로 베르그송이 그의 지속체험을 우
주에 적용한 것으로 보는 한, 베르그송의 직관의 의미를 이해함에
있어 그 역시 합리주의적 사고방식에서 벗어난 것은 아니다. 왜냐
하면 그의 견해에 따르면 베르그송의 직관이 마치 자아에 관한 심
리학적 도식을 통해 우주에 대해 지적인 유추를 하는 것으로 오해
되기 때문이다. 특히 그가 베르그송의 그리스도교적 사상이 상징으
로 남는다고 말한 것은 이를 잘 증명해 준다.

그러면 이제 문제는 트레몽탕처럼 베르그송 철학에서 두 모순된
경향만을 볼 것인가? 기독교 신비주의가 합리적 정신과 조화할 수
없고 신비로서만 남을 것인가? 이 양자의 통합은 어떻게 가능한가
이다. 우리가 살핀 베르그송의 직관의 의미는, 지성과는 서로 동일
한 실재과정의 상반된 경향성 내지 상호 역전된 방향에서 성립하는
것이었다. 그리고 이 역전은 근본적인 것이다. 따라서 그 둘은 모
순되고 상반된 것으로 볼 수밖에 없다. 그러나 이 상반성은 현대 과
학과 현대의 기독교가 그러하듯이 역설적으로 동일한 '창조'의 길
을 걸으며, 동일하게 '창조론적'으로 말해질 수밖에 없다. 물론 이
창조의 길은 그 방법이나 실천과의 관계에서 인식론적으로나 존재
론적으로 결코 동일한 것이 아니다. 하나는 인식론적인 의미에서
지성이 창조하는 길인데, 이 길의 한계에 대해서 베르그송은 말하
기를, 지성에서 직관으로 갈 수 없으나 직관에서 지성으로 갈 수 있
다고 하였다. 또한 지성적 인식은 직관의 도움을 받아야 가능하며,
실재에 완전히 합치해 들어가는 것도 아니었다. 이것은 바로 지성
의 창조적이기는 하나 회고적 관점이 직관의 창조적 운동에 수렴되
어야 함을 보이는 것이 아닌가? 그런데 서구적 지성은 기계적 도구

를 제작하는 것이고, 이것이 모든 학문의 모델이 된 물리학이나 화학을 가능케 한 현대의 과학적 사고가 가는 길이다. 그리고 이 길은 특수한 과학적 천재가 창안하는 길인데, 이 길도 미리 정해진 어떤 길이 있는 것이 아니며, 있다 해도 모두가 동일하게 가는 것이 아니다. 인류가 과학을 발전시켜 진보하고 있다고 말하나 이 인류의 길이 어디로 가는지는 알고 있는 사람이 아무도 없다. 그런 한에서 우리는 과학기술과 관계하여 책임감을 지니며, 소위 인류의 발전에 봉사하는 발걸음에 조심스러워야 한다.

다른 한편, 행위나 삶에서 진정한 다른 하나의 창조의 길이 있는데, 그것은 기독교적 인간의 실존적 신체험과 사랑의 행위에서 나타나는 것과 합치하는 하나님 나라(천국) 개념의 것이다. 베르그송은 자신의 존재론 속에 이원론적이고 모순적인 사태가 있음을 자각하고 있었을 것이다. 그리고 이러한 모순적인 사태는 해결될 수 있고, 또 해결되어야 우리의 존재나 실존이 가능하다는 것을 자각하고 있었을 것이다. 그런데 자신의 존재론이 창조론이며, 이러한 존재론은 인식론적으로 신비주의와 일치시킬 수밖에 없음을 알았을 것이다. 인식론적으로 신비주의를 말하면서 자신의 존재론이 함축한 이러한 창조론의 진정한 의미가 기독교적 행위에서 일치하는 것을 자각하고 그래서 기독교 신비주의를 끌어들인 것이라 생각된다. 왜냐하면 이 신비주의가 자신이 말한 진정한 직관, 즉 '표현할 수 없는' 지속으로서의 생명의 창조적 운동과 일치하기 때문이다. 베르그송의 직관은 열려 있다. 이 때문에 계시체험에 대한 해석이 기독교적, 혹은 카톨릭의 도그마로 굳어진 한에서 그의 직관운동을 기독교적 계시체험과 반드시 일치시킬 필요는 없다고 생각한다. 또한 베르그송이 말하는 열린 신비주의는 불교에서 수행하는 선이나 명상과 같은 지성적 운동이나 사고에도 나타난다. 그러나 베르그송이 보기에 불교의 신비주의는 생명의 원리에 원리적으로 존재하는 적극성이 지성적으로 너무 순화되어 있거나 결여되어 있다고 말한다. 구약과 신약에 나타난 유대인의 정신적 지도자와 예수, 그 제자들의 신비체험의 사실은 인류에게 아직도 신비로서 열려 있으며, 결코 모두 다 실현된 것이 아니고 그렇다고 다 알려진 것도 아니다. 베르그송은 말년에 카톨릭으로 개종하고 싶어했다. 그것은 마치 나치스의 지배 아래에서 살면서 유대인으로 등록한 것과 같은 일이다. 그의 정신은 열려 있었으면서도 노년의 생활에서는 전통적 도그마를 인정하고 그 속으로 들어가고 있었다고 생각한다.[32]

베르그송의 직관은 물질에 관한 실제적인 제작의 사실에서부터 신적 존재의 인식에까지 이르려고 한다. 실로 베르그송은 이 인식이 직관에 의해 가능하다고 본다. 물론 베르그송의 직관은 전통적인 인식기능이 아니라 생명현상을 통해 나타나는 창조적 작용에 부응하는 창조적 행위이다. 이 창조적 작용에 대한 경험 자체는 실천적인 것으로서, 현대에서는 문화적이고 사회적이며 인격적인 윤리적 성격을 지니고 있으므로 단일하게 논리화할 수 없는 것인 만큼 그것을 알려면 이러한 인식을 미리 지니고 지속 안에서 이를 체험적으로 확인하면서 그 깊이를 더하는 수밖에 없다. 과학적 인식과 정신적 삶은 서로 반립적이면서 이들 각각은 모두 창조적으로 진화하는 것이다. 역으로 이 양자의 삶을 종합하는, 그래서 이들 각각을 넘어서는 삶도 또한 창조적으로 진화하는 것일 것이다. 베르그송은 《도덕과 종교의 두 원천》 마지막에서 지구는 신(神)을 탄생케 한다고 말하고 있다.

---

32) 베르그송, 최화 옮김, 《의식에 직접 주어진 것들에 관한 시론》(서울: 아카넷, 2001), 301면, "유언"장 참조.

# 참고문헌

〈베르그송의 저작〉

1. (*D.I.*) *Essai sur les données immediates de la consciénce*. Paris: P.U.F., 1969(최화 옮김. 서울: 아카넷, 2001).

2. (*M.M.*) *Matière et mémoire*. Paris: P.U.F., 1968(홍경실 옮김. 서울: 교보문고, 1984).

3. (*E.C.*) *L'évolution créatrice*. Paris: P.U.F., 1969(서정철 옮김. 서울: 을유문화사, 1972).(정한택 옮김. 박영사, 1980)

4. (*P.M.*) *La Pensée et le mouvant*. Paris: P.U.F., 1962(이광래 옮김. 서울: 종로서적, 1980).

5. (*E.S.*) *L'énergie spirituelle*. Paris: P.U.F., 1972.

6. (*D.S.*) *Deux sources de la morale et de la religion*. Paris: P.U.F., 1955(송영진 옮김. 서울: 서광사, 1998).

7. *Mélanges*. pub. par André Robinet. Paris: P.U.F., 1972.

8. *Oevres*. pub. par André Robinet. Paris: P.U.F., 1959.

9. *Cours*. ed. par Henri Hude. Paris: P.U.F., 1(1990), 2(1992).


〈베르그송 참고문헌〉

* Actes du Congrés Bergson. *Bergson et nous*. Paris: Colin, 1959; *Discussions*. Paris: A. Colin, 1959.

302

* Bachelard, Gaston. *La dialectique de la durée*. Paris: Boivin, 1966.

* Bathélémy-Madaule, M. *Bergson Adversaire de Kant*. Paris: P.U.F., 1966; *Bergson*. Paris: P.U.F., 1983.

* Bretonneau Giséle. *Création et Valeurs éthiques chez Bergson*. Paris: S.E.E.S., 1975.

* Capek Miliç. *Bergson and modern physics*. New York: Humanities P. Holland, 1961.

* Cariou, Marie. *Bergson et le fait mystique*. Paris: A Montaigne, 1976.

* Chardin, P.T. *The future of man*. New York: Haper & Row, 1964.

* Francois Heidsieck. *L'ontologie de Merleau-Ponty*. Paris: P.U.F., 1971.

* Frédéric Cossutta(ed.). *Lire Bergson*. Paris: P.U.F., 1998.

* Fressin, Augustin. *La perception chez Bergson et chez Merleau-Ponty*. Paris: Sedes, 1967.

* Gallois et Forzy(ed.). *Bergson et les neurosciences*. Les empêcheurs de penser en rond, 1997.

* Georges Mourelos. *Bergson et les niveaux de réalité*. Paris: P.U.F., 1964.

* Giles Deleuze. *Le bergsonisme*. 2ed. Paris: P.U.F., 1968(김재인 옮김, 문학과지성사, 1996); *Difference et répétition*. Paris: P.U.F., 1968(김상환 역, 민음사, 2004).

* Gilson, Etiènne. *The Philosophy and Theology*. New York: Random House, 1962; *L'individualité dans la philosophie de Bergson*. Paris: Vrin, 1978.

* Gouhier, H. *Bergson et le Christ des Evangiles*. Paris: Fayard, 1961.

* Gregoire Franz. *L'intuition selon Bergson—Etude critique*. Louvain: Nauwelaerts,1947.

* Heidsieck Francois. *Henri Bergson et la notion d'espace*. Paris: P.U.F., 1961.

* Hofstadter, D.R. & Dennett, D.C. *the Mind's* 1. New York: Basic Books C., 1881.

* Janicaud Dominique. *Une généologie du spiritualisme francaise : Au sources du bergsonisme : Ravaisson et la métaphysique*. Haigue: M. Nijhoff, 1969.

* Jankélévitch, V. *Henri Bergson*. Paris: P.U.F., 1959.

* Jean—Louis—Baron. Bergson. coll. Que sais—je? 1999. *Bergson et le Bergsonisme*. Armand Colin, 1999.

* Jean Millet, *Bergson et le cacul infinitésimal*. Paris: P.U.F., 1974.

* Jurevics, P. *le problème de la connaissance dans la philosophie de Bergson*. Paris : Sorbonne, 1930.

* Lacey, A. R. *Bergson*. London: Routledge, 1989.

* Léon Husson, *L'intellectualisme de Bergson*. Paris: P.U.F., 1947.

* Marie Cariou. *Bergson et le fait mystique*. Paris: A Montaigne P., 1976.; *Bergson et Bachelard*, P.U.F., 1995.; *Lectures bergsonnes* P.U.F., 1997.

* Merleau-Ponty, M. *L'union de l'âme du corps chez Malebranche, Biran et Bergson*, Paris: P.U.F., 1978.; *La sturucture du comportement*. Paris: P.U.F., 1972.; *Phénoméno-*

304

*logie de la perception.* Paris: Gallimard, 1945(유의근 옮김. 서
울: 문학과지성사, 2003).; *le visible et l'invisible.* Paris:
Gallimard, 1964.; *Résumés de Cours: 1952~1960.* Paris:
Gallimard, 1968.

* Mosse-Bastide, Rose-Marie. *Bergson et Plotin.* Paris: P.U.F.,
1959.

* Moore, F.C.T. *Bergson, Thinking backwards.* Cambridge:
Cambridge University Press, 1996.

* Pariente(ed.). *Henri Bergson, Naissance d'une philosophie.*
Paris: P.U.F., 1991.

* Philonenko, Alexis. *Bergson ou de la philosophie comme science
rigoureuse.* Paris: Cerf, 1994.

* Piaget, Jean. *Insights and Illusions of Philosophy.* tr.by Wolfe
Mays. London: Routeledge & Kegan Paul,1972.; *Introduction à
l'épisthémologie génétique,* vol. 1, 2. Paris: P.U.F., 1950.

* Pierre Trotignon. *L'idee de vie chez Bergson et la critique de la
metaphysik.* Paris: P.U.F., 1968.

* Popper, Karl. *The logic of scientific discovery.* London:
Routeledge & Kegan Paul, 1999.

* Renouvier. *Logique générale et logique formelle.* Paris: P.U.F.,
1951.

* Richard Taylor. *Metaphysics.* 2-3ed. New Jersey: Prentice-Hall
Inc., 1974.

* Russell, B. *Our knowledge of external world.* London: G. Allen
& Unwin, 1980.

* Violette, R. *La spiritualité de Bergson, Essai sur l'élaboration
d'une philosophie spirituelle dans l'oevre d'Henri Bergson.*

Toulouse: Privat, 1968.

* Worms, Frédéric. *Introduction a la matière et mémoire de Bergson*. Paris: P.U.F., 1997.

〈베르그송 관계 논문과 문헌〉

* Amstrong, A. C. "Bergson, Berkley, and philosophical intuition," *Philospical Review*, 23, no. 4, 1914.

* Barreau, Hervé. "Bergson et Zenon d'Elée," *Revue Philosophique de Rouvain*, 3è Séri., 67, no. 94, 1969 et no. 95, 1969.

* Barthéllémy-Madaule, M. "Lire Bergson," *Les Etudes bergoniènnes*, tome 3. Paris: P.U.F., 1968.

* Brunschvicg, Léon. "La vie intérieure de intuition," *Henri Bergson*, ed. by Begin and Tevenaz. Neuhatel: 1943.

* Dayan Maurice. "L'incocient chez Bergson," *Revue de métaphysique et de morale*, 70, no. 3, 1965.

* De Latre A. "Remarques sur l'ituition," *Les Etudes bergoniènnes*, tome 7, 1966.

* Gregoire, Franz. "La collaboration de l'intuition et de l'intelligence," *Revue internationale de philosophie*, 3, no. 3, 1949.

* Harward, J. "What does Bergson mean by pure perception?" *Mind*, Vol. 27, no. 106, 1918.

* I. Kant. *Werkausgabe*. von Wilhelm Weischedel. Frankfurt am Main: Surkamp, 1977.

* Lachelier. "Note sur les deux dernières arguments de Zénon d'Elee," *Revue de métaphysique et de morale*, 1910.

* Lacroix, Jean. "L'intuition, méthode de purification," *Henri Bergson*. ed. by Begin and Tevenaz, Neuhatel: 1943.

* Lazzarini. R. Intention et intuition dans la méthodologie philosophique de Bergson," *Bergson et Nous*, 1959.

* Marneff, J. "Bergson's and Husserl's concept of intuition," *Philosophical Quartarly*, 23, no. 3, 1960.

* Mossé-Bastide. "La théorie bergsoniènne de la connaissance et les raports avec la philosophie de Plotin," *Bergson et Nous*, 1959.

* Mossé-Bastide, Rose-Marie, "L'intuition bergsoniènne," *Revue philosophique de la France et de l'étranger*, 138, nos. 46, 1948.

* Trèsmontant, Claud. "Deux métaphysiques bergsoniènnes?". *Revue de métaphysique et de morale*, 64, no. 2, 1954.

* Urtin. "Le fondement de l'intuition," *Bergson et Nous*, 1959.


⟨고대 철학관계 서적⟩

* Allen, R.E. *Studies in Plato's Metaphysics*. London: Routeledge & Kegan Paul,1968.

* Aristoteles. *Metaphysica, Physica*. the Loeb classical library. London: Havard University Press, 1957.

* Burnet, J. *Greek philosophy*. New York: MacMillan, 1968.

* _____. *Early greek philosophy*. New York: Meridian, 1957.

* Cornford, F.M. *Plato's Theory of knowledge*. London : Routledge & Kegan Paul, 1970.

* De Rijk, L.M. *Plato's Sophist: A Philosophical Commentary*. Oxford: North Holland, 1984.

* Dies, Auguste. *Platon: Oevres complètes*. Paris: Société d'èdition, 1974.

* Diels, H. & Kranz, W. *Die Fragmente der Vorsokratiker*.

Berlin: Weidermann, 1974.

* Gadamer, Hans-Georg. Plato's *dialektische Ethic*. Hamburg: Felix Meiner, 1968.

* Guthrie, W.K.C. *A history of greek philosophy*. Cambridge University Press, 1965.

* Hackforth, R. *Plato's Phaedo*. Cambridge University Press, 1972.

* Kirk, G.S. & Raven, J.E. *The presocratic philosophers*. Cambridge University Press, 1966.

* Lee, H.D.P. *Zeno of elea*. Cambridge, Cambridge University Press, 1936.

* Platon. "Politeia," "Parmenides," "Theaitetos," "Sophistes," "Timaeus" in *Platonis Opera*. ed. by J. Burnet. Oxford: Oxford University Press, 1956. 《플라톤의 네 대화편 : 에우티프론, 소크라테스의 변론, 크리톤, 파이돈》(박종현 역주, 서광사, 2003), 《국가(정체)》(박종현 역주, 1997, 서광사), 《티마이오스》(박종현 · 김영균 역주, 서광사, 2000).

* Robinson, R. *Plato's earlier Dialectic*. NewYork: Garland P.C., 1980.

* Ross, W.D. *The Theory of Idea*. Oxford: Clalendon, 1971.

* Ross, W.D.(ed. et note.), *Aristotel's Metaphysics*. Oxford: Crendon Press, 1974.

* Sayre, K.M. *Plato's late Ontology*. Priceton University Press, 1983.

* Vlastos, G. *Platonic Studies*. Princeton University Press, 1981.

* Whitney J. Oates. *Plato's view of art*. New York: Charles Scribner's Sons, 1972.

〈한국 서적〉

* 김규영. 《시간론》. 서울: 서강대학교출판부, 1987.

* 김영정. 《심리철학과 인지과학》. 서울: 철학과현실사, 1997.

* 김재권. 《물리계 안에서의 마음》. 서울: 철학과현실사, 1999.

* 김진성. 《베르그송 연구》. 서울: 문학과지성사, 1985.

* 김형효. 《베르그송의 철학》. 서울: 민음사, 1991.

* 김효명. 《영국 경험론》. 서울: 아카넷, 2001.

* 고형곤. 《선(禪)의 존재론적 규명》. 고형곤 논문집 2. 학술원, 1975.

* 박종현. 《헬라스 사상의 심층》. 서울: 서광사, 2001.

* 박홍규. 《형이상학 강의》 1. 서울: 민음사, 1995.

* _____. 《형이상학 강의》 2. 서울: 민음사, 2004.

* 마루야마 게이자부로, 고동호 옮김. 《존재와 언어》. 서울: 민음사, 2002.

* 백종현. 《존재와 진리》. 서울: 철학과현실사,

* 송영진. 《플라톤의 변증법》. 서울: 철학과현실사, 2000.

* _____. 《철학과 논리》. 대전: 충남대출판부, 2002.

* 심재룡. 《동양의 지혜와 선》. 서울: 세계사, 1990.

* 안건훈. 《과학, 기술 그리고 철학》. 서울: 철학과현실사, 2001.

* 윤명로. 《현상학과 현대철학》. 서울: 서광사, 1987.

* 이남인. 《현상학과 해석학》. 서울: 서울대학교출판부, 2004.

* 이지수. 《인도에 대하여》. 서울: 통나무, 2002.

* 최상진 외. 《동양심리학》. 서울: 지식산업사, 2001.

* 태전구기, 정병조 역. 《불교의 심층심리》. 서울: 현음사, 1983.

* 한단석. 《칸트 철학사상의 이해》. 서울: 양영각, 1981.

* 한자경. 《유식무경(唯識無境)》. 서울: 예문서원, 2000.

* 한전숙. 《현상학》. 서울: 민음사, 1998.

＊현각, 허문명 옮김.《선의 나침반》, 1 · 2권. 서울: 열림원, 2001.

＊황수영.《베르그손》. 서울: 이룸, 2001.(베르그송의 주요 저서들을 분석하고 요약하면서 베르그송의 사상의 핵심인 지속의 구체적이고 과정적 사고를 잘 드러내고 있다.)


〈외국 번역 서적〉

＊노베르츠 볼츠 · 빌렘 반 라이엔. 김득룡 역.《발터 벤야민: 예술, 종교, 역사철학》. 서울: 서광사, 2000.

＊대니얼 C. 데닛. 이희재 옮김.《마음의 진화》. 서울: 두산동아, 1996.

＊데오도르 체르바츠키. 임옥균 옮김.《불교 논리학》, 1 · 2권. 서울: 경서원, 1997.

＊도널드 W. 크로포드. 김문환 옮김.《칸트미학이론》. 서울: 서광사, 1995.

＊딜런 에번스. 임건태 역.《감정》. 서울: 이소, 2002.

＊레이 커즈와일. 채윤기 옮김.《21세기 호모사피엔스》. 서울: 나노미디어, 1999.

＊로버트 플루칙. 박권생 역.《정서심리학》. 서울: 학지사, 2004.

＊로저 펜로즈. 박승수 옮김.《황제의 새 마음》, 상 · 하권. 서울: 이화여자대학교 출판부, 1997.

＊리처드 레저러스 · 버니스 레저러스. 정영목 옮김.《감정과 이성》. 서울: 문예출판사, 1997.

＊마이클 머피 · 루크 오닐 엮음. 이상헌 · 이한음 옮김.《생명이란 무엇인가? 그후 50년》. 서울: 지호, 2003.

＊린 마굴리스 · 도리언 세이건. 홍욱희 옮김.《섹스란 무엇인가》. 서울: 지호, 1999.

* 먼로 C. 비어슬리. 이성훈 · 안원현 옮김. 《미학사》. 서울: 이론 과실천, 1987.

* 메를로퐁띠. 오병남 옮김. 《현상학과 예술》. 서울: 서광사, 1983.

* 매트 리들리. 하영미 외 옮김. 《게놈》. 서울: 김영사, 2001.

* 발리스 듀스(Valis Duex). 남도현 역. 《현대사상》. 서울: 개마고 원, 2003.

* 브라이언 그린. 박병철 옮김. 《엘러건트 유니버스》. 서울: 승산, 2002.

* 미셸 모랑쥬. 강광일 · 이정희, 이병훈 옮김. 《분자생물학》. 서 울: 몸과 마음, 2002.

* 브르노 스넬. 김재홍 옮김. 《정신의 발견》. 서울: 까치, 1994.

* 스티븐 호킹. 김동광 옮김. 《그림으로 보는 시간의 역사》. 서울: 까치, 1998.

* _____. 김동광 옮김. 《호두 껍질 속의 우주》. 서울: 까치, 2001.

* 아니카 르메르. 이미선 옮김. 《자크 라캉》. 서울: 문예출판사, 1994.

* 에른스트 마이어. 최재천 외 옮김. 《이것이 생물학이다》. 서울: 몸과마음, 2002.

* 에릭 그레이스. 싸이제닉 생명공학 연구소 옮김. 《생명공학이란 무엇인가》. 서울: 지성사, 2000.

* 에릭 프롬 · 스즈키 외. 김용정 역. 《선과 정신분석》. 서울: 정음 사, 1977.

* 엘런 소칼 · 장 브리크몽. 이희재 옮김. 《지적 사기》. 서울: 민음 사. 2000.

* 올리비에 르블. 박인철 역. 《수사학》. 서울: 한길, 1999.

* 요한 호이징가. 김윤수 역. 《호모 루덴스》. 서울: 까치, 1981.

* 움베르토 마르투나: 프란시스코 바렐라. 최호영 역. 《인식의 나

무). 서울: 자작아카데미, 1995.

* 윌리엄 H. 쇼어 엮음. 과학세대 옮김, 《생명과 우주의 신비》. 서울: 예음, 1994.

* 월터, J. 옹. 이기우 · 임명진 옮김. 《구술문화와 문자문화》. 서울: 문예출판사, 1995.

* 일리아 프리고지네. 이철수 옮김. 《있음에서 됨으로》. 민음사, 1988.

* 일리아 프리고지네 · 이사벨 스텐저스. 신국조 옮김, 《혼돈으로부터의 질서》. 서울: 고려원미디어, 1993.

* 자크 모노, 김진욱 역. 《우연과 필연》. 서울: 문명사, 1974.

* 장-프랑수아 르벨 · 마티유 리카르. 이용철 옮김. 《승려와 철학자》. 창작시대, 1997.

* 제임스 W. 칼랏. 김문수 외 옮김. 《생물심리학》. 서울: 시그마프레스, 1999.

* 조지 스무트 · 키 데이비슨. 과학세대 옮김. 《우주의 역사》. 까치, 1994.

* 존 로제(J. Rose). 최종덕 · 정병훈 역. 《과학철학의 역사》. 서울: 한겨레, 1979.

* 존 카스티. 김동광 · 손영란 옮김. 《복잡성과학이란 무엇인가》. 서울: 까치, 1997.

* 줄리언 제인스. 김득룡 외 옮김. 《의식의 기원》. (번역초고. 2002년).

* 칼 포퍼. 이한구 옮김. 《추측과 논박》, 1 · 2. 민음사, 2001.

* 토를라이프 보만. 허 혁 옮김. 《히브리적 사유와 그리스적 사유의 비교》. 분도출판사, 1975.

* 폴 데이비스. 김동광 역. 《시간의 패러독스》. 서울: 두산동아, 1997.

* _____. 고문주 옮김. 《생명의 기원》. 서울: 북힐스, 2002.

* 필립 존슨 레어드. 이정모 · 조혜자 옮김. 《컴퓨터와 마음》, 서울: 민음사, 1988.
* 프란시스 크릭. 과학세대 옮김. 《놀라운 가설》. 서울: 한뜻, 1996.
* 프란츠 부케티즈. 김영철 옮김. 《사회생물학 논쟁》. 서울: 사이언스북스, 1999.
* 마틴 하이데거. 소광희 옮김. 《존재와 시간》. 서울: 경문사. 1995.
* 하이젠버그. 김용준 옮김. 《부분과 전체》. 서울: 지식산업사, 1982.
* 한스 요나스. 한정선 옮김. 《생명의 원리》. 서울: 아카넷, 2000.
* 헤겔. 임석진 옮김. 《대논리학》. 서울: 지학사, 1979.

# 찾아보기

318